Daniela Rastetter

Sexualität und Herrschaft in Organisationen

Beiträge zur psychologischen Forschung

Band 33

Daniela Rastetter

Sexualität und Herrschaft in Organisationen

Eine geschlechtervergleichende Analyse

Westdeutscher Verlag

Die Deutsche Bibliothek – CIP-Einheitsaufnahme

Rastetter, Daniela:
Sexualität und Herrschaft in Organisationen: eine geschlechtervergleichende Analyse / Daniela Rastetter. – Opladen: Westdt. Verl., 1994
(Beiträge zur psychologischen Forschung; Bd. 33)
ISBN 3-531-12604-0

NE: GT

Der Westdeutsche Verlag ist ein Unternehmen der Verlagsgruppe Bertelsmann International.

Umschlaggestaltung: Christine Huth, Wiesbaden
Druck und buchbinderische Verarbeitung: Weihert-Druck, Darmstadt
Gedruckt auf säurefreiem Papier
Printed in Germany

ISSN 0932-5263
ISBN 3-531-12604-0

Vorwort

Das Thema "Sexualität und Organisation" hat heute dank der zunehmenden Aufmerksamkeit für sexuelle Belästigung oder Romanzen am Arbeitsplatz eine gewisse Popularität erreicht. Da es sich aber weder in diesen Phänomenen erschöpft noch bislang in den "Mainstream" organisationspsychologischer Literatur eingereiht hat, gilt es, empirische Ergebnisse, theoretische Überlegungen und auch manche anekdotische Quellen, die vielfältige sexuelle Erscheinungen und Ereignisse in Organisationen zum Inhalt haben, auf eine solide wissenschaftliche Basis zu stellen. Eine solche Basis ist in den organisationstheoretischen Ansätzen und in Theorien über Sexualität und Herrschaft zu finden, die als Grundlage für die vorliegende Arbeit herangezogen wurden.

Dabei war es mir ein Anliegen, Brücken zu schlagen zwischen kritischen und feministischen Ansätzen auf der einen Seite, die zum Thema wesentliche Erkenntnisse zu bieten haben, und jener Organisationsforschung auf der anderen Seite, die in der Regel von ersteren wenig Notiz nimmt. Gerade dadurch trägt sie aber zu der revisionsbedürftigen Annahme bei, daß die Organisation immer noch als rationale, geschlechtsneutrale und sexualitätsfreie Institution gilt, und sexuelle Phänomene nur als gelegentlicher pathologischer Einbruch des Privaten ins Öffentliche zu werten sind. Die Entwicklung einer alternativen Sichtweise, die Sexualität und Organisation systematisch in Beziehung setzt und damit zu klären versucht, wie sich die Dynamik zwischen den Geschlechtern am Arbeitsplatz gestaltet, ist nicht zuletzt deshalb überfällig, weil in Zukunft in zunehmendem Maße funktionierende Kooperationsbeziehungen zwischen Frauen und Männern erforderlich sein werden, die sich weder mit gegenseitigen Feindbildern noch mit traditionellen Vorstellungen von männlichen und weiblichen Zuständigkeitsbereichen herstellen lassen.

Daß dieses Projekt gelingen konnte, verdanke ich maßgeblich Herrn Professor Dr. Oswald Neuberger, der mir aufgrund seiner eigenen wissenschaftlichen Ausrichtung durch zahlreiche Anregungen die Sicht auf die Organisationsebene erst eröffnete, mir aber gleichzeitig die Freiheit ließ, Wege jenseits üblicher Organisationsforschung einzuschlagen und Quellen zu berücksichtigen, die nicht in gängigen Fachbüchern zu finden sind. Nur so war es mir möglich, *innerhalb* der Universität als einer Organisation kritisch *über* Organisationen zu forschen.

Meinen Kolleginnen und Kollegen am Institut für Sozioökonomie danke ich für ihre stete Hilfs- und Kommunikationsbereitschaft, mit der sie den Fortgang der Arbeit kritisch und ermutigend begleitet haben.

Inhaltsverzeichnis

"Enter most organizations and you enter a world of sexuality"
(Hearn & Parkin 1987)

1. Einleitung

Die vorangestellte Behauptung des Wissenschaftlerduos Jeff Hearn und Wendy Parkin wird bei vielen Menschen, die im Laufe ihres Lebens in einer Organisation gearbeitet haben, ein augenblickliches "Aha-Erlebnis" und eine Palette von Erinnerungsbildern und Phantasien hervorrufen. Trotzdem wird in organisationspsychologischen Lehrbüchern, in Organisations- und Managementtheorien oder in Reden von Führungskräften nach wie vor so getan, als bestehe eine für sich abgeschlossene Organisationswelt, die fern der restlichen Welt angesiedelt ist und nicht von dem tangiert werden kann, was zum grundlegenden Movens menschlichen Strebens gehört: Liebe, Leidenschaft, sexuelle Erfüllung, Sehnsucht nach Nähe und Zuneigung, Geborgenheit u.v.a.m. Diese augenfällige Diskrepanz mutet um so erstaunlicher an, als bekanntermaßen Sexualität und Erotik nicht nur Thema und Inhalt zahlloser literarischer Werke und Filme, der Medien und täglich kolportierter Geschichten sind, sondern auch durchaus zu gewichtigen Forschungsgegenständen werden. Diese sind aber primär auf das Individuum und das Paar in ihrer privaten, abgeschlossenen Sexualität bezogen, die zwar als problembehaftet gilt und mithilfe von Psychologie und Psychotherapie analysiert, trotzdem als gute und richtige klassifiziert wird, während die "öffentliche" und mit "Geld" in Verbindung zu bringende Sexualität als schlecht und niedrig betrachtet und deshalb ins gesellschaftliche Off abgeschoben wird - man denke an Straßenstrich und Schwulentreffs.

Die Organisation wird dabei kaum mit der "guten" Seite assoziiert, sondern verleiht der mit ihr in Zusammenhang gebrachten Sexualität im besten Fall den Charakter des Exotischen, im schlechten Fall den des Verwerflichen. Auf fatale Weise wird diese Opposition durch eine Variante gestützt, die häufig mit "Sexualität in Organisationen" assoziiert wird: die sexuelle Belästigung am Arbeitsplatz. Als Prämisse gilt: Sobald Sexualität aus dem Privaten heraustritt, richtet sie Schaden an, und Frauen sind ihre Hauptopfer. Jedoch ist weder private Sexualität frei von Gewalt, noch ist sie außerhalb des Privaten ausschließlich negativ, einseitig und ausbeutend. Sexuelle Belästigung ist lediglich *eine* Art "öffentlicher" Sexualität und nicht einmal die häufigste. Sie trägt aber offensichtlich dazu bei, dem Einbruch des Privaten ins Öffentliche jenen unbehaglichen Charakter zu verleihen, der davor zurückschrecken läßt, Sexualität und Organisation "zusammenzudenken", d.h. theoretisch zu verbinden.

Nur bezahlte, organisierte Arbeit stellt sich in Opposition zu Sexualität, während sich unbezahlte Arbeit im Privaten mit der Sexualität in der Organisation als ihrem genauem Spiegelbild das Schicksal der Unbeachtetheit und Unsichtbarkeit teilt. Da in beiden Bereichen als negativ Betroffene vornehmlich Frauen zu identifizieren sind, ist es nicht verwunderlich, daß sich mit diesbezüglichen Themenstellungen in erster Linie feministisch orientierte Forscherinnen und Forscher auseinandersetzen. Damit wird eine wissenschaftliche Richtung vorgegeben, die standpunktbezogen argumentiert und Bedeutung und Implikation des Geschlechts in nahezu jedem Konzept, jeder Methode und jedem Procedere zu berücksichtigen sucht.[1] In bezug auf die Analyse der Sexualität in Organisationen weist feministische Forschung jedoch gewisse Beschränkungen auf: Zum einen hat sie den Nachteil, neben "mainstream"-Organisationsstudien und -theorien ein relativ isoliertes Eigenleben mit wenigen Anknüpfungspunkten zu führen, und zum anderen konzentriert sie sich aufgrund ihres Anspruchs, Benachteiligungen für Frauen zu beseitigen, auf das Negative, Leidvolle und Diskriminierende am sexuellen Geschehen. Untersuchungen zur sexuellen Belästigung am Arbeitsplatz sind ein typisches Beispiel für engagierte, meist von Wissenschaftlerinnen durchgeführte, (im Sinne der weiblichen Opfer) standpunktbezogene Forschung, die kaum Eingang in Organisationstheorien findet und den Schluß nahelegt, daß Sexualität für Frauen um so unerfreulicher wird, je öffentlicher sie ist, oder anders gesagt, daß der Arbeitsplatz am besten sexualitätsfrei zu halten ist.[2] Ohne die Konsequenzen derartiger Aussagen zu reflektieren, gehen die Autorinnen und Autoren damit ein wohl nicht intendiertes Bündnis mit denjenigen ein, die schon immer danach trachteten, jedwede Sexualität aus Organisationen zu verbannen, um eine optimale Arbeitsleistung ohne störende Nebeneffekte zu erzielen.

In der vorliegenden Arbeit wird eine dem Feminismus verpflichtete,[3] aber alternative Perspektive verfolgt, die erstens einen organisationstheoretischen Ansatz verfolgt, und zweitens Sexualität in Organisationen durch unterschiedlichste Spielarten

---

1 Innerhalb feministischer Ansätze gibt es beträchtliche Streuungen bezüglich Konsequenz und Radikalität dieser Forderungen. Auch manche männlichen Wissenschaftler zählen sich zur feministischen Richtung. Ein Teil von ihnen gesteht nur Frauen eine feministische Perspektive zu und nennt sich deshalb "profeministisch".

2 Manche Frauenorganisationen plädierten schon für "sexfreie Zonen" in Unternehmen (Hearn & Parkin 1987).

3 Durch diese offengelegte Verortung soll der Gefahr vorgebeugt werden, neue Ideologien zu produzieren.

repräsentiert sieht, welche zwar stets mit dem Geschlecht verbunden sind, aber keinesfalls nur leidvoll, immer zwischen Männern und Frauen und ausschließlich auf Kosten der letzteren ablaufen müssen. Anliegen jeder Organisation muß es sein, solche Phänomene - der Begrifflichkeit der Organisation kontradiktorisch könnte man sie "planlos", "unkalkulierbar", gar "beängstigend" nennen - in eine überschaubare Ordnung zu bringen. Dabei ist, abweichend vom Modell der neutralen, rationalen Bürokratie, davon auszugehen, daß keine Organisation ohne Vorstellungen von und Annahmen über Geschlecht und Sexualität auskommt, die das "Aussehen" und Funktionieren der Organisation mitbestimmen. Der Sexualität *in* der Organisation steht demnach die Organisation der Sexualität gegenüber, und erst die Verknüpfung beider führt zu einem tieferen Verständnis der Geschlechterbeziehungen am Arbeitsplatz.

Wird Sexualität (und damit zwangsläufig auch Geschlecht) in eine Organisationstheorie integriert, wird dadurch nicht nur ihr Stellenwert evident, sondern es wird auch deutlich, daß Männlichkeit und Weiblichkeit konstitutive Elemente der Organisation sind und deshalb beide Geschlechter zum Thema der Analyse gemacht werden müssen. Dieses Vorgehen erscheint um so notwendiger, je mehr und je egalitärer Frauen und Männer durch Angleichung ihrer Berufswege und Lebensentwürfe in Zukunft gemeinsam Organisationen bevölkern und für deren Überleben sorgen werden.

Dem Gegenstand geschuldet ist die methodische Vorgehensweise. Da gerade in Organisationen und Organisationstheorien das Thema weitgehend ignoriert wird, sind zum einen deren Modelle kritisch zu behandeln und muß zum anderen auf Erkenntnisse aus heterogenen und teilweise abseits gelegenen Quellen zurückgegriffen werden, die ihrerseits manche Formen von Sexualität in Organisationen erst ans Tageslicht brachten.

Die meisten Versuche einer Verbindung von Sexualität und Organisation - hier überwiegt die (pro)feministische Perspektive - wurden im englischsprachigen Raum geleistet, jedoch ohne umfassende theoretische Grundlage. Fundierte theoretische Konzepte zur Sexualität finden sich dagegen vorwiegend in der deutschen und französischen Fachliteratur, die indessen durch eine geringe Anbindung an die Organisationsebene charakterisiert sind. Um die längst fälligen Querverbindungen herzustellen, wurden in der vorliegenden Arbeit Ansätze aus den unterschiedlichsten Richtungen herangezogen: Organisationstheorien, (pro)feministische Beiträge, Geschlechterforschung, empirische Untersuchungen zu sexueller Belästigung und zu Romanzen am Arbeitsplatz, qualitative Studien zur Situation von Frauen in Führungspositionen, psychoanalytisch inspirierte Konzepte zu Sexualität und Herrschaft sowie diskurstheoretische Ansätze. Aber auch populärkulturelle Quellen, Kunst und Literatur erweisen sich bei einem "Tabu-Thema" wie "Sexualität und Organisation" als ergiebig, zeigen sie doch dessen Zentralität im täglichen Denken, Handeln und Fühlen der Menschen.

Was den Aufbau der vorliegenden Arbeit betrifft, so wird die "Schärfe" des Blicks zunächst auf die Makro-, die gesellschaftliche Ebene (Kapitel 2 und 3), dann auf die Meso-, die Organisationsebene (Kapitel 4 und 5), und schließlich auf die Mikro-, die Subjektebene (Kapitel 6 und 7) gerichtet. Im Brennpunkt aller Erörterungen steht ab Kapitel 3 jedoch die Organisation als eine der wichtigsten modernen Instanzen der Reproduktion von Subjekt und Gesellschaft.

2. Sexualität und Geschlecht

2.1. Sexualität

2.1.1. Definition der Sexualität

> "Im ganzen sind wir ja nicht ohne Orientierung darüber, was die Menschen sexuell heißen. Etwas, was aus der Berücksichtigung des Gegensatzes der Geschlechter, des Lustgewinns, der Fortpflanzungsfunktion und des Charakters des geheimgehaltenen Unanständigen zusammengesetzt ist, wird im Leben für alle praktischen Bedürfnisse genügen" (Freud 1969a,314).

Sigmund Freud, der den Sexualitätsbegriff im 20. Jahrhundert entscheidend mitgeprägt hat, spricht in dieser Definition vier Aspekte des Sexuellen an:

- Geschlechterpolarität
- Lust
- Fortpflanzungsfunktion
- Charakter des geheimzuhaltenden "Unanständigen".

Der erste Punkt, die *Geschlechterpolarität*, wurde von Freud und den ihm Nachfolgenden durch die unterschiedlich verlaufende psychosexuelle Entwicklung von Mädchen und Jungen erklärt, welche die Grundlage für heterosexuelle Anziehung und die binäre Geschlechterklassifikation bildet. Freud nahm die Existenz eines Sexualtriebes an, der dem *Lustprinzip* folgend - dem zweiten Aspekt obiger Definition - biologisch angelegt ist und auf Befriedigung drängt. Der ursprünglich ungerichtete ("polymorph-perverse") Sexualtrieb formt sich erst im Lauf der kindlichen Entwicklung im Dienste der *Fortpflanzungsfunktion* - dem dritten Aspekt - zur genital zentrierten erwachsenen Gestalt, die beim Mann phallisch und bei der Frau vaginal angelegt ist. Ein wichtiger Gedanke bei Freud ist die prinzipielle Konflikthaftigkeit von Triebansprüchen und äußeren, aus dem notwendigen Zusammenleben der Menschen stammenden Anforderungen und Zwängen, auf deren Grundlage Triebansprüche der Gefahr unterliegen durchzubrechen und immer wieder gebändigt werden müssen. Freuds Instanzenmodell "Es-Ich-Überich" soll diese Konflikthaftigkeit erklären: Das Es ist der Sitz der Triebe, die nach unmittelbarer Befriedigung streben; das Über-Ich ist der Ort internalisierter Ge- und Verbote der Gesellschaft, die im Lauf der Sozialisation gelernt werden; das Ich vermittelt zwischen beiden Instanzen. Aus den widersprüchlichen Anforderungen der psychischen Instanzen können sich Schuldgefühle bei Verbotsübertretung, Tabuzonen und moralische Wertungen ergeben, die dem *Cha-*

rakter des geheimzuhaltenden Unanständigen, dem letzten Punkt in Freuds Definition, entsprechen.

Freuds Grundideen haben weithin Eingang ins Allgemeinwissen gefunden. Der "Große Brockhaus" (1980,410) definiert Sexualität als "die Geschlechtlichkeit als Gesamtheit aller Verhaltensweisen, Triebe und Bedürfnisse bei Mensch und Tier, die sich auf den Geschlechtsakt oder im weiteren Sinne auf die Befriedigung des Sexualtriebes beziehen". Der Sexualtrieb wiederum ist "der Trieb zur Befriedigung der sexuellen Lust", und Lust ist ein "auf Befriedigung eines stark empfundenen Bedürfnisses oder Mangels (besonders sinnlicher und triebhafter Art) zielender Antrieb wie auch die mit der Befriedigung verbundene positive Gefühlsqualität." In der "Brockhaus Enzyklopädie" (1993,180) ist Sexualität beim Menschen "die Gesamtheit der geschlechtlichen Lebensäußerungen; in einem engeren Sinne die auf dem Geschlechtstrieb, einem auf geschlechtliche Beziehung und Befriedigung gezielten Trieb, beruhenden Lebensäußerungen." Über die in allen Definitionen letztlich enthaltenen Tautologien hinaus beziehen sich die Begrifflichkeiten größtenteils auf Freuds Terminologie. Die ebenfalls vorzufindende Übersetzung von "Sexualität" mit "Geschlechtlichkeit" weist auf den engen Zusammenhang zwischen Geschlechtszugehörigkeit bzw. -identität und Sexualität hin.

"Erotik" als häufig mit Sexualität gemeinsam genannter Begriff (z.B. "sexuell-erotisch") wird in der "Brockhaus Enzyklopädie" (1990,542) definiert als "semantisch vieldeutiger Begriff für im weitesten Sinn alle körperlichen und geistig-seelischen Erscheinungsformen der Liebe, soweit sie den Aspekt geschlechtlicher Anziehung und sinnlicher Lust einbeziehen, deshalb auch häufig synonym für Sexualität". "Meyers großes Universal-Lexikon" (1981, 450) definiert Erotik als "alle körperlichen und geistig-seelischen Formen der Liebe, einschließlich der gleichgeschlechtlichen Beziehungen (Homoerotik) oder der Selbstliebe (Autoerotik). (...) Der Begriff wird jedoch am meisten gebraucht zur Beschreibung der sublimierten, d.h. der geistig-seelischen Bereiche des sexuellen Kontaktes..." wie z.B. der Kunst, Publizistik, Werbung, Mode usw. Die Erscheinungsformen reichen von versteckter Anspielung oder Symbolisierung bis zur unverhüllten Darstellung sexueller Kontakte, bei der die Grenze zur Pornographie fließend ist. Im zugrundeliegenden altgriechischen Wort "eros" (Drosdowski 1989,162) wird dementsprechend eher die geistig-seelische als die körperliche Ebene betont, während das lateinische Wort "sexus" "(männliches oder weibliches) Geschlecht" bedeutet und mit Liebe oder Erotik nicht notwendigerweise in Verbindung stehen muß. Freud begriff "Eros" allgemein als "Lebenstrieb", gemeint als Streben, "lebende Substanz zu erhalten und zu immer größeren Einheiten zusammenzufassen" (1968b,477). Allerdings verwendet er keine durchgängige Differenzierung von Eros und Sexualität (vgl. Flego 1992). Wie die Definitionen nahelegen, wird Erotik meist weiter gefaßt als "Sexualität", weil die geistig-seelische Ebene, die Liebesgefühle, das Künstlerische und vor allem das Spielerische eher zur Erotik als zur Sexualität gezählt werden. Daraus ergibt sich eine Art Arbeitsteilung der Disziplinen: Die Sexualforschung konzentrierte sich auf den naturwissenschaftlichen Teil der Sexualität und kümmerte sich wenig um Erotik, während Kunst und Literatur sich den erotischen Facetten des Lebens zuwandten. Diese Zweiteilung drückt sich auch im von Michel Foucault geprägten Gegensatzpaar "ars erotica" und "scientia sexualis" aus (vgl. Kap.3.2.), sowie in Marcuses Diktum der Reduktion erotischer Erfahrung auf sexuelle Befriedigung (vgl. Kap.3.1.). Allerdings ist bereits die Teilung in körperliche und geistige Liebe Ergebnis eines Dualismus, der in Zweifel gezogen werden muß. So wurde kritisiert, daß die Sexualforschung in ihrer Konzentration auf körperliche Prozesse die begleitende Gefühlsebene vernachlässigt habe, die den sexuellen Phänomenen erst Bedeutungen gebe (Simon 1990). Umgekehrt verweist die sinnliche Dimension der Erotik unmittelbar auf körperliche Prozesse, da Fühlen,

Sehen, Schmecken, Hören etc. zunächst körperliche Vorgänge sind. So soll im folgenden der Dualismus von geistiger und körperlicher Ebene nicht verfolgt werden, sondern vielmehr die Aufmerksamkeit darauf gerichtet sein, wie Erotik und Sexualität in der Gesellschaft organisiert sind.

Sowohl für Theorie und Praxis von Sexualität als auch von Erotik erlangten Freuds Erkenntnisse entscheidende Bedeutung für das 20. Jahrhundert, denn er schuf unter anderem die Grundlagen für die Entdeckung der frühkindlichen Sexualität, welche eine Vielzahl von Untersuchungen über die sexuelle Sozialisation des Kindes nach sich zogen. Weiterentwicklungen des Freudschen Konzepts führten zu verschiedenen Modifikationen, die Anlaß zu der Kritik gaben, daß Freud die gesellschaftliche und zeitbedingte Abhängigkeit von Geschlechtsrollenerwartungen und Geschlechterstereotypen wohl unterschätzt hat. Besondere Aufmerksamkeit wurde von einigen Wissenschaftlerinnen (z.B. Nancy Chodorow, Carol Gilligan, Dorothy Dinnerstein, Jessica Benjamin) auf die Analyse der psychosexuellen Entwicklung des Mädchens gelenkt, eine Fragestellung, die Freud selbst einiges Kopfzerbrechen bereitete. In der Regel werden jedoch alle, die explizit oder implizit psychoanalytisch orientiert sind, mehr oder weniger stringent Freuds Grundannahmen folgend einen sexuellen Trieb als natürlichen "Kern" im Menschen annehmen, der nach Lust und Befriedigung drängt und durch äußere und innere Zwänge auf verschiedene Arten beschränkt wird. Diese theoretische Prämisse ist für ein Verständnis der Sexualität in Organisationen notwendig, das von einem grundsätzlichen Spannungsverhältnis zwischen äußeren Anforderungen und inneren Bedürfnissen ausgeht. Die Naturhaftigkeit der Sexualität muß jedoch im Zusammenhang mit der gesellschaftlich-historischen Entwicklung und der Bedeutung der Geschlechterverhältnisse relativiert und in ihren gesellschaftlichen Zusammenhang gestellt werden.

2.1.2. Die Gesellschaftlichkeit der Sexualität

In moderner Variante psychoanalytischer Sexualitätsdefinition wird zwar das Triebkonzept Freuds akzeptiert, aber jegliche "Natürlichkeit" an der Sexualität negiert, denn was über deren Natur gesagt werden kann, setzt gesellschaftliche Praxis des Menschen voraus und hängt vom Stand der geistigen, ökonomischen und technologischen Aneignungsweisen ab (Sigusch 1984). Sexualität wird zur gesellschaftlichen Kategorie, die Idee "reiner" Sexualität zur Gedankenschöpfung erklärt. Die anatomisch-physiologische Ausstattung des Menschen setzt Richtungen und Begrenzungen, aber "abgelöst vom Menschen und seinem gesellschaftlichen Lebensprozeß hat Biologisches keinen Sinn" (Sigusch 1988,189).

Volkmar Sigusch setzt Sexualität mit politisch-wirtschaftlichen Entwicklungen in Beziehung, die erst dazu führten, daß Sexualität ihren Begriff, ihren Ort und ihre wissenschaftliche Erforschung fand. Die "Geburt" der Sexualität als gesellschaftliche Form und als Begriff kann auf das Ende des 18. Jahrhunderts datiert werden, als die religiöse Weltsicht zerbrach und sich der Kapitalismus zu entwickeln begann. Durch diese Entwicklung entstand die besondere Notwendigkeit spezifischer Unterdrückung sexueller Bedürfnisse im (Lohn-)Arbeitsprozeß, aber auch gleichzeitig die Möglichkeit, sich überhaupt mit Sexualität zu befassen, indem sich eine separate sog. Privatsphäre ausdifferenzierte, in der fortan Sexualität ihren Platz finden sollte.

> "Unvorstellbar für einen mittelalterlichen Menschen, was für uns einheitlich selbstverständlich ist: in einem dunklen Kino sitzen, einen exzitierenden Film sehen, die "Sexualobjekte" in Greifnähe haben - und trieb- wie affektgedrosselt bleiben. Je umgreifender die neue Gesellschaftsformation mit ihren Kernen kapitalistischer Be*trieb* und bürokratischer Staats*apparat* wurde, desto größeres Gewicht bekam die Erforschung des sexuellen Triebes und des psychischen Apparates" (Sigusch 1988,12, Hervorh. im Orig.).

Erst in Verbindung mit einem handlungsfähigen, sinngebenden und selbstbewußten Subjekt tritt das Sexuelle in Erscheinung. Innerhalb unseres gesellschaftlichen Rahmens ist jedoch trotz aller Gleichschaltung und Funktionalisierung ein "irreduzibler Sexualrest" auszumachen, weil "noch der angepaßteste und eingefügteste Mensch Empfindungen und Vorstellungen hat, die dem, was herrscht, widersprechen" (Sigusch 1984,38). Die Anerkennung der affektiven und leiblichen Dimension der Sexualität führt dazu, Widerstandsmomente gegen Überformung eben gerade auf dieser Ebene anzusiedeln. Der Trieb ist zwar nicht vom Gesellschaftlichen unabhängig, aber sein Mehr an leiblicher Gebundenheit hat ein Mehr an Widerstand zur Folge. Denn: Über ihre Triebwünsche und Gefühle erfahren die Menschen sich, einander und die Welt am eindrücklichsten. Sigusch folgt hier Freud, der sagte, daß die Sexualtriebe "diesen Charakter der Eigenwilligkeit, Unbeeinflußbarkeit, das, was wir "Unverständigkeit" nennen, bei den meisten Menschen in irgendeiner Hinsicht durchs ganze Leben behaupten" (1969a,369). "Jeder Sexualakt ist folglich ebenso allgemein wie individuell" (Sigusch 1989,37) - allgemein, weil gesellschaftliche Übereinkunft sagt, was sexuell ist und was nicht, und individuell, weil das Sexualsubjekt trotz allem "kleine sexuelle Dramen" inszeniert (Dannecker 1987,27). Mit anderen Worten, "alle Natur ist gesellschaftlich vermittelt, aber alle Gesellschaft ist auch natürlich vermittelt" (Sigusch 1984,127).

2.1.3. Die Geschichte der Sexualität

Historisch betrachtet kann die Erscheinungsform, die das Sexuelle in den letzten zweihundert Jahren in unserer Gesellschaft angenommen hat, als einzigartige bezeichnet werden (Schmidt 1988,17):

Die herrschende Vorstellung, daß Liebe und Sexualität zusammengehören, d.h. "Sexualität besonders intensiv und erfüllend ist, wenn sie in Liebe geschieht, und daß Liebe sexuellen Ausdruck braucht, um sich zu verwirklichen" (Schmidt 1988,17), ist ein moderner Gedanke. Durch die Umwälzungen, welche die Industrialisierung mit sich brachte, wurden Arbeitsformen, soziale Verhältnisse, die soziale Verortung jeder Person nachhaltig verändert. Sie schlugen sich auch in der Triebstruktur der Menschen nieder und formten den modernen Sozialcharakter. Die Industrieproduktion brachte zusammen mit einem bedeutenden Bevölkerungsanstieg eine massenhafte Freisetzung von Arbeitskräften mit sich, welche in vom eigenen Haus getrennten Produktionsstätten tätig wurden. Durch die neue Organisation der Arbeit[4] wurden Disziplinierungsprozesse notwendig, die es erlaubten, eine Vielzahl von Beschäftigten zur gleichen Zeit mit berechenbarer Arbeitsintensität Produkte bestimmter Qualität herstellen zu lassen. Die notwendige Arbeitsdisziplin mit der *Trennung von Erwerbsarbeits- und Privatbereich* bedeutete für die Familie, daß sie im Lauf der Zeit immer mehr zum Ort emotionalen Austauschs und der Erholung von äußeren Beschwernissen wurde[5], während sie vorindustriell eine Wirtschaftseinheit war, deren Zusammenhalt sich auf die Versorgung aller Familienmitglieder gründete (was nicht nur Verwandte, sondern auch das Gesinde umfaßte), und in der alle Personen zur Versorgung einen Beitrag zu leisten hatten. Die *Emotionalisierung des Familienlebens* geht einher mit vier Symptomen: Häuslichkeit, romantische Partnerwahl, Gattenliebe und Elternliebe (Schmidt 1988,22ff).

Das Ideal der *Häuslichkeit* verpflichtet die Familie zur Abschirmung ihrer Mitglieder vor der Außenwelt und zur emotionalen Binnenstruktur mit der Mutter im Zentrum. In dem Maße, wie die Bedeutung der Mutter in der arbeitsteiligen Produktionsordnung sinkt, steigt ihr Einfluß im Binnenklima der Familie. Damit wird das Bild der Mütterlichkeit, wie es heute bekannt ist, geboren. Es kam zu einer Welle der moralischen und sozialen Aufwertung der Mutterliebe (Badinter 1975) und einer Domestizierung der bürgerlichen Frau als Mutter. Für

---

4 Der Begriff "Arbeit" wird äußerst heterogen definiert. Nach Frieling & Sonntag (1987,29) ist Arbeit eine Tätigkeit mit typischem Aufgabencharakter, der sich darin zeigt, daß gesellschaftlich nützliche Produkte materieller und immaterieller Art hergestellt werden. Die Arbeitstätigkeit unterliegt, wie weiter ausgeführt wird, gesellschaftlich verankerten ökonomischen Gesetzmäßigkeiten und dient dem Arbeitenden zur Sicherung seiner Existenz. Nicht nur in dieser Definition bezieht sich der vorherrschende Begriff von "Arbeit" hauptsächlich auf Erwerbsarbeit, weniger auf unbezahlte Hausarbeit.

5 Dies erfolgte zunächst nur im Bürgertum und setzte sich dann in andere Gesellschaftsschichten fort.

das Arbeitsleben hat dies insofern Bedeutung, als Privat- und öffentliches Leben wechselweise aufeinander verwiesen sind, was sich deutlich in der geschlechtsspezifischen Arbeitsteilung zeigt, bei der die unentgeltlich arbeitende Hausfrau ökonomisch vom erwerbstätigen Ehemann abhängig ist.

Die *romantische Partnerwahl* erhält vor der aus ökonomischen oder praktischen Gründen erfolgenden Partnerwahl Vorrang. Damit wird Liebe zwischen Eheleuten - die *Gattenliebe* - zum Ideal und Sexualität erst zur Pflicht und später zum unumgänglichen Ausdruck der Liebe. Je weniger die Ehegatten ökonomisch aufeinander angewiesen sind, desto wichtiger wird die gefühlsmäßige Beziehung zwischen ihnen, denn ohne Gefühl gäbe es keinen Grund mehr, zusammenzubleiben. Während bis ins 18. Jahrhundert hinein ein Unterschied zwischen der Liebe in der Ehe und der Liebe außerhalb der Ehe gesehen wurde - mit der Anforderung, Leidenschaft in der Ehe zu zügeln (vgl. Flandrin 1984) - findet nun die außereheliche Erotik Eingang in die Ehe und bildet das Ideal der "einen und einzigen Liebe, der einen und einzigen Sexualität" (Ariès 1984,173). Die Voraussetzung für die bürgerliche Errungenschaft der Liebesheirat sind freie Individuen, die sich füreinander frei entscheiden können.

Im 19. Jahrhundert wurde das Ideal der freien Liebesheirat für einige Menschen zur Wirklichkeit und hat sich bis heute durch moralische und rechtlich-politische Instanzen als Anspruch gehalten, wenn auch heutzutage in zunehmendem Maße die dauerhafte Ehebeziehung zugunsten sukzessiver Partnerschaften und Ehen aufgegeben wird. Bürgerliches Individuum, Durchbruch der kapitalistischen Wirtschaftsweise und individuelle Geschlechtsliebe bilden somit eine historisch eher junge Einheit. Innerhalb dieses Rahmens scheint die Liebe das einzig Echte und Menschliche in der unmenschlichen Arbeits-, Wirtschafts-, Politik- und sonstigen Welt zu sein, zeigen doch Leid und Glück, mit denen Liebe einhergeht, die Grenzen der Verdinglichung. So sind die Liebe und die Hoffnung auf sie, die Versagung oder die enttäuschte Liebe die am unmittelbarsten spürbaren, die leibnächsten und verwirrendsten Erlebnisse des Menschen, obwohl sie genauso vergesellschaftet wie die Arbeit oder die Sozialisation sind. "So wie nicht verlangt werden kann, die Menschen sollten aus der Welt der Ware heraustreten oder sich auch nur von der Schönheit und dem Glanz der käuflichen Dinge nicht mehr anreizen lassen, so kann nicht verlangt werden, die Menschen sollten im Sexualleben das gerade Gegenteil dessen verwirklichen, was ihnen im allgemeinen Leben allgemein versagt ist" (Sigusch 1989,60). Die Idee der individuellen Liebe freier Menschen erscheint angesichts allgemeiner Verdinglichung utopisch und gleichzeitig bewirken gerade gesellschaftliche Kälte und die Notwendigkeit öffentlicher Gefühlssimulation die Sehnsucht nach Geborgenheit im Privaten, nach "wahrer", "echter" Liebe.

Die *Elternliebe* als dritten Aspekt der Emotionalisierung des Familienlebens beinhaltet tiefe emotionale Bindungen zwischen Kindern und Eltern, die in vorindustrieller Zeit ungewöhnlich waren. Kinder wuchsen in der Produktionsfamilie beiläufig auf und lernten relevante Fertigkeiten im Zusammenleben mit den Erwachsenen. Starb ein Kind, wurde sein

Name oft dem nächsten Neugeborenen gegeben, sein Tod durfte aufgrund der hohen Kindersterblichkeit nicht zur Tragödie werden. Im 18. Jahrhundert begann der Bedarf an Arbeitskräften zu steigen, die medizinische Forschung versuchte, Kinder- und Müttersterblichkeit zu reduzieren, und der produktive Teil der Arbeit verlagerte sich in eigens dafür vorgesehene Stätten. Im Zuge der Emotionalisierung der Familie steigt auch die Bedeutung des Kindes als einzigartiges Individuum. Seine Kindheit wird zum Fokus wissenschaftlicher und medizinischer Erörterung, die Pädagogik etabliert sich und das Schulsystem übernimmt Erziehungsaufgaben mit professionellem Erziehungspersonal. Denn für sein späteres Arbeitsleben kann das Kind in der unproduktiven Familie nichts mehr lernen. Von der Mutter wird seitdem und bis heute erwartet, daß sie die Kinder primär emotional mit Liebe, Geborgenheit, Vertrauen und Sicherheit in der Welt versorgt, während der Vater für die ökonomische Versorgung der Familie zuständig ist. Kinder werden durch Unterricht in der Schule und Erziehung in der bürgerlichen Familie als asexuelle Wesen gedeutet, denn alles andere wäre sowohl für die schulische Institution als auch für die enge Zwei-Generationen-Familie zu gefährlich. Für den Menschen wird die Schule ab jenem Zeitpunkt die erste bedeutende desexualisierte Organisation sein, der sie in ihrem Leben begegnen (Kentler 1970). Mädchen werden dabei sowohl in der Schule als auch zu Hause mit einer wesentlich rigideren Sexualerziehung konfrontiert als Jungen.

Die Tendenz zur Emotionalisierung der Familie gebot Affektregulierungen, um gefährliche Affektdurchbrüche zu verhindern. So gingen die Gefühlsdifferenzierung und -variation einher mit Gefühlskontrolle und -distanz. Wenn ausschließlich Eltern und Kinder auf engstem Raum relativ unbeobachtet und unkontrolliert zusammenleben - eine "hochgradig sexuell-erotisch aufgeladene Konstellation" (Aigner 1986,47) - dann müssen sie ihre Sexualität gut im Griff haben. Daß innerpsychische Konflikte zwischen dem Wunsch, die zahlreichen Gefühlsimpulse auszudrücken, und dem gleichzeitigen Wunsch, sie zugunsten anderer Befriedigungen zurückzuhalten, entstehen, ist angesichts solcher Widersprüche nicht verwunderlich. Freud hat dies erkannt und zum Gegenstand seiner Theorie gemacht, in der die Inzestproblematik einen zentralen Stellenwert einnimmt. Innerhalb dieser Entwicklungen steht Sexualität im Knotenpunkt des Verhältnisses von Trieb und Kontrolle, von Individuum und Gesellschaft.

Für eine in Konkurrenz zum Adel stehende Erziehung der Kinder des Bürgertums schien ein Pochen auf Leistung, Sparsamkeit, Konsumenthaltung und Askese geeignet (vgl. Weber 1972). Statt auf der Basis von Standeszugehörigkeit sollte gesellschaftlicher Status aufgrund von erbrachter Leistung und innerer Werthaltung verliehen werden. Dabei galt der Körper als beeinflußbares Objekt, um die Tugenden des bürgerlichen Sozialcharakters einzuüben: Bedürfnisaufschiebung, Selbstbeherrschung, Höherschätzung der Leistung gegenüber der Lust und Orientierung an überpersönlichen Prinzipien (Kentler 1988). Das schlechte Gewissen bei Überschreitung sexueller Verbote sollte dafür sorgen, daß die jungen Menschen gefügig werden.

Sexualität gerät im 18. und 19. Jahrhundert unter zunehmenden Zwang, der vor allem im bürgerlichen Milieu Jugendliche mit dem Verbot der Selbstbefriedigung und

Frauen mit der Entsexualisierung betrifft. Allgemein gilt der häufige Geschlechtsverkehr als ungesund und Verschwendung, die Masturbation junger Leute als ruinös. Die Antionaniekampagne legt ein Zeugnis dessen ab, was Michel Foucault (1989) unter Machtausübung durch Diskurse meint. Nachdem der Begriff "Onanie" anfangs äußerst uneinheitlich gebraucht wird, erfolgt dann in zahlreichen Schriften seine Definition und die Diskussion von Auswirkungen und Maßnahmen. Im Zuge der Industrialisierung, die auf die Beherrschbarkeit der Arbeitskraft und rationale Nutzung von Energien angewiesen ist, ist der "sinnvolle", mäßige Einsatz der Sexualität vernünftig. Verzicht ist funktional, weil freiwerdende Kapazitäten wieder investiert werden müssen. Der Körper wird für disziplinierte Arbeit bereitgestellt, während Sinnenfeindlichkeit und Selbstdisziplin die unbeherrschten, unheimlichen sexuellen Triebe in geregelte Bahnen lenken. Gleichzeitig zeigt die Beschäftigung mit Sexualität und die Art der Diskurse, wie verlockend und spannend Sexualität nach wie vor ist, wie sie im Akt der Reglementierung zugleich sichtbar und allgegenwärtig, aufgewertet und moralisiert wird.

Der *Begriff* "Sexualität" taucht, zunächst in Verbindung mit Pflanzen, als Substantiv erst im 19. Jahrhundert auf; alles was ihn umfaßt, wurde vorher in zahlreiche andere Ausdrücke gekleidet. Im Zuge der Gefühlsregulierung, Verzichtshaltung und Verwissenschaftlichung entspricht ein solch wertneutral und wenig erregend klingender Ausdruck der Unterdrückung des Unmittelbaren und Sinnlichen. Er schien wissenschaftlich genug, daß unter seinem Schutz sämtliche Erscheinungsformen menschlicher Sinnlichkeit ohne Gefahr erforscht werden konnten, und engte gleichzeitig durch seine Entstehung in Verbindung mit Botanik die Perspektive auf das Fortpflanzungsgeschehen ein.

So "geschah" im Lauf der Entwicklung mit Sexualität folgendes:

- sie wurde "erschaffen", bekam einen Namen;
- sie wurde entdeckt, weil man sich mit ihr beschäftigte;
- sie wurde zugeteilt, nämlich der häuslichen Sphäre;
- sie wurde erforscht, im Zuge der Botanik, Medizin und Psychologie;
- sie wurde benützt, um Menschen zu Arbeitskräften zu machen;
- sie wurde unterdrückt, um Menschen zu disziplinieren;
- sie wurde gelebt, trotz allem.

Während es bisher nur um die repressive Seite der Geschichte der Sexualität ging, kommt in unserem Jahrhundert eine neue Facette hinzu: die Liberalisierung. Zaghafte Anfänge liberalerer Auffassungen zu Beginn des 20. Jahrhunderts und in der Weimarer Republik, gefördert durch die Wissenschaft (z.B. Hirschfeld 1926), brechen im und nach dem Zweiten Weltkrieg wieder zusammen. Erst der relative Wohlstand der

60er Jahre in Westeuropa bringt erhöhten Widerstand gegen sexuelle Repression hervor.

2.1.4. Sexualität zwischen Konsum und Liberalisierung

Zunächst sollen die hauptsächlichen Veränderungen in der Einstellung zur Sexualität und im sexuellen Verhalten seit den 60er Jahren zusammengetragen werden (Schmidt 1988,48):

1) Der Umgang mit Sexualität ist freizügiger geworden, was sich vor allem im sexuellen Verhalten Jugendlicher zeigt (Zeitpunkt des ersten Geschlechtsverkehrs, Einstellung zu vorehelichem Sex usw.).

2) Die Geschlechtsunterschiede hinsichtlich sexuellen Verhaltens reduzierten sich.

3) Einstellungen gegenüber sexuellen Minderheiten sind toleranter geworden.

4) Rechtliche und administrative Maßnahmen unterstützten die Verankerung der modernen Entwicklungen. Zum Beispiel werden immer mehr Gesetze zur Gleichstellung nichtehelicher und ehelicher Kinder bzw. unverheirateter und verheirateter Paare erlassen, allerdings mit noch immer deutlicher Bevorzugung des normativen Modells.

5) Hinzuzufügen ist zu Schmidts Punkten die zunehmende Entkoppelung sexueller und reproduktiver Funktionen.

Eine neue von Gunter Schmidt durchgeführte Untersuchung über das Sexualverhalten Jugendlicher, in der er Ergebnisse von 1970 mit denen von 1990 vergleicht, zeigt einen Rückgang der Tabuisierung und der Verheimlichung der Sexualität (vgl. Zimmer 1991,12). Schmidt bezieht sich auf Freud, der den Zusammenhang zwischen Lust und Gewissen hergestellt hat: Was erregt, wird tabuisiert, und ist gleichzeitig aufregend, weil es verboten wird. Weniger Tabus in der Sexualität, eigentlich ein Ziel der sexuellen Liberalisierung, führen nach Schmidt auf der anderen Seite zu einer "Entzauberung", "einer Art Ordentlichkeit" der Sexualität, die er in seiner Studie festgestellt haben will. Sexualität wird wieder mehr mit Liebe und Treue verbunden und meist in festen Beziehungen ausgelebt. Ein deutlicher Verlust an Vergnügen und Leidenschaft, dafür mehr Verantwortlichkeit und gegenseitiges Verständnis geben Hinweise auf eine "sexuelle Depression". Als einen der wichtigsten Faktoren in der Wandlung des Sexualverhaltens sieht der Autor die *Angleichung männlicher und weiblicher Rollen in der Arbeitswelt.*[6] Damit würden veränderte Formen des Umgangs zwischen den Geschlechtern erforderlich werden, ein neuer "Sittenkodex" entstünde, der einen *vorsichtigeren und distanzierteren Umgang miteinander* verlange.

Schmidts Ergebnisse korrespondieren mit dem von Schorsch (1985, zit.n. Aigner 1986,12) festgestellten modernen Phänomen der Entsexualisierung von Partnerbeziehungen. Die Familie als propagierte Insel der Menschlichkeit in der unmenschlichen Arbeitswelt muß Sicherheit, Geborgenheit und Partnerschaftlichkeit bieten. Eine triebhafte, leidenschaftliche, mit Ambivalenzen behaftete Sexualität bedroht dieses vorgestellte Idyll und damit die Reproduktion der Arbeitskraft. Daraus ergibt sich, daß funktional für das bestehende Gesellschaftssystem eine das Beziehungsideal nicht bedrohende und die Konsumangebote der Freizeitindustrie in Anspruch nehmende Sexualität wäre. Gegen Eberhard Schorsch ist jedoch einzuwenden, daß die Idee der sexuellen Leidenschaft innerhalb der Ehe eine moderne ist und daß es die sexuell aufregende Beziehung, wie sie Schorsch versteht, möglicherweise nie gegeben hat. In einem funktionalen, auf Arbeitsteilung beruhenden Familienverband des Mittelalters wären Triebdurchbrüche ebenso (wenn nicht noch mehr) dysfunktional gewesen und Leidenschaft wurde vielleicht (wo)anders oder gar nicht ausgelebt. Die Diagnose der Entsexualisierung heutiger Beziehungen birgt schon eine Vorstellung sexueller Normalität in sich, die unserem modernen Beziehungsideal entspricht.

Einerseits ist für das Zusammenleben und Zusammenarbeiten der Geschlechter also Affektregulierung vonnöten, andererseits ist Sexualität in unserer Gesellschaft zunehmend weniger mit Verboten und moralischen Einschränkungen belegt. Rigider Triebverzicht und eine von Triebaufschub dominierte Sparsamkeitsmoral sind in einer Waren- und Konsumgesellschaft dysfunktional. Schließlich soll der Mensch konsumieren, um die Wirtschaft am Leben zu erhalten, und dafür müssen Bedürfnisse erzeugt und befriedigt werden. Sexualität ist eine Ware, die jederzeit erhältlich ist und als Mittel gegen Frustrationen eingesetzt werden kann. Aldous Huxley spricht in "Wiedersehen mit der Schönen neuen Welt" (1987,33) von einem Wandel vom "Zufügen von Schmerzen" hin zum "Anordnen kaum weniger erniedrigender Lust". Früher war Sexualität *Ziel* sozialer Kontrolle, heute ist sie *Mittel* sozialer Kontrolle, das benutzt wird, damit es einem besser geht, die Menschen arbeitsfähig bleiben, sich wohlfühlen und keine Leere aufkommt (Schmidt 1988).

Ein Beispiel für diese Unterscheidung in Ziel und Mittel sozialer Kontrolle ist eine Titelgeschichte im Magazin "DER SPIEGEL" (47/91), die sich mit "Sex im Büro" befaßt. Es

6 Im folgenden soll gemäß dem allgemeinen Sprachgebrauch unter "Arbeitswelt", "Arbeitssphäre" etc. nur noch Erwerbsarbeit verstanden werden, ohne dabei die Bedeutung häuslicher Arbeit verringern zu wollen.

wurde danach gefragt, ob Liebesbeziehungen am Arbeitsplatz grundsätzlich schädlich oder doch auch nützlich sein können. Die von vielen Verantwortlichen geteilte *ablehnende* Einstellung gegenüber sexuellen Arbeitsbeziehungen stellt die Verlängerung traditioneller Disziplinierungsprozesse dar, die seit Beginn der Industrialisierung dafür sorgen sollen, daß ohne störende Gefühle oder unbeherrschbare sexuelle Eskapaden gearbeitet wird. Die *tolerante* Einstellung auf der anderen Seite, die bisher nur von wenigen Verantwortlichen vertreten wird, betont mögliche Synergieeffekte bei Liebespaaren am Arbeitsplatz, deren größere Ausgeglichenheit und Arbeitszufriedenheit. Hier ist Sexualität zum Mittel sozialer Kontrolle - um Leistung zu erhöhen - unter Berücksichtigung sexueller Liberalisierung und veränderter Einstellungen geworden. Der Ausnützung positiver Aspekte der Liebe im Unternehmen stehen zwar noch immer die Unwägbarkeiten gefühlsgeleiteter Beziehungen entgegen. Jedoch scheint der angepaßte, allzu brave Arbeitsmensch nicht mehr so begehrt wie früher.

"Menschen, die durch keinen unkontrollierten Triebimpuls gestört, berechenbar und diszipliniert für den reibungslosen Arbeitsablauf sorgen, sind heute weniger gefragt als der disponible, jederzeit durch Bedürfnisimpulse anreizbare Sofortverbraucher" (Schmidt 1988,316). Dieser neue Menschentyp ist indessen nicht in allen Organisationen gleichermaßen gesucht. Manche Organisationen halten an rigider Sexualpolitik fest, die andere längst als kontraproduktiv erkannt haben. Das moderne Unternehmen nutzt hingegen Sexualität, wo es geht - sei es durch Werbung, durch sexuelle Gratifikationen für Führungskräfte, Rekrutierung attraktiver Frauen, Tolerierung sexueller Belästigung, Nicht-Hinschauen bei einer Affäre usw. Mit anderen Worten: Wo Sexualität *kontrolliert* eingesetzt werden kann, ist es bereits geschehen.

Allerdings zeigen die trotz oder wegen des Konsumcharakters bestehenden, mit Sexualität verbundenen Ängste, Widersprüchlichkeiten und Entbehrungen, die immer noch und erst recht in einer Gesellschaft existieren, die scheinbar alles zu bieten hat, daß Bedürfnisse unerfüllt bleiben. So wird die "Nähe des Sexuellen zum Problematischen" (Simon 1990) mehr denn je in Massenmedien, Ratgebern, Therapieangeboten und im Alltagswissen thematisiert (Béjin 1984). Liberalisierung steht im Widerspruch zum Festhalten am Familienkonzept und an Erziehungspraktiken, die sich immer noch an Werten wie Ordnung, Gehorsam und Anständigkeit orientieren (Aigner 1986,14). Sexuelle Freiheiten dienen vor allem dem Gewinninteresse der Wirtschaft, und genauso ist davon auszugehen, daß Herrschafts- und Machtapparate dieselben Freiheiten einschränken, wo es ihren Interessen entgegenkommt. Denn nach wie vor wird selbstbestimmtes Leben zugunsten ökonomischer Interessen beschnitten und Disziplin ist als Arbeitstugend keineswegs obsolet geworden. Die "Sexualideologie" hinter den Liberalisierungstendenzen weist starke internalisierte soziale Kontrollen auf, die traditionellen Wertvorstellungen weitgehend entsprechen (Aigner 1986,7). Dazu gehören Partner- und Familienzentriertheit sowie Treue und Verantwortlichkeit, wie die oben zitierte Studie darlegt. Es scheint sich ein grundlegender *Widerspruch zwi-*

schen Konsumhaltung und Arbeitsdisziplin aufzutun. Menschen müssen nicht nur zu erfolgreichen Konsumentinnen und Konsumenten, sondern auch und gerade um die Konsumgesellschaft aufrechtzuerhalten, zu willigen Arbeitskräften sozialisiert werden. Dafür sind die klassischen Arbeitstugenden erwünscht: Zuverlässigkeit, Pünktlichkeit, Sauberkeit, Fleiß usw. Dieser Widerspruch bestand noch nicht, als Selbstdisziplin, Verzicht und rationaler Einsatz von Ressourcen im Produktions- wie im Reproduktionsbereich zu Gebote standen. Die gewachsene Liberalisierung der Sexualität scheint vornehmlich vom Konsumsektor genutzt worden zu sein und konnte gleichzeitig von bestehenden repressiven Verhältnissen in der Arbeitswelt ablenken, indem die große neue Freiheit propagiert wurde.

So kann vom Paradox der *Unfreiheit durch sexuelle Freiheit* (Aigner 1986,8) gesprochen werden. An der Liberalisierung verdienen nicht nur Sex-, Porno- und Unterhaltungsindustrie, sondern auch Wissenschaft und Therapiemarkt, Mode- und Kosmetikbranche. Vermehrte sexuelle Freiheiten führen zu einer erhöhten Bedeutung von Idealen wie Jugendlichkeit und Attraktivität, da die "freie Konkurrenz" auf dem Markt der Partnerwahl die Abhängigkeit von solchen Symbolen fördert. Dies begünstigt die ohnehin Privilegierten: die Schönen, Jungen, Reichen. Ungleichheit wird also durch sexuelle Freiheit verstärkt, die damit zur Einengung werden kann.

Die Warenform als zentrale Kategorie des Kapitalismus spaltet menschliche Qualitäten von der Person ab und preist sie als Dinge an. So können Attraktivität oder Geschlechtsmerkmale in den Dienst genommen und vergegenständlicht manipuliert werden, was in der funktionalen Verwendung der Sexualität zu Werbungszwecken und der allseits käuflichen Attraktivität in der Mode- und Kosmetikbranche überdeutlich wird. Dabei überlagern sich vormoderne und moderne Vorstellungen von guter und schlechter Sexualität, die sich teils verstärken, teils aber auch widersprechen. Den jugendlichen Konsumentinnen und Konsumenten wird sexuelle Liberalität so schmackhaft gemacht, daß sie sich dem dazu notwendigen Marktverhalten gerne unterwerfen - davon leben mehrere Industriezweige - und gleichzeitig sollen sie den Wert der Familie und der Zweierbeziehung erkennen, um schließlich in ein kontrollierbares und kontrolliertes Sexualleben einzumünden. Sowohl hinter Moralvorstellungen wie dem Wert der Familie als auch hinter Bedürfnisweckung durch Vermittlung vielfältiger Konsumangebote läßt sich die Funktion der Beherrschbarmachung der Sexualität erkennen. Jedoch gibt es in diesem Prozeß auch Momente der Befreiung:

- Die zunehmende Entkoppelung von Sexualität und Fortpflanzung befreite vor allem Frauen ein Stück weit von ihrer schicksalhaften Abhängigkeit von ihrem Körper;
- Die Möglichkeit der Liebesheirat bewahrte vor manchen unglücklichen Ehen;

- Die zunehmende Diskursivierung der Sexualität führte zu besserer Aufklärung, medizinischer Versorgung und Planbarkeit der Familie;
- Sinkende Kinderzahl bescherte in erster Linie den Frauen mehr Möglichkeiten zu alternativen Lebensentwürfen.

Gegenläufige Tendenzen zu dieser Befreiung bleiben jedoch nicht aus:

- meist christlich motivierte, "vorspätkapitalistische" Moralvorstellungen über Virginität, Abtreibung und Ehemoral;
- erhöhte Ansprüche an die Kindererziehung (die wahrscheinlich heute soviel Zeit für ein Kind wie früher für fünf verlangen);
- Weiblichkeitsbilder, welche die Frau sehr wohl als Arbeitskraft, aber nur in untergeordneten Positionen entwerfen;
- das Bild der Superfrau, die Beruf, Kinder und Haushalt verbindet und das die Gefahr der Überforderung in sich birgt;
- die nun realisierbare, erst recht den Frauen obliegende Verantwortung für Kontrazeption und für pränatale Eingriffe, Schicksal oder "den Dingen ihren Lauf lassen" werden nicht mehr anerkannt (vgl. Katz Rothman 1989).

Zusammenfassend kann gesagt werden, daß der Konsumcharakter einer Gesellschaft zu widersprüchlichen Sexualformen führt. Während die im vorigen Kapitel beschriebene repressive und verzichtende Haltung gegenüber der Sexualität ihre Gültigkeit vor allem im Erwerbsarbeitsbereich behält, wird sie im Konsumsektor von einer Haltung der Bedürfnisweckung und -befriedigung abgelöst, die ihrerseits in Widerspruch zu Anforderungen des Familienideals gerät und am leichtesten in vorfamiliären und außerfamiliären Bereichen durchgesetzt werden kann.

Die heutige Arbeitsorganisation ist als Konsequenz aus der Industrialisierung und der damit verbundenen Trennung von Privat- und (Erwerbs-)Arbeitsbereich primär nicht zuständig für emotionale Belange und Intimität, aber die ihr angehörenden Individuen bringen die Potentiale für emotionale Beziehungen mit und es bleibt nicht aus, daß sich Ambivalenzen häuslicher Affektbindungen in Beziehungen am Arbeitsplatz niederschlagen. Es ist z.B. denkbar, daß die oben genannten Anforderungen an die Ehebeziehung dahin führen, daß für die Zusammenarbeit im Beruf gleichgeschlechtliche Personen vorgezogen werden (vgl. Collinson 1988). Von Kolleginnen und Kollegen werden keine persönlichen Beziehungen erwartet - im Gegenteil, Mißtrauen und Konkurrenz sind akzeptiert - und doch sind sie vielleicht die einzigen, die häusliche Probleme kompensieren. So mögen die Beziehungen am Arbeitsplatz gerade deshalb, weil an sie keine emotionalen Anforderungen bezüglich Treue, Liebe oder gar Leidenschaft gestellt werden, die Chance zur Erotik und Leidenschaft in sich tragen. Das Familienideal verlangt insbesondere von Führungskräften oft eine "intakte" (= "unberührte") Ehe zur Erledigung der Alltagsarbeit und zur Repräsentation nach außen.

Den Schein der Familienidylle wahren zu müssen, auch wenn sie nicht gegeben ist, mag ebenso deformierend und überfordernd sein wie der an sie gestellte Anspruch, die Entemotionalisierung und Entsinnlichung der Arbeit aufzufangen, welche durch Automatisierung immer weiter fortschreitet. Denn durch die der Familie zugeteilten Aufgaben ist sie keineswegs eine zweck- und herrschaftsfreie Enklave in der organisierten Arbeitswelt, sondern eingebunden in die "Rationalisierung der Lebensführung", wie sie Max Weber (1972) zu Beginn des Jahrhunderts beschrieb.

Es kann die These formuliert werden, daß Sexualität in der Arbeitswelt zweifach kompensatorischen Charakter hat: Sie bedeutet Lebendigkeit und Selbsterleben in der sonst so funktionalen Arbeitswelt und lenkt ab von Frustrationen; und sie dient als Kompensation sexueller und anderer Probleme innerhalb der Ehe oder Partnerbeziehung, die den Anspruch langfristiger Leidenschaft nicht aufrechterhalten kann.

2.2. Dichotomien

2.2.1. Hierarchische Dualismen

Allen sexuellen Formen und Erscheinungen in der Moderne gemeinsam ist die Vorstellung, daß sie letztlich der Privatsphäre angehören und Angelegenheit des Individuums sind, auch wenn sie mittlerweile öffentlich beredet und dargestellt werden. Damit im Zusammenhang steht die Vorstellung, daß das "eigentliche Ich" des Individuums in der Privatheit, in der Liebesbeziehung oder Familie zu finden ist. Sexualität erscheint als Teil unseres eigentlichen Ichs, mit dem wir Probleme haben oder auch nicht, und der für bestimmte Gruppen ("der Mann", "der Homosexuelle", "das junge Mädchen"...) identifizierbare Essenzen aufweist. "Sexualität" wird zur separaten Kategorie wie "die Ökonomie" oder "der Staat" und bekommt ein zuständiges Expertentum: Sexualforschung, Psychotherapie, Medizin etc.

Im Zuge der gesellschaftlich-historischen Entwicklung wird Sexualität in akzeptierte und nicht akzeptierte, in "gute" und "schlechte" Sexualität aufgeteilt. Die Hauptarbeit bei dieser fragwürdigen Aufteilung leistete allerdings nicht der Kapitalismus, sondern die Kirche. Die christliche Tradition sieht körperliche Sexualität primär als sündig, gefährlich und negativ (vgl. Brown 1991). Sie kann innerhalb der Ehe und für reproduktive Zwecke zwar "wieder gut gemacht werden" (Rubin 1984), hat jedoch gegenüber dem Geist und der Seele eine inferiore Position. Auf diese Weise können verschiedene Sexualformen je nach historisch-gesellschaftlicher Bewertung der "guten" bzw. "schlechten" Seite zugeordnet werden. Zur guten, gesunden, normalen Sexualität gehören heute heterosexuelles Verhalten, Sexualität in der Ehe bzw. festen Beziehung, monogame Sexualität, Sexualität zur Fortpflanzung, Sexualität im Privaten usw. Zur schlechten, abnormalen, unnatürlichen Sexualität gehören homosexuelles Verhalten, Onanie, Promiskuität, Sexualität nur zum Spaß, kommerzielle Sexualität, Gruppensex, Pornographie, Prostitution, Sex zwischen einer älteren Frau und einem jüngeren Mann, Sexualität in der Öffentlichkeit, Sex mit Tieren oder Objekten, Päderastie usw. Die verschiedenen Formen sind historisch-gesellschaftliche Konstrukte, denn

a) in verschiedenen historischen Epochen haben sie unterschiedliche Bewertungen erfahren, z.B. die Einstellung zur Homosexualität in der Antike, im letzten Jahrhundert und heutzutage. Der heutige Homosexuelle hat mit dem des antiken Griechenlands nur das Geschlecht gemeinsam. Schon die Kategorisierung in homo- und heterosexuell an sich hatte damals keine Bedeutung (Padgug 1979), sondern bezog sich auf verschiedene Sexualpraktiken quer zur gleich- bzw. verschiedengeschlechtlichen Liebe (Veyne 1984);

b) bei verschiedenen Gruppen wurden und werden sie unterschiedlich bewertet; z.B. galt lange Zeit Promiskuität in der vorehelichen Lebensphase des Mannes als akzeptabel, bei der Frau jedoch nicht, was teilweise heute noch der Fall ist. Gleichzeitig gab und gibt es Subkulturen mit eigenen Normen (Homosexuelle usw.), die gegen ihre gesellschaftliche Bewertung ankämpfen;

c) zur gleichen Zeit erfahren sie verschiedene Bewertungen in unterschiedlichen Institutionen (die katholische Kirche hat beispielsweise eine andere Einstellung zur vorehelichen Sexualität als staatliche Institutionen).

Mit der Polarisierung von Arbeits- und Privatbereich oder von guter und schlechter Sexualität sind *Dichotomien* angesprochen, die unserem Denken zugrundeliegen und die sich im Lauf der gesellschaftlichen Entwicklung herausgebildet haben. Einige Dichotomien sind in ihrer Entstehung oder Verstärkung[7] auf bestimmte Ereignisse und Entwicklungen zurückzuführen, z.B. auf die Industrialisierung (Dichotomie Lohnarbeit/häusliche Arbeit, asexuelle/sexuelle Sphäre usw.), auf den Einfluß der Kirche (Einteilung in akzeptierte und sündige Sexualität...), die Aufklärung (Trennung Rationalität/Irrationalität, Natur/Kultur...) oder die Wissenschaft (Einteilung in gesunde und kranke Sexualität).

Die grundlegende Dichotomie überhaupt, deren Entstehung sich "in den fernen Nebeln der Frühgeschichte verliert" (Harding 1990,188), ist die der Geschlechter in weiblich und männlich. Dabei handelt es sich um eine Überlagerung biologischer und sozialer Unterschiede, die ein unentwirrbares Netz von körperlichen, psychischen und

---

7 Meistens existierten sie als Idee schon sehr lange, bis sie in einer historischen Epoche auf fruchtbaren Boden fielen.

sozialen Merkmalen schaffen, das letztlich nur von jemandem zu entwirren wäre, der/die noch nie etwas von (zwei) Geschlechtern gehört oder gesehen hat. Die zentrale Frage ist nicht, ob es zwei oder mehrere Geschlechter gibt, sondern ob und warum eine solche Einteilung wahrgenommen wird und welche Schlüsse daraus gezogen werden. Nach Sandra Harding (1990,195) muß eine Kultur ein Interesse sowie die Fähigkeit haben, Geschlechtsunterschiede wahrzunehmen, *um* sie wahrzunehmen. Ist der Mensch einmal sehend gemacht für zwei Geschlechter, wird er sie jedoch nicht mehr nicht sehen können (Tyrell 1986). Bevor auf die mit der Zweiteilung der Geschlechter verbundene Bedeutungsgenerierung eingegangen wird, soll kurz die Aufmerksamkeit auf die Implikationen einer solchen Gegensatzkategorie gelenkt werden, die Harding (1990,188/189) formuliert hat.

a) Gegensatzkategorien entstehen in gesellschaftlichen Herrschaftszusammenhängen, die zu analysieren sind, um die Interessen an Gegensätzen dingfest zu machen.

b) Jede Gegensatzkategorie neigt dazu, bestimmte Unterschiede, nämlich die zwischen den beiden Polen der Kategorie, übermäßig hervorzuheben und andere Unterschiede zu verdecken.

c) Gemeinsamkeiten innerhalb einer Gruppierung werden auf Kosten der Unterschiede hervorgehoben und/oder erzeugt.

Diese Punkte lassen sich auf sämtliche Gegensatzpaare anwenden; der erste Punkt bringt die Herrschaftsdimension ins Spiel, die jeder Dichotomie eine spezifische "Schieflage" verleiht. Es geht nicht nur um zwei Pole oder entgegengesetzte Kräfte, sondern um eine Bewertung, die in Richtung besser/schlechter, höherwertig/minderwertig oder Norm/Abweichung weist. In den oben angeführten Teilungen kann das zur Zeit Bessere bzw. die Norm jeweils aufgrund ihres gesellschaftlichen Stellenwertes identifiziert werden: Lohnarbeit, asexuelle Sphäre, akzeptierte Sexualität, Rationalität, Kultur, gesunde Sexualität. Bezüglich der Geschlechterdichotomie wurden Männern und Frauen nicht nur verschiedene Attribute zugeschrieben, sondern diese erfuhren auch eine spezifische Bewertung zugunsten der männlichen Attribute, so daß das Männliche als das Höherwertige und die Norm, das Weibliche als das Minderwertige und die Abweichung gelten (z.B. Hauser 1987, Cockburn 1988, Smith 1989, MacKinnon 1989).

Zur These "Mann = Norm, Frau = Abweichende" schreibt die Philosophin Genevieve Fraisse (1990,95, Hervorh. im Orig.):

> "Es geht um die Beziehung von Allgemeinem und Besonderem, von menschlicher Gattung und schönem Geschlecht, von allgemeinen Menschenrechten und den Rechten weiblicher Individuen usw. Oder vielmehr geht es um die Abwesenheit einer derartigen

Beziehung: Das Denken findet stets auf der einen *oder* aber auf der anderen Ebene statt; es geht immer um eine allgemeine, universelle Diskussion *oder* um ein besonderes spezifisches Problem."

Fraisse drückt in diesen Sätzen einen Großteil der Problematik aus, die den Geschlechterverhältnissen unserer Gesellschaft zugrundeliegen. Die fundamentale Asymmetrie in der Konstruktion der Geschlechter hat weitreichende Bedeutung für die Wissensproduktion und ist Teil der täglichen Erfahrungswelt und Praxis, wenn sie auch selten bewußt wird. Simone de Beauvoir stellte bereits in ihrem Werk "Das andere Geschlecht" (1968) fest, daß sich Männer als Subjekte setzen und Frauen als das Andere konstituiert werden. Die Freiheit der Männer liegt dabei weniger in ihrer Bestimmung als männliches Geschlecht, als vielmehr in ihren Möglichkeiten, geschlechts"neutral" zu handeln, sich zu bestimmen und bestimmt zu werden (Hauser 1987,46). Männer konnten und können sich innerhalb dieser Neutralität und Normalität als Subjekte erkennen und gegenseitig ernst nehmen (Smith 1989,356).

Elizabeth Minnich zeigt in ihrem Buch "Transforming Knowledge" (1990) an vielen Beispielen, daß Bezeichnungen, Titel, Disziplinen u.ä., die *keinen Zusatz* haben, immer auf die *dominierende* Gruppe bzw. dominierende Werte einer Kultur verweisen, während alle anderen Bezeichnungen Zusätze bekommen, die ihnen eine Spezifität verleihen.[8] Ein "Lehrbuch über Kunstgeschichte" behandelt die Werke einiger männlicher, aus dem westlichen Kulturkreis stammender Künstler. Werden die Werke anderer Kunstschaffender besprochen, bekommen sie Zusätze: Kunst von Frauen, primitive Kunst, Volkskunst etc. Umgekehrt könnten mit dieser Methode ohne die Kenntnis der Herrschaftsverhältnisse in einer Kultur dominierende Gruppen oder herrschende Werte eruiert werden. Es müßte lediglich herausgefunden werden, welcher Teil der Gesellschaft oder welcher Wert durch das Allgemeine angesprochen wird.

Als Begründung der Asymmetrie zwischen den Geschlechtern bietet Jessica Benjamin (1989,532) eine psychoanalytische Erklärung an. Individualität entsteht aus der Abgrenzung des Knaben von der Mutter, die vehement zurückgewiesen wird, um eine eigenständige männliche Identität zu erlangen. Damit folgt Benjamin Nancy Chodorows Theorie (1985), nach der die Abwertung der Frau in unserer Gesellschaft mit dem frühkindlichen Individuationsprozeß des Knaben erklärt werden kann. Aufgrund der für die männliche Entwicklung typischen Zurückweisung der Mutter wird diese als die "Andere" zum Objekt gemacht. Der Prozeß der Zurückweisung schließt ein, daß "Unterschiede vor Gemeinsamkeit und Grenzen vor Zusammenhänge, Polarität und Gegensätzlichkeit vor Wechselseitigkeit und Interdependenz" gehen (Benjamin

---

8 Die Frauenforschung und andere wissenschaftliche Richtungen deckten in immer mehr Bereichen und Phänomenen dieses Problem auf, ohne es jedoch gelöst zu haben - im Gegenteil verhält sich die Frauenforschung zur allgemeinen Forschung wie Frauen zu Männern: als das Besondere zum Universellen. Hier liegt vermutlich die Ursache für die relative Isolierung der Frauenforschung von der "allgemeinen" Forschung.

1989,532). Gerade dies ist es nach Benjamin, was wir unter dem Begriff Rationalität verstehen.[9] Unser Rationalitätsbegriff hängt demnach eng mit dem Individualitätsbegriff und dieser wiederum eng mit Männlichkeit zusammen (Witter 1990, Lloyd 1985). Er wird zur Norm und zum Höherwertigen, das als das "Normale" nicht mehr hinterfragt und nicht einer bestimmten Gruppe zugerechnet wird, weil diese Gruppe zum Ausgangspunkt aller Definitionen erkoren ist. Männliche Rationalität erscheint aus eben diesen Gründen *geschlechtslos*, genau wie die dazugehörigen Institutionen. Das Geschlecht kommt erst mit den Frauen hinzu und verbindet sich mit deren Abwertung zum Anderen, zu dem zu Beherrschenden.[10]

Frauen wurden aber nicht bestimmte Eigenschaften zugeschrieben, weil sie als natürlich-weiblich galten, sondern umgekehrt wurden in einer Kultur und Epoche die jeweils *wenig geschätzten, minderwertigen Eigenschaften als weiblich definiert* (Cockburn 1988,191). Die Differenzierungen, nach denen die Geschlechter in verschiedenen Zeiten und Kulturen auseinanderdividiert wurden, sind variabel. In der vorkapitalistischen Theokratie wurden Männer als näher zu Gott gesehen; die Industrialisierung betonte männliche körperliche Kraft und die Bürokratie schließlich zählt auf das männliche Ethos vorhersehbaren, rationalen Verhaltens (Burris 1988). Cockburn (1988,191) verweist auf die Dichotomie weich/hart, die Männern dazu diente, Frauen von technologischen Arbeitsbereichen auszuschließen, solange es sich um schwere Mechanikerarbeit handelte. Sobald diese Arbeiten sauberer und körperlich leichter wurden, sind Frauen mit der Dichotomie Kopf/Bauch konfrontiert worden, in der das Männliche (und der Ingenieur) mit dem Kopf, mit Logik und Intellekt, das Weibliche mit dem Bauch, mit Irrationalität und Körperlichkeit identifiziert wurden.

Der kalkulierende soziale Akteur ist das abstrahierte Modell des Menschen der Organisation und der Bürokratie, dessen Motive, Methoden und Ich-Struktur durch die seine Arbeitsrolle konstitutierende, formale Rationalität organisiert werden (Smith 1989,374). Am Arbeitsplatz ist diesem Konzept zufolge kein Raum für Emotionalität, die in Kontrast zum rationalen Handlungsmodus definiert wird.[11]

---

9 Einheitliche Definitionen zu Rationalität und Emotionalität existieren nicht, in der Regel wird jedoch erstere mit Denkfähigkeit, mit Erkenntnisvermögen und der Fähigkeit des Ordnens und Begründens etc. in Zusammenhang gebracht, während Emotionalität auf das Erleben und auf körperliche Prozesse bezogen wird, die ohne kognitive Vorgänge auskommen. Zudem wird Rationalität in verschiedene Dimensionen aufgeteilt: Herrschafts-, Wert-, Zweck-, instrumentelle etc. Rationalität. Eine ausführliche Diskussion muß an dieser Stelle unterbleiben. Für die vorliegende Fragestellung von Bedeutung ist der Umstand, daß typischerweise in unserer Gesellschaft ein Gegensatz zwischen Rationalität und Emotionalität konstruiert wird (Rost 1990).

10 Daß es nicht notwendigerweise immer von Vorteil ist, zur Norm zu gehören, soll an dieser Stelle betont werden. Zum einen können eigene Begrenzungen und Repressionen weniger leicht erkannt werden, wenn sie selbstverständlich und "normal" sind, zum anderen fehlt der ernstzunehmende Fluchtpunkt als normative Orientierung.

11 Hier wird Emotionalität als Differenzbegriff zur Rationalität gebraucht. Trotzdem wird natürlich auch Emotionalität am Arbeitsplatz benötigt, z.B. in Form von "Emotionsarbeit" (Hochschild 1990) oder von "Begeisterung für die Sache" (Burrell 1992). Allerdings handelt es sich dabei um instrumentalisierte Emotionen unter organisationaler Kontrolle (Mumby & Putnam 1992).

Wenn Frauen für emotionaler als Männer gehalten werden, dann können sie als Bewahrerinnen eines Raums fungieren, in dem es Männern, die an diesem Handlungsmodus teilhaben, erlaubt ist, Gefühle zu haben. Der Konflikt ist in dieser Konstruktion allerdings vorprogrammiert (Seidler 1987). Rationale Personen sind freier und autonomer, weil sie fähiger sind, ihre Gefühle zu kontrollieren. Frauen als primär sexuelle Wesen vermögen es angeblich, Männer vom Weg der Vernunft abzubringen, sie sind eine permanente Bedrohung für die offenbar labile Beherrschung der männlichen Gefühlswelt - es ist, als ob sie beschuldigt würden, Männer an ihre Sexualität zu erinnern, die daran zwar gerne erinnert werden *wollen*, jedoch ohne als Hauptverantwortliche zu erscheinen. So vertritt Breitling (1985,403) die These, daß "Natur" und "Körperlichkeit" deswegen als weiblich gelten, "weil der Mann mit seiner 'Natur', d.h. mit seinem Körper auf die Frau reagiert. Frauen gelten deswegen als 'Geschlechtswesen', also als von Sexualität bestimmt, weil der Zusammenhang, in dem Männer Frauen hauptsächlich wahrnehmen, sexuell bestimmt ist." Dem entspricht die seit der Aufklärung vollzogene Spaltung der Frau in die "Heilige" und die "Hure", die wiederum mit Ideen von vernünftiger Sexualität (die in der Ehe gelebt wird) und zügelloser Sexualität (zu der der Mann verführt wird) in Zusammenhang steht. Minnich (1990) postuliert, daß die Bilder der Heiligen und der Hure vermenschlichte Figuren der "Nicht-Menschlichkeit" der Frauen seien. Männer konstruieren sich als "Mensch" (im Englischen steht "man" für Mensch und Mann) und Frauen im Gegensatz dazu als Tier (= Hure) oder als Göttin (= Heilige). Durch diese Spaltung werden Frauen doppelt reduziert: Erst werden sie auf ihre reproduktiven und sexuellen Funktionen reduziert, und dann werden sie entweder auf die eine *oder* die andere Funktion verwiesen (Horowitz & Kaufman 1987).

Bei allen Trennungen handelt es sich um historisch-gesellschaftlich entstandene Einteilungen, die von Herrschaft durchdrungen und darum *hierarchische Dualismen* sind (Davies 1990). Indessen gehen sie nicht bruchlos vonstatten, denn der abgetrennte Teil ist immer noch da, wenn auch abgespalten und verdrängt. In dieser Perspektive unterliegen auch Männer einer Beschränkung und Unterdrückung ihrer Möglichkeiten, die zu Leid und Symptombildung führen. Das "geschlechtsblinde" Kapital beutet Männer über ihre Männlichkeitsidentität aus, da deren Karriereorientierung und Konkurrenzbereitschaft funktional für die Aufrechterhaltung des Kapitalismus sind (Cockburn 1988,185). Damit verbunden sind Abspaltungen weicher, verletzlicher, emotionaler Anteile der Männlichkeit bei gleichzeitigem Verlust angestammter Autorität durch Anforderungen der Arbeitswelt (z.B. Kaufman 1987, Hearn & Morgan 1990, Böhnisch & Winter 1993). Durch die Trennung von Haus und Arbeit und die damit verbundene Abwesenheit des Vaters ist der Junge auf die allmächtig erlebte

Mutter verwiesen, die er für seine Identitätsfindung zurückweisen muß. Versuchen Frauen, männliche Domänen zu erobern, bleibt den Männern nur die Stärkung und Überbetonung ihrer Männlichkeit, mit der sie den Ausschluß von Frauen aus ihren Revieren begründen können.

2.2.2. *Herrschaftsmythen*

An der Dichotomie privat/öffentlich kann beispielhaft vorgeführt werden, daß die Vorstellung sich wechselseitig ausschließender Gegensatzpaare eine konstruierte ist (Martin 1990). Die angeblich intime, gefühlvolle Familie mag voll von egozentrischer, instrumenteller Kalkulation, von Zwang und Gewalt sein. Die Arbeitsorganisation hingegen weist auch quasi-familiäre Strukturen und gefühlvolle Beziehungen auf. Die privat-öffentliche Zweiteilung tut so, als könne die eine Seite die andere ignorieren, so daß legitimerweise für private Angelegenheiten jede/r einzelne selbst verantwortlich ist. Damit wird verschleiert, daß die Arbeitsorganisation nicht nur Zugriff auf die Arbeitskraft hat, sondern auch auf deren Privatleben, was in den Problemen der Vereinbarkeit von Beruf und Familie und der Berufskrankheiten deutlich wird.

Als Resümee sollen die angesprochenen sowie damit zusammenhängende Gegensatzpaare als *vergeschlechtlichte Dichotomien* veranschaulicht werden, wobei die auf einer Seite befindlichen Begriffe sowohl mit einem Geschlecht verknüpft sind als auch untereinander sich näher stehen als den Begriffen der Gegenseite (vgl. Padgug 1979). Die Liste (siehe Tab.1.) ließe sich lange fortsetzen, denn die Geschlechtertypisierung ist ein wesentliches, wenn nicht *das* Organisationsprinzip in unserer Wahrnehmung der Umwelt (Cockburn 1988,251).

Die Plazierung der Homosexualität auf der weiblichen Seite macht deutlich, daß die Geschlechtersymbolik nichts mit konkreten Frauen und Männern zu tun haben muß, sondern daß in diesem Fall Homosexualität über die Verbindung mit Passivität und Schwäche als weiblich gesehen wird ("weibischer Mann").[12]

Da die genannten Dualismen als weitgehend selbstverständlich und unhinterfragt in unserer Gesellschaft existieren, können sie als *Mythen* bezeichnet werden. Der Mythos erklärt nicht, sondern stellt fest und fixiert.

> "Indem er von Geschichte zur Natur übergeht, bewerkstelligt der Mythos eine Einsparung. Er schafft die Komplexität der menschlichen Handlungen ab und leiht ihnen die Einfachheit der Essenzen, er unterdrückt jede Dialektik, jedes Vordringen über das unmittelbar Sichtbare hinaus, er organisiert eine Welt ohne Widersprüche, weil ohne Tiefe, eine in der Evidenz ausgebreitete Welt, er begründet eine glückliche Klarheit. Die Dinge machen den Eindruck, als bedeuten sie von ganz allein" (Roland Barthes 1982,131f).

---

12 Reale weibliche Homosexualität hat in diesen Kategorien keinen Platz, sie wird gesellschaftlich kaum zur Kenntnis genommen.

männlich	weiblich
Rationalität	Emotionalität
Vernunft	Irrationalität
Kultur	Natur
Öffentlichkeit	Privatheit
Produktion	Reproduktion
Unabhängigkeit	Abhängigkeit
Stärke	Schwäche
Aktivität	Passivität
(Heterosexualität)	(Homosexualität)
...	...

Tab. 1: Vergeschlechtlichte Dichotomien

Die tragenden Mythen einer Gesellschaft dienen u.a. zur Legitimierung bestehender Geschlechterverhältnisse, sind in diesem Sinne also *Herrschaftsmythen* (Rohde-Dachser 1991,236), die durch Denkverbote geschützt und immer wieder erhärtet und immunisiert werden müssen (Neuberger & Kompa 1987,59).[13] Andere Autorinnen und Autoren betonen den unsicherheitsreduzierenden Aspekt des Mythos: Er ermöglicht den Umgang mit angstbesetzten Lebensproblemen. In diesem Sinne argumentieren Böhnisch & Winter (1993), daß Sexualität deshalb aus der männlichen Dominanzsymbolik externalisiert sei, weil sich Männer Frauen sexuell unterlegen und von ihnen abhängig fühlten.

2.3. Die Differenzen der Geschlechter

2.3.1. Die Produktion der Zweigeschlechtlichkeit

Diskussionen über "Geschlecht" kreisen bis heute um die Frage des Ausmaßes an "natürlichen" geschlechtlichen Phänomenen gegenüber "sozialen", ansozialisierten bzw. hergestellten Phänomenen und schufen im Lauf der Zeit verschiedene Begriffe: Geschlechtsrolle[14], Geschlechtsidentität, Geschlechtsrollenstereotyp, soziales Geschlecht, Geschlechtsattribution usw.

---

13 Dies geschieht im symbolischen Kontext durch *Ideologie* (siehe Kap.4.7.3.).

14 Der Begriff der Geschlechtsrolle umfaßt die Erwartungen, die an ein Geschlecht gestellt, und die Eigenschaften, die daran gebunden werden.

Das deutsche Wort "Geschlecht" gehört zum Verb "schlagen" und bedeutet "das, was in dieselbe Richtung schlägt". Es wurde zunächst im Sinne von "Abstammung", dann von "Gesamtheit der gleichzeitig lebenden Menschen" gebraucht. Das englische Wort "gender" kommt hingegen vom lateinischen "generare" (=zeugen). Die modernen Wörter gender und Geschlecht hängen eng mit Begriffen wie Sexualität, geschlechtlicher Unterschied, Zeugung (engl. generation, engendering) usw. zusammen (Haraway 1987,22). Die Verzahnung von Geschlecht und Sexualität drückt sich nicht nur in der lexikalen Gleichsetzung von Sexualität und Geschlechtlichkeit aus, sondern auch in der Verbindung von "gender" mit den im europäischen Sprachraum verwendeten Begriffen des "sexuell verorteten Subjekts" und der "sexuellen Differenz" (Haraway 1987,36). Anders als im Deutschen kann "gender" auch ein Tun ausdrücken, wie im Ausdruck "gendered language". Seit Mitte der 70er Jahre wird im englischsprachigen Raum "gender" von "sex" unterschieden, wobei "sex" das biologische Geschlecht, "gender" das soziale Geschlecht bezeichnen soll, das die gesellschaftlichen Zuschreibungen und Erwartungen, die Sozialisationserfahrungen usw., die mit dem jeweiligen Geschlecht verbunden sind, umfaßt. Im Deutschen gibt es keine gleichwertige Unterscheidung, zunehmend wird jedoch "gender" mit "Geschlechtsidentität" und "sex" mit "Geschlecht" übersetzt. "Geschlechtsidentität" ist indessen mehr als "soziales Geschlecht" auf individuelles Erleben ausgerichtet: Sie ist die überdauernde Erfahrung der eigenen Individualität, des eigenen Verhaltens und der eigenen Erlebnisweisen als eindeutig und uneingeschränkt männlich bzw. weiblich, oder als im größeren bzw. kleineren Grad ambivalent (Gindorf 1986,160).

Im Zentrum des Interesses um das Geschlecht steht meist die Geschlechter*differenz*, die als Ausgangspunkt der Analyse unterschiedlicher gesellschaftlicher Standorte von Frauen und Männern, unterschiedlicher Erfahrungen und Lebensbedingungen, Chancen und sogar Persönlichkeitsbildern herangezogen wird.

In der mittlerweile umfangreichen Literatur zur Geschlechterdifferenz lassen sich zwei unterschiedliche Grundsatzpositionen unterscheiden (nach Gildemeister 1988):

a) die egalitäre Position: Unterschiede zwischen den Geschlechtern sind gesellschaftlich bedingt und lassen sich überwinden.

b) die dualistische Position: Es gibt grundsätzliche Unterschiede zwischen den Geschlechtern, die zu einer Neubewertung, d.h. Aufwertung der spezifischen Fähigkeiten und Eigenschaften der Frauen Anlaß geben.

Die Wurzel der Geschlechterdifferenz wird bei der ersten Position in der Gesellschaft verortet, bei der zweiten - an Einfluß gewinnenden - in der psychischen und physischen Natur der Frauen, welche auch von Sozialisationsprozessen mitbedingt sein kann. Die grundsätzliche Problematik sämtlicher Ansätze besteht in der Konzentration auf den "weiblichen Sozialcharakter" (Gildemeister 1988), der die Geschlechterpolarität als solche nicht in Frage stellt und einen "Imperialismus des Geschlechtlichen" (Sichtermann 1980) unterstützt, der bei Frauen das Geschlecht als vorrangiges Differenzierungsmerkmal festschreibt. Vorstellungen zu einer an das Geschlechtliche gebundenen weiblichen Erfahrungswelt werden damit bestätigt. Zu dieser Fixierung trugen nach Gildemeister (1992,220) die Frauen selbst bei, die im Zuge der Frauenbewegung nach dem für sie alle Gemeinsamen und Verbindenden suchten, das gerne in der spezifischen Leiblichkeit, vor allem in der Sexualität gefunden wurde.

Wird dagegen die These vertreten, daß Menschen von Natur aus durch und durch gesellschaftliche Wesen sind, so sind auch Leiblichkeit und Geschlechtlichkeit Ergebnisse sozialer, kultureller Prozesse auf der Grundlage symbolvermittelter sozialer Interaktion (Gildemeister 1992,226). Die biologische Konstitution ist dabei unbestrittener "zweiter Teil" der Verschränkung von Natur und Kultur, in der Geschlechtlichkeit entsteht, sie liefert jedoch keine so klaren Abgrenzungen, wie zu vermuten wäre. Eine Sammlung aller Körpermerkmale, die bei biologischen Geschlechtsbestimmungen herangezogen werden, würde nicht für alle Personen eine eindeutige und immergültige Geschlechtsdefinition ergeben. Zweigeschlechtlichkeit wird erst im sozialen Leben hergestellt und fungiert dann als eine übergeordnete Struktur, außerhalb derer es keine Identität und Individualität gibt (vgl. Tyrell 1986). Diese Unentrinnbarkeit drückt sich in der *Sichtbarmachung der Geschlechtszugehörigkeit* aus und wird zur sozialen Realität. Handeln und Verhalten werden auf der Grundlage einer Zuordnung zu einer Geschlechtskategorie bewertet, wobei wie bei allen Prozessen Ausnahmen und Brüche bewältigt werden müssen. Überlebensnotwendig ist daher die Kenntnis und Innenrepräsentanz der wesentlichen Elemente des Klassifizierungssystems und der generativen Regeln der Herstellung sozialer Situationen (Gildemeister 1992,231), durch die Geschlechtlichkeit tagtäglich realisiert und modifiziert wird. Mit anderen Worten: Da die primären Geschlechtsmerkmale so gut wie nie in der täglichen Interaktion sichtbar sind, muß Geschlechtlichkeit über die Erscheinung, Gestalt, Bewegung, Gestik und Mimik, Kleidung, Frisur, Stimme usw. dargestellt werden.

Judith Butler (1991) geht noch einen Schritt weiter und kritisiert die Unterscheidung von "sex" und "gender", durch deren Doppelung des Geschlechts die Vorstellung von etwas originär Weiblichem und Männlichem genährt wird, die kulturell überformt werden. Dem hält Butler entgegen, daß umgekehrt "sex" als Effekt der kulturellen Konstruktion gelten kann, die mit "gender" bezeichnet ist, insofern als eine Geschlechteridentität nur im Rückgriff auf Geschlecht möglich ist. So würden Transsexuelle eher ihre Geschlechtsidentität als natürlich und ihr körperliches Geschlecht als sozial überformt bezeichnen (vgl. auch Shapiro 1991). Butler folgt Foucaults Ansatz (vgl. Kap.3.2.), wenn sie sagt, daß "sex" keine vordiskursive, anatomische Gegebenheit ist, sondern Geschlechteridentitäten sich diskursiv über das Begehren und die Abgrenzung vom anderen Geschlecht herstellen. *Begehren* ist für sie also kein auf angeborene Triebe zurückgehender Begriff,[15] sondern Folge des binär strukturierten heterosexuellen Rahmens. Sexualität "vor dem Gesetz", sei es Bi- , Homo- oder polymorph perverse Sexualität, gibt es demnach nicht.

Will man die Annahme einer Vorbestimmung der Geschlechter vermeiden, ist die nächste Analyseebene die "geschlechtsspezifische Sozialisation", die Kinder unterschiedlichen Geschlechts in je für ihr Geschlecht "geeignete" Verortungen führt. Ein Problem des Sozialisationskonzepts ergibt sich aus den Annahmen, daß Individuum und Gesellschaft zu trennen seien und das Individuum Objekt von Sozialisationsprozessen sei, aus denen eine stabile Persönlichkeit hervorgehe (Bilden 1991). Durch die Fragestellung nach sozialisatorischen Bedingungen geschlechtstypischen Verhaltens besteht die Gefahr eines schematisierenden Dualismus von männlich-weiblich. Bilden (1991,280) bevorzugt die Definition von Sozialisation als Selbst-Bildung in sozialen Praktiken, die sich aus symbolischen Interaktionen und gegenständlicher Tätigkeit in ihrer Verschränkung zusammensetzen. Geschlecht (im Sinne von "gender") ist demzufolge ein *System von dualen Symbolisierungen.*

Die wichtigsten Erkenntnisse hinsichtlich geschlechtsspezifischer Sozialisation sind laut Bilden (1991,283ff):

- Geschlechtsspezifische Arbeitsteilung wird spielerisch eingeübt und vorweggenommen.
- Geschlechtszugehörigkeit wird in körperlichen Zeichen und Darstellungen symbolisiert, die der geschlechtsspezifischen Arbeitsteilung, männlicher Dominanz und dem heterosexuellen Arrangement entsprechen: in Bewegung, Haltung, Kleidung usw. wird gelernt, sich wie ein Mann bzw. wie eine Frau zu verhalten.
- Der Kern von Geschlechtsrollenstereotypen beinhaltet Annahmen über Emotionalität bei Frauen und Rationalität bei Männern; sie werden im Lauf der Sozialisation von der Umwelt jeweils geschlechtstypisch gefördert.[16]

Das Nachdenken über Geschlechterdifferenzen muß also bereits als historisch-gesellschaftlich geformtes Interesse gedeutet werden und es ist zu fragen, warum die Idee des Geschlechterunterschieds eine relevante hat werden können, d.h. wie es zur "kulturellen Überschußproduktion von binär-klassifikatorischer Ordnung" (Tyrell 1986,469) bezüglich des Geschlechts kam.

> "Wir wissen aber nichts Positives über "die" Geschlechterdifferenz außerhalb ihrer Erscheinungsformen, die immer schon von den Herrschaftsverhältnissen und deren kultureller Überformung durchtränkt sind. Wir wissen nicht einmal, ob es außer ihrer Herr-

15 Zu einer anderen Auffassung von Begehren kommt Lindemann (1992), siehe unten.

16 Die gefundenen Geschlechtsunterschiede im Gefühls*ausdruck* treffen jedoch keine Aussage über Unterschiede in der Gefühlswelt von Frauen und Männern. So zeigen in der Regel nur Frauen Tränen, wenn sie wütend sind, die Erfahrung von Wut kennen aber beide Geschlechter.

schaft stabilisierenden Funktion überhaupt eine Notwendigkeit dafür gibt, die unterscheidenden Merkmale der leiblichen Geschlechtlichkeit mit solcher Aufmerksamkeit zu verfolgen und mit solcher Bedeutung zu versehen, wie wir es tatsächlich tun" (Hagemann-White 1990,29).

2.3.2. Weiblichkeiten und Männlichkeiten

Die Trennungslinie zwischen Norm und Abweichung, zwischen Höherwertigem und Minderwertigem verläuft nicht nur zwischen Frauen und Männern, sondern zwischen bestimmten, privilegierten, dominierenden Männern und dem Rest der Männer. Harding (1990) identifiziert die "weißen, bürgerlichen, europäischen" Männer als dominierende Gruppe, andere Autorinnen und Autoren betonen den Aspekt *heterosexueller Männlichkeit*, die über homosexuelle Männlichkeit herrscht (z.B. Connell 1987, Seidler 1987), oder die Zugehörigkeit zur oberen Gesellschaftsschicht (Alvesson & Billing 1992). Im Begriff der *hegemonialen Männlichkeit* (Connell 1987) vereinigen sich diese vor allem bei Harding personifizierenden Beschreibungen in ein Konzept, das männliche Herrschaft in kulturelle Einfluß-, Ausschließungs- und Einschließungsmuster eingebettet sieht, an denen auch sozial und ökonomisch unterdrückte Männer und Frauen beteiligt sind (Böhnisch & Winter 1993,35). Denn der Ausdruck "Hegemonie", wie er vom Philosophen Gramsci eingeführt wurde, kennzeichnet die gesellschaftliche Machtstellung von Gruppen, die durch Kultur und Ideologie in unserer Gesellschaft so fest verankert ist, daß sie erstens als normal und selbstverständlich gilt, und zweitens von den nicht-herrschenden Gruppen aktiv unterstützt wird. Der Begriff "meint eine historisch in sozialen Praktiken konstruierte und sich verändernde vorherrschende Form von Männlichkeit, die sich über die Unterordnung von Frauen, aber auch vieler Gruppen von Männern konstituiert" (Bilden 1991,293).

Nach diesen Argumenten kann von *mehreren Männlichkeiten* (Carrigan, Connell & Lee 1987) ausgegangen werden, die in Dominanzverhältnissen zueinander stehen. Die theoretische und politische Diskussion dazu lieferten meist die Angehörigen der nicht-dominierenden Gruppe, da sie sich ihres Stellenwerts bewußter sind und im Gegensatz zur herrschenden Gruppe ein Interesse an Veränderungen desselben haben. So hat die Homosexuellen-Forschung und -Bewegung zahlreiche Belege für die Abwertung und Unterdrückung der Homosexualität geliefert (z.B. Weeks 1991, Müller 1991). Auf den ersten Blick erscheint es paradox, daß erotische Beziehungen zwischen Angehörigen der dominanten Gruppe von ihr selber verboten werden. Jedoch kann hegemoniale Männlichkeit nur durch die Abspaltung unerwünschter Männlichkeitsbilder aufrechterhalten werden, die das Risiko in sich tragen, Grenzen zu Weiblichkeiten zu überschreiten. "Heterosexuality has strengthened the male hegemony that has generated the rigid gender roles our society has ascribed according to genitals" (Brake 1976,182). Heterosexuelle Männlichkeit wird definiert durch Charakteristika wie Erfolg und Status, Härte und Unabhängigkeit, Aggressivität und Dominanz (Herek 1986,568). Von Kindheit an erfährt der Junge, daß sein Penis sowohl eine Quelle des Vergnügens als auch die seiner persönlichen Macht ist. Darin begründet sich die vorgenommene Verbindung gesellschaftlich geschätzter asexueller Attribute (Macht, Erfolg, Härte...) mit genitaler Aktivität, Erektion und Orgasmus (vgl. Miles 1991,98). Umgekehrt gilt ein Mann mit Macht und Erfolg als besonders männlich und erotisch.

Das konstruierte Bild der Männlichkeit, auf dem große Teile gesellschaftlicher Macht beruhen, wird durch "andere" Männlichkeitsbilder gefährdet. Homosexuelle Männer gelten als weibisch, soft, schwach - als keine "richtigen" Männer. In psychoanalytischer Deutung scheinen sich Männer nicht so sehr vor dem homosexuellen Kontakt selbst, sondern vor der unbewußten weiblichen Identifikation, die die passive Homosexualität implizieren könnte, zu fürchten (Friedman 1991,102). Homosexuelle Praktiken sind laut Friedman solange akzeptabel, wie eine Kultur sie irgendwie als eine männliche Aktivität auffassen kann, die die phallische Potenz erhält. Sämtliche dem weiblichen Geschlecht zugeschriebenen Eigenschaften müssen Männer hingegen an sich verleugnen, um der Angst vor Identitätsverlust begegnen zu können. Damit ist ein Ideal an Hypermaskulinität angestrebt, das solche Eigenschaften untersagt.

Gesellschaftliche Machtverteilungen bestimmen demzufolge Form und Inhalt sexueller Orientierungen mit. Die dominante heterosexuelle Männlichkeit läßt andere Formen durchaus zu, sichert jedoch ihre Position durch gesetzliche Regelungen und sich selbst reproduzierende Praxis ab. Bei der Rekrutierung von Eliten wird sehr genau darauf geachtet, daß der Neue nicht nur männlich, sondern "richtig" männlich ist, und die Zurschaustellung der Ehefrau bei öffentlichen Auftritten hat unter anderem die Funktion, sich als der richtigen Gruppe zugehörig zu zeigen (Parkin & Hearn 1987,334). Die Demonstration der hegemonialen Männlichkeit durch Eliten und Massenmedien unterstützt die Vormachtstellung eben dieser Gruppe; jedoch muß die gelebte Praxis, auch und gerade die der Eliten, nicht mit der Darstellung übereinstimmen.[17]

Auch Frauen unterstützen heterosexuelle Männlichkeit, denn gesellschaftliche Benachteiligung ist nur ein Aspekt dieses Konstrukts. Daneben verspricht es Liebe

17 Klassen- und Rassenunterschiede dürfen jedoch nicht im Sinne der Entdifferenzierung innerhalb einer konstruierten Gruppe übersehen werden. So wurde hegemoniale Männlichkeit dazu verwendet, den "schwarzen Mann" als dem Tier näherstehend, intellektuell unterlegen und mit übermäßiger Sexualität ausgestattet zu konstruieren.

und Leidenschaft, es ist das unverzichtbare Gegenstück heterosexueller Weiblichkeit, es ist vertraut und kann im Privaten auch umgekehrte Machtvorzeichen annehmen. Die Erfahrung der Liebe oder die Hoffnung darauf mögen dazu führen, daß gerade viele Frauen keinen Widerstand gegen dominante Männlichkeit zeigen. Indessen argumentieren einige Autorinnen und Autoren, daß Heterosexualität unter den gegebenen gesellschaftlichen Verhältnissen für Frauen repressiv wirken *muß*: Adrienne Richs Diktum der "Zwangsheterosexualität" (1980) wurde dafür wiederholt angeführt (z.B. Cockburn 1991, Adkins 1992). Das komplementäre Gegenstück hegemonialer Männlichkeit ist die betonte Weiblichkeit:

> ..."display of sociability rather than technical competence, fragility in mating scenes, compliance with men's desire for titillation and ego-stroking in office relationships, acceptance of marriage and childcare as response to labour-market discrimination against women. At the mass level these are organized around themes of sexual receptivity in relation to younger women and motherhood in relation to older women" (Connell 1987, 187).

Nach der Ideologie der heutigen Industriegesellschaft ist die Frau sanftmütig, weich, passiv, fürsorglich, verletzlich, schwach, narzißtisch, kindlich, inkompetent, häuslich, geschaffen für Kindererziehung, Haushalt und die Betreuung des Ehemannes (MacKinnon 1989,98). Jedes Element dieses Stereotyps der Frau vermag als sexuell identifiziert zu werden: Verletzlichkeit bedeutet leichten sexuellen Zugang; Passivität meint schwachen Widerstand; Inkompetenz sucht den Stärkeren auch bei der Sexualität; Weichheit ist leichte Penetrierbarkeit; Häuslichkeit verweist die Frau auf die sexuelle Sphäre; Narzißmus stellt sicher, daß sich die Frau mit dem vom Mann entworfenen Bild ihrer selbst identifiziert usw. Dieser letzte Punkt deutet darauf hin, daß das vornehmlich im Konsumsektor entworfene neue Frauenbild der starken, fordernden, ihre Bedürfnisse durchsetzenden Frau nicht unbedingt ein Widerspruch zum Bild der Sanftheit und Passivität sein muß. Als Weiblichkeitsentwürfe dienen sie unterschiedlichen gesellschaftlichen Interessen und müßten zunächst auf ihr Urhebertum und die von ihnen Profitierenden untersucht werden. Ein Vergleich mit der Wirklichkeit zeigt, daß beide Entwürfe wenig mit den realen Lebens- und Arbeitsbedingungen der Frauen zu tun haben und nicht nur die Geschlechterhierarchie, sondern auch die Existenz der *Klassengesellschaft* belegen: Nur Frauen mit einer gewissen gesellschaftlichen Stellung können sich solche Eigenschaften überhaupt leisten. Für hart arbeitende, am Existenzminimum lebende, marginalisierte Frauen sind sie dysfunktional. Bei den herrschenden Schönheitsstandards für Frauen wird es noch deutlicher: Sie sind für alle Frauen aller Schichten von Natur aus praktisch unerreichbar, Mittelschicht- und Oberschichtfrauen können sich aber vermittels günstigerer Arbeits- und ökonomischer Bedingungen sowie der Zugänglichkeit zu entsprechenden Industrieprodukten und Dienstleistungen besser an sie annähern als Unterschichtfrauen.

Die seit dem 18. Jahrhundert zu beobachtende zunehmende Normierung von Weiblichkeit identifizierte Frauen mit der Natur (Steinbrügge 1987)[18] - eine Verbindung, die nach den Idealen der Aufklärung zwangsläufig ein problematisches Wesen ergeben mußte, denn die Natur galt entweder als rein, wahr und unschuldig oder als gefährlich und schwer beherrschbar. Beide Naturen versprachen dem aus dem gnadenlosen öffentlichen Raum heimkehrenden Mann die Rückkehr ins Reich der unverstellten Triebgenüsse bzw. der wahren Gefühle (Mey 1987). Einerseits konnte der Frau auf diese Weise die Teilhabe an der sich im Öffentlichen abspielenden Politik und Wirtschaft abgesprochen werden, andererseits erfüllte sie kompensatorische Funktionen für den Verlust ganzheitlicher Lebenszusammenhänge. Die durch die kapitalistische Entwicklung aufkommende Gefahr der Gleichstellung der Geschlechter und des Kontrollverlustes der Ehemänner und Väter über ihre Frauen und Töchter (Witter 1990, Cockburn 1988) konnte durch die Normierung der Weiblichkeit unterminiert werden, die rechtlich - innerhalb des Ehe- und Familienrechtes - abgesichert wurde. Im 19. Jahrhundert setzten Strategien ein, die Definition von naturhafter Weiblichkeit aufrechtzuerhalten, sei es mit Vorschriften (Jungfräulichkeit bis zur Ehe), Verboten (strikte Monogamie) oder der wissenschaftlichen Erforschung des weiblichen Körpers, um die "Polarisierung der Geschlechtscharaktere" (Hausen 1976) festzuschreiben.

Die Frau wird jedoch nicht entsexualisiert, sondern im Gegenteil sexuell genormt und einem Schönheitsideal unterworfen, dessen Entfernung von unmittelbarer Triebhaftigkeit sich schon dadurch zeigt, daß viel Mühe notwendig wird, um sich ihm anzunähern. Seitdem wird die Frau in unserer Gesellschaft mit wesentlich mehr erotischer Bedeutung versehen als der Mann. Das, was als erotisch gilt, unterliegt historischen Veränderungen, aber die "Hauptlast" der Erotik trägt die Frau, die durch Mode, Kosmetik, Schlankheitsideale und Vor-Bilder von Idealfrauen den gesellschaftlichen Entwürfen ähnlich gemacht werden soll oder zumindest wissen soll, wie weit sie vom Ideal entfernt ist. Die Sexualisierung der Frau bringt eine Standardisierung von Weiblichkeit mit sich - jede/r "weiß", was weniger sexy (Übergewicht, kleine Brüste, Falten, blasse Haut, altmodische Kleidung, höheres Alter...) bzw. sexy ist. Bei einem Mann sind diese Erscheinungen weniger eindeutig vermittelt (z.B. ist die Forderung nach Jugendlichkeit weniger streng).

Weibliche Sexualität ist erwartungsgemäß in den allgemeinen Prozeß der Marktgängigkeit und Konsumierbarkeit integriert (Hengstenberg & Sturm 1990,80). Frauen betrachten

18 Die Bestimmung der Frau als passives Naturwesen läßt sich jedoch bereits bei Platon und Aristoteles nachweisen.

Sexualität zunehmend nicht mehr als Kampf oder als Arrangement mit den Männern, sondern als konsumierbares Gut, das sie sich von den Männern und der Gesellschaft berechtigterweise holen können. Während zu Beginn der modernen Frauenbewegung Frauen die Parole ausgaben, daß das Private politisch sei, daß es keine Sexualität in herrschaftsfreien Räumen gebe und die Geschlechterverhältnisse immer und überall reproduziert würden, wurden in der Folgezeit die Männer entdämonisiert und nicht nur als Gegner, sondern auch als Freunde, Liebhaber und Väter der eigenen Kinder anerkannt. In diese Richtung weisen auch Darstellungen über die "neue Lust" der Frauen, Filmheldinnen, die sich nehmen, was sie wollen, und weibliche Romanfiguren, die - im Gegensatz zu früheren Darstellungen von Frauen - ungewohnt "stark" auftreten und ihre Bedürfnisse artikulieren. Die Autorinnen sehen einen Wandel "*von* der Kritik an der Funktionalisierung von Frauen durch Männer, dabei u.a. auch der Sexualität und Lüste, *hin* zur Funktionalisierung des (vorzugsweise animalischen) Mannes, (...) *von* der Perspektive der Veränderbarkeit von Beziehungen - und darüber der Gesellschaft - *hin* zur Kosten-Nutzen-Planung bei Reproduktion der Rahmenbedingungen" (1990,82, Hervorh. im Orig.). Daß die Industrie die "neue Lust" der Frauen, falls es sie gibt, unterstützt, liegt in der Logik der Verdinglichung der Sexualität, denn Frauen als Konsumentinnen eines expandierenden Schönheits- und Modemarktes sind ein wichtiger Wirtschaftsfaktor. Der weibliche Befreiungsdiskurs dient in diesem Fall, Foucault folgend, verschiedenen, zunächst sich widersprechenden Interessen der Frauen auf der einen und der Wirtschaft auf der anderen Seite.

Ebensowenig wie die Heterogenität der Männer mit dem herrschenden Männlichkeitsbild identisch sein kann, ist es die Vielfalt der Frauen mit dem Bild der Weiblichkeit, das für sie entworfen wurde. Beide Geschlechter werden aber an ihren Bildern gemessen und die Abweichungen davon registriert, ein Prozeß, der von Frauen und Männern aktiv betrieben wird.

2.3.3. Die Verkörperung des Geschlechts

Da der Körper sowohl in der Konstruktion der Sexualität in einer Gesellschaft als auch in der Symbolisierung von Geschlechterdifferenzen eine zentrale Kategorie darstellt, soll im folgenden auf diese Zusammenhänge näher eingegangen werden.

Das Prinzip von Norm und Abweichung kann bei der Herstellung von (Körper-) Standards in der medizinischen Wissenschaft des 18. und 19. Jahrhunderts nachgewiesen werden. Die Aufklärung hatte die Frau aus der Generalisierungsbewegung des Menschen ausgeschlossen, und die Wissenschaft lieferte später die "höheren" Beweise dafür, daß und wie die Geschlechter fundamental verschieden und Frauen im Gegensatz zu Männern an ihren Körper gefesselt seien (Honegger 1991). Es entstand eine "weibliche Sonderanthropologie" und daraus die Gynäkologie, die - mit männlichen Vertretern, wie es großteils heute noch der Fall ist - auch für das Seelenleben der Frau zuständig sein will. Honegger steht dabei in einer Reihe von Wissenschaftlerinnen und Wissenschaftlern, die den Körper, so wie er von einer Gesellschaft verstanden wird, als Kulturprodukt betrachten, der folglich "fast alles und nahezu nichts" bedeuten kann (vgl. Laqueur 1992, Butler 1991, Duden 1987). Nach Duden (1987) ist das in naturwissenschaftlich-medizinischen Verfahren produzierte Körperwissen selbst eine zeitgebundene soziale Konstruktion, die von den Individuen "unter der Haut" als ihre eigene Realität erfahren wird.

Anatomie und Medizin lieferten seit der Moderne die Legitimation dafür, daß Frauen aus der durch die Aufklärung entstandenen Gemeinschaft freier, gleicher, brüderlicher(!) Bürger auszuschließen sind (Laqueur 1992). Vor der Aufklärung konnte der Frauenkörper ohne ideologische Widersprüche als mindere Ausgabe eines Männerkörpers betrachtet werden. Nun werden Körperteile und Körpermerkmale zu Symbolen für Gleichheit/Differenz und für gesellschaftliche Herrschaftsverhältnisse. Der männliche Körper ist das Standardmodell, der weibliche Körper das Besondere, so daß häufig in medizinischen Lehrbüchern der Mann für allgemeine Erläuterungen beschrieben und abgebildet wird.

Durch die Geltung des Körpers als Zeichen der Geschlechterdifferenz wird er immer schon in einem sozialen Zusammenhang wahrgenommen. Indessen wird man der Widersprüchlichkeit zwischen triebhaft-affektiven Momenten und gesellschaftlicher Überformung nicht gerecht, wenn Leiblichkeit und Affektivität ausschließlich als soziale Konstruktionen verstanden werden (Lindemann 1992). Vielmehr muß auch umgekehrt von einer leiblich-affektiven Konstruktion sozialer Realität ausgegangen werden.[19] Dabei kann zwischen erlebter leiblicher Erfahrung und dem Körper als wissenschaftlich konstruiertem Gegenstand differenziert werden (Duden 1987), d.h. zwischen Leib-Sein und dem Erleben desselben als eigenem Körper. Die passive Erfahrung des Leibes ist durch das Wissen über den Körper strukturiert und somit immer auf die Umwelt bezogen. Bezüglich Geschlecht besteht das Körperwissen darin, daß von der Grundannahme der Zweigeschlechtlichkeit ausgehend das Geschlecht der Person erkannt werden kann, das sich mit dem Körper zum objektivierten Geschlecht bzw. Geschlechtskörper verbindet. Das heißt, jemand muß das Geschlecht sein, das ihm/ihr der eigene Körper bedeutet, und sich selbst wie auch andere als Geschlecht erleben. In der Verleiblichung werden einerseits Männer und Frauen und andererseits gleich- und verschiedengeschlechtliche Individuen wahrgenommen, eine Kategorie, die für das sexuelle Begehren konstitutiv ist. Nach Lindemann (1992,340) ist aber umgekehrt auch das Begehren selbst konstitutiv für die Wahrnehmung anderer und seiner selbst als ein Geschlecht, d.h. sexuelles Begehren, Evidenz des eigenen Geschlechts und die Wahrnehmung des Geschlechts anderer bedingen einander wechselseitig.[20] Ein Geschlecht wird also nicht nur dadurch erkannt, daß es kognitiv entzif-

---

19 Im Begriff "leiblich-affektiv" drückt sich einerseits der affektive Bezug zur Umwelt in seiner leiblichen Involviertheit aus und andererseits das ohne einen affektiven Umweltbezug kaum mögliche Spüren des eigenen Leibes (vgl. Lindemann 1992,334).

20 Belege dafür stammen aus Lindemanns Untersuchungen mit Transsexuellen und Nicht-Transsexuellen. Das Begehren, die leiblich-affektive Erregung, war dabei mit ausschlaggebend, ob die

fert wird, sondern in erster Linie durch die leiblich-affektive Eingebundenheit der Wahrnehmenden, die sich homo- oder heterosexuell darauf beziehen. Lindemann sagt allerdings nichts über das Entstehen des Begehrens und seiner Zentrierung auf heterosexuelle Anziehung, die für sich schon voraussetzungsvoll ist (vgl. Davies 1990).

Ohne kulturell vermittelte Symbolisierungen gibt aber der vermeintlich naturgegebene Körper wenig Aufschluß über die Person und ihr Erleben. Geschlechtszugehörigkeit wird in körperlichen Zeichen symbolisiert: "Verkörperte Routinen" (Hirschauer 1989) sind in Bewegung, Blick, Lachen, Stimme, Kleidung, Haltung usw. symbolisiert, wodurch der Körper nicht Basis, sondern Effekt sozialer Prozesse ist.[21] Nach Hirschauer ist folgendes festzustellen:

- Vermutlich sind "soziale" und "natürliche" Geschlechtsmerkmale in der präreflexiven Praxis von Geschlechtsattributionen *un*unterschieden und werden erst in deren sprachlich strukturierter Begründung differenziert. Auf den konstruktiven Part der Sprache bei der Herstellung von Geschlecht verweisen auch Tyrell (1986) und Gildemeister (1988), während Lindemann (1992) die leiblich-affektive Erregung vorschalten würde, ohne die Bedeutung verbaler Codierung zu negieren. Gerade die physischen Unterschiede, auf denen der Geschlechtsunterschied basiert, sind in der Regel verdeckt. Durch permanente sprachliche Benennung der Zweigeschlechtlichkeit können diffuse Indikatoren eingeordnet werden.
- Nicht einzelne Indizien, sondern der Zusammenhang von Darstellungselementen ist für Geschlechtsattributionen wichtig.
- Es gibt wahrscheinlich keine natürliche Grenze für mögliche Geschlechtszeichen: *Alles* (sprachliche Äußerungen, Blicke, Materielles etc.) kann als männlich oder weiblich definiert bzw. für die Geschlechtsattribution als irrelevant erachtet werden.

Mit der unterschiedlichen Betonung der Leiblichkeit im Verhältnis von Körper zu Geschlecht wird auch der Ort möglichen Widerstands gegen gesellschaftliche Anforderungen verschoben. Spezifisch auf Weiblichkeit eingehend, vertritt Hagemann-White (1990,33) die These, daß die Konstruktionsleistung der Geschlechterdifferenz nicht von Leiblichkeit separiert werden kann, sondern mit ihr durch Praxis verbunden ist: "Daß wir alle darin involviert sind, uns selbst als Frauen kenntlich zu machen, unsere

---

andere Person als Frau oder Mann gesehen wurde. Dabei mußte kein konkretes auf die Person gerichtetes sexuelles Begehren vorliegen, sondern lediglich das Erleben des/der anderen als begehrenswertes Geschlecht.

21 Hirschauer betont also die kognitive Komponente der Geschlechtswahrnehmung, Lindemann die affektive Komponente unter Einbezug des eigenen Geschlechtserlebens. Die Verbindung beider Sichtweisen kommt wohl dem komplexen Prozeß am nächsten: Affektives Erleben und kognitives Erkennen gehen Hand in Hand bei der Begegnung mit anderen "Geschlechtswesen".

Leiblichkeit als eine - liebensfähige und liebenswerte - Weiblichkeit auszugestalten - weil der "kleine Unterschied" ohne zumindest mittelgroße Formen unkenntlich wird -, das kann uns zugleich toleranter und kritischer gegenüber diesen Erscheinungen machen." In der Betrachtung der Konstruktionen bietet sich die Möglichkeit, Variabilität innerhalb und zwischen den Geschlechtern zu erkennen und in den gesellschaftlich-historischen Rahmen einzuordnen, ohne in die Kategorien "Norm" und "Abweichung" zu verfallen.

Der Körper wird mit sozialer Bedeutung belegt, ohne dadurch vollkommen bestimmt zu sein. Das aktiv an der Geschlechtskonstruktion beteiligte Subjekt wird

> "[g]etrieben von einem Es, welches zugleich in allerhöchstem Maße dieses Individuum selbst *ist* und eher der hartnäckigste Gegner der waltenden sozialen Instanzen darstellt.(...) Die Leiblichkeit als realer Lebensort jeder Subjektivität verweist jedoch auf eine vor der Sozialisierung bestehende Triebhaftigkeit; diese ist eine Quelle der Kraft des Individuums, nicht vorbehaltlos den sozialen Normen entsprechend geformt zu werden, und wirkt dennoch in ihm wie eine fremde Macht" (Hagemann-White 1990,34, Hervorh. im Orig.).

Das in der Psychoanalyse zentrale Thema der innerpsychischen Konflikthaftigkeit, das hier angesprochen wird, dient dem Verständnis widersprüchlicher Prozesse. In der Leiblichkeit ist sowohl der Ausgangspunkt täglicher Lebenspraxis als auch das Objekt sozialer Normierung zu sehen, was Hagemann-White (1990,29) "Verleiblichung von Herrschaft" nennt: "Herrschaft wird in die Leiblichkeit von Geburt an eingespeist, bis unser körperliches Selbst- und Fremderleben und unsere elementaren Bedürfnisse, Begehren wie Abscheu und Ekel, davon durchtränkt sind." Der Körper wird zum Ort des Konfliktes zwischen Individuum und Gesellschaft.

Weiblicher und männlicher Körper sind aber so verschieden konstruiert, daß Herrschaft jeweils geschlechtsspezifisch "einverleibt" wird. "Während aber der Mann, sich mit dem "Geistigen" identifizierend bis in den Liebesakt hinein, die Fähigkeit erwirbt, sich von seinem körperlichen Tun innerlich zu distanzieren (...), wird umgekehrt die Frau mit ihrem Körper identifiziert, der nicht der ihre ist, sondern Objekt männlicher Projektionen" (Woesler-de Panafieu 1983,62). Obwohl diese Aussage in ihrer extremen Polarisierung kaum haltbar ist - die Distanz des Mannes zu seinem körperlichen Tun hat dort ihre Grenzen, wo seine leiblich-affektive Verstrickung beginnt -, deutet sie darauf hin, daß sich der Körper der Frau formbarer und den jeweiligen Erfordernissen des Marktes, den Modeströmungen und Schönheitsidealen, anpassungsfähiger erweist als der Körper des Mannes. Frigidität, Hysterie, Hausfrauensyndrom, erhöhter Tablettenkonsum, Magersucht und Migräne mögen als Formen weiblichen (Körper-)Widerstandes begriffen werden (Woesler-de Panafieu 1983). Das Leiden an Verformungen wird jedoch gebrochen durch die Lust an der Verkleidung und der Manipulation am eigenen Körper und durch den Genuß, sich mit dem Körper zu beschäftigen, der auch eigene Machtressourcen mittels Manipulation anderer verspricht (vgl. Haug 1991). Als Befreiung des Körpers sieht Woechsler-de Panafieu (1983,74) die Hervorbringung einer eigenen Geschichte, in der die Frau "gesellschaftliche Erfahrungen jenseits der Trennungen von Geist-Körper, Sinne-Verstand, Rationalität-Irrationalität, Natur-Kultur hervorbringt." Diese Befreiungsmomente gelten aber auch für Männer, bei denen die Abspaltung und Abstraktion der Sexualität vom Selbst nicht zuletzt zur Mythenbildung männlichen Sexualverhaltens beiträgt (Böhnisch & Winter 1993,191): "It is only through turning sex into performance, and separating it from intimacy and personal contact, that they can still see it as an issue of control" (Seidler 1987,96).[22]

2.3.4. Zum Verhältnis von Geschlecht und Sexualität

Sowohl Geschlecht als auch Sexualität sind historische und soziale Kategorien, die in ihrer unmittelbaren Alltagsrelevanz den Menschen einverleibt sind, sozusagen unter ihrer Haut stecken und darum nur mühsam und in ungewöhnlichen Distanzierungsstrategien von außen betrachtet werden können.[23] Zunächst ist festzuhalten, daß die häufig durchgeführte Trennung von Geschlecht und Sexualität aufgehoben werden soll, die dazu beiträgt, daß entweder Frau-Mann-Beziehungen betrachtet werden, ohne Sexualität zu berücksichtigen, oder Sexualität ins Zentrum gerückt wird, ohne zu sehen, daß sie für Männer und Frauen jeweils etwas Verschiedenes bedeutet (vgl. MacKinnon 1979). Letzteres verweist auf die in Geschlecht und Sexualität enthaltenen Herrschaftsverhältnisse, mit deren Analyse den unterschiedlichen Auftrennungen und asymmetrischen Bewertungen von Zusammenhängen auf die Spur gekommen wird. Da wir es aber mit einem leibnahen Erleben zu tun haben, wird die affektive Beteiligung der Individuen immer im Zentrum stehen, wenn auch deren Potential als Widerstandsmoment gegen gesellschaftliche Überformung nicht exakt bestimmt werden kann.

Die bisher erfolgte Erörterung von Sexualität legt nahe, daß das Verhältnis von Sexualität zu Geschlecht nicht das von Teil zu Übergeordnetem ist, also Sexualität als Teilaspekt von Geschlecht, sondern daß die Organisation von Sexualität Geschlecht und Geschlechterverhältnissen zugrundeliegt. Auch MacKinnon stellt dazu fest:

---

22 Nicht nur Frauen, auch Männer sind mit ihrem Körper nicht zufrieden: In einer Studie von Mishkind et al. (1986) drückten 95% der jüngeren Männer Unzufriedenheit über verschiedene Teile ihres Körpers aus, zumeist über Brust, Gewicht und Taille.

23 Deshalb erfreuen sich Transsexuelle und Homosexuelle als Forschungssubjekte großer Beliebtheit, ebenso wie fremde Kulturen und andere Epochen, die freilich nur begrenzt etwas über das Hier und Jetzt aussagen.

"Gemäß dieser revidierten Auffassung wird man nicht so sehr durch körperliche Reifung oder durch Übernahme des passenden Rollenverhaltens eine Frau, d.h., daß man den weiblichen Status erwirbt und sich damit identifiziert, als vielmehr durch die Erfahrung der Sexualität: jener komplexen Synthese von Körperlichkeit, Emotionalität, Identität und Statusbestätigung. Das Geschlecht als Geschlechtsidentität[24] bzw. als Sexualität definiert sich so wechselseitig, es ist jedoch die Sexualität, die die Geschlechtsidentität bestimmt, nicht umgekehrt" (MacKinnon 1989,99).

2.4. Resümee

Sexualität - davon abgesehen, daß der Begriff selbst ein relativ junger ist - wird unter je spezifischen historisch-gesellschaftlichen Verhältnissen immer wieder mit Leben und Sinn gefüllt, der um die zentrale Kategorie der Geschlechtergegensätze kreist. In ihnen wiederholt und spiegelt sich die Polarisierung von privat und öffentlich, von Erwerbsarbeit und Hausarbeit, von Zweckrationalität und Emotionalität, die jeweils in hierarchischem Verhältnis zueinander stehen und bis auf die Ebene des Körpererlebens reichen. Dieser äußeren Bestimmung ist das innere Lust- und Triebgeschehen gegenüberzustellen, das zwar von außen gestellten Herrschaftsansprüchen nicht entkommt, gleichwohl aber deren gewaltigster Gegner ist. Allerdings kann der "Ort" der Widerständigkeit des Sexuellen gegenüber äußeren Anforderungen kaum noch definiert werden, wenn "alles irgendwie" gesellschaftlich bedingt ist. Wenn aber leiblich-affektives Erleben am wenigsten verstellt ist und am wenigsten in den Dienst der Gesellschaft genommen werden kann, birgt Sexualität als leibnahes Phänomen ein Widerstandspotential in sich, dessen Gefahr für die Gesellschaft schon vor langer Zeit erkannt und das deshalb zum Ziel massiver Disziplinierungsstrategien wurde. In den beiden im folgenden vorgestellten Ansätzen zur Disziplinierung der Sexualität (von Hertbert Marcuse und Michel Foucault) zeigt sich, daß sie sich zwar einig sind über die Notwendigkeit der Kontrolle der Sexualität zur Aufrechterhaltung unseres gesellschaftlich-wirtschaftlichen Systems, aber die Orte von Kontrolle und Widerstand unterschiedlich lokalisieren und damit auch den Stellenwert des Körpers als authentisches Zentrum des Menschen verschieden bewerten. Obwohl hier die psychoanalytische Sichtweise favorisiert wird, bietet die alternative Perspektive von Foucault wichtige Einsichten insbesondere innerhalb der Geschlechterforschung, so daß eine Integration der beiden Ansätze versucht werden soll. Denn beide sind für ein Verständnis dessen notwendig, wie sich "die Organisation" zur Sexualität vor dem Hintergrund gesellschaftlicher Prozesse verhält, in deren Zentrum in diesem Zusammenhang die Konstruktion der Zweigeschlechtlichkeit und der Geschlechterpolaritäten steht.

---

24 "gender" wird hier - nicht ganz glücklich - mit "Geschlechtsidentität" übersetzt.

3. Die Disziplinierung der Sexualität

3.1. Desexualisierung des Körpers

3.1.1. Der Ansatz Herbert Marcuses

Während im vorigen Kapitel das historisch-gesellschaftliche Bedingungsgefüge von Sexualität und Geschlecht erörtert wurde, sollen nun Ansätze behandelt werden, welche die Zurichtung der Sexualität im Dienste übergeordneter Ziele analysieren - eine Formulierung, die nahelegt, daß Macht- und Herrschaftsprozesse mit ins Spiel kommen. Mit ihnen wird die Grundlage des theoretischen Rahmens der Herrschaftsperspektive geschaffen, innerhalb dessen die Organisation betrachtet werden soll. Aus diesem Grund werden die beiden Ansätze von Herbert Marcuse und Michel Foucault an organisationstheoretische Fragestellungen angebunden und ihre Relevanz für Organisationsanalysen geprüft.

Gesellschaftliche Unterdrückung und Befreiung waren die zentralen Themen der Kritischen Theorie. Im Zusammenhang mit der Frage des "Schicksals" der Sexualität in unserer Arbeitsgesellschaft steht das Werk Herbert Marcuses innerhalb dieser Richtung wohl an erster Stelle.[25] Marcuse gründet seine Überlegungen zum Verhältnis von individueller Freiheit und kulturellem Fortschritt auf Sigmund Freuds Lehre, nach der die freie Befriedigung der Triebansprüche unvereinbar mit einer kultivierten Gesellschaft sei. Kultur und Zivilisation basieren nach Freud, wie bereits angesprochen, auf der permanenten Unterjochung der Triebe. Anders als Freud beschäftigt sich Marcuse nicht mit Triebverzicht in der Zivilisation als solcher, sondern mit der Unterdrückung menschlicher Triebimpulse in der kapitalistischen Industriegesellschaft, die eine spezifische, nämlich repressive Zurichtung der Gesellschaft bedeutet. Marcuse spielt mit dem Gedanken einer Kultur ohne Unterdrückung, die Triebverzicht auf das notwendige Maß beschränken könnte.

Der Grundgedanke dieses Ansatzes ist folgender: Jeder Mensch hat ein starkes und ursprüngliches sexuelles Begehren, das die Hauptenergiequelle des Lebens ist. Die in unserer Gesellschaft erfolgende Unterdrückung dieses Begehrens *muß* Folgen für die Entwicklung des Menschen haben. Marcuse veröffentlichte sein Hauptwerk "Triebstruktur und Gesellschaft" erstmals 1955 und hatte mit diesem und anderen

---

25 Wilhelm Reich, der sich ebenfalls mit der Unterdrückung der Sexualität befaßte, wählte einen eher "naturphilosophischen" Ansatz, der sich überwiegend auf das Primat der Genitalität bezog und dessen Aufhebung als Befreiung proklamierte.

Werken großen Einfluß auf die Studentenbewegung der späten 60er Jahre, welche die "sexuelle Befreiung" als eines ihrer Ziele begriff.

Nach Freud werden die menschlichen Triebe, die unmittelbar befriedigt werden wollen, als Lustprinzip bezeichnet, während die Unterdrückung, Modifikation oder Aufschiebung der Triebbefriedigung zugunsten kultureller Leistungen, der Ermöglichung eines Zusammenlebens und produktiver Errungenschaften das Realitätsprinzip darstellen. Das Lustprinzip ist das ältere und wird unter der Einsicht, daß seine volle Durchsetzung unmöglich ist, an das Realitätsprinzip angepaßt. "Mit der Einführung des Realitätsprinzips wird der Mensch, der unter der Herrschaft des Lustprinzips kaum mehr als ein Bündel tierischer Triebe gewesen war, zum organisierten Ich" (Marcuse 1990,19). Das organisierte Ich entwickelt Vernunft, d.h. es prüft die Realität, wägt ab und fällt Entscheidungen. So wird die Vernunft zum Ort der Urteilsfähigkeit und der Wahrheit - zwar lustlos, aber nützlich. Nur eine Art der Denktätigkeit, die Phantasie, bleibt dem Lustprinzip unterworfen - frei, aber machtlos, inkonsequent und unrealistisch. Damit setzt sie dem Realitätsprinzip und der von ihm organisierten Sexualität Widerstand entgegen und weigert sich, "zu vergessen, was sein könnte" (S.148). Die Anpassung des Lustprinzips an das Realitätsprinzip erfolgt sowohl permanent in der Entwicklung der Menschheit als auch ontogenetisch in der Sozialisation. Das Realitätsprinzip herrscht jedoch niemals vollständig und muß immer wieder befestigt werden, denn die Ansprüche des Lustprinzips leben - im Unbewußten - weiterhin fort. Der Grund der Unmöglichkeit, das Lustprinzip auszuleben, ist die "Lebensnot", die von den Menschen Arbeit verlangt, um zu überleben. Das Lustprinzip ist jedoch zeitlos und kämpft gegen die zeitliche Zerstückelung der Lust. Deshalb ist die Lust an der "gutgemachten" Arbeit in der Leistungsgesellschaft selbst repressiv, genauso wie das Bedürfnis, sich mit Hilfe der Unterhaltungsindustrie zu entspannen, welche die Freizeit direkt kontrolliert.

Marcuse stellt die Realität in ihren historisch besonderen Kontext, in dem sie in unserer Gesellschaft erscheint. Er sagt zwar, daß Kultur ihren Fortschritt stets als *organisierte Herrschaft* vollzogen hat, aber es muß unterschieden werden zwischen "Grundunterdrückung" und "zusätzlicher Unterdrückung". Erstere ist für das Fortbestehen der menschlichen Gattung in der Kultur unerläßlich, letztere entsteht durch soziale Herrschaft, die auf der heute vorherrschenden Form des Realitätsprinzips beruht, dem "Leistungsprinzip". Unter der Herrschaft des Leistungsprinzips ist die Gesellschaft entsprechend der konkurrierenden ökonomischen Leistung ihrer Mitglieder geschichtet. Die Lebensnot, die Arbeit und Mühe erforderlich macht, ist also keine biologisch gegebene, sondern historisch in spezifischer Weise organisiert, so daß die Verteilung der Ressourcen und die Arbeitsweise den Menschen aufgezwungen werden. Es wird unterschieden zwischen dieser "Rationalität der Herrschaft", die es bestimmten Gruppen oder Einzelnen erlaubt, ihre Privilegien zu erhalten oder zu steigern, und der "rationalen Machtausübung", die jeder gesellschaftsformenden Arbeitsteilung innewohnt und sich auf die Verwaltung von Funktionen und Einrichtungen beschränkt. Arten der Herrschaft, die den materiellen, technischen und intellektuellen Fortschritt als Nebenprodukt enthalten, resultieren aus den historischen Formen des Realitätsprinzips, etwa ob alle Mitglieder der Gesellschaft für ihren Lebensunterhalt arbeiten müssen oder ob nur eine Gruppe (z.B. Versklavte) dies tut. Die Formen der zusätzlichen Triebkontrolle gehen von den Institutionen der Herrschaft aus. "Das Lustprinzip wurde nicht nur entthront, weil es dem Fortschritt der Kultur entgegenstand, sondern auch, weil es sich gegen eine Kultur auflehnte, deren Fortschritt Herrschaft und Mühsal verewigt" (Marcuse 1990,44). Herrschaft wurde zunehmend rationalisiert, indem Funktionen festgelegt wurden, welche die Menschen nur noch erfüllen müssen: Sie arbeiten entfremdet. Die Tätigkeiten stimmen meist nicht mit Fähigkeiten und Wünschen überein, was heißt, daß die Arbeitszeit in der Regel eine leidvolle Zeit ist. Aber: Die Beschränkung und Ablenkung der Triebenergie bringen dem Individuum (materiellen, sozialen...) Nutzen; es wünscht das, was es wünschen soll, ist zeitweise einigermaßen oder sogar sehr glücklich. "Die Unterdrückung verschwindet hinter der großen objektiven Ordnung der Dinge, die die fügsamen Individuen mehr oder weniger entsprechend entlohnt..." (S.50).

Ohne auf die historisch spezifische Produktionsweise einzugehen, betrachtet auch Freud Arbeit allgemein als mühevoll und schmerzlich: "...Um es kurz zu fassen, es sind zwei weitverbreitete Eigenschaften der Menschen, die es verschulden, daß die kulturellen Einrichtungen nur durch ein gewisses Maß von Zwang gehalten werden können, nämlich, daß sie spontan nicht arbeitslustig sind und daß Argumente nichts gegen ihre Leidenschaften vermögen" (1968a,329). Kultur ist in erster Linie Fortschritt durch Arbeit und muß einen großen Betrag der psychischen Energie, die sie selbst verbraucht, der Sexualität entziehen, beruht also auf Desexualisierung und Repression. Aus den Beiträgen des Triebverzichts jedes Einzelnen entsteht der gemeinsame Kulturbesitz an materiellen und ideellen Gütern. Aber auch Arbeit als kulturelle Leistung hat erotische Komponenten in Form von "vereinten menschlichen Anstrengungen, die Befriedigung zu erreichen (...). Die Erfahrung hat gezeigt, daß sich im Falle der Mitarbeiterschaft regelmäßig libidinöse Bindungen zwischen den Kameraden herstellen; welche die Beziehung zwischen ihnen über das Vorteilhafte verlängern und fixieren" (1969b,112). Freud erkannte also die Möglichkeit erotischer (nicht unbedingt sexuell aktiver) Beziehungen bei Kooperierenden an, woraus Marcuse die These ableitet, daß Lebensnot kein hinlänglicher Grund für Triebbeschränkung darstelle, sondern im Gegenteil, daß Arbeit, von einer "Reaktivierung der prägenitalen polymorphen Erotik" begleitet, an sich Befriedigung bringen könnte, ohne ihren Werk-Inhalt (ihren Zweck) zu verlieren. Mit den Institutionen des Leistungsprinzips, in denen lustvolle Arbeit - "als Steckenpferd, als Spiel oder in einer direkt erotischen Situation" - eine seltene Ausnahme ist, ist repressionslose Sublimierung allerdings unvereinbar. "Nur in Ausnahmefällen und unter einem hohen Grad an Sublimierung dürfen libidinöse Beziehungen in die Sphäre der Arbeit eindringen" (Marcuse 1990, 197). Sublimierung bedeutet dabei eine Modifikation des libidinösen Ziels und Wechsel des Objekts dergestalt, daß das neue Ziel nicht-sexueller Natur ist.

"Die Organisierung der Sexualität weist die Grundzüge des Leistungsprinzips und seiner Organisierung der Gesellschaft auf" (Marcuse 1990,52): Der Körper wird desexualisiert, d.h. die Triebenergie wird in einem Teil des Körpers konzentriert, wodurch fast der ganze übrige Körper zum Gebrauch als Arbeitsinstrument frei wird. Marcuse bezeichnet in Anlehnung an Freud die Unterwerfung der nicht-genitalen Triebe (Partialtriebe) unter die genitalen Triebe und deren Unterwerfung unter die Fortpflanzungsfunktion als "Primat der Genitalität". Was nicht diesem Primat gehorcht, gilt als Perversion o.ä., worunter alle triebhaften "Manifestationen, die unvereinbar mit der Kultur sind, und Manifestationen, die unvereinbar mit der Unterdrükkung, mit der repressiven Kultur, besonders mit dem Supremat der genitalen Monogamie sind" (S.200), fallen. Das Primat der Genitalität korrespondiert mit der Institution der monogamen Ehe. Die in Kap.2.1.3. festgestellte moderne Verbindung von Liebe und Sexualität ist für Marcuse eine funktionale Verknüpfung genitaler Sexualität und höherer ideeller Werte als historisches Ergebnis eines Domestikationsprozesses des Triebes. Unter der Herrschaft des Leistungsprinzips werden Leib und Seele zu Instrumenten der entfremdeten Arbeitsleistung - jedoch nur während des Arbeitstages, die übrige Zeit sind sie frei. Die zeitliche Beschränkung der Sexualität wird durch die räumliche ergänzt, denn ursprünglich ist Sexualität weder räumlich noch zeitlich begrenzt und kennt keine Wertungen - sie ist "polymorph-pervers". In der Beschränkung liegt aber auch die Gefahr des Durchbruchs unerwünschter Triebanteile, so daß viel Energie aufgewendet werden muß, um sie niederzuhalten.

Das Leistungsprinzip erzwingt eine immer vollständigere repressive Organisation der Sexualität. Marcuse fügt dieser resignativen Diagnose aber die Aussicht auf eine Lösung hinzu. Wenn im entwickelten Kapitalismus die Lebensnot nicht mehr unmittelbar gegeben wäre, wenn das Leistungsprinzip durch Umverteilung der Lebensgüter abgebaut werden könnte, dann wäre eine allmähliche Befreiung der Triebentwicklung möglich. Der Körper würde resexualisiert, die erogenen Zonen reaktiviert, das Tabu auf die Verdinglichung des Körpers gelockert - er wäre (wieder) ein Instrument der

Lust, was wiederum zu einer Auflösung der Institutionen führen würde, in denen private zwischenmenschliche Beziehungen organisiert sind, insbesondere zur Auflösung der monogamen Familie.

Marcuse unterscheidet die vorgestellte freie Entwicklung der Triebimpulse jenseits des Leistungsprinzips von der Freisetzung gehemmter Sexualität innerhalb der Institutionen des Leistungsprinzips, in denen "tabuierte Zonen, Zeiten und Beziehungen" erotisiert werden. Letztere bilden eine notwendige Abfuhr für unerträgliche Versagung und verstärken die Wurzeln der Triebhemmung, während erstere auf einer Ausweitung der "Lust aus Körperzonen" beruht, die auch auf die nicht-körperliche Sphäre übergreift, da "die feindliche Trennung des körperlichen vom geistigen Teil des Organismus selbst ein historisches Ergebnis der Unterdrückung und Verdrängung" ist (1990,207).

In seinem 1964 veröffentlichten Werk "Der eindimensionale Mensch" geht Marcuse auf die negativen Folgen einer "Sexualisierung" der Gesellschaft ein, die sich aus den Randbedingungen allgegenwärtiger Stimulierung ergeben. Seine These der Reduktion *erotischer* Erfahrung auf *sexuelle* Befriedigung in repressiven Verhältnissen wird wiederholt, wobei nun verstärkt auf die gegebenen Arbeitsverhältnisse eingegangen wird. Die technologische Wirklichkeit, die mechanisierte Umgebung mindert die polymorph-erotische Energie und intensiviert die genital-sexuelle, weil die Welt der erreichten größeren Freiheit keine Triebverleugnung mehr zu verlangen scheint, und in dieser scheinbar friedlichen Umgebung steckt die Gefahr der Verstärkung allgemeiner Repression. Marcuse geht hier also auf die zunehmende Instrumentalisierung der Sexualität in der Konsumgesellschaft ein, deren Analyse von anderen Autorinnen und Autoren fortgeführt wurde (vgl. Kap.2.1.4.).

Die fortgeschrittene industrielle Zivilisation gewährt mehr sexuelle Freiheit als dies in den Anfängen der Industrialisierung der Fall war, aber sexuelle Freiheit ist zum Marktwert geworden. "Ohne daß er aufhört, ein Arbeitsinstrument zu sein, wird es dem Körper gestattet, seine sexuellen Züge in der alltäglichen Arbeitswelt und in den Arbeitsbeziehungen zur Schau zu stellen" (Marcuse 1987,94). Die Gründe hierfür liegen in der Abnahme schwerer und schmutziger Arbeit, der Verfügbarkeit von attraktiver Kleidung und Kosmetik, in den Erfordernissen der Anzeigenindustrie u.a.

"'Sexy' Büro- und Ladenmädchen, der ansprechende, virile Juniorchef und der Verkäufer, sind höchst marktgängige Waren, und der Besitz geeigneter Mätressen (...) erleichtert die Karriere selbst der weniger hochstehenden Ränge in der Geschäftswelt" (Marcuse 1987,94). Das Sexuelle wird in die Arbeitsbeziehungen und in die Werbung integriert und kontrollierter Befriedigung zugänglich gemacht, die Genuß gewährt und gleichzeitig Unterwerfung fordert, um zum Genuß zu gelangen.

Deshalb fügen sich die Individuen laut Marcuse freiwillig in die repressive Gesellschaft ein. Diese Form sexueller Liberalisierung ist die Grundlage für kontrollierte, institutionalisierte und repressive Entsublimierung (S.92).

Im Zentrum von Marcuses Ansatz steht also der Gegensatz von notwendiger und zusätzlicher Unterdrückung von Sexualität, wobei die zusätzliche nur unter herrschaftsförmigen Verhältnissen, sozusagen unnötigerweise, zustande kommt. Diesen Verhältnissen ordnet er das "Leistungsprinzip" zu, unter dem er entfremdete, repressive Arbeitsbedingungen versteht, die von der menschlichen Sexualität mehr abverlangen als für das Zusammenleben erforderlich wäre.[26] Dazu zählt insbesondere die Desexualisierung des Körpers, ausgehend von einer Ganzheit erotischen Körperempfindens hin zu einer Partialisierung der Triebe mit genitaler Dominanz und Unterordnung der übrigen Körperzonen, die zu Arbeitswerkzeugen werden. In der entwickelten Industriegesellschaft ist der Umbau der Sexualität soweit vorangeschritten, daß sie in den Dienst des Kapitals oder des eigenen Fortkommens gestellt werden kann und kleine Freiheiten erlaubt sind, die keine Gefahr bedeuten.

3.1.2. Die "Natur" der Sexualität und der Geschlechter

Was nun konkret das Herrschaftssystem ausmacht und was das Leistungsprinzip gegenüber dem Realitätsprinzip auszeichnet, bleibt bei der Unterscheidung der notwendigen und zusätzlichen Unterdrückung weitgehend im Dunkeln, so daß Marcuses Entwürfe einer repressionsfreien Gesellschaft eher als kritische Analyse des Ist-Zustands, denn als realistische Möglichkeit der Gesellschaftsentwicklung zu sehen sind. Der Umgang mit den Begriffen "Herrschaft", "Partialtriebe" und "Lustprinzip" bzw. dem "Unbewußten" haben ihm auch die Kritik der Vereinseitigung und Vereinfachung seiner Gesellschaftsanalyse eingebracht. Es scheint allzu klar, wer auf welcher Seite steht, wer unterdrückt und wer unterdrückt wird und was "befreite Sexualität" zu sein hat. Seine (wie auch Freuds) Argumente tendieren insofern zur Biologisierung, als sie eine ursprüngliche, freie Sexualität postulieren, die im Zuge der Vergesellschaftung deformiert wird.

Aus dem Gedanken der Deformierung einer ursprünglichen Ganzheit ergibt sich der Antagonismus der Selbst- versus Fremdbestimmung, mit dem Zentrum der potentiellen Selbstbestimmung im Körper und in der Sexualität, wie es in Kap.2.1.1. vorgestellt wurde. So liegt vornehmlich in der Bestimmung dessen, was *nicht* deformiert,

---

26 Der Begriff Leistungsprinzip soll im folgenden vermieden werden, um Mißverständnissen vorzubeugen, denn schließlich hat die Bewertung aufgrund von Leistung nicht notwendigerweise mit Herrschaft zu tun. Vorzuziehen sind deshalb unzweideutige Begriffe wie Herrschaft, Repression u.ä.

widerständig oder unterdrückt ist, die Frage begründet, wie die Triebe ihre Autonomie bewahren und sogar ein Bedrohungspotential für die Kultur darstellen sollen, denn gerade sie sind ja im Innersten korrumpiert, wie der Begriff der repressiven Entsublimierung nahelegt. Aus dem "Jargon der Eigentlichkeit" (Adorno) der Kritischen Theorie nährte sich auch die Sichtweise der Geschlechterdifferenz als biologisch begründet, in der Frauen nach der eigentlichen, wahren Weiblichkeit such(t)en, die in der Männergesellschaft unterdrückt wird und in ihrer Befreiung auch gesellschaftliche Veränderungen bewirkt (vgl. Gildemeister 1992).[27]

Was die Natur der Zweigeschlechtlichkeit betrifft, wurden in Kap.2.3. zahlreiche Zweifel an ihr und ihren Folgen angemeldet (z.B. Tyrell 1986, Hirschauer 1989, Bilden 1991, Butler 1991). Marcuse sieht im Gegensatz dazu die heterosexuelle Anziehung "vor dem Gesetz":

> "Und innerhalb des historischen Universums gibt es Teilungen und Grenzen, die real sind und sogar dann bestehen bleiben, wenn Freiheit und Erfüllung erlangt worden sind, denn alle Lust und alles Glück und alle Menschlichkeit hat darin ihren Ursprung und lebt in und mit diesen Teilungen und Grenzen. Dazu gehört die Teilung in Geschlechter, der Unterschied zwischen männlich und weiblich, zwischen Penis und Vagina, (...) sie sind höchst erfreuliche und befriedigende Teilungen, oder sie können es sein; ihre Abschaffung wäre nicht nur ein Wahn, sondern ein Alptraum - der Gipfel der Unterdrückung" (Marcuse 1977,239).

Das Prinzip der Heterosexualität bezieht er also nicht in seine Kritik mit ein. Trotzdem fanden Marcuses Thesen Eingang in neuere Ansätze der sozialen Konstruktion der Sexualität. Vor allem seine Infragestellung sexualpolitischer Institutionen und der Abwertung nicht-genitaler sexueller Aktivitäten sind in der (Homo-) Sexualitätsforschung und Frauenforschung weitergeführt worden (z.B. Weeks 1991, Haug 1991, Kentler 1988). Marcuse war einer der ersten, die Sexualität in der Arbeitswelt nicht nur als Indiz unvollkommener Kontrolle, sondern als repressives, herrschaftsstabilisierendes Phänomen betrachteten, und seine Thesen einer vermeintlich befreiten, jedoch marktgängig gewordenen Sexualität wurden im Zuge des Fortschreitens der Konsumgesellschaft weiter ausgebaut (vgl. z.B. Sigusch 1984). Wesentlich für Marcuses Sexualitätsbegriff ist indessen, daß er - wie Freud - ein prinzipielles Spannungsverhältnis zwischen Individuen und ihren Bedürfnissen einerseits und Gesellschaft und ihren Erfordernissen andererseits postuliert und daß er die Gestaltung dieses Spannungsverhältnisses an den konkreten gesellschaftlichen Bedingungen festmacht. Anders als bei Foucault hat für Marcuse die individuelle Sexualität ihren eigenen "natürlichen" Stellenwert gegenüber der Gesellschaft und wird nicht lediglich sozial erzeugt.

27 Siehe Marcuses eigene Einstellung zur höherwertigen Weiblichkeit (weiter unten).

In bezug auf reale Geschlechterverhältnisse ist Marcuse allerdings als "geschlechterblind" zu bezeichnen, wenn er allgemein über die menschliche Sexualität spricht, die den Herrschaftsverhältnissen unterworfen wird, ohne in weibliche und männliche Sexualität zu differenzieren (vgl. MacKinnon 1979). Als Beispiel kann der oben zitierte Satz Marcuses über funktionalisierte Sexualität am Arbeitsplatz dienen. Der virile Juniorchef, das sexy Ladenmädchen und die karriereförderliche Mätresse werden gleichgesetzt, ohne zu sagen, daß weibliche Sexualität für männliche Interessen instrumentalisiert wird. Die Attraktivität des Juniorchefs hat für diesen eine andere Bedeutung als die Attraktivität des Ladenmädchens für die Frau. Seine Attraktivität ist ein Pluspunkt für Macht und Karriere, ihre Attraktivität wird häufig vorausgesetzt und selten extra entlohnt. Auch der karriereförderliche Besitz(!) geeigneter Mätressen ist kaum auf den umgekehrten Fall übertragbar.

Im 1972 erschienenen Werk "Konterrevolution und Revolte" äußert sich Marcuse dann explizit zur Geschlechterfrage: Vorbedingung der Freiheit ist die Fähigkeit zur Rezeptivität und Passivität, die im Gegensatz zur zerstörerischen Produktivität stehen. Ersteres ist das weibliche, letzteres das männliche Prinzip; eine freie Gesellschaft wäre mithin eine weibliche Gesellschaft (Marcuse 1972). Er begründet dies damit, daß Männer den entfremdeten Arbeitsbedingungen weitaus intensiver ausgesetzt seien als Frauen, und diese sich ihre Sinnlichkeit besser hätten bewahren können. Die von ihm als weiblich bezeichneten Eigenschaften "rezeptiv, sensibel, gewaltlos und zärtlich" nimmt er aus der gesellschaftlichen Verankerung heraus und sieht sie als gleichsam natürlich an (vgl. Brick 1992). Indem er Frauen als Protagonistinnen einer besseren Gesellschaft betrachtet, macht er das, was er den Herrschaftsverhältnissen vorwirft: Er instrumentalisiert bestimmte Aspekte von Personen (die angeblich weiblichen Eigenschaften), um Interessen anderer zu befriedigen (die Rettung der Männer von der entfremdeten Welt).[28]

3.1.3. Die (de)formierende Organisation

Es war nicht Marcuse, sondern Adorno, der im Jahre 1953 die Organisation explizit zum Thema eines Vortrages machte und den Antagonismus zwischen Individuum und Organisation in Frage stellte, indem er die Vorstellung eines "reinen" Menschen, welcher der Organisation gegenübersteht und als Widerpart zu ihr zu denken ist, als Ideologie entlarvte. "Die Menschen sind nicht nur einem ihnen Äußerlichen, Drohenden, überantwortet, sondern dies ihnen Äußerliche ist zugleich eine Bestimmung ihres

28 Barbara Brick (1992) sieht im Gegensatz dazu in Marcuses Darstellung des Realitätsprinzips eine Anerkennung des verdrängten Weiblichen, das im Entwurf einer freien Gesellschaft zu seiner rechtmäßigen Geltung kommt.

eigenen Wesens, sie sind sich selbst äußerlich geworden. Darum lassen sie mit Errungenschaften, die längst nicht mehr ihrem Glück und ihrer Freiheit zugute kommen, sich einlullen" (Adorno 1979,451). Ein Vergleich mit Marcuses These der "repressiven Entsublimierung" zeigt, daß beide Autoren nicht glauben, "daß das Innere des Menschen sich aus sich heraus, ohne Rücksicht auf die Gestalt des Äußeren entfalte" (S.452). Wenn jedoch Adorno auf der anderen Seite in seinem Vortrag das "individuelle Bewußtsein" bzw. die Einsicht in die Verhältnisse in den von der Organisation noch freigelassenen Bereichen des Lebens - dem Privaten - als einzig möglichen Angriffspunkt verändernder Praxis und des Widerstands gegen Organisation sieht, hat er den Antagonismus Organisation - Mensch bzw. Organisationsmensch - Privatmensch doch wiederhergestellt, wobei ersterer durch verschiedene Organisationsstrategien, u.a. "human relations-Maßnahmen", korrumpierbar geworden sei. Indessen trägt die Organisation nach Adorno ihren notwendigen Anteil an der Erhaltung der Gesellschaft bei, der auf Naturbeherrschung und Rationalität beruht, einer Rationalität allerdings, die zugleich irrational wird, indem sie anderen Zwecken als der Reproduktion der Menschheit dient.

Zunächst definiert Adorno "Organisation" als bewußt geschaffenen und gesteuerten Zweckverband, in dem die ihr angehörigen Menschen als Werkzeuge zur Realisierung des Zweckes fungieren. Die "Organisation als solche ist weder böse noch gut, sie kann beides sein" (Adorno 1979,446), nämlich "Ausdruck der Entfremdung des Ganzen von seinem menschlichen Zweck (...) wie umgekehrt auch Zeugnis jener Vernunft, die allen zugute kommen könnte und die allein das Schlimmste verhindert" (S.447). Adorno scheint also die Organisation zunächst als neutrale Ordnungsinstanz zu betrachten - denn im Privaten sieht er *zu wenig* Organisation für die Gestaltung der menschlichen Beziehungen, die deshalb oft unbefriedigend ablaufen! -, die erst in den realen Verhältnissen deformierend wirkt.

Aufgrund dieser Ausführungen kann zwischen einer "instrumentellen Organisation" (unter entfremdeten Bedingungen, gewaltförmig, verdinglicht) und einer "libidinösen Organisation" (der Menschheit dienend, zweckerfüllend, Willkür und Gewalt abwendend) unterschieden werden. Letzteres ist im Rahmen der Utopie einer auf anderen als den gegenwärtigen Prinzipien beruhenden Gesellschaft nur theoretisch zu sehen, birgt aber die der Kritischen Theorie eigene Hoffnung auf die Möglichkeit eines besseren Miteinander - in diesem Fall auf organisationaler Ebene - in sich.

3.1.4. Die Bedeutung der Kritischen Theorie für die Organisationstheorie

Die Bedeutung der Kritischen Theorie für die Organisationstheorie liegt in der Kritik repressiver Verhältnisse der Organisation unter Einbeziehung potentieller Widerstandsformen der Subjekte (Alvesson & Willmott 1992). Diese Ausgangsbasis ist gleichzeitig einer der Gründe, warum die Kritische Theorie keinen Eingang in die "mainstream" Organisationstheorien gefunden hat. Aus der Kritischen Theorie-Perspektive sind sämtliche Veränderungen, die von Management-Seite initiiert werden, mit Mißtrauen zu betrachten und auf ihre möglichen repressiven Funktionen zu prüfen. Darunter fallen auch und gerade humanistische Managementansätze - schon von Adorno angesprochen - und neuere, "weiche" Ansätze, die menschliche Bedürfnisse und soziale Werte vermeintlich berücksichtigen. Managementtheorien wird von der Kritischen Theorie vorgeworfen, daß sie die historische und soziale Dimension vorherrschender Arbeitsprozesse und Interessen ignorieren und die Gesellschaftsordnung und die Organisation der Arbeit nicht in Frage stellen würden. Der von der Kritischen Theorie postulierte Antagonismus zwischen individuellen Wünschen und kapitalistischer Arbeitsorganisation kann jedoch schwerlich das Thema von Organisationstheorien sein, die das Funktionieren und den Prozeß des Organisierens analysieren und nicht subjektzentriert die deformierenden Effekte von Organisationsprozessen aufdecken wollen. Dennoch gibt es, wie Alvesson & Willmott (1992,443) zeigen, Berührungspunkte zwischen beiden Standorten, wenn die Kritische Theorie von der Annahme abläßt, daß sämtliche Ansätze der Organisations- und Führungstheorie von vornherein den (negativen) Status Quo unterstützen. Die Organisationskultur-Ansätze beziehen beispielsweise idiosynkratische, intuitive, irrationale Aspekte mit ein, sie stellen rationale Konzeptionen der Organisation in Frage und gestehen den Individuen ihren Drang nach mehr Autonomie und Freiraum zu - alles Elemente, die potentiell emanzipatorischen Charakter haben und eine These der Kritischen Theorie unterstützen: daß eine Ausweitung von Autonomie nicht zu Anarchie führen muß. Gleichzeitig sollte jedoch nicht der ideologische Gehalt und der limitierte Freiheitsspielraum innerhalb von Organisationskultur-Ansätzen übersehen werden. Denn Emanzipation stellt eine Bedrohung für die Organisation wie für den/die Einzelne/n dar: Es droht Gewinnverlust, wenn Gruppen oder einzelne nicht mehr so mitspielen wie sie sollen, und es drohen Identitätsprobleme, wenn Einzelne vorgegebene, sichere und gelernte Strukturen und Verhaltensmuster aufgeben. "Mikroemanzipation" kann jedoch realen Autonomiegewinn bedeuten, ohne die Grundprinzipien der kapitalistischen Arbeitsorganisation aufgeben zu müssen.

3.1.5. *Die "Drei Seiten der Lust" (G. Burrell)*

Burrell (1992) bezieht sich in seinen organisationstheoretischen Überlegungen explizit auf Marcuses Gedankengut[29] und stellt sich gegen den Einwand, daß die Kritische Theorie für heutige Fragestellungen überholt sein könnte.

> "Thus I have contended that certain features of so-called 'anti-organization theory' with its roots in critical theory, its emphasis on the shaman or seer, its ecological consciousness, its ready acceptance of the liberating effects of drug use (*not* abuse), its dependence on the arts and humanities, the novel and the poem for its inspiration, its search for alternative forms of organization, and above all its celebration of pleasure and excitement in many polymorphous ways is about to re-emerge after years of neglect" (Burrell 1992,81, Hervorh. im Orig.).

Die Organisation der Lust (pleasure) ist denn auch sein Thema, das er im Spannungsverhältnis zwischen der Körperlichkeit von Individuen auf der einen Seite und der bürokratischen Organisation auf der anderen Seite ansiedelt. Lust (und verwandte Begriffe wie Begehren, Liebe, Freude und Spiel) hat in seinem Konzept drei Seiten:

- Die erste Seite der Lust ist die, welche sich Management-Verantwortlichen präsentiert und von ihnen aufgenommen wird: Lust ist eine Quelle von Energie, die kanalisiert, genutzt und auf Unternehmensziele gerichtet werden muß.
- Die zweite Seite der Lust stellt sich als Ausbruch aus der Realität dar, als individuelle Bewältigung und Widerstandsform gegenüber den Anforderungen des Lebens.
- Die dritte Seite der Lust verweist auf ihren politischen Gehalt als systemgefährdende Kraft zur Transformation der bestehenden Verhältnisse.

Vor allem bei der ersten und dritten Dimension der Lust bezieht sich Burrell explizit auf Marcuse. Die Hervorbringung und Nutzung, d.h. die Instrumentalisierung von Lust und Freude bei den Arbeitenden - die "erste Seite der Lust" - gilt längst als anerkannte Notwendigkeit in Organisationen. Diese Strategie konnte allerdings erst auf dem Boden einer systematischen Verbannung ungerichteter Sexualität aus Organisationen Fuß fassen (vgl. Kap.5.1.), weil sie andernfalls zu gefährlich wäre. Konzepte der Personalentwicklung und der Unternehmenskultur versuchen, Lust als produktiven Faktor ins Unternehmen einzuführen, was Burrell als "Neo-human relations-Bewegung" bezeichnet (Burrell 1992,86). Die Energiereserven der Menschen werden zum Ziel unternehmerischer Nutzung wie nie zuvor, was allein daran deutlich wird, daß in der Managementliteratur fachliche Qualifikation zunehmend als selbstverständliche Voraussetzung betrachtet wird und Engagement, Werteübereinstimmung oder Identifi-

---

29 Den zur Zeit größten Einfluß auf Management- und Organisationstheorien hat innerhalb der Kritischen Theorie die Variante von Habermas (vgl. Türk 1989,21), die wegen ihrer kognitivistischen Ausrichtung hier keine Berücksichtigung finden soll.

kation der Arbeitskräfte mit dem Unternehmen eine zentrale Rolle spielen. Die beschriebene Nutzung von Synergie-Effekten bei Liebesbeziehungen am Arbeitsplatz wäre ein Beispiel für diese erste Seite der Lust. Burrell rekurriert hier auf Marcuses These der repressiven Entsublimierung: Lust und Freude werden stimuliert, um in den Dienst der Profitsteigerung genommen zu werden.

Die "zweite Seite der Lust" präsentiert sich als eher esoterischer Zugang zur Lust - als abgehobener Zustand der inneren Gelassenheit, zufriedene Passivität statt unzufriedener Aktivität. Sie erinnert an den Zustand des "satori" in fernöstlichen Philosophien und geht mit weitgehender Interesselosigkeit an äußeren Zielen und damit an Unternehmensbelangen einher. Diese Art der Lust ist insofern dysfunktional für das kapitalistische System, weil sie Energie, die für Unternehmenszwecke eingesetzt werden soll, absorbiert.[30]

Bedeutend gefährlicher ist die "dritte Seite der Lust", die auf Veränderung abzielt. Hier greift Burrell Marcuses Utopie der Re-Erotisierung der Gesellschaft auf. "An organization, or a society which has *re-eroticized* itself will be totally destructured. Pleasure in this sense is the most potent weapon human beings possess" (Burrell 1992,78, Hervorh. im Orig.). Damit meint er nicht die Sexualisierung menschlicher Beziehungen, wie sie sich Wilhelm Reich als Befreiung von sexueller Unterdrückung vorgestellt hat, sondern eine lustvolle, spielerische Einstellung zum Leben und zu den Mitmenschen. Re-Erotisierung ist "spontan, verrückt und komplex" (S.82) und aus diesem Grund eine Bedrohung für Herrschaftsverhältnisse. Sie weckt die Lust der Menschen, mit alternativen Formen von Kooperation zu experimentieren, wie es selbstorganisierte Kollektive und Kooperativen versuchen, und kann in diesen Entwürfen nicht auf die Analyseebene der Organisation beschränkt bleiben, weil sie das Konzept von "Organisation", wie es in unserer Gesellschaft gebraucht wird, insgesamt in Frage stellt (S.81). Re-Erotisierung der Organisation, das ergibt sich aus Marcuses Begriff der totalen Verwaltung der Gesellschaft, ist nur möglich bei Re-Erotisierung der gesamten Gesellschaft. Burrell argumentiert hier ähnlich wie Adorno, wenn er sich eine andere Form von "Organisation" unter nicht-repressiven Verhältnissen vorstellen könnte, deren konkretes Aussehen aber vage bleibt.

Welche Konsequenzen könnte die Stärkung des Lustprinzips für die Geschlechterverhältnisse haben? Da Frauen wesentlich schlechtere Erfahrungen mit ungehemmter Sexualität (sexuelle Gewalt, Belästigung) als Männer gemacht haben, haben sie ein besonderes Interesse an Kontrolle und Unterdrückung männlicher Sexualität artikuliert. In Arbeitsorganisationen setzen sie sich für eine möglichst enterotisierte Atmo-

---

30 Marcuse selbst ist an einem Zustand von Spannungslosigkeit allerdings nichts gelegen, denn "das Streben nach Befreiung wird durch das Streben nach dem Nirwana verdunkelt" (1990,109).

sphäre ein, die sie vor Übergriffen schützt (z.B. Gutek 1985), und im Privaten kämpfen sie gegen Forderungen nach permanenter sexueller Verfügbarkeit. Innerhalb patriarchaler Verhältnisse hätte die Wiedererotisierung der Gesellschaft deshalb negative Folgen, so daß feministische Forderungen integriert werden müßten (Burrell 1992). Jenseits der Geschlechterhierarchie würden jedoch Männer *und* Frauen von einer Re-Erotisierung der Organisation profitieren, da sie beide gleichermaßen nach Lust streben und deren Befriedigung suchen.

In Anbetracht dieser Randbedingungen sind Burrells Entwürfe analog zu denen Marcuses theoretischer bzw. utopischer (im Sinne von "Traumland") Natur. Sein Anliegen ist es, zu verhindern, daß Lust in der Organisationsforschung nur in verwertbarer Form gesehen wird, und daß ihre anderen Seiten - passiver Widerstand und radikale Transformation - dem Zugriff des Kapitals anheimfallen. Ob dies gelingt, wird davon abhängen, wer die "Eigentumsrechte" über die Begriffe Spiel, Lust, Freude usw. erhält.[31]

3.1.6. Zusammenfassung

Adorno fordert eine "Theorie der Gesellschaft", um die Organisation bestimmen zu können, und in etlichen seiner Sätze könnte "Organisation" durch das Wort "Gesellschaft" ersetzt werden. Aus Marcuses Gedankengebäude wiederum kann nur eine "Antiorganisationstheorie" entstehen, die sich, als Anti-Organisationstheorie, gegen bestehende Theorieansätze wendet, bzw. als Antiorganisations-Theorie gegen (bestimmte) Organisationen richtet. In beiden Varianten kann sie jedoch wertvolle Erkenntnisse bezüglich des Funktionierens von Organisationen liefern, indem sie Widersprüche zwischen Individuum und Organisation als Faktum anerkennt und auf dieser realistischen Basis Entwicklungsmöglichkeiten für Organisationen aufzeigt. Für die Sexualität in Organisationen ist aus Marcuses Ansatz festzuhalten, daß er

- Sexualität ins Zentrum menschlichen Daseins stellt und bestimmte Trennungen (Körper-Geist, sexuelle-nichtsexuelle Körperzonen...) nicht als gegeben akzeptiert;
- die Zurichtung menschlicher Sexualität zu Effizienzzwecken analysiert;
- eine systematische Beziehung zwischen menschlicher Sexualität und menschlicher Arbeitstätigkeit unter historisch-gesellschaftlichen Bedingungen herstellt;
- durch seinen emanzipatorischen Anspruch Möglichkeiten des "Andersdenkens" jenseits üblicher Themenfelder der Organisation schafft;

---

31 Hier ist Burrell nicht weit von Foucault entfernt, der Diskurse mit Macht und Realitätserzeugung verknüpft, siehe Kap.3.2.

- ideologiekritisch sämtliche staatlichen, betrieblichen u.a. Maßnahmen auf ihren disziplinierenden Gehalt überprüft;
- den Widerspruch zwischen Instrumentalisierung und Luststreben der Sexualität nicht aufhebt, in dem die Sexualität in Organisationen anzusiedeln ist.

Auf der einen Seite können mit Marcuses Ansatz Unterdrückungs- und Kontrollprozesse von Organisationen auf die zentrale Aussage konzentriert werden, daß die Unterdrückung von Sexualität im gegebenen Wirtschaftssystem keine notwendige, sondern eine zusätzliche, repressive Funktion hat. Auf der anderen Seite ist es möglich, sexuelle Phänomene in Organisationen dahingehend zu analysieren, ob sie funktional und instrumentalisiert für die Organisation verwendet werden oder ob sie vielmehr ein Stück der oben beschriebenen Utopie realisieren. Dies alles ist unter der Prämisse zu sehen, daß Menschen "eigentlich" einen Drang nach Lustbefriedigung haben, den sie trotz aller Zurichtung versuchen auszuleben, und daß ihre Authentizität in ihrem Körper begründet ist, dessen Desexualisierung das Erotische auf das genital Sexuelle einschränkt. Die Organisation als Nutznießerin entsexualisierter Körper stünde in dieser Sichtweise im Zentrum kontrollierter Sexualität und gleichzeitig des Widerstandes gegen Zurichtungen und Zumutungen. Sie bietet damit aber auch die Möglichkeit eines utopischen Entwurfs nichtrepressiven Wirkens, weil sie erst unter den realen Verhältnissen deformierenden Charakter annimmt.

3.2. Sexualität als Dispositiv der Macht

3.2.1. Macht und Sexualität (Michel Foucault)

Michel Foucault will in seiner Theorie erklärtermaßen der von Marcuse unterstützten Repressionshypothese widersprechen, derzufolge Sexualität zu gesellschaftlich-reglementierenden Kräften in antagonistischem Verhältnis steht und sich deshalb nicht frei entfalten kann. Sein Werk kennzeichnet das Interesse an den Wechselbeziehungen von "Wissen" und "Macht", die er in historische Untersuchungen über die Institutionen Anstalt, Gefängnis, Klinik und die Fabrik einbettet. Obwohl er die Wirkungsweise von "Macht" ins Zentrum seiner Überlegungen stellt und entsprechend als Macht- und nicht als Sexualitätstheoretiker bekannt wurde, ist Foucaults Thema an sich die Sexualität (Fink-Eitel 1989,17). An Foucault kann deshalb bei der Untersuchung von Sexualität und Herrschaft in Organisationen nicht vorbeigegangen werden, auch wenn er nicht systematisch die Organisation analysiert, sondern typische Machtmechanismen exemplarisch an bestimmten Institutionen aufzeigen will.

Foucault setzt im Gegensatz zur psychoanalytischen Sichtweise nichts Ursprüngliches an der Sexualität voraus, sondern stellt sich die Frage, wie Gewißheiten über einen Wissensbereich - die Sexualität - entstehen und durch welche Mechanismen sich dieser Bereich konstituiert. Er will verstehen, warum *überhaupt* und warum *soviel* über Sexualität gesprochen wird und wie es zu der Annahme kam, daß das "Innerste" eines Menschen, seine wahren Gefühle in der Sexualität gesucht werden müssen (vgl. Visker 1991,93). Als methodische Zugangsweise untersucht er sog. diskursive und nicht-diskursive Praktiken, die als Systeme von Sprache, Objekten und Praxis Gegenstände und Ereignisse zusammensetzen.

Wissen wird durch Diskurse produziert und transportiert: Foucault analysiert die Humanwissenschaften als Instanz der Beschreibung, Einteilung, Vermessung und Kategorisierung des Menschen. Diskurse sind hierbei nicht nur Arten des Denkens und der Bedeutungsgenerierung, sie sind konstituierend für die Gedanken, Gefühle und Körperlichkeiten der Individuen, weil es nichts Ursprünglicheres gibt (vgl. Weedon 1990,139). Da sie immer ins Netz von Machtbeziehungen eingeflochten sind, gibt es keine Diskurse, die *nicht* mit Macht zu tun hätten. Plausibel wird diese Behauptung bei der Analyse von (psycho-)pathologischen und justitiablen Kategorisierungen, die seit dem 17./18. Jahrhundert produziert wurden und die bestimmten, was als krank, gesund, delinquent oder normal zu gelten habe. In jener Zeit bereitet sich gesamtgesellschaftlich ein Umbruch vor, der die Macht von einer Souveränitäts- und Abschrekkungsmacht zu einer in Verfahren, Technik und "Normalisierung" geronnenen Macht transformiert.

> "Und wenn es wahr ist, daß das Juridische in gewiß nicht erschöpfender Weise eine Macht repräsentieren könnte, die wesentlich an der Abschöpfung und am Tode orientiert war, so ist es doch den neuen Machtverfahren völlig fremd, die nicht mit dem Recht, sondern mit der Technik arbeiten, nicht mit dem Gesetz, sondern der Normalisierung, nicht mit der Strafe, sondern mit der Kontrolle, und die sich auf Ebenen und in Formen vollziehen, die über den Staat und seine Apparate hinausgehen" (Foucault 1989, 110/111).

Vor dem Hintergrund neuer Formen der Kapitalakkumulation und der Produktionsverhältnisse entwickelt sich die Disziplinargesellschaft, in der mittels Regeln Willkürherrschaft abgelöst wird. Alle Beteiligten werden in ein diskursives Gefüge eingeschlossen, das einerseits neue Sicherheiten durch gemeinsame Kodifizierung und andererseits die Verfeinerung und Vervollkommnung der Unterwerfung und Disziplinierung durch Zuordnungen und Klassifizierungen mit sich bringt (vgl. Breuer 1983, 258). Der Prozeß der Diskursivierung und Unterwerfung wird am Beispiel der Strafjustiz, der Psychiatrie und der Fabrikorganisation analysiert. Foucault orientiert sich also an historisch sich herausbildenden Institutionen, die für ihn exemplarischen Charakter als besonders deutliche Exponenten der Disziplinargesellschaft haben. Das Gefängnis ist zugleich Kaserne und Schule, Werkstatt und Spital, indem es die gesellschaftlich unerwünschten Eigenschaften unterdrückt und die erwünschten modelliert. Das Ziel der Disziplinierung ist es, "Transformationen an den Individuen vorzunehmen" (1976,317).

Benthams Panopticon (1787), bei dem eine Überwachungsinstanz eine große Anzahl von Arbeitenden kontrollieren kann, ohne daß diese ihrerseits sehen, ob und wann sie kontrolliert werden, so daß sie sich zwangsläufig selbst überwachen, gilt als in Architektur geronnenes Machtmodell: Macht erscheint entpersonalisiert und automatisch, sie breitet sich auf die gesamte Gesellschaft als "Kerkernetz" aus und funktioniert zunehmend mehr als produktive Kraft denn als Ausschluß- und Unterdrükkungsinstanz. Denn es ist falsch, "die Wirkungen der Macht immer negativ zu beschreiben, als ob sie nur 'ausschließen', 'unterdrücken', 'verdrängen', 'zensieren', 'abstrahieren', 'maskieren', 'verschleiern' würde. In Wirklichkeit ist die Macht produktiv; und sie produziert Wirkliches. Sie produziert Gegenstandsbereiche und Wahrheitsrituale: das Individuum und seine Erkenntnisse sind Ergebnisse dieser Produktion" (1976,250). Mit anderen Worten: Alles was geschaffen wird, insbesondere in sprachlicher Form, bringt Wissen, Veränderung, sogar Fortschritt hervor; es kann aber nur vermittels Macht geschaffen werden, andernfalls es gar nicht zum Diskurs würde.

Innerhalb der Disziplinargesellschaft wird die Justiz psychologisiert und pädagogisiert, und das Gefängnis verliert in dem Maße seine Bedeutung, wie die ganze Gesellschaft qua Disziplinierungsmechanismen zum Gefängnis wird. Diskursive (z.B. die Psychopathologie) und nicht-diskursive Praktiken (die Praxis der Anstalt, die Architektur) stehen in diesem Prozeß in enger Beziehung und ergänzen sich wechselseitig. Jede Vermehrung des Wissens führt zu einer Intensivierung der Kontrolle, jedoch hat die Disziplinargesellschaft nach Foucault kein ideologisches oder politisches Zentrum. Das Aufkommen des Kapitalismus spielt zwar eine Rolle bei der Durchsetzung der neuen Machtformen, gleichwohl gibt es keine "herrschende Klasse", die Macht repressiv ausüben würde. Foucault unterscheidet drei Machttypen:

- Der erste Machttyp ist die Ausschließung. Sie reicht bis zum Extrem der physischen Vernichtung, in der Regel aber sind Verbannung und Internierung/Einschließung (Gefängnis, Irrenanstalt) gemeint.
- Der zweite Machttyp ist die "innere Einschließung" normativer Integration. Der zunächst Ausgesonderte soll durch Erziehung oder Behandlung umgeformt und reintegriert werden. Beispielsweise tritt das moderne Asyl die Nachfolge der Internierungsanstalten an. Bereits dieser Machttyp verfolgt den produktiven Zweck sozialer Integration.
- Der dritte Machttyp beschreibt Foucaults zentrales Anliegen, die "politische Ökonomie des Körpers" in Form von produktiver Disziplin. Dessen Ziel ist die Isolierung, Überwachung und Transformation des Körpers; er wird in den Dienst der Produktivität gestellt, d.h. er ist überwacht, geregelt, zugerichtet zum modernen Produktionskörper, der gleich-

zeitig nur auf diese Weise hervorbringt, was er hervorbringt. Erreicht wird die Transformation der Körper durch eine Parzellierung und Zerlegung der Körper in funktionale Bewegungen, Gesten und Kräfte, die wieder neu zusammengesetzt in einen Gesamtkörper integriert werden. Erst dadurch können kulturelle Leistungen vollbracht werden, da ein gewisser Grad an Organisiertheit erreicht ist, der alle Individuen erfaßt. Als Ergebnis folgt, daß "der Disziplinarzwang eine gesteigerte Tauglichkeit und eine vertiefte Unterwerfung im Körper miteinander verkettet" (1976,177).

Parzelliert wird der Körper mithilfe der parallelen *Parzellierung von Zeit und Raum*. Durch genaue Einteilungen der Zeit und Zuordnung der Körper zur Zeit (z.B. in Form des Stundenplans, der bestimmte Tätigkeiten für bestimmte Zeiten vorschreibt) wird nutzlos verbrachte Zeit eliminiert: "Die Zeit durchdringt den Körper und mit der Zeit durchsetzen ihn alle minutiösen Kontrollen der Macht" (1976,195). Das Kloster war einer der ersten Orte, wo der Tag zeitlich in geordneter Weise reguliert war. Durch Einteilung der Räume und Zuordnung der Körper zu ihnen (z.B. genau definierte Räume für bestimmte Tätigkeiten im Kloster) verschwinden Frei-Räume - alle Orte bekommen einen Zweck und Individuen haben zu allen Tageszeiten ihren "richtigen Ort". Im 18. Jahrhundert entstanden in Frankreich und anderswo Klassenzimmer in periodisch klar abgegrenzten Reihen, die durch ein System von Korridoren äußerlich getrennt sind. Durch diese sowohl curricularen als auch räumlichen Teilungen bewegen sich Individuen nicht nur im Verlauf eines Tages, sondern auch während ihrer Schulausbildung (vgl. Giddens 1988,201). Der Körper soll dabei nicht gegen seine Natur ausgebeutet werden, sondern "gelehrig" geübt und dressiert werden. Diesen Mechanismus der Disziplin nennt Foucault die "Kunst der Verteilungen".

Hinzu kommt der "Mechanismus des Details": dem Unbedeutenden einen Sinn geben, heißt, Macht unsichtbar zu machen. Der Mechanismus der "Organisation der Entwicklungen" besagt, daß die Beachtung von langen Zeiträumen langfristige Ziele und Prüfungen ermöglicht. Die "Prüfung" ist eine Kombination aus "hierarchischem Blick" und normierender Sanktion, wodurch Individuen verglichen und korrigiert, "normalisiert" und in Zeitreihen eingespannt werden, die ihr Niveau innerhalb der Reihe kennzeichnen. Foucault weist nach, daß Ausbildungsgänge immer mehr durch aufeinanderfolgende Perioden und zwischengeschaltete Prüfungen reguliert worden sind. Der Unterrichtsplan wird in aufbauende elementare Einheiten zerlegt, die in unpersönliche Begriffe gefaßt werden.

Ein weiterer Mechanismus besteht in der "Zusammensetzung der Kräfte": Zwecks produktiver Effizienz müssen die einzelnen Kräfte sinnvoll zusammengesetzt werden, etwa in Form eines Zeitplans, einer Raumordnung oder eines Arbeitsprogramms. "Zusammenfassend kann man sagen, daß die Disziplin mit ihrer Körperkontrolle (...) eine Individualität mit vier Merkmalen produziert: diese Individualität ist zellenförmig (aufgrund der räumlichen Parzellierung); sie ist organisch (dank der Codierung der Tätigkeiten); sie ist evolutiv (aufgrund der Zeithäufung); sie ist kombinatorisch (durch die Zusammensetzung der Kräfte)" (1976,216).

So fügen sich die verschiedenen Strategien der Disziplinierung zur "Ordnung der Dinge" (Foucault 1974), eine Ordnung, die freilich von Macht durchdrungen ist und auf ihr aufbaut. Endresultat der Disziplinierung der Körper und der Regulierung der Bevölkerung ist das "Sexualitätsdispositiv": Sexualität erfüllt alle Voraussetzungen, die es der politischen Macht ermöglichen, Strategien einzusetzen, mit denen sie sich das Sexualleben einzelner nutzbar machen kann. Das Dispositiv ist ein großes "Oberflächennetz, auf dem sich die Stimulierung der Körper, die Intensivierung der Lüste, die Anreizung zum Diskurs, die Formierung der Erkenntnisse, die Verstärkung der Kontrollen und der Widerstände, in einigen großen Wissens- und Machtstrategien miteinander verketten" (1989,128). Der Begriff Sexualität soll als offenes, vielschichtiges und geschichtliches Diskurs- und Machtsystem verstanden werden. Macht wirkt durch Sexualität, beide können einander steigern und miteinander kollaborieren.

> "Die Macht, die sich auf diese Weise der Sexualität annimmt, macht sich anheischig, die Körper zu streicheln; sie liebkost sie mit den Augen; sie intensiviert ihre Zonen; sie elektrisiert ihre Oberflächen; sie dramatisiert die Augenblicke der Verwirrung. (...) Das steigert gewiß die Wirksamkeiten und die Ausdehnung des kontrollierten Gebiets. Zugleich führt es aber zu einer Versinnlichung der Macht und zu einem Gewinn an Lust" (Foucault 1989,60).

Bestimmte Regelsysteme, die sich auf das unmittelbar Geschlechtliche, auf den Körper, die Kleidung usw. beziehen, lassen "Sexualität" entstehen, die von Institutionen verwaltet und kontrolliert wird. Gemäß der Repressionshypothese hingegen müßte die Macht die Sexualität fürchten und deshalb beherrschbar machen.

Sexualität liegt an der Schnittstelle zwischen dem individuellen Körper und dem "Gesamtkörper" der Bevölkerung und ist deshalb zentraler Zielpunkt der Mechanismen der Disziplin. Das Sexualitätsdispositiv ist das wichtigste Durchsetzungsmedium dessen, was Foucault "Bio-Macht" (1989,167) nennt. Als "Macht zum Leben" tritt die moderne Biomacht an die Stelle der alten souveränen Todesmacht (Fink-Eitel 1989,87), und was wir für unsere ureigenste Sexualität - und Subjektivität - halten, ist nichts als ein willkürliches Konstrukt der Macht. Aus der Kunst ("ars erotica") entsteht die Wissenschaft ("scientia sexualis"), und aus Leben wird Bio-Politik: der Eintritt des Lebens und seiner Mechanismen in den Bereich der bewußten Kalküle und die Verwandlung des Macht-Wissens in einen Transformationsagenten des menschlichen Lebens (Foucault 1989,170). Biomacht unterdrückt jedoch keineswegs Sexualität, sondern stellt sie im Gegenteil erst her. Die Diskursivierungsthese lautet also entgegen der Repressionshypothese: Sexualität wird seit dem 17. Jahrhundert zunehmend ans Licht gezerrt, besprochen, eingeteilt, gestanden, beschrieben und mit Bedeutung aufgeladen. Damit entstand ein öffentlich geführtes Gespräch, in dem ständig darüber geredet wird, was Sexualität sei, was zu ihr gehöre oder nicht, welchen Sinn sie habe und was es heiße, sich sexuell angemessen zu verhalten. Foucault skizzierte diesen Prozeß an vier historischen Prozessen, welche die Sexualität als besonders dichten Durchgangspunkt von Macht verdeutlichen:

1) Die Pädagogisierung der kindlichen Sexualität
Der Unterricht durch Unterrichtsbeamte, der Unterrichtsstoff abgehoben von der Lebenswirklichkeit der Kinder, die Bilder, Modelle, Zeichen - all dies hat unsexuelle Kinder bzw. Kinder zur Bedingung, die ihre Sexualität nicht ins Klassenzimmer tragen (vgl. Kap.2.1.3.). Für die Intimität der bürgerlichen Familie ist das unsexuelle Kind erwünscht, denn hier sind zwei Generationen auf engstem Raum zusammengespannt, unbeobachtet, unkontrolliert. Um die Sexualität in der Familie auf das Ehebett zu beschränken, bestimmt das Inzesttabu die Beziehungen zwischen Eltern und Kindern.

2) Die Hysterisierung des weiblichen Körpers
Foucault beschreibt, wie dem Körper der Frau seit Beginn des 18. Jahrhunderts von der modernen Wissenschaft immer detailliertere Bedeutungen zugeschrieben wurden. Der weibliche Körper wurde als ein gänzlich von der Sexualität durchdrungener Körper analysiert, mit dem Gesellschaftskörper, dessen Fruchtbarkeit er gewährleisten muß, in Verbindung gebracht, und mit der Familie und dem Leben der Kinder (das er hervorbringen und schützen muß) verknüpft (vgl. Weedon 1990,139). Die zur Hausfrau und Mutter modellierte Frau bildet mit der Hysterikerin eine Einheit, in der jeweils die eine die Bedingung der Möglichkeit der anderen ist. Die Stellung der bürgerlichen Frau des 19. Jahrhunderts ist gekennzeichnet durch den Verlust der meisten Funktionen im Produktionsbereich und dem Ausschluß aus dem öffentlichen Leben (vgl. Kap.2.3.2.). Verwiesen auf den häuslichen Bereich, der Haushalt, Aufziehen der Kinder und Repräsentationspflichten umfaßte, ist sie meist ungebildet und rechtlich völlig von ihrem Mann abhängig. Das Krankheitsbild der Hysterie war das erste Forschungsthema, das mit Hilfe von Ärzten wie Charcot etwas über den Zusammenhang von Krankheit und Sexualität aussagte.[32]

3) Die Psychiatrisierung der perversen Lust
1882 gibt Richard von Krafft-Ebing sein Werk "Psychopathia sexualis" heraus. Die Beschreibungen der Entartungen, Perversionen und sexuellen Verbrechen hatten zweierlei Funktion. Zum einen machten sie die betroffene wie die nicht betroffene Leserschaft mit den verschiedenen Formen sexueller "Abweichungen" und ihren Zusammenhängen bekannt; zum anderen waren damit bessere Kontroll- und Ausschlußmechanismen für Medizin und Jurisprudenz geschaffen, die erst mit einer eindeutigen Diagnose bestimmte Behandlungen bzw. Sanktionen einleiten konnten. Insbesondere der erste Punkt verweist auf Foucaults Pochen auf produktive, positive Aspekte der Diskursivierung, die es beispielsweise den als homosexuell Bezeichneten ermöglichte, durch Bewußtseinsformierung und Konstitution eines "Gegen-Diskurses" von sich selber zu sprechen und auf ihre Regelmäßigkeit oder Natürlichkeit hinzuweisen.

4) Die Sozialisierung des Fortpflanzungsverhaltens
Demographie und Politik entwickeln ein zunehmendes Interesse an Geburtenregelung, und die Medizin versucht, die Kinder- und Müttersterblichkeit zu reduzieren. Damit soll die Bereitstellung von Arbeitskräften gesichert werden.

---

32 Die Zusammenhänge wurden indessen oft falsch oder verzerrt interpretiert, vgl. die Re-Analyse des Falls "Anna O." (Duda 1992).

Das Kind, die Frau, die Perversen und das Paar sind demzufolge die Zielscheibe von Praktiken, die "um den Sex spezifische Wissens- und Machtdispositive entfalten" (1989,125). Sexualität geht ihrem Diskurs nicht voraus, ist aber auch keine diskursive Illusion. Wer sich als homosexuell zu erkennen gibt, erkennt gleichzeitig die Norm an.[33] "Zahllose bohrende Fragen vereinzeln erst die Lustempfindungen bei dem, der antworten soll: der Blick fixiert sie, die Aufmerksamkeit isoliert und beseelt sie" (1989,60). Deshalb vervielfältigt die Macht die Sexualität durch Reden, durch endlose Listen von Perversionen, durch Unterscheidungen der Sexualität nach Lebensalter, Ort, Beziehungsmuster. "Diese polymorphen Verhaltensweisen sind wirklich aus Körpern und Lüsten der Menschen extrahiert worden - oder besser: in ihnen verfestigt, von vielfältigen Machtdispositiven hervorgerufen worden; sie sind ans Licht gezerrt, isoliert, intensiviert und einverleibt worden" (1989,64). Aus dem undifferenzierten Knäuel körperlicher Verhaltensweisen und Genüsse schneidet "die Macht" bestimmte Segmente heraus und verleiht ihnen Bedeutung (Visker 1991,100). An die Stelle von Lust und Liebe tritt das unendliche Reden über sie, und auch der angeblich naturhafte Sex ist gleichsam nur ein Köder des Dispositivs der "Sexualität" (Fink-Eitel 1989,83).

Die Verwissenschaftlichung der Sexualität im 19. Jahrhundert interpretiert Foucault als Synthese des in verschiedenen Disziplinen bzw. Institutionen (Militär, Familie, Schule, Klinik...) produzierten Wissens (vgl. Müller 1991,39). Die Wissenschaft übernahm eine Koordinationsfunktion zwischen den zunächst getrennten Institutionen; so verbanden sich beispielsweise die medizinische Diskussion über Onanie mit den pädagogischen Überlegungen der Schule oder die medizinischen Erkenntnisse der Perversion mit juristischen Reaktionen darauf.

So war es die Macht selber, die zum Zweck der Kontrolle das "Dispositiv" der Sexualität in Form des Anreizes, über Sexualität zu reden, bereitstellte. Das Verständnis des historischen Konstrukts Sexualität als biologisches Dasein ist sozusagen eine hinterlistige Täuschung der Macht.

3.2.2. Macht und Widerstand

Der "Normalisierungsmacht" steht das Anomale nicht als Block gegenüber, sondern sie gewinnt ihre Produktivität durch Spezifizierung und Einkörperung der Sexualitäten in Individuen. Foucaults Machtbegriff ist also subtiler als die Repressionshypothese und strikt relational, da Macht als Kräfteverhältnis verstanden wird. Damit legt er nicht fest, welche Formen die Macht in einer Gesellschaft oder einem bestimmten

33 Analog setzt die jüngste Forderung von Homosexuellen, heiraten zu dürfen, deren vorherige Akzeptierung der Institution Ehe voraus.

Teilbereich annimmt. Aber: "Widerstandsmomente sind überall im Machtnetz präsent", und zwar "hat man es mit mobilen und transitorischen Widerstandspunkten zu tun, die sich verschiebende Spaltungen in eine Gesellschaft einführen, Einheiten zerbrechen und Umgruppierungen hervorrufen" (1989,117f). Es gibt also keine Macht ohne die Chance, sich ihr zu widersetzen, und dieser Widerstand wird durch die Freiheit, die in jeder Machtbeziehung steckt und die sie erst ermöglicht, garantiert (vgl. Visker 1991,121). Wenn nun aber Macht nichts ist, das unterdrückt, und es nichts gibt, das unterdrückt wird, stellt sich die Frage, ob Handlungsmöglichkeiten oder Befreiungsstreben in Foucaults Ansatz überhaupt denkbar sind und wo der Ort des Widerstands sein soll, den Foucault zu aller Macht automatisch dazugehörig sieht, wenn doch Befreiungsdiskurse ebenso ein Konstrukt der Macht wie alle anderen Diskurse sind, und der Körper unter das Macht- und Sexualitätsdispositiv fällt. Die Idee der befreiten, eigenen, innersten Sexualität kann "im Dienste der Absicht, eine ökonomisch nützliche und politisch konservative Sexualität zu bilden" (Foucault 1989,50/51), beliebig wiederholt werden und fügt den Sexualitätsdiskursen lediglich einen weiteren hinzu (vgl. Treusch-Dieter 1985,87). Foucaults Machtbegriff beinhaltet Ansatzpunkte für Widerstand an verschiedensten Punkten und hinterläßt eine gewisse Orientierungslosigkeit bezüglich Zielrichtungen potentiellen Widerstands. Der vorgeschlagene Pluralismus der Machttechniken erfordert einen Pluralismus der Widerstände, da es den "einen Ort der Großen Weigerung - die Seele der Revolte, den Brennpunkt aller Rebellionen" (Foucault 1989,117) nicht gibt.

Die Frage nach Möglichkeiten widerständigen Handelns ist nicht eindeutig zu beantworten, da Foucault selbst in verschiedenen Phasen seines Schaffens unterschiedliche Perspektiven einnimmt. So sagt er in "Wille zum Wissen" (1989,187):

> "Glauben wir nicht, daß man zur Macht nein sagt, indem man zum Sex ja sagt; man folgt damit vielmehr dem Lauf des allgemeinen Sexualitätsdispositivs. Man muß sich von der Instanz des Sexes frei machen, will man die Mechanismen der Sexualität taktisch umkehren, um die Körper, die Lüste, die Wissen in ihrer Vielfältigkeit und Widerstandsfähigkeit gegen die Zugriffe der Macht auszuspielen. Gegen das Sexualitätsdispositiv kann der Stützpunkt des Gegenangriffs nicht das Sex-Begehren sein, sondern die Körper und die Lüste."

Die Körper und die Lüste wären also das Prädiskursive, prä-individuelle, anarchische, das diskursiviert und subjektiviert wird. Die bereitwillig formbaren, verführbaren Körper sollen etwas noch Ursprünglicheres haben, das der Spirale von Macht und Lust entrinnt. Da nicht näher erklärt wird, was das Ursprüngliche der Körper und Lüste im Gegensatz zu Sex und Sex-Begehren sein soll, ist die Verortung und der mögliche Beginn von Widerstand in Foucaults Ansatz kaum dingfest zu machen (Fink-Eitel 1989,94).

Zu Foucaults Differenzierung von prädiskursiven Lüsten und diskursiver Sexualität liefert seine Einleitung der von ihm veröffentlichten Tagebücher des Hermaphroditen Herculine Barbin aus dem 19. Jahrhundert einige Anhaltspunkte (vgl. Butler 1987,139). Hier geht er explizit auf die Möglichkeit der "Vielfalt der Lüste" ein, die entstehen, wenn Kategorien von "Sexualität" nicht mehr greifen. Herculine wird bei ihrer Geburt das weibliche Geschlecht zugewiesen, doch in ihren frühen Zwanzigern von Schuldgefühlen gegenüber ihrer Geliebten geplagt und nach Geständnissen bei Priestern und Ärzten gezwungen, eine vermännlichende Geschlechtsumwandlung vorzunehmen. Nachdem sie in einer Mädchenschule und später im Nonnenkloster lebte, mußte er danach Männerkleidung tragen und die Rechte eines Mannes in der Gesellschaft ausüben. Herculine begeht schließlich Selbstmord. Ihre/seine Körperlüste überschreiten nach Foucault die ihnen auferlegte Regulierung, und Herculines sexuelle Nicht-Identität wird durch die Abgeschiedenheit des Frauenklosters gefördert. Herculine steht angeblich weder hier (weiblich) noch dort (männlich), aber auch nicht an einem diskreten dritten Platz, die Plätze haben vielmehr gar keine Bedeutung für sie/ihn. Kirche und Staat zwingen zur binären Geschlechtlichkeit, und machen aus Herculine, der/die eine weibliche Geliebte hatte, einen Mann (woraufhin er die Geliebte verliert). Gleichzeitig besteht Foucault aber darauf, daß jeder Rekurs auf eine Sexualität vor dem Gesetz eine illusorische Einbildung der emanzipatorischen Sexualpolitik sei. Bezeichnenderweise beschäftigt sich Foucault beim Fall Herculine mehr mit dem Sturz von Kategorien und der Überschreitung von Regulierungen durch Herculines sexuelles Verhalten als mit dessen/deren Leiden an sich und seiner/ihrer Ambivalenz gegenüber seinem/ihrem Körper und gegenüber den Frauen im sozialen Umfeld. Foucaults Analyse des Falls Barbin hat nichts mit einer Analyse der Psyche von Barbin zu tun, was einen grundlegenden Unterschied zu einer psychoanalytischen Herangehensweise darstellt.

In der letzten Schaffensperiode beschäftigt sich Foucault intensiver mit der Subjektivität der Individuen, die er bisher lediglich als Unterwerfung (in wörtlicher Übersetzung des Begriffs Sub-jektum) gefaßt hat. Mit Subjektivität ist ein Sichzusichverhalten gemeint, und Freiheit bedeutet, daß sich das Subjekt zu den Weisen seiner Unterwerfung von sich aus verhalten kann, sich fügend oder sich widersetzend (vgl. Fink-Eitel 1989,99). Die Widerspenstigkeit des handelnden Subjekts provoziert die Macht ständig und reagiert auf deren Zugriffe. Ohne Freiheit der Subjekte wird aus Macht Gewalt, denn Macht setzt handelnde Subjekte voraus: Freiheit ermöglicht Macht erst. Vor allem in den Interviews stellt sich Foucault gegen einen Nihilismus oder gegen resignative Ohnmacht gegenüber der allgegenwärtigen Macht. Es gibt zwar keine Absolutheiten, auf die sich Kritik berufen könnte (kein befreiter Körper, keine zwanglose Gesellschaft), aber trotzdem oder gerade deshalb sind Urteil und Kritik in spezifischer Weise notwendig in Form konkreten "lokalen" Widerstands gegen Herrschaft. Hier stellt sich das Problem der Abgrenzung von Macht und Herrschaft, das Foucault ungenügend thematisiert (vgl. Haug 1991,137). Herrschaft kann an bestimmten Orten lokalisiert werden und repressiv wirken, Macht kann sich jedoch als Mikro- oder lokale Macht gegen Herrschaft wenden. Aus der mangelnden Begriffsabgrenzung erwächst u.a. die unklare Bestimmung der Handlungsmöglichkeiten der Subjekte, denn "machtvoll" im Sinne von "etwas vermögen" ist praktisch jede/r, Herrschende sind aber immer nur wenige.

3.2.3. Die Macht aktueller Diskurse

Foucaults Begriff der Macht als heterogenes, sich über alle Beziehungen spannendes Netzwerk, das auch Identität, Subjektivität und Individualität durchdringt, desillusioniert Hoffnungen auf eine neue, bessere Gesellschaft, wie sie sich z.B. Marcuse vorstellt. Die Frage Foucaults, wie Unterdrückung funktioniert, und nicht, was unterdrückt wird, scheint jedoch für unsere Zeit hochaktuell zu sein. Denn Macht wird immer unsichtbarer und komplexer, dadurch zwingender und gleichzeitig verschleiert durch Versprechen auf Heil und Glück. Nach Foucault ist bei allen diskursiven und nicht-diskursiven Praktiken erst einmal Argwohn angebracht und die Frage berechtigt, in welchen Macht-Wissens-Systemen sie entstanden sind. Dabei würde deutlich, daß eine Vielzahl von Diskussionen, Erörterungen, Gesetzen, Bildern, Büchern etc. nicht jenen dienen, für die sie angeblich gedacht sind. Daneben kann mit Hilfe von Foucaults Überlegungen gerade das der Analyse unterzogen werden, was *nicht* erörtert wird. Denn Selbstverständlichkeiten bekommen eine quasi-natürliche Gestalt, die ihre historische Konstruktion zudecken.

Vor dem 19. Jahrhundert hatte die Ehe im Blickpunkt der Befragung gestanden, die von Regeln und Empfehlungen umgeben war, während abweichende Erscheinungen nicht weiter differenziert wurden. Als die Ehe Norm und überwiegende Praxis wird, besitzt "das Ehepaar mit seiner ordentlichen Sexualität (...) einen Anspruch auf mehr Diskretion" (Foucault 1989,53). Nun werden die anderen Formen einer genauen Betrachtung unterzogen und in Gruppen unterschiedlicher "Abweichungen" eingeteilt. Heutzutage müssen sich alle Lebensformen außerhalb der Ehe mühsam bei rechtlichen und staatlichen Instanzen Gehör verschaffen, um gleiche Behandlung zu erhalten, obwohl sie zahlenmäßig immer stärker werden.

Allgemein gesprochen, machen vor allem machtlose Gruppen permanent die Erfahrung, daß *über* sie geredet oder geforscht wird, ohne daß sie die Subjekte dieser Wissensproduktion sind.

Was die Differenzierung von weiblicher und männlicher Sexualität betrifft, so betrachtet Foucault sie nicht als Herrschaftsverhältnis, sondern argumentiert geschlechterneutral, obwohl er in der Sexualisierung des weiblichen Körpers ein wichtiges Moment des modernen Sexualitätsbegriffes sieht. Er kann somit nicht zwischen den unterschiedlichen Bedeutungen unterscheiden, die männliche und weibliche Diskurse bzw. männliches und weibliches Schweigen über Sexualität haben (MacKinnon 1989,118). Zudem analysierte er nur männliches Reden und Schreiben, obwohl - von Schriftstellerinnen und Briefeschreiberinnen - auch frühe weibliche Diskurse existieren (Walby 1990). Trotzdem ist seine Herangehensweise für die Analyse der Konstruktion von weiblicher Sexualität und Weiblichkeit von Bedeutung. "Die Frau" ist eine gesellschaftliche Figur, über die sich in den letzten hundert Jahren die Diskurse vervielfältigt haben, sei es in der (medizinischen, psychologischen, biologischen...) Wissenschaft, in der Politik oder neuestens in der Management-Literatur. Diese Texte können darauf befragt werden, ob und wie sie ihre eigenen politischen Grundlagen verschleiern. Mit der Erhebung der Frau zum Erkenntnisobjekt wird Macht konstituiert und Disziplinierung betrieben (Martin 1983,212), indem die Kategorie "Frau" abgesteckt (definiert), mit Bedeutung versehen und Fachleuten anvertraut wird. So ist die Beziehung zwischen Frauen als realen Subjekten und der in hegemonialen Diskursen hergestellten Repräsentation der "Frau" keine direkte, sondern eine willkürliche - eine diskursive Kolonisierung der Heterogenität von Frauen (Calás 1992,201).

Foucaults Sicht der Sexualisierung des weiblichen Körpers war Ausgangspunkt der wissenschaftlichen Forschung über die historische Konstruktion der Weiblichkeit. Ausdrücke wie "sie ist noch unschuldig", "eine reife Frau", "fast schon eine Frau" können so auf ihre sexualitätskonstituierende Funktion untersucht werden (Haug 1991,134). Haug und ihre Mitarbeiterinnen entdeckten mit ihrer Methode der Erinnerungsarbeit, wie Mädchen lernen, Körperteile, -phänomene und -haltungen mit Sexualität zu verbinden, ohne daß explizit von ihr die Rede wäre. Wenn sie die richtige Beinhaltung (z.B. nicht gespreizt) lernen, so merken sie, daß das mit Sexualität zu tun hat, und die Beine werden sexualisiert. Ähnlich verhält es sich mit den Haaren, dem Blick, dem Mund, den Bewegungen. Gleichzeitig werden andere weibliche Sexualformen wenig diskursiviert. Im Vergleich zur männlichen Homosexualität kommt lesbische Sexualität in der wissenschaftlichen Literatur kaum vor, was darin begründet ist, daß gemäß dem Diskurs der Geschlechtscharaktere seit Ende des 18. Jahrhunderts Frauen selbstbestimmte Sexualität überhaupt abgesprochen wurde (vgl. Landweer 1990,97).

Begehren zu wecken oder zu vermeiden ist nicht (nur) Unterdrückung, sondern (auch) Spaß und Lust: "Wir üben uns nicht geknechtet, sondern lustvoll in bestimmte herrschende Strukturen ein" (Haug 1991,47). Weibliche Vergesellschaftung ist Einordnung in die sexuelle Anordnung, ins Sexualitätsdispositiv, das bei der Frau eine umfassendere Bedeutung als beim Mann hat, weil die Frau als primär sexuelles Wesen mit dem körperlichen Erwachsenwerden "komplett" ist - je näher am Schönheitsideal sie liegt, desto besser. Wenn der Mann hingegen "erst noch etwas werden muß", ist das meist berufsbezogen gemeint.

Für feministische Befreiungsdiskurse ergibt sich daraus die Notwendigkeit der Analyse, inwiefern sie in die Falle der Macht laufen, wenn sie von authentischer weiblicher Sexualität, natürlicher Weiblichkeit oder gar Höherwertigkeit der Frau gegenüber dem Mann sprechen. Es stellt sich die Frage, warum sexuelle Empfindungen authentischer als das Denken sein sollen, und wenn schon Sexualität *der* Ort des

Authentischen ist, warum gerade er so weitreichend deformiert ist (Landweer 1990). Die gründlichste aller Determinierungen liegt vielleicht gerade in dem, was man vorher für "authentisch" gehalten hat. "Stattdessen gilt es zu hinterfragen, ob *"die Sexualität"* - sei sie manifest oder nur als latente gedacht - ob sie also wirklich den authentischen Kern des Subjekts ausmacht, und ob es diesen Kern überhaupt gibt" (Landweer 1990,99/100, Hervorh. im Orig.). Allein die Diskussion über den Geschlechterunterschied bejaht und stabilisiert ihn, ob er von Frauenseite oder von Männerseite thematisiert wird. Setzen sich Frauen von der männlichen Norm ab, bleiben sie doch auf sie bezogen.

In Abkehr einer eindeutigen Herrscher-Beherrschten-Perspektive birgt Foucaults Ansatz die Chance, Frauen nicht ausschließlich als Opfer zu sehen, sondern als Beteiligte in einem System der Macht, dessen Zentrum nicht "das Patriarchat" ist, sondern das viele Zentren hat und deshalb viele Widerstandsmöglichkeiten bietet (Pringle 1989). Auf die aktive Mitbeteiligung der Frauen an ihrer Sexualisierung geht auch Haug (1991,93f) ein. "Die Beherrschung der Regeln, die Sicherheit, die sie geben, weil sie erkannt wurden - z.B. im Spiel um die Männer, mit einem Mann -, produziert Macht und Stärke bei den einzelnen. Die subjektiven Glücksgefühle und Erfolge beim Bedienen dieses Regelsystems sind also nicht etwas Illusionäres, das sich die einzelnen Frauen nur "einbilden", sondern Praxis, wobei zugleich durch die Taten die sexuelle Anordnung und die in ihr wohnende Unterdrückung wiederhergestellt werden." Die selbsttätige Aneignung der Regeln und die Disziplin sind lustvoll besetzt, wobei innerhalb der sexuellen Anordnung der (sexualisierte) Körper identitätsstiftend für Frauen wirkt.

Auch der männliche Körper geht in die Identität des Mannes ein, jedoch sind seine Merkmale nicht vereindeutigt in Richtung Sex (Haug 1991,115). Gerade auf dem ausgesprochen männlichen Terrain des Militärs zeigt sich, wie auf den Körper abzielende Maßnahmen seine Funktionen neu koordinieren und verfügbar machen sollen (Foucault 1976,173ff). "Die einzelnen Glieder der Soldaten sind wie von ihrem Leib abgetrennt und zusammengefügt zu neuen Ganzheiten. Die Maschine Truppe (...) produziert den Ausdruck von Kampf und den einer bestimmten Männlichkeit. Mit anderen Worten: Sie produziert einen Mehrwert an Code, der der Erhaltung anderer mann/männlicher Ganzheitsgebilde dient, der 'Nation' etwa" (Theweleit 1990a, 403). Aber auch in den anderen Institutionen, die Foucault analysiert, war der männliche Körper der hauptsächliche oder ausschließliche Kandidat disziplinierender Mechanismen, sei es das Kloster, das Gefängnis oder die Universität. Das bedeutet: Die Repräsentationsfigur "Mann" ist nicht mit der Heterogenität realer Männer identisch. Normalisierungsmacht bedeutet, daß die "Norm Mann" auch nur ein Abrichtungsmechanismus ist, denn jede Art von Normung expliziert eine Forderung und ist deren Durchsetzung. Die Norm ist Richtschnur gerade für das, was sich ihr entzieht, und setzt ihre Unerreichbarkeit fest. Der Unterschied des "Mannes" zur "Frau" liegt indessen in der gesellschaftlichen Bewertung, die darauf schließen läßt, daß Frauen weniger als Männer die Subjekte von Machtdiskursen sind und daß die sozialen Geschlechterkonstruktionen in erster Linie Männern zugute kommen (Hacker 1989,55). Definitionen von Männlichkeit und Weiblichkeit existieren demnach in einem hierarchischen Netz antagonistischer Beziehungen, in dem bestimmte Versionen der Weiblichkeit und Männlichkeit über mehr gesellschaftliche und institutionelle Macht verfügen als andere (vgl. Weedon 1990,160). Geschlechterdifferenzen sind besonders lebhafte Schauplätze diskursiver Strategien, deren Wandel einiges über den Stand der Geschlechterbeziehungen in einer Gesellschaft aussagt.

Foucaults Ansatz weist darauf hin, daß Texte und Reden Alibifunktion haben oder Lippenbekenntnisse sein können, daß sie machterhaltend wirken können, auch wenn sie nicht so scheinen, und daß vor allem sexuelle Diskurse auf ihre Machtfunktion zu prüfen sind. Reden und Diskussionen über Sex haben etwas scheinbar Befreiendes und nähren die Illusion der Herrschaftsfreiheit. Die Notwendigkeit solcher Überlegungen hat im Zuge der Technisierung und Mediatisierung der Gesellschaft eher zugenommen. Durch Werbung werden Bedürfnisse erzeugt, die durch die Produkte befriedigt, in den Humanwissenschaften Krankheiten und Leiden "entdeckt", für die Behandlungen gefunden werden müssen. Arbeitsdisziplin muß heute anders an die Menschen herangebracht werden als zu Anfang der Industrialisierung. Vermeintlich emanzipatorische Diskurse über Teamgeist, Eigeninititative, Kreativität und Selbstbewußtsein zusammen mit Konsum- und Statusversprechungen machen glauben, daß es eine Einordnung in Arbeitszwänge nicht mehr gibt.

Indessen muß am Ansatz, die Geschichte der Sexualität als Geschichte der Diskurse zu begreifen, Kritik geübt werden. Eine Unterscheidung zwischen Diskursen und gelebter sexueller Praxis ist kaum noch möglich, so daß die körperliche, leiblich-affektive Erfahrung ausgeblendet wird. Foucault redet zwar über den Körper, die Lüste, den Sex, das Begehren (allerdings oft in Anführungszeichen), aber dieses Reden bleibt körperlos und abgehoben. Die Probleme, welche die Menschen mit ihrer Sexualität und ihren privaten Beziehungen haben, interessieren ihn ebenso wenig (siehe Herculine Barbin) wie ihre Wünsche, Hoffnungen und Sehnsüchte - Gefühle, die eng mit Sexualität verbunden sind. Geschlechterbeziehungen sowie unterschiedliche Erfahrungen, die Männer und Frauen bezüglich Sexualität machen, liegen nicht in Foucaults Interesse. Damit geht die Berücksichtigung von Spannungen und Widersprüchen, die mit sexuellen Erfahrungen einhergehen, verloren (vgl. Seidler 1987,105).

Foucault macht uns glauben, daß die Realität im Prinzip identisch mit den Strukturen ist, in denen wir über sie reden. Reden kann aber genauso gut den Kontakt zur Wirklichkeit abschneiden und Gefühle verdrängen - ein Prozeß, mit dem sich unter anderem die Psychoanalyse beschäftigt. Diskurse regulieren und kontrollieren zwar Sexualität, aber reale Lebenserfahrungen können mit ihnen nur teilweise erklärt werden.

3.2.4. Der Beitrag Foucaults für die Organisationstheorie

Foucaults Gedanken wurden und werden vor allem in kritischen Ansätzen der Organisationstheorie aufgegriffen, da sie es erlauben, scheinbare Selbstverständlichkeiten oder vermeintliche Errungenschaften "gegen den Strich" zu lesen und Fronten, Definitionen, Schemata etc. zu "dekonstruieren". Das Subjekt, die große Hoffnung Marcuses, sieht Foucault pessimistisch als Produkt diverser Diskurse und Praktiken. Analysen organisationaler Prozesse können in seinem Sinn wesentlich nüchterner ausfallen als im Ansatz Marcuses, der Täter und Opfer bereits definiert hat. Wenn Macht in einem komplexen Netzwerk von Beziehungen mit produktiven Anteilen gesehen wird, sind Mikroanalysen von Beziehungs- und Handlungsstrukturen in Organisationen eher möglich, als wenn Macht als repressive Instanz im Kapitalismus, Top-Management, dem Staat, der Gewerkschaft, den Massenmedien usw. lokalisiert wird (Alvesson & Willmott 1992,442).

Mithilfe des Begriffs der Disziplinarmacht können Machtprozesse in Unternehmen analysiert werden (Deetz 1992, vgl. auch Clegg 1989). Kontrolle ist in Unternehmen diversifiziert in Normen, Routinen, Techniken und Regulierungen und vor allem in der Alltagspraxis, die Selbstverständlichkeiten und Erfahrungen hervorbringt. "To understand modern domination, we must take the routine, the commonsensical and the self-evident and subject them to reconsideration" (Deetz 1992,43). Macht ist also überall und muß besonders dort gesucht werden, wo sie am wenigsten vermutet wird. Denn die Diskurse über Macht sind in sich machtvoll, indem sie Macht im Sinne des Wortes fest-legen. Wenn beispielsweise über "Interessengruppen" und "Konkurrenz" als Machtstrukturen und nicht über neue Maschinen geredet wird, die den Körper unterwerfen, indem er sich "gelehrig" der Maschine anpassen muß, wird Macht verschleiert. Gleichzeitig ermöglicht die Maschine im Sinne produktiver Macht bessere Leistungen oder kann die Arbeitenden ein Stück weit von Arbeit befreien, so daß die Annehmlichkeiten, mit denen Arbeitskräfte belohnt werden, zwar wirkliche Vorteile sind, und die Entscheidung, mitzumachen, rational ist, aber gleichwohl bereits auf gehorsamen, "normalisierten" Individuen basiert. Diskurse benennen Mitgliedschaften (Arbeiter/Angestellter, Vorgesetzter/Untergebener, Frau/Mann), Bedeutungen und

Identitäten (Clegg 1989,151), können aber nicht bestimmten Interessen oder Wertsystemen zugeordnet werden, sondern bewegen sich in Machtnetzen mit wechselnden Gewichtungen. Die explizite und einseitige Demonstration von Macht wäre demnach ein Sonderfall, der eher den Zusammenbruch von Machtbeziehungen anzeigt als deren Existenz (Deetz 1992,40). Foucaults Verdienst ist es, solche "Fronten" theoretisch faßbar zu machen. Deetz greift des weiteren Foucaults Gedanken der Selbst-Überwachung auf, der aus dem Panoptikum-Modell entwickelt wurde. Heutzutage weiß in Organisationen niemand, wer was gegen wen unternehmen wird, da kein direkter Überwacher mehr auszumachen ist. Je unübersichtlicher das Beziehungsnetz ist, desto weniger sind sichere Verbündete zu identifizieren - eine Situation, in der auch Führungskräfte Kontrollierte wie Kontrollierende sind. Sind Vorschriften nicht explizit und Befehle nicht klar, muß "richtiges" Verhalten selbsttätig entwickelt werden, was zu genauer Selbstüberwachung und Selbst-Manipulation beiträgt.

Kontroll- und Regulierungsmechanismen funktionieren nach Foucault in allen Institutionen ähnlich. "Gefängnisse ähneln Fabriken, Schulen, Baracken, Kliniken, die alle dem Gefängnis ähneln" (1976,173). Davon ausgehend ziehen Treiber & Steinert (1980) Parallelen zwischen der Kloster- und der Fabrikordnung, indem sie in beiden die materiellen Grundlagen von sozialen Arrangements zur Erzeugung der "Disziplin" erkennen. Burrell (1984,104) sieht - Max Weber folgend - in der mittelalterlichen Kirche das erste historische Beispiel einer bürokratischen Organisation. Er stellt zudem Vergleiche zwischen Wirtschaftsorganisationen des 19. Jahrhunderts und militärischen Einrichtungen bzw. zwischen Kontrollmechanismen im Gefängnis und jenen in früheren Arbeitersiedlungen an. Welche Organisation auch immer betrachtet wird: Kontrolle funktioniert über die Einteilung und Nutzbarmachung der Zeit (Stundenplan, Arbeitszeit...), der Räume (Arbeitsplatz, Gefängniszelle...) und der Körper (Handgriffe bei der Arbeitstätigkeit, Marschordnung im Militär, Anordnung der Schülerinnen und Schüler...). Diese Überlegungen bestätigen nicht nur Foucaults Gleichsetzung der Disziplinierungsformen in allen Organisationen, sondern auch seine Weigerung, den Kapitalismus als Ursache der Disziplinierung zu betrachten.

In der Äquivalentsetzung verschiedener Organisationsmechanismen findet Burrell (1988) eine Hilfe für die Organisationsanalyse hinsichtlich der Generalisierbarkeit von Phänomenen. Nach Foucault breitet sich das Kerkersystem auf alle gesellschaftlichen Institutionen aus, verliert seine Ausschlußfunktion und wandelt sich zur Normierungsfunktion, so daß wir in einer Welt der Organisationen "eingekerkert" sind. Die grundlegenden Strukturen von Organisationen können demnach als gemeinsame gelten, während die Oberflächenphänomene unterschiedlich sein mögen.

Allerdings sind hier mehrere Kritikpunkte anzubringen. Gefängnis und Anstalt unterscheiden sich in mehrfachen Aspekten von anderen Organisationen: Die Raum-Zeit-Trennung verschiedener Lebensbereiche ist in "totalen Institutionen" (Goffman 1973) wie z.B. dem Gefängnis aufgehoben, stellt aber vielleicht die Bedingung für das Funktionieren disziplinierender Macht im großen Maßstab dar (Giddens 1988, 208). Denn bei der Disziplinierung der Menschen zu Arbeitskräften ist die willige Bereitstellung von Fähigkeiten und Leistung vonnöten, die wiederum stark durch die Aussicht auf ein besseres Leben außerhalb des Veräußerns ihrer Arbeitskraft genährt wird. Goffman (1973) selbst betont in seiner Analyse der totalen Institution die fundamentalen Unterschiede zwischen dem Insassen, dessen Persönlichkeit und Selbstwertgefühl durch die Institution beabsichtigterweise geschwächt werden, und der normalen Arbeitskraft, die zwischen Arbeit und Familienleben hin- und herpendelt und in beiden Bereichen wesentlich mehr Handlungsstrategien zur Auswahl hat, da andere Personen ein Stück weit auf sie angewiesen sind. In Gefängnissen und psychiatrischen Anstalten wird Engagement in produktiven Tätigkeiten kaum erwartet, und Zusammenarbeit ist nur rudimentär erforderlich. Der grundsätzliche Unterschied zwischen der Ausweglosigkeit der totalen Institution und den Möglichkeiten des Sich-Entziehens bei anderen Organisationen mag ausschlaggebend für die Probleme der Äquivalentsetzung sämtlicher Organisationen sein. Insassen sind jedoch in der Regel nicht das Personal der Institution, sondern eher ihr "Produkt". Betrachtet man das Personal eines Heimes oder eines Gefängnisses, kommt es sehr wohl auf dessen Kooperationsbereitschaft an, wegen des oft geringen Verdienstes und niedrigen Status sogar in ganz besonderer Weise.

Trotz dieser Schwierigkeiten sind Foucaults Überlegungen für die Analyse der Sexualität der Organisation fruchtbar. Im Konzept der produktiven, positiven Macht kann die Gefahr überwunden werden, ausschließlich die für Frauen unerfreuliche, negative Seite der Sexualität in der Organisation zu betrachten (z.B. beim Thema der sexuellen Belästigung), die den Blick verstellt für männliche Kontrolle durch Definitionen von Lust und für emanzipatorische (Gegendiskurs- und Widerstands-) Wege, männliche Rationalität durch weibliche Lust zu durchbrechen (Pringle 1989,91ff). Dies wäre möglich, wenn Frauen vermehrt zu Subjekten ihrer Sexualität und der über sie geführten Diskurse würden. Aber auch Männer als erste Zielobjekte disziplinierender Strategien in Organisationen könnten nachforschen, ob die vermeintlich für sie und von ihnen entworfenen Männlichkeitsideale ihren Wünschen entsprechen und ihrer Subjektivität Rechnung tragen. Wenn Sexualität im Mittelpunkt der Regulierungsstrategien repressiver wie positiver Art steht, dann ist das Ziel der Verbannung derselben vom Arbeitsplatz (z.B. durch Gesetze gegen sexuelle Belästigung oder die Erwartung, daß es zwischen den Arbeitenden nur sachliche Kontakte gibt) lediglich verstärkend für die Ideologie der Trennung in eine (sexuell konnotierte) Privatssphäre und eine (asexuell konnotierte) öffentliche Sphäre, eine Ideologie, die ihrerseits die Individuen zu reibungslosen Arbeitskräften machen will.

3.2.5. Resümee

Im Rahmen einer Analyse von Sexualität und Herrschaft in Organisationen ist Foucaults Ansatz für folgende Fragestellungen relevant:

- Die historische Untersuchung der Disziplinierung der Körper zu Zwecken der Arbeitsproduktivität,
- die Analyse sexueller und geschlechtsbezogener (Macht-)Diskurse in Organisationen (Regeln, Geschichten, Anordnungen...),
- die Bedeutung von Zergliederung und Einteilung organisationsrelevanter Phänomene ("weiblicher Führungsstil", "belästigendes sexuelles Verhalten"),
- die Konstruktion von (Organisations-)Sexualität in diskursiven und nicht-diskursiven Praktiken (die erotisierte Chef-Sekretärin-Beziehung, sexualisierte Frauenarbeit, sexuelle Belästigung usw.),
- die Funktionen des Schweigens über Sexualität in Organisationen.

Was Foucault dabei gegenüber Marcuse auszeichnet, sind das Verlassen eindeutiger Täter-Opfer-Verortungen und die Chance, themenkritisch nach dem Ursprung bestimmter Diskursivierungen zu suchen. Dabei kann "Macht" auch im kleinsten Detail identifiziert und auf ihre Wirkungsweise (im Sinne des "cui bono") untersucht werden, wobei die einseitige Bewertung von Macht zugunsten der Analyse ihrer produktiven Kraft aufgegeben wird. Somit stehen Sexualität und Herrschaft nicht in derart antagonistischem Verhältnis wie es im Bild der "zusätzlichen Unterdrückung" von Marcuse zum Ausdruck kommt. Diese Sichtweise ist für sexuelle Phänomene der Organisation insofern angemessener, da ihre Deutung als "repressive Entsublimierung" o.ä. - d.h. als abhängige Variable vorheriger Unterdrückung - den vielfältigen Erscheinungsformen nicht gerecht wird. Zum einen kann damit nicht geklärt werden, warum auf Mikro-Ebene bezüglich Sexualität zahlreiche Konfliktlinien, insbesondere zwischen den Geschlechtern, auftauchen, zum anderen, warum die Fronten in Organisationen je nach Diskursen ganz unterschiedlich verlaufen können. So stellt sich jeweils die Frage, warum und von wem Sexualität in der Organisation diskursiviert wird, um zu verstehen, welche Erscheinungsformen damit erzeugt und welche negiert werden. Dies führt zu einer insgesamt differenzierteren Analyse der Sexualität in Organisationen als sie die Repressionshypothese erlaubt.

Was Foucault allerdings ignoriert, ist die leiblich-affektive Beteiligung des Menschen bei sexuellen Phänomenen, die aus ihnen höchst ambivalente und widersprüchliche Ereignisse und eben nicht lediglich Diskurse macht. Die affektive Verstrickung wird vom Individuum real und hautnah erlebt und wird deshalb zu seiner Wahrheit.

Sowohl Foucault als auch Marcuse beschäftigten sich kaum mit Geschlechterverhältnissen, der zentralen Ebene, auf der Sexualität gelebt wird - der eine, weil es ihm überhaupt nicht um konkrete Menschen geht, der andere, weil die Fronten bei ihm zwischen Klassen und nicht zwischen Geschlechtern verlaufen.

Im Gegensatz zu Marcuse bezieht sich Foucault auf konkrete Organisationen, deren Mechanismen auf andere Organisationen (mit Vorbehalten) generalisiert werden können. Er bewegt sich also bereits auf der hier zu analysierenden Ebene, indem er Organisationsstrukturen (Verteilung der Menschen in Räumen, zeitliche Pläne, Prüfungen) mit Körperdisziplin verknüpft.[34] Allerdings liefert er keine systematische Analyse der Organisation, weil sie für ihn nur illustrativen Charakter hat, um das Funktionieren von Machtmechanismen aufzuzeigen.[35] Was demnach noch aussteht, ist eine Theorie der Organisation, die diese Ansätze zu einem systematischen Zusammenhang zwischen Herrschaft, Organisation und Individuum verknüpft.

34 Marcuse spricht hier nur allgemein von "Technisierung", was sehr vage und undifferenziert bleiben muß.

35 Damit bleibt der Stellenwert der Organisation im unklaren: Wächst die moderne Disziplinarmacht aus diesen Institutionen in die Gesellschaft hinein oder wirkt sie allgemein und wird auf bestimmte Organisationen angewandt?

4. Organisation und Herrschaft

4.1. Geschlecht und Sexualität in der Organisationsforschung

4.1.1. Geschlecht in der Organisationsforschung

Im folgenden soll es um eine systematische Anbindung der diskutierten "Gesellschaftsphänomene" Sexualität und Geschlecht an das ebenfalls historisch-gesellschaftliche Konstrukt "Organisation" gehen. Dabei ergibt sich die Schwierigkeit, daß es nicht nur an einem theoretischen Rahmen mangelt, der eine solche Integration bereitstellen würde, sondern daß darüber hinaus von einer allgemeinen Vernachlässigung von Geschlechterfragen und insbesondere von Sexualität in der Organisationssoziologie und -theorie gesprochen werden muß (Hearn & Parkin 1983, Burrell 1988, Mills 1988, Hearn et al. 1989, Cockburn 1991, Acker 1991, Alvesson & Billing 1992). Der Position des Mannes als unhinterfragte Norm geschuldet ist der Umstand, daß "Männlichkeit" bei organisationstheoretischen Fragestellungen nicht einmal mehr den Stellenwert bekommt, den Weiblichkeit als Sonderthema ab und zu einnimmt. Analog hat sich die wissenschaftliche Richtung der Geschlechter- und Frauenforschung vornehmlich mit gesamtgesellschaftlichen oder individuellen/dyadischen Prozessen beschäftigt und Organisationstheorie und -forschung wenig berücksichtigt, welche gegenüber gesellschaftlichen Analysen als sekundär und zur Überwindung der Frauendiskriminierung als wenig hilfreich betrachtet wurde.

Um bewußt den weiblichen Lebenszusammenhang ins Blickfeld zu rücken, wurde zu Beginn der modernen Frauenforschung, der sich auf Anfang der siebziger Jahre datieren läßt, bevorzugt beim *Privaten* angesetzt, der den Frauen zugewiesenen Domäne, während die bald folgende Thematik "Frau und Beruf" auf die *gesellschaftliche* Ebene Bezug nahm, auf der die Zuweisung von Frauen auf unterprivilegierte Arbeitsplätze und ihre Rolle als Hausfrau und Mutter analysiert werden sollte. Nicht zuletzt fand die Meso-Ebene der Organisation auch deshalb wenig Beachtung, weil die Gebiete der Arbeits- und Organisationspsychologie, Organisationssoziologie und verwandte Gebiete vornehmlich von Männern besetzt waren und sind, die sich kaum mit Geschlechterforschung befassen, während in klinischer Psychologie, allgemeiner Soziologie u.ä. immer mehr Frauen wissenschaftlich tätig wurden, die das Gros der mit Geschlechterforschung Beschäftigten stellen. So mangelt es trotz zahlreicher Arbeiten zu "Frauen im Beruf" an einer "feministischen Organisationstheorie"[36] (Acker 1991).

---

36 Im folgenden soll der Ausdruck "feministisch" nur für solche Ansätze gebraucht werden, die sich explizit selbst so nennen. In Anbetracht der Isolierung und Besonderung der Frauenforschung von der "allgemeinen" Wissenschaft werden hier die Begriffe "Geschlechterforschung", "geschlechtervergleichende Organisationsforschung" u.ä. favorisiert.

Wenn sich Organisationsforschung mit Geschlechterfragen beschäftigt, wird immer wieder auf die unabdingbare Verknüpfung der Situation der Frau innerhalb mit ihrer Situation außerhalb der Organisation hingewiesen. Auch wenn die Trennung in innerhalb/außerhalb nicht unproblematisch ist, da sie eine klare überschreitbare Grenze von Nicht-Organisation zu Organisation suggeriert, so scheint doch insbesondere im weiblichen Erfahrungsbereich eben diese Grenze eine wesentliche Rolle zu spielen, da ihre Durchlässigkeit über Chancen und Lebensverläufe bestimmen kann.[37] Gängige, Geschlechterfragen nicht einbeziehende Organisationstheorien sind nicht in der Lage, unterschiedliche Behandlungen und Erfahrungen der Geschlechter zu erklären, wenn sie nicht zugleich traditionelle Annahmen über die Logik von Organisationen kritisch in Frage stellen (Wolff 1977,16). Innerhalb auch entwickelterer Ansätze kann zwar analysiert werden, *daß* bestimmte Arbeitsstrukturen für Frauen mehr Barrieren darstellen als für Männer, aber es kann nicht geklärt werden, *warum* die Barrieren vornehmlich für Frauen existieren. Deshalb ist die Frage nach der Position von Frauen in Organisationen nur mit einem makro-soziologischen Ansatz zu beantworten, der die Organisation in der ihre Ziele und Werte mitbestimmenden Gesellschaft verortet. Die Organisation kann dabei als eine von verschiedenen Ebenen betrachtet werden, auf der die gesellschaftliche Reproduktion vollzogen wird; damit wird sie als Teil der Gesellschaft gesehen und nicht, wie systemtheoretische Ansätze postulieren, als System mit der "Umwelt" Gesellschaft.

4.1.2. Sexualität in der Organisationsforschung

Der Trennung von Privat- und Arbeitssphäre folgend, sind Sexualität und Organisation polar entgegengesetzt konstruiert - Sexualität ist der Privatsphäre, Organisation der Arbeitssphäre zugeordnet (vgl. Cockburn 1991,147). Wie gezeigt wurde, bedarf es großer Anstrengungen, um Lebenszusammenhänge so aufzuteilen, daß Menschen ihre ihnen gegebenen Möglichkeiten des Agierens organisiert auf die verschiedenen Bereiche lenken: Als Arbeitskräfte sollen sie zweck- und zielbestimmt, meist ohne Kontrolle über Produkte und Produktionsmittel, handeln; als Konsumierende sollen sie sich von laufend neuen Angeboten anregen lassen; als Geschlechtswesen sollen sie Bindungen entwickeln und Familien gründen usw. Zur diskursiven Erzeugung und Absicherung dieser jeweils spezifisch "vernutzten" Lebensbereiche dienen nicht zuletzt - siehe Foucault - wissenschaftliche Abhandlungen, die ihnen die "höheren Weihen" verleihen. Betrachtet man Organisationstheorien auch als konstitutive und legiti-

---

37 Indessen haben auch Frauen, die selbst nie erwerbstätig waren, als Ehefrauen, Töchter und Mütter von Unternehmern, Managern, Arbeitern und Angestellten Erfahrungen mit Organisationen gemacht, vgl. Sachse (1991).

matorische Diskurssysteme für die Zuordnung und Festlegung dessen, was eine "Organisation" sein soll, verwundert es wenig, daß Sexualität in ihnen keinen Platz findet. Burrells Recherche (1984) in drei Zeitschriften (Academy of Management Journal (AMJ), Administrative Science Quarterly (ASQ), und Organizational Behavior and Human Performance) erbrachte für den Zeitraum zwischen 1970 und 1979 keinen einzigen Beitrag, der sich explizit mit Sexualität beschäftigt hätte (er vergaß allerdings den Aufsatz von Quinn in ASQ 1977 über Romanzen am Arbeitsplatz). Eine eigene Fortführung der Recherche bis 1991 ergab lediglich zwei Beiträge zu sexueller Belästigung in AMJ (1986, 1990) und drei Artikel zum selben Thema in ASQ (1988, 1989, 1990). Burrell (1984,114) hätte zwar wesentlich mehr erwartet:

> "...one would expect that organization theory would be redolent with bio-politics. As a form of discourse relevant to the bureaucracy in a capitalist society, organizational analysis should contain (if Foucault is correct) not a repression of sexuality but its stocktaking, calculation and assessment. (...) But one does not. One finds an absence of discourse; a yawning void of disincitement to discourse. One finds that sexuality is repressed."

Jedoch breiten sich wissenschaftliche Sexualitätsdiskurse nur dort aus, wo es etwas einzuteilen und zu kategorisieren gibt - aus den Modellen der Organisation ist Sexualität bereits wegdefiniert und erfährt als solche keine Aufmerksamkeit mehr.

Die besondere Vernachlässigung von Sexualität in Organisationstheorien, die u.a. von Hearn & Parkin (1983 und 1987), Burrell (1984), Pringle (1989), Martin (1990), Acker (1991) und Cockburn (1991) kritisiert wird, drückt sich infolgedessen darin aus, daß Beiträge über romantische Beziehungen in Organisationen, sexuelle Belästigung oder die Sexualisierung von weiblicher Arbeit kaum Eingang in Theorien fanden. So wurde beispielsweise sexuelle Belästigung als gelegentliche pathologische Verirrung in der ansonsten nicht-sexuellen Organisation begriffen (Cockburn 1991,147). Während Sexualität in Medien, Populärkultur, Wissenschaft, Kunst, ja auch in Organisationen ein beliebtes Thema ist, kommt sie in den Organisations*theorien* nicht vor.[38] In klassischen Ansätzen sind konsequente Reflexionen der asexuellen Organisation zu identifizieren, während neuere Ansätze zwar einen besseren Rahmen für die systematische Berücksichtigung sexueller Phänomene bieten, diesen Schritt aber nicht vollziehen. Bevor diese Theorien vorgestellt werden, soll mithilfe zweier, quasi von der Gegenseite stammender theoretischer Konzepte gezeigt werden, daß die Vorstellung einer asexuellen Organisation eine falsche, Herrschaftsinteressen dienende Konzeption ist.

---

38 Sie kommt aber auch in vielen anderen Theorien nicht vor, nämlich überall dort, wo sie vom herrschenden Diskurs wegdefiniert wurde (z.B. in weiten Bereichen der Gerontologie und der Pädagogik).

4.2. Die vergeschlechtlichte Organisation

4.2.1. Die abstrakte Arbeitskraft

Einen Ansatz zur Integration von Geschlecht und Sexualität in die Organisationstheorie liefert Joan Acker (1991), die Organisationen als "vergeschlechtlichte Prozesse"[39] sieht, innerhalb derer Körper und Sexualität auf spezifische Art zugerichtet werden. "To say that an organization, (...) is gendered means that advantage and disadvantage, exploitation and control, action and emotion, meaning and identity, are patterned through and in terms of a distinction between male and female, masculine and feminine" (S.167). Anhand von fünf organisationalen Prozessen begründet sie ihr Konzept der "gendered organization":

1. Trennungen von Arbeitstätigkeiten, erlaubtem Verhalten, Raum, Macht usw. in Organisationen können entlang der Geschlechterlinie zwischen Mann und Frau identifiziert werden.
2. Symbole und Bilder repräsentieren und verstärken die genannten Trennungen und werden über Sprache, Körpersprache, Kleidung, Ideologie, Populärkultur, und Medien transportiert. Das Bild des Managers, das dem Bild erfolgreicher, tatkräftiger Männlichkeit entspricht (Kanter 1977), ist ebenso "vergeschlechtlicht" wie das Image der Arbeiter in Cockburns Studie (1988), die Männlichkeit mit technischen Fähigkeiten verknüpfen.
3. Interaktionen zwischen Frauen und Männern, Frauen untereinander und Männern untereinander produzieren vergeschlechtlichte soziale Strukturen einschließlich Organisationen. Geschlechtsspezifische Kommunikation und Interaktionsdynamik sind Indizien für die Herstellung von Dominanz und Machtlosigkeit (vgl. Henley 1977, Friedel-Howe 1990) bzw. Ausdruck für differente Verhaltenserwartungen bei Frauen und Männern in der Form, daß von Männern handelnde Aktivität und von Frauen emotionale Unterstützung erwartet werden (vgl. Hochschild 1990).
4. Beim "vergeschlechtlichten" Organisationsmitglied wird die (soziale) Geschlechtsidentität in der Weise beeinflußt, daß die dem Geschlecht angemessene Arbeitstätigkeit, Sprache, Kleidung und Selbstrepräsentation gewählt wird.
5. "Geschlecht" ist ein grundlegendes konstitutives Element nicht nur für Familie und Verwandtschaft, sondern auch für Grundannahmen und Praktiken, die heutigen Arbeitsorganisationen zugrundeliegen. Dies kann am Beispiel betrieblicher Arbeitsbewertung festgestellt werden, die angeblich abstrakte, von der realen Arbeitskraft absehende Elemente beinhaltet, welche jedoch bei genauerer Analyse Geschlechtersymbole reproduzieren (Acker 1989). Fähigkeiten, die eher an typischen Männerarbeitsplätzen verlangt sind, werden höher bewertet als in Frauendomänen erwartete Fähigkeiten.[40]

Es wird demzufolge in Organisationen mit der Vorstellung einer *abstrakten Arbeitskraft* gearbeitet, die gemäß den Anforderungen funktioniert, die der Arbeitsplatz an

---

39 Der Begriff "gendered processes" ist leider schwer ins Deutsche übersetzbar, da es kein Tätigkeitswort für Geschlecht gibt. Als Behelf wird in der Literatur in zunehmendem Maß die eher unschöne Übersetzung "Vergeschlechtlichung" verwendet.

40 Z.B. zählen technische Fertigkeiten mehr als soziale Kompetenzen, und der Umgang mit Geld wird höher bewertet als der Umgang mit Menschen; vgl. die Debatte um "comparable worth" in den USA.

sie stellt, und das bedeutet ein möglichst "freies", ungebundenes, immer schon erwachsenes, hochproduktives und in seiner Leistungsfähigkeit stabiles Individuum (vgl. Ostner 1992). Verpflichtungen und Einschränkungen von außen (z.B. "Doppelbelastung") dequalifizieren die Arbeitskraft bezüglich der nur auf Organisationsziele ausgerichteten Anforderungen und haben die Konsequenz geringerer Belohnung. Der vermeintlich neutrale Arbeitsplatz trägt also in Wirklichkeit die gesellschaftliche Arbeitsteilung und Organisation der privaten Arbeit schon in sich, was sich in höheren Hierarchieebenen noch verstärkt. Privates kann legitimerweise von der auf ihre Ziele fixierten Organisation ignoriert und trotzdem oder gerade deshalb erheblich von ihr betroffen sein. Erwerbsarbeit abstrahiert dabei von der Leiblichkeit der Arbeitenden, sie trennt das Individuum von seinem Leib (Pateman 1988).

In diesen Argumenten wird formuliert, daß die Organisation nicht nur in offensichtlichen, sondern auch in vermeintlich neutralen und abstrakten Regeln, Prozessen und Verfahren vom Geschlecht durchdrungen, d.h. *vergeschlechtlicht*, ist. Die Vorstellung der *abstrakten, entleiblichten Arbeitskraft* wird als *Mythos* aufgefaßt, in dem die Trennung von Arbeit und Sexualität symbolisiert ist und die geschlechtsspezifischen Differenzen verschleiert werden, die zur Besonderung und Minderbewertung weiblicher Tätigkeiten führen.

> "The abstract, bodiless worker, who occupies the abstract, gender-neutral job has no sexuality, no emotions, and does not procreate. The absence of sexuality, emotionality, and procreation in organizational logic and organizational theory is an additional element that both obscures and helps to reproduce the underlying gender relations" (Acker 1991,172).

Die Nichtbeachtung und Verbannung der Sexualität aus der Organisation dient zum einen der Kontrolle und Disziplinierung der Arbeitskräfte zwecks besserer Verwertung (vgl. Burrell 1984). In dieser Hinsicht ist Sexualität eine Störgröße im reibungslosen Funktionieren der Organisation. Zum anderen untermauert sie die Trennung der Sphären Erwerbsarbeit und Privates (Martin 1990).

Die abstrakte Arbeitskraft kann laut Acker aufgrund dieser Überlegungen als männlich vergeschlechtlicht mit männlichem Körper, männlicher Sexualität, Kontrolle der Emotionen und minimaler Verantwortung für Nachkommen entlarvt werden. Weibliche sexuelle Lust, Gebärfähigkeit, Sorge um Kinder bzw. Bedürfnisse von Kindern, und Gefühle von Angst, Traurigkeit oder Liebe werden stigmatisiert als Legitimation für den Ausschluß oder die besondere Behandlung von Frauen, die aufgrund dieser gesellschaftlich konstruierten Attribute weniger gut den Anforderungen an die abstrakte Arbeitskraft entsprechen (vgl. Martin 1990). Während der weibliche Körper in Organisationen entweder verbannt, negiert oder sexualisiert und instrumentalisiert wird, geschieht dies mit dem männlichen Körper nach Ackers Ansicht nicht. Gleichzeitig sind Sprache und Bilder in Organisationen von der Symbolik männlicher Sexualität durchdrungen, wie vor allem beim Militär und anderen Männerdomänen[41] deutlich wird (Hearn & Parkin 1987; Hacker 1989).

Aufgrund der Vorstellung der neutralen Arbeitskraft können Organisationen nun gerade "weibliche" Attribute gewinnbringend verwerten, und deshalb sind Frauen auf bestimmten Positionen in dieser Verwertungslogik unerläßlich (vgl. MacKinnon 1979, Hochschild 1990). Belohnung und Ansehen typischer von Frauen erbrachter Arbeit ("Gefühlsarbeit", Einsatz von Charme, Attraktivität, Fürsorge, soziale Arbeit u.a.) fallen jedoch geringer als Belohnung und Ansehen typisch männlicher Arbeit aus.

Kritisch anzumerken ist Ackers tendenzielle Gleichsetzung von Männlichkeitsmythen und konkreten Männern. Der Zwang zur Rationalität, zur Kontrolle der Gefühle und zur Spaltung der eigenen Person in Arbeitskraft und Restperson mag für beide Geschlechter gleich deformierend sein, auch wenn diese Eigenschaften eher männlich als weiblich konnotiert sind. Disziplinierungsprozesse mit dem Ziel der Kanalisierung der Sexualität aus der Arbeitssphäre hinaus betreffen *alle* Arbeitenden, da sie mit Gewinnmaximierung und Effizienzsteigerung zusammenhängen. Es wurde bereits angesprochen, daß der männliche Körper sehr wohl instrumentalisiert wird und als Norm-Arbeitskraft gerade im Zentrum jeglicher Disziplinierungsmaßnahmen steht. Insgesamt kann Ackers Ansatz jedoch als Plädoyer für die *Entmythologisierung der abstrakten, geschlechtsneutralen Arbeitskraft* aufgefaßt werden.

4.2.2. Die Männlichkeit der Organisation

Um den Mythos der Geschlechtsneutralität der Organisation explizit zu entlarven, soll die Metapher[42] der "Männlichkeit" der Organisation eingeführt werden (Alvesson & Billing 1992), deren Vorteil darin besteht, daß Geschlecht nicht als eine Variable betrachtet wird, die für bestimmte Fragestellungen einbezogen wird, sondern eine inhärente Konstante darstellt, mit deren Hilfe Stabilität und Resistenz von Organisationsprozessen erklärt werden können. Sie verweist darauf, daß Werte, Ideologien und Praktiken von Organisationen dem entsprechen, was unter "männlich" verstanden wird. Rationalität als eine Hauptdimension der Geschlechterdifferenzen wird sowohl mit Männlichkeit als auch mit Organisation verknüpft (Alvesson & Billing 1992,85). 'Management' und 'Mann' werden in Assoziationsstudien als enger zusammenhän-

41 Zur Definition und Diskussion der Männerdomäne siehe Kap.7.

42 Metaphern sind Bilder, in denen ein Gegenstandsbereich aus der Perspektive eines anderen gesehen wird, wodurch sich das Wesen des bezeichneten Bereichs auf bestimmte Weise erschließt (Neuberger 1989).

gend gesehen als 'Management' und 'Frau' (Rustemeyer & Thrien 1989).[43] Da Männlichkeit in unserer Gesellschaft als Norm und Ausgangspunkt fungiert, von denen aus anderes beurteilt wird, ergibt sich das paradoxe Bild der *Männlichkeit und gleichzeitig der Geschlechtsneutralität der Organisation* (Acker 1991), das sich in der Geschlechtsneutralität der Organisations*theorien* fortsetzt (Hearn & Parkin 1987).

Die Männlichkeitsmetapher birgt wie jede Metapher jedoch einige *Beschränkungen*:

- Die Männlichkeitsmetapher erlaubt es zu zeigen, inwieweit patriarchale, männlich dominierte oder weiblichkeitsabwertende Elemente in praktischen und theoretischen Ansätzen zu Management und Organisation vorhanden sind. Sie blendet hingegen andere Aspekte aus, wie etwa Klassenwidersprüche oder Produktionsverhältnisse.
- Durch die Männlichkeitsmetapher werden entpolarisierende oder gleichheitsfördernde Prozesse in Organisationen leicht übersehen, die im Sinne zukunftsweisender Verbesserungen für Frauen einen wichtigen Platz einnähmen.
- Da Männlichkeit antagonistisch zu Weiblichkeit konstruiert ist, legt die Festlegung der Organisation als "männlich" zum einen eine bestimmte Weiblichkeitsmetapher nahe, die Geschlechterpolaritäten fortschreibt, zum anderen werden Unterschiede innerhalb der Gegensätze nivelliert.
- "Männlichkeit" als einheitliches Konzept kann nicht verschiedene, dominante (hegemoniale) und weniger dominante Männlichkeiten unterscheiden (siehe Kap.2.3.2.). Auf diesen Punkt weisen auch Alvesson und Billing (1992,87) bezüglich von Schichtunterschieden hin: "It is probably primarily a (certain form of) upper class form of maleness that can be linked with instrumental rationality, emotional control, self-sufficiency, individualism, competitiveness, and so on. Working class conceptions of masculinity, at least the traditional ones, have rather little in common with the governing principles and forms of domination in modern organizations."

Während Alvesson & Billing (1992,84) für die Organisation das Bild der "Anti-Familie" wählen, um deren mangelnde Fürsorglichkeit, Intimität und Nähe zu veranschaulichen, sieht Morgan (1986) in ihr ein Modell der patriarchalischen Familie, in der die geschlechtshierarchische Arbeitsteilung vorherrschend ist und die mit Männlichkeit assoziierten Werte "rational", "analytisch" und "instrumentell" über den "weiblichen" Werten Intuition, Empathie und Fürsorge stehen. Tapferkeit, Mut, Heroismus sind in der Familie wie in der Organisation die Tugenden, die der Vater (Vorgesetzte) vom Sohn (Untergebenen) erwartet. Alvesson & Billing vollziehen also die Spaltung öffentlich-privat mit ihrer Geschlechterzuweisung - Mutter in Familie, Vater im Beruf - nach,[44] Morgan greift die historisch gewachsene Familienstruktur - väterliches Oberhaupt herrscht über die anderen Familienmitglieder und gibt Name und Status an die Nachkommen weiter - mit der Betonung auf der väterlichen Seite in seiner Metapher auf.

---

43 "Manager" geht auf das lat. Wort manus, "die Hand" bzw. das ital. Wort maneggiare "handhaben" zurück, während "Mann" vom indogerm. Wort manu "Mensch, Mann" abstammt, d.h. "Manager" ist ein etymologisch geschlechtsneutraler Begriff.

44 Wenn sich eine Organisation selbst mit dem Bild der Familie auszustatten versucht, möchte sie genau diese positiven Werte vermitteln und die Spaltung in privat = menschlich und Arbeit = unmenschlich im Bewußtsein der Menschen aufheben.

In diesen Ansätzen wird deutlich, daß organisationsbezogene Geschlechterforschung dem Geschlecht (und oft auch der Sexualität) einen systematischen Stellenwert im Organisationsgeschehen zuweist, der von gängigen Organisationstheorien weitgehend negiert wird, die mit der Fiktion der abstrakten Arbeitskraft arbeiten und die dahinter verborgene hegemoniale Männlichkeit nicht erkennen. Die von den Autorinnen und Autoren formulierten Thesen sind allerdings kaum in organisationstheoretische Ansätze integriert, zum einen, weil die oben ausgeführte Kritik an bestehenden Theorien schwerlich eine Vermittlungsebene zwischen diesen und den eigenen Konzeptionen eröffnet, zum anderen weil die Geschlechterforscherinnen und -forscher eher gesellschaftsbezogen als organisationsbezogen argumentieren, auch wenn sie sich explizit mit Organisationen beschäftigen. Deshalb soll es im folgenden darum gehen, Organisationstheorien auf ihr "Potential" zur Berücksichtigung von Sexualität und Geschlecht zu untersuchen.

4.3. Klassische organisationstheoretische Ansätze als entsexualisierte Modelle

4.3.1. Scientific Management

Die entsexualisierte Organisation hat ihre theoretischen Wurzeln in den klassischen Ansätzen der Organisationstheorie, welche hier nicht in allen Facetten, sondern lediglich in ihrer Beziehung zur Geschlechterforschung dargestellt werden sollen. Meist wird bei den "Klassikern" als erstes an die Theorie des "Scientific Management" gedacht, die von F. Taylor (1911) begründet wurde. Taylors "wissenschaftliche Betriebsführung" wollte die Arbeitenden von allen überflüssigen Handlungen, Ereignissen und Einflüssen befreien, um optimale Leistungsergebnisse zu erzielen. In der Folge wachsender Massenproduktion, größerer Märkte und verschärfter Konkurrenz bei gleichzeitig großem Arbeitskräfteangebot fielen seine Vorschläge auf fruchtbaren Boden. Der planbare und berechenbare Mensch ohne triebhafte emotionale Anteile ist nach dieser Vorstellung rational, kontrolliert und instrumentell orientiert. Das Modell gilt für ausführende wie für Führungstätigkeiten, die Führungskraft hat jedoch eine wichtige Kontrollfunktion über die Arbeitenden, vergleichbar der Art, wie der Lehrer die Schüler überwacht.[45] In diesem Ansatz kann die Widerspiegelung des Freudschen Instanzenmodells entdeckt werden (Hearn & Parkin 1987): Das Über-Ich entspricht der väterlichen Autorität des Managements, das Ich der Realitätsorientierung der Arbeiterinnen und Arbeiter, und das Es der zu kontrollierenden Triebhaftigkeit beider.

45 Taylor spricht in der Darlegung seiner Theorie nur von männlichen Wesen (1947, zit. in Hearn & Parkin 1987,166): "There is one illustration of the application of the principles of scientific management with which all of us are familiar, and with which most of us have been familiar since we were small boys...the management of a first-class American baseball team."

Zu der Zeit, als Taylor seine Vorschläge entwickelte, hatte die Mechanisierung der Bürotätigkeiten ihren Anfang genommen und zu einer vermehrten Einstellung von Frauen für diese Arbeiten geführt (Braverman 1974), während das Management männlich besetzt war. Die Optimierung der Kontrolle des Körpers, Mechanisierung der Arbeitstätigkeiten und Rekrutierung von Frauen verbanden sich zu Vorstellungen, die noch heute über das Funktionieren von Organisationen gelten (vgl. Cockburn 1991). Kontrolltätigkeiten sind bis heute überwiegend männlich besetzt, und die Mechanisierung von Büroarbeit führt zur "Feminisierung" der Tätigkeit (Thompson 1983,203), d.h. zum vermehrten systematischen Einsatz weiblicher Arbeitskräfte.

4.3.2. Bürokratie-Modell

Im zeitlich fast parallelen "Bürokratieansatz" gilt als Ziel - wie im Scientific Management - die rationale, kontrollierbare Arbeitsausführung, die sich bei Max Weber *idealtypisch* im Bürokratiemodell verankern läßt. Die Bürokratie ist nach Weber die rationalste Form legaler Herrschaftsausübung und beinhaltet Strukturprinzipien wie Arbeitsteilung, Hierarchie der Ämter und generell gültige Regeln und Normen. Der einzelne Funktionsträger wird in den Apparat eingepaßt, so daß individuelle Machtvorteile und Vergünstigungen vermieden werden. Die Bürokratie-Ordnung löst alte patriarchale Muster ab, die auf willkürlicher Macht beruhen, und enthält eine klare Trennung zwischen öffentlicher, rationaler, effizienter Sphäre und privater, emotionaler, persönlicher Sphäre.[46] Webers Ansatz wird von manchen Autorinnen und Autoren unterstützt, die sich mit Geschlechterfragen in Organisationen beschäftigten, weil er versucht, traditionelle patriarchale Willkür-Muster aus der Arbeitswelt und damit auch aus den Geschlechterbeziehungen[47] am Arbeitsplatz zu eliminieren. So beruht das Ziel der gleichen Rechte und Gleichbehandlung von Frauen und Männern in Organisationen letztlich auf dem Bürokratie-Ideal, in dem ausschließlich *apersonale* Regeln ohne Ansehen des Geschlechts angewandt werden. Antidiskriminierungsgesetze und Frauenförderprogramme schließen sich an dieses Ideal an und suggerieren eine Entwicklung hin zur modernen Organisation, in der es allein um Fähigkeiten und Motivation geht.

Rosabeth Kanter (1977) verwendet in ihrer Untersuchung über geschlechtsspezifische Machtstrukturen in Organisationen implizit ein Bürokratie-Modell, wenn sie die institutionalisierte Mann-Frau-Beziehung zwischen Chef und Sekretärin als Anomalie und als Relikt

46 Zu den allgemeinen Widersprüchen und Dysfunktionen, die aus dem Bürokratie-Modell erwachsen, siehe Neuberger (1989).

47 Unter Geschlechterbeziehungen soll das notwendige Aufeinander-Bezugnehmen der Menschen als Geschlechtswesen verstanden werden. Sie sind in ihrer Komplementarität letztlich auf Kooperation angewiesen (Müller 1989,255), die gesellschaftlich geregelt wird.

patrimonialer Strukturen bezeichnet. "When bosses make demands at their own discretion and arbitrarily; choose secretaries on grounds that enhance their own personal status rather than meeting organizational efficiency tests; expect personal services with limits negotiated privately; exact loyalty and make the secretary a part of their private retinue, moving when they move - then the relationship has elements of patrimony" (S.73). Kanters Zentralkategorie ist die Macht, nicht das Geschlecht: Frauen haben weniger Macht, weil sie weniger machtvolle Positionen besetzen, und Männer werden bevorzugt, weil sie positional mächtiger sind. Quasi-familiäre, patriarchale Verhältnisse wie das von ihr analysierte zwischen Chef und Sekretärin sind in dieser Hinsicht in der modernen Organisation überholt.

Indessen kommt in Webers Begriff der Rationalität ein Konzept von *Männlichkeit* zum Ausdruck, das auf dem Ausschluß des Persönlichen, des Sexuellen und des Weiblichen aus der Rationalitätsdefinition basiert (Pringle 1988, Ramsay & Parker 1992). Zwar wird Willkür durch Regeln ersetzt, aber diese Regeln beruhen auf geschlechtsspezifischer Arbeitsteilung und patriarchalen Familienstrukturen, die wiederum aus der Zuweisung von Frauen zur Privatsphäre erwachsen. Bürokratische Regeln verschleiern also die dahinterliegenden geschlechterdifferenten Annahmen, die nun als "rationales Patriarchat" erscheinen. In Webers Ansatz kommt eine der klarsten *Trennungen* zwischen Rationalität und Aktivität auf der einen Seite und Emotionalität, Passivität, Zärtlichkeit und Liebe auf der anderen Seite zum Vorschein (Burrell 1992, 71).[48] Charismatische Größe steht nach Weber nur jemandem zu, der sich von Liebe abgewandt hat, und umgekehrt sind Liebende befreit von der "kalten" rationalen Ordnung und der alltäglichen Routine. In dieser Sichtweise ist Sexualität etwas Fremdes, Unpassendes in der Organisation, das es durch geeignete Strategien zu eliminieren gilt.

Auf andere Art geht Morgan (1986,204ff) in seiner Metaphernanalyse mit dem Bürokratie-Modell um, das er als Ausdruck unterdrückter Sexualität betrachtet. Gemäß Freuds Triebmodell wird Sexualität durch Zwänge in der Kultur (wozu auch und vor allem Arbeit zählt) zurückgedrängt, kann aber nicht vollständig unterdrückt werden. Die Bürokratie wie auch das Scientific Management mit ihren starren Regeln und Abläufen können als zwanghafte Reaktionen ("Analcharakter") gegen die Unterdrückung der Sexualität interpretiert werden, die im Laufe der Industrialisierung in Organisationen durchgesetzt wurde. Andere typische Muster, die in Organisationen zu finden sind, analysiert Morgan nach dem gleichen Schema: Aggressivität und Arbeitssucht als genitale Formen der Abwehr; innovative, kreative, individualistische, karriereorientierte Einstellungen als phallisch-narzißtische, exhibitionistische Haltungen usw. Solche Abwehrhaltungen sind nach Morgan nicht individuell, sondern strukturell in der Institution angelegt und werden dort verstärkt. Einschränkend ist zu sagen, daß die Metapher der unterdrückten Sexualität in ihrer Übertragung psychoanalytisch fundierter Individualhaltungen auf strukturell angelegte Organisationsmuster wenig geeignet scheint, den vielschichtigen Erscheinungsformen von Sexualität im Rahmen der Geschlechterbeziehungen in der Organisation gerecht zu werden. Inwiefern Verhaltensweisen als Abwehrhaltungen oder im Gegenteil als Triebdurchbrüche interpretiert werden können und

48 Vgl. die Weberkritik von Rosalyn Bologh (1990).

inwiefern sie mit gesellschaftlich angelegten Männlichkeits- bzw. Weiblichkeitsbildern zusammenhängen, kann nur mithilfe eines umfassenderen organisationstheoretischen Ansatzes geklärt werden.

Wenn alternativ angenommen wird, daß Formen von Macht und Kontrolle auf der Konstruktion von Sexualität basieren - ein Gedanke, der Foucaults Thesen verwandt ist - dann ist die familiarisierte, sexualisierte Chef-Sekretärin-Beziehung keine Besonderheit in der Organisation, sondern *paradigmatisch* für Macht-Sexualitäts-Verbindungen und für die Organisation von Sexualität und Lust. Sexualisierte Frauenarbeit oder sexuelle Belästigung sind Niederschlag eines Bürokratie-Ideals, das starke Geschlechterpolarisierungen eingeführt hat.

> "Far from being marginal to the workplace, sexuality is everywhere. It is alluded to in dress and self-representation, in jokes and gossip, looks and flirtations, secret affairs and alliances, in fantasy, and in the range of coercive behaviours that we now call sexual harassment" (Pringle 1988,90).

Pringle beruft sich auf Foucaults Diskurs-Modell, das sie auf die Organisation anwendet. Über den Diskurs der sexuellen Subjekte Mann und Frau, die an den Codierungen von Kleidung, Verhalten und Reden teilnehmen und damit gleichzeitig Attraktion und Grenzen zwischen den Geschlechtern gestalten (vgl. Ramsay & Parker 1992), werden Formen von Herrschaft und Unterordnung geschaffen, die sich hinter scheinbarer Neutralität verbergen.

Wenn Sexualität - um ein Bild zu verwenden - als fremder und unerwünschter Eindringling in die Organisation betrachtet wird, dann ist sie negativ und in Opposition zu dem, was in Organisationen geschieht; ihre Opfer sind tendenziell machtlos und handlungsunfähig. Wenn hingegen Sexualität erstens als normales Geschehen in Organisationen und zweitens als in Machtkonstellationen hergestellt gesehen wird, kann analysiert werden, wie Macht bereits durch die Definition dessen wirkt, was lustvoll oder nicht ist, und nicht erst bei sexueller Belästigung beginnt, und wie alternative - weibliche - Definitionen von Lust dazu benützt werden können, "männliche" Rationalität zu durchbrechen (Pringle 1988,96; vgl. Burrell 1992).

4.3.3. Human-Relations-Ansatz

Eine Wende in der Geschichte der Organisationstheorien stellt der "Human-Relations"-Ansatz dar, der das "rationale Management" in Frage stellte, indem er die Beziehungen, Gefühle und Bedürfnisse der Arbeitenden als wichtige Faktoren zur Leistungserstellung erkannte. Es ging jetzt nicht mehr nur um die asexuelle, kontrollierte Arbeitskraft, sondern um den Menschen mit seinem Körper, Geist, seinen Gefühlen und sozialen Bedürfnissen, deren Berücksichtigung zu guten Leistungen beitragen soll. Das Persönliche, im Scientific Management und im Bürokratie-Modell ausgegrenzt, galt nun als ausschlaggebend. Jedoch war die Beachtung menschlicher Belange in der Human-Relations-Bewegung, wie mehrfach kritisiert wurde, instrumenteller Natur und kann als Verschleierung tayloristischer Ziele und gewinnorientierter Taktiken, gar als "psychischer Totalitarismus" (Hearn & Parkin 1987) bezeichnet werden. So ist die Human Relations-Bewegung eher eine Erweiterung als eine Überwindung des Bürokratie-Ansatzes, weil die formalen Strukturen nicht in Frage gestellt wurden, sondern im Gegenteil der Rationalitätsgedanke verstärkt wurde: Während Arbeiterinnen und Arbeiter mittels Gefühl und sozialem Engagement kontrolliert werden, sollen Führungskräfte rational und logisch handeln und ihre Gefühle im Griff haben. Kaum reflektiert wurde die Bedeutung dessen, daß in den, die Human-Relations-Bewegung begründenden Hawthorne-Studien männliche Wissenschaftler männliche und weibliche Arbeitskräfte gezielt aufgrund ihres Geschlechts auswählten. Die Frauengruppe wurde im Unterschied zur Männergruppe individuell ausgesucht, interviewt und (auch medizinisch) untersucht (Acker & Van Houten 1974). In der Erforschung der Befindlichkeiten der Arbeiterinnen in jenen Studien spiegelt sich die Erforschung und Vermessung des weiblichen Körpers durch männliche Wissenschaftler seit Intensivierung der Medizinforschung wider (vgl. Honegger 1991).

Während also manche Autorinnen und Autoren rationale Modelle als Überwinder der störenden Geschlechterdynamik in Arbeitsvollzügen favorisieren, sehen andere in ihnen die versteckten männlichen Werte hinter den (geschlechts)neutralen Begriffen. Die Human-Relations-Bewegung stellt diese Werte keineswegs in Frage, sondern bereichert sie um die Dimension der sozial-emotionalen Kontrolle.

4.4. Abkehr vom Rationalitätsparadigma

Die Erkenntnisse der beschriebenen Theorien haben sich weiterentwickelt zu Ansätzen, die rationale und technizistische Modelle ablehnen und menschliche, kulturelle, irrationale u.ä. Faktoren in den Mittelpunkt der Analyse rücken. Vor allem die Abkehr von der Rationalitätsannahme ist ein Markenzeichen der neueren Ansätze der Organisationstheorie, die ihren Anfang bereits mit Simon (1947) nahm und mit Cohen, March und Olsons "Mülleimermodell" (1972) fortgesetzt wurde, das besagt, daß Entscheidungen durch quasi zufälliges Zusammentreffen von Ereignissen erklärt werden können. Crozier und Friedberg (1979) ersetzen den rationalistischen Ansatz der Kontrolle mittels formaler Strukturen durch Modelle differenzieller Macht- und Kontrollspiele (vgl. Türk 1989,34). Der Organisationskultur-Ansatz schließlich betont lebensweltliche und eigensinnige Aspekte kollektiver Akteure und untersucht kulturelle Produkte der Organisation wie Werte, Normen, Gebräuche, Ideologien, Sprache und Symbole (Neuberger & Kompa 1987). All diese Ansätze verstehen sich als Alternativen zum Rationalitätsparadigma und wären dadurch für die Untersuchung der Geschlechterverhältnisse und der Sexualität in Organisationen auf den ersten Blick geeignete Kandidaten. Dazu muß aber geklärt werden, welchen Stellenwert das Rationalitätsparadigma für die Organisationsforschung hat, das - wie gezeigt wurde - offensichtlich in der Gesellschaft ein zentrales (hierarchisierendes) Ordnungskonzept darstellt.

Daß sich die oben zitierten Geschlechterforscherinnen und -forscher immer wieder auf das Rationalitätsparadigma beziehen, liegt an der empirischen Tatsache, daß es tatsächlich eine historisch und gesellschaftlich ausgebildete Rationalitätssemantik *gibt* (vgl. Kap.2.2.2.). Eben dies erläutern Meyer & Rowan (1977), deren Überlegungen von Türk (1989,36ff) aufgegriffen werden. Sie stellen fest, daß formale Strukturiertheit und Rationalität nicht einfach Merkmale von Organisationen sind, sondern daß es dabei um gesellschaftlich akzeptierte und institutionalisierte Muster der Handlungsorientierung und Deutung geht. Das Rationalitätsparadigma kann als Grundzug im Denk- und Wissenssystem unserer Gesellschaft angesehen werden. Meyer und Rowan fassen formale Rationalität als symbolisch kodifizierte gesellschaftliche "Institution" auf und verweisen damit auf ein Verhältnis von Gesellschaft und Organisation als eines von Allgemeinem und Besonderem. Verfahren von formaler Rationalität in Organisationen sind somit Manifestationen eines gesellschaftlich fundierten Rationalitätsglaubens, der von lebensweltlichen Bezügen (Werten, Gefühlen, persönlichen Beziehungen usw.) abstrahiert und in Privatbeziehungen wenig Geltung hat. Die Rationalitätssemantik findet im symbolischen Kontext aus legitimatorischen Gründen Anwendung, während es im materiellen Kontext - reale Produktions- und Austauschprozesse innerhalb und mit anderen Organisationen - um Effizienz geht (z.B. im Hinblick auf Macht, Ökonomie und die Reproduktion von Sozialstrukturen). Im Zusammenhang mit den symbolischen Kontexten spielt die Funktion von *Ideologien* eine Rolle. Ideologien werden von Türk (1989,43) als handlungsleitende kognitive Konzepte bezeichnet, die sich gegenüber der materiell-realen Ebene verselbständigen und der ex-post Legitimation des permanenten Aktionsstromes in Organisationen dienen. Sie müssen den Akteuren nicht bewußt sein und können im Sinne der Effizienz auch kontraproduktiv wirken.

Die Rationalitätsannahme hat weitreichende Konsequenzen für die Konstruktion der Organisation und insbesondere für die Sexualität in Organisationen, weil durch sie

a) Sexualität als Gegenpol zur Rationalität im Organisationskontext verdrängt und/ oder verschleiert wird;

b) Sexualität "rationalisiert" (funktionalisiert, ökonomisiert) wird;

c) Weibliche Tätigkeiten, Interessen, Körperprozesse usw. als das Andere, weniger Bedeutsame abgewertet werden können;

d) Männliche Tätigkeiten und Verhaltensmuster etc. in der Organisation als höherwertig, Norm und Ausgangspunkt gelten.

4.5. Politische Ansätze

Aus dem bisher Gesagten kristallisiert sich als systematische Verbindung von Geschlecht, Sexualität und Organisation immer wieder die Gegenüberstellung von Dominanz/Unterordnung bzw. Herrschaft/Unterdrückung heraus. Solche Kategorien finden sich am ehesten in den politischen Ansätzen der Organisationstheorie, die zu den neueren Trends innerhalb der Organisationsforschung zählen. Sie fassen Organisationen nicht als durch die vermeintliche Zweckrationalität eines Organisationsherrn (!) bestimmte Strukturen auf, sondern als Arena interessengeleiteter Interventionen, Aushandlungen und Konflikte, in der Strukturen und Regeln Ressourcen und Objekte politischer Prozesse sind (Türk 1989). Organisationen gelten nicht als sozio-technische Systeme, sondern als Interaktionszusammenhang konkreter Menschen, die gruppenspezifische Subkulturen (Koalitionen) bilden können (Türk 1989,122). Dabei werden die jeweils historisch-gesellschaftlich typischen Konfliktlagen berücksichtigt. Anstelle bruchloser Durchsetzung innerorganisatorischer Herrschaftsverhältnisse tritt der tägliche Kampf um Kontrolle, Macht und Ressourcen. Türk nennt drei Ansatzpunkte einer politikorientierten Perspektive:

a) Mikropolitik: Statt der vollständigen Subsumtion der Subjekte unter objektive Organisationstrukturen wird Eigensinn der Subjekte angenommen, der nie vollständig unterdrückbar ist, sondern nach der Befriedigung eigener Bedürfnisse und Interessen strebt.

b) Mesopolitik: Subjekte produzieren und reproduzieren Organisationsstrukturen durch Orientierungen und Handlungen. Es geht nicht um die "Organisation der Produktion", sondern um die "Produktion der Organisation" (Cooper & Burrell 1988,106).

c) Makropolitik: Die Relevanz von Organisationsbildung in den verschiedenen "Subsystemen" der Gesellschaft führt zu einer gesamtgesellschaftlichen Einbettung der Organisationsanalyse.

Was die in diesen Ansätzen enthaltenen Annahmen für das Thema von Sexualität und Herrschaft in Organisationen zu bieten haben, ist folgendes:

- Kontrolle und Unterdrückung werden explizit benannt und damit zum Untersuchungsgegenstand gemacht. In diesem Kontext findet das Moment der Kontrolle der Sexualität sowie spezifischer Über-/Unterordnungsverhältnisse hinsichtlich Sexualität, der Geschlechter und ihrer Bewertung in der Organisation seinen Platz.
- Kontrolle und Herrschaft können nicht bruchlos durchgesetzt werden, sondern implizieren Widerstand. Für die Sexualität in Organisationen bedeutet das: a) Sexualität wird nicht nur unterdrückt, sondern auch ausgelebt; b) es besteht die Gefahr des Durchbruchs überschüssiger, nicht kontrollierbarer Anteile; c) Frauen sind nicht nur Opfer, sondern auch handlungsfähige Subjekte.
- Geschlechterbeziehungen am Arbeitsplatz und Männlichkeits-/Weiblichkeitsbilder werden immer wieder durch organisationales Handeln reproduziert.
- Organisationen sind in die Gesellschaft eingebettet, d.h. gesellschaftliche Geschlechter- bzw. Sexualitätskonstruktionen werden von Organisationen *übernommen* (geschlechtsspezifische Arbeitsteilung, Vergeschlechtlichung der Tätigkeiten...), *verstärkt* (durch Organisationspraktiken wie Rekrutierung und Beförderung) oder mit *hergestellt* (z.B. in Schulen und Sporteinrichtungen).

Den Ausdruck "Produktion der Organisation" - die *Meso-Ebene* - greifen Burrell & Hearn (1989,13) in einer späteren Arbeit auf. Während es in der "Organisation der Produktion"-Perspektive um das Problem der Sicherstellung und Verbesserung der Produktion geht, zielt die zweite Perspektive auf die Sicherstellung der Organisation als sozialer Struktur ab. Der herkömmliche Ansatz - Organisation der Produktion - geht mit Sexualität auf zweierlei Weise um: Entweder wird in einer rigiden Spaltung von Erwerbsarbeit und Freizeit, von Produktionssphäre und Reproduktionssphäre Sexualität von vornherein ausgeschlossen und damit nicht als Problem gesehen, oder Sexualität gilt zwar als Problem der Organisation, ist aber historisch überwunden, indem Gefühle und Triebe unter Kontrolle gebracht und in unschädliche bzw. förderliche Bahnen gelenkt wurden. Angemessener ist indessen die "Produktion der Organisation"-Perspektive: In ihr ist Sexualität a) eher ein gewöhnliches und häufiges öffentliches Geschehen als ein besonderer Aspekt des privaten Lebens, und b) eher ein Teil der allgegenwärtigen "Körperpolitik" als eine separate und abgrenzbare Praxis. Diese Postulate entsprechen jenen von Pringle (1988) und Acker (1991), wobei die Autoren - wie auch Adorno (vgl. Kap.3.1.) - die Umsetzung ihrer Thesen besser in einer Gesellschaftstheorie als in einer Organisationstheorie verwirklicht sehen würden.

In *mikropolitischer Perspektive* steht der Eigensinn der Subjekte im Zentrum des Interesses. Gemäß der Kritik der Geschlechterforschung an "mainstream" Theorien dürfte dieser Eigensinn aber nicht individualistisch betrachtet werden, sondern immer in seiner Beziehung zu übergeordneten (Herrschafts-)Mustern. Unter Mikropolitik fallen sehr verschiedene Ansätze des Handelns in Organisationsstrukturen (Türk 1989, 125ff): strategisches Handeln, um sich Vorteile zu verschaffen; "Spiele" zur Kompensation von belastenden Arbeitsbedingungen; "Arbeitskampf" als Widerstandsverhalten etc. Sexuelles Verhalten ist in diesem Sinne in bestimmten Bereichen Mikropolitik: Erotische Beziehungen können strategisch angelegt sein oder Widerstand gegen den monotonen entfremdeten Arbeitsalltag bedeuten. Ohne Anbindung an die Mesoebene (inwiefern stabilisiert bzw. destabilisiert sexuelles Verhalten die Organisation) und die Makroebene (inwiefern formen gesellschaftliche Geschlechterverhältnisse sexuelles Verhalten in Organisationen) bleiben solche Erklärungen jedoch unterhalb der Forderungen der Geschlechterforschung nach systematischer Integration von Geschlechterphänomenen in übergeordnete Strukturen.

Als Schlußfolgerung aus diesen Überlegungen kann postuliert werden, daß eine Organisationstheorie, die Sexualität und Geschlechterverhältnisse integrieren will, folgende Elemente enthalten sollte:

- die Berücksichtigung *gesellschaftlicher Prozesse* als allgemeinerer Instanz für die Formung von Geschlechterverhältnissen und Sexualität;
- die Kategorie der *Herrschaft* sowohl hinsichtlich der Zurichtung der Menschen zu Arbeitskräften als auch hinsichtlich geschlechtsspezifischer Zuweisungen;
- die Dimension der *menschlichen (symbolischen) Praxis*, die sowohl reproduzierend als auch transformierend wirken kann;
- die Kategorie der *Ideologie* als legitimatorische Instanz bestehender Verhältnisse.

4.6. Die Organisation als Verkörperung von Herrschaft

4.6.1. Das Grundkonzept

Stolz & Türk (1992) und Türk (1993) entwickelten einen theoretischen Ansatz zur Organisation als Verkörperung von Herrschaft, der in seinen für die vorliegende Thematik relevanten Teilen erläutert und in Beziehung zur Sichtweise der "vergeschlechtlichten" Organisation gebracht werden soll. Stolz & Türk (1992) nennen ihre paradigmatische Position "konstruktivistischer Materialismus", da sie von einer wahrnehmungs- und erkenntnisunabhängigen Realität ausgehen, die sozial angeeignet wird, so daß sich der "*reale Lebensvollzug* kooperierender Subjekte in den Kontexten außermenschlicher Natur ausdrückt" (1992,126). Sie vertreten einen politökonomischen Ansatz, der Organisation als den modernen Modus von Herrschaft faßt, mit dem Menschen ihre historisch spezifischen Formen der Kooperation regeln. Dabei geht es

Türk darum, "menschliche Arbeit und Kooperation als einen konkreten Lebensprozeß zu verstehen und zu fragen, wie dieser Prozeß konfiguriert, auf vielfältige Weise zerschnitten und zusammengefügt, ausgebeutet und beherrscht, entmutigt und ermutigt wird. Alles, was an gesellschaftlichen Prozessen, Mustern, Strukturen, Institutionen von uns gesehen, erlebt, nachvollzogen wird, ist teils bewußtes, teils unbewußtes bzw. nicht intendiertes Produkt menschlicher Praxis" (1993,300). "Politisch" ist der Ansatz deshalb, weil es um die (historisch spezifische) Strukturierung und Nutzung menschlicher Gemeinschaften geht, wobei das Phänomen der Herrschaft im Zentrum der Analyse steht. Der ökonomische Aspekt benennt den real-materiellen Lebensprozeß, durch den Menschen sich kooperativ reproduzieren. Eine politische Ökonomie der Organisation nach Türk (1993,301/302)

- faßt Organisation als ein historisches Phänomen auf;
- erklärt Organisation aus der Perspektive der Gesamtgesellschaft heraus;
- begreift Organisation als ein besonderes herrschaftliches Muster der Konfigurierung gesellschaftlicher Praxis;
- interessiert sich für den Konstitutions- und Reproduktionsprozeß der sozialen Kontexte, die die Alltagsakteure als "Organisation" bezeichnen;
- analysiert Organisation als typische Form von Herrschaft in der "Moderne";
- versteht unter organisationaler Herrschaft innerhalb unserer Gesellschaft nicht nur etwas von außen auf die Menschen Einströmendes, sondern als organisationale Praxis ist sie Bestandteil unserer Lebensform.

Innerhalb dieses Konzeptes werden zwei Dimensionen kontrastiert, nämlich Organisationen als

- spezifische Verkörperungen von *Herrschaft*, insofern sie die "freie Assoziation" kooperierender Subjekte verhindern,
- spezifische *Kooperationsformen*, insofern sie herrschaftskonforme Weisen kommunikativ regulierter Kooperation ermöglichen (Stolz & Türk 1992,140ff).

4.6.2. Herrschaft und Organisation

Herrschaft bezeichnet nach Stolz und Türk die Fremdaneignung von Arbeitserträgen und die Fremdbestimmung von Arbeits- und Lebensbedingungen. Durch Herrschaft werden Zusammenhänge entweder unmittelbar-gewaltsam oder kulturell legitimiert (in letzter Instanz jedoch immer gewaltförmig) aufgetrennt, Differenzierungen gesetzt und Bedeutungssysteme aufgestellt. Herrschaft gründet nach Türk und Stolz

- auf einer materiellen Basis (das Kapital im Kapitalismus),
- auf einer legitimatorischen Ideologie,

- auf einer diskriminatorischen sozialen Kategorisierung, aufgrund derer z.B. Alte-Junge, Kernbelegschaft-Randbelegschaft, Deutsche-Nichtdeutsche, Frauen-Männer usw. konstruiert werden und den verschiedenen Gruppen mehr oder weniger Partizipation an der Herrschaft zugestanden wird.

In dieser Dreiteilung wird deutlich, daß Stolz und Türk Herrschaft zunächst relativ allgemein als Eingriff in Lebenszusammenhänge auffassen. Die Kategorie der *Trennung* ist dabei ein zentraler Begriff, z.B. trennt Arbeitsteilung Arbeitsvermögen auf, um es unterschiedlicher Bewertung zuzuführen. Reale Trennungen (etwa rechtlicher oder ökonomischer Art) können dabei von formierenden Ideologien legitimiert werden. Türk und Stolz gehen davon aus, daß alle historisch bisher realisierten Gesellschaftsformationen herrschafts- und gewaltförmig zugerichtet waren und sind, so daß in der Geschichte der Menschheit die Erfahrungsproduktion sowohl der Herrschenden als auch der Beherrschten durch herrschaftsförmig gesetzte Trennungen restringiert wird.

Innerhalb der Vergesellschaftung wirkt Herrschaft als symbolisch-kognitiver Prozeß über die Ausbildung von beschränkten bzw. beschränkenden Symbolsystemen, die reale Zusammenhänge ausblenden. Türk und Stolz nehmen Alfred Lorenzers Ausdruck der "Desymbolisierung" zu Hilfe, um die soziale Reproduktion realökonomischer Gewaltverhältnisse zu erklären. Lorenzer (1972, 1977, zit.n. Stolz & Türk 1992,135f) geht von dem Konstrukt einer vorsprachlich gegebenen Praxis aus, in der sich sog. Interaktionsformen bilden, welche später mit symbolischen (Sprach-)Figuren verknüpft werden. "Desymbolisierung" geschieht im Konflikt zwischen Praxis und Sprache, in dessen Folge es zu Verdrängungsprozessen kommt, denn durch Desymbolisierung werden Sprachfiguren und Interaktionsformen in der Weise wieder aufgetrennt, daß Praxis mittels disziplinierender Gewalt entsprachlicht wird. Kooperativer Praxisvollzug ist dann entweder über Resymbolisierung möglich oder durch die Verallgemeinerung spezifischer Desymbolisierungsformen zur 'strukturellen Gewalt' (Stolz & Türk 1992). Gemeinsame Symbolproduktion und gemeinsamer Bestand an Desymbolisierungen kennzeichnen herrschaftsförmig zugerichtete Sozialitäten - so "desymbolisiert" beispielsweise die Warenform der Produkte die in ihnen steckende Arbeit, das "Bruttosozialprodukt" blendet andere gesellschaftliche Arbeiten aus usw.

Stolz und Türk wollen mit dem Konzept der Desymbolisierung zum einen die Mittäterschaft der Unterworfenen und zum anderen die legitimatorische Ideologie der Herrschaft erklären. Herrschaft wird als Kontrolle einer Gruppe von Menschen über die produktive Lebenstätigkeit einer anderen Gruppe definiert, ist jedoch auf das Mittun der Unterworfenen angewiesen. Die Mehrheit der Menschen neigt schon aus realer Interessenlage heraus einer Verteidigung der hegemonial geltenden Herrschaftsstrukturen zu. Da sie aber auch Opfer der Enteignungsprozesse sind, muß ihnen die gültige Herrschaftsform als notwendiges Element der Koordination sozialer Arbeitsteiligkeit dargestellt werden. Dies gelingt nur durch "partielle Entmächtigung der Wahrnehmungs-, Kognitions- und Kommunikationsfähigkeit der Beherrschten" (Türk 1993,139), d.h. durch Desymbolisierung. Gleichzeitig muß ein Mindestmaß an Verständigung zwischen Herrschenden und Beherrschten bestehen, da sonst Mittäterschaft und Verstehen der Legitimationsmuster nicht möglich wären. Beide Gruppen bilden daher tendenziell komplementär aufeinander bezogene Symbolsysteme mit jeweils spezifischen Formen der Desymbolisierung aus.

Die Herrschaftsdimension führt durch die Prozesse der Trennung und Desymbolisierung zur Zurichtung des symbolisch regulierten, materialen Reproduktionszusammenhangs. Sie bezieht sich anders als die Kooperationsdimension auch auf nicht-organisational strukturierte Lebensbereiche. Die Menschen müssen in spezifischer Weise zugerichtet werden, um den Arbeitsalltag durchzustehen, und zwar nicht nur bezüglich der dort verbrachten Lebenszeit, sondern auch hinsichtlich der dadurch bedingten Restriktionen bei der Gestaltung ihres gesamten Lebens. Zurichtungen enden nicht an den Grenzen der Organisationsgebilde, sondern reproduzieren sich im gesellschaftlichen Kontext und schlagen als Desymbolisierung in den Reproduktionsbereich und den Sozialisationsprozeß der nächsten Generation durch.

Um nun auf die besondere Herrschaftsform der Organisation einzugehen, soll "Organisation" als historisch-kulturell besonderes Phänomen in ihren Bestimmungsstücken analysiert werden. Türk versucht dies mit der These, daß Organisation "als historisches Arrangement gesellschaftlicher Konstrukte von "Ordnung", "Gebilde" und "Vergemeinschaftung" entsteht und sich weiterentwickelt. Organisation ist also kein überhistorisch-universales Phänomen, sondern eine historisch besondere Verkörperung von Herrschaft, die ältere Herrschaftsformen ablöst und eine eigene Geschichte aufweist" (1993,303).

4.6.3. Organisation als Ordnung, Gebilde und Vergemeinschaftung

4.6.3.1. Organisation als Ordnung

Der Begriff der Ordnung verweist auf die Rationalitäts-, Disziplinierungs- und Normalisierungsdimension der Organisation, die sich in der gesellschaftlichen Entwicklung unserer Kultur verfolgen läßt. Dadurch kann die Organisation als ein in hohem Maße kulturspezifisches Phänomen gelten. Der moderne Ordnungsbegriff folgt aus dem rationalistischen Programm der Aufklärung und verleiht den "geordneten" Elementen bestimmte Bewertungen und Bedeutungen, die dem Bemühen folgen, vermittels der Ideologie zweckmäßiger Ordnung Herrschaft zu sichern. Foucault (vgl. Kap.3.2.), der den Begriff der Ordnung ganz ähnlich verwendet, zeigt, wie durch Ordnungskonzepte Hierarchien und Über-Unterordnungsverhältnisse etabliert werden. Die "Ordnung" der kapitalistischen Arbeitsorganisation würde somit weniger in der technologischen Effizienz als in der Wahrung von Herrschaftsinteressen begründet sein.

Zur Evolution von "Organisation" kann es aber erst kommen, nachdem sich ein Muster gebildet hat, "das die Möglichkeit bietet soziale Orte zu definieren, in denen sich restringierende und abstrahierende Ordnung mit institutionell abgesicherten Chancen zur Akkumulation von "Kapitalien" ökonomischer, politischer, kultureller, wissensbezogener Art verbinden kann" (Türk 1993,307). Ein Mechanismus sozialer Abschließung ist nötig, der jede Ordnung auf einen institutionell abgegrenzten Ort bezieht.

4.6.3.2. Organisation als Gebilde

Für das Konzept von "Gebilde" steht die akkumulative Instanz zur Aneignung fremder Arbeitserträge, die gesellschaftliche Arbeitszusammenhänge selektiv so *zerschneidet*, daß abschöpfbare Erträge legal zugerechnet werden können. Die Kategorie der Trennung führt hier also zur Sicherstellung von institutionellen Grenzen, so daß - ganz legal - externe, aber notwendige Leistungen (Reproduktionsarbeit, Sozialisation als Vorbereitung auf Organisationen usw.) genützt bzw. Folgekosten (Umweltschäden, gesundheitliche Beeinträchtigungen) externalisiert werden können. Gesamtgesellschaftlich bestehen die Aspekte von Organisationen als Gebilde in der Monopolisierung der Macht, Akkumulation von Kapital, Konzentration der Ressourcen und Erzeugung von Peripherien (Türk 1993,308). Damit wird die für jegliche Herrschaft typische Zentrum-Peripherie-Figur durch die kapitalistische Organisation weiter ausgebaut.

Die im Gebilde-Begriff festgemachte Rechtssphäre der Organisation bedingt die *Scheidung von Lebenszusammenhängen* (z.B. Familie und Betrieb), da Menschen lediglich unter spezifischen Zweckgesichtspunkten partiell organisiert werden. Gleichzeitig ist immer der ganze Mensch in Organisationen präsent und wird umgekehrt sein gesamter Lebenszusammenhang durch Organisierung tangiert (vgl. die vielfältigen sozialen, rechtlichen und persönlichen Auswirkungen von Arbeitslosigkeit). Die unmittelbare Unterstellung der Arbeitenden unter den Organisationsapparat - das was als "reelle Subsumtion" bezeichnet wird - führt zu einer Zerschneidung (welche Tätigkeiten werden gebraucht) und zu einer Konditionierung (wie werden die Tätigkeiten organisiert) von Arbeitskontexten. Dabei müssen die Akteure, da sie keine Maschinen sind und ihren Eigensinn mitbringen, auch von selbst mitmachen und "Organisation" bzw. organisationskonforme Muster immer wieder reproduzieren. Sie brauchen dazu *soziale Kompetenz*, um relevante Muster zu erkennen und zu reproduzieren, *Qualifikationen*, die den Anforderungen genügen, und *Interessen* (*Motivdispositionen*), die organisationsförmig nutzbar sind (Einkommenserzielung, Karriere...). Vor diesem Hintergrund argumentiert Türk (1993,314), daß "die Einheit von "Ordnung" und "Gebilde" als sozial-interpretative Konstrukte dasjenige konstituiert, was man die "Formalität" von Organisationen nennen kann". "Ordnung" ist dabei eine funktionale, "Gebilde" eine institutionelle Grenzziehung. Formalität läßt sich nur über die gewaltförmig produzierte Desymbolisierung produktiver Lebenstätigkeit reproduzieren, ist also der Herrschaftsdimension zuzuordnen. Sie dient *nicht* der effizienten Allokation der Ressourcen, sondern der herrschaftsförmigen Konditionierung dieser Kontexte.

4.6.3.3. Organisation als Vergemeinschaftung

Mit dem Konstrukt der Vergemeinschaftung ist das Konzept der Mitgliedschaft und damit ein Modus personeller Abgrenzung angesprochen. Mit den beiden anderen Konstrukten Ordnung und Gebilde verbindet sich Vergemeinschaftung im 19. Jahrhundert zu "Organisation", denn erst die staatlich zugelassene Vereinigungsfreiheit läßt eine Fülle von Organisationen entstehen, die durch Vergemeinschaftung personelle Aus- und Eingrenzungen vornehmen und somit soziale Ungleichheit reproduzieren. Interne Gesamt- oder Subkulturen bilden eine spezifische Solidarität und Loyalität aus, die auf kollektive Interessenwahrung gegenüber Nicht-Mitgliedern abzielen. Soziale Gruppen ohne organisierbare Interessen sind somit nicht nur auf Organisationsebene, sondern gesamtgesellschaftlich marginalisiert. Gemäß dieser Vorstellung wäre Organisation dann der alleinige Modus, durch den Interessen artikulierbar würden.

4.6.4. Zur Ausbildung organisierter Arbeit

Organisational nutzbares Arbeitsvermögen bedeutet gesellschaftlich zugerichtetes Arbeitsvermögen. Die Auftrennung des Arbeitsvermögens in organisational nutzbares und nicht nutzbares und die Auftrennung von Lebenssphären in organisationsförmige und nicht organisationsförmige mußten im Lauf der Geschichte von den Menschen gelernt und akzeptiert und müssen von jedem einzelnen in der Sozialisation angeeignet werden. Das Arbeitsvermögen selbst wird nicht organisationsförmig, d.h. Menschen werden nicht zu Robotern, im Gegenteil "können" Menschen viel mehr als ihnen von

Organisationen abgefordert wird. "Qualifikation" ist dann nach Türk die organisationale Nutzungsform menschlichen Arbeitsvermögens, die einen vorgängigen Segmentierungsprozeß voraussetzt, durch den die Handelnden lernen, Arbeitsvermögen unter Qualifikationskategorien einzusetzen. Zu diesen Lernprozessen zählen unter anderem (1993,317):

- das Lernen von Triebunterdrückung und Desymbolisierungen, um Erfordernissen von "Sachlichkeit" und Trennung der Lebenssphären zu entsprechen;
- die Entwicklung der Fähigkeit, "Leidenschaften" in "Interessen" zu transformieren, d.h. die Entstehung des (bürgerlichen) Individuums als rational-strategisch handelndes Subjekt;
- die Entwicklung der Trennung von Planung und Ausführung, zunächst als kognitive Leistung, dann als "Arbeitsteilung";
- die Fähigkeit, in Rollen und Positionen zu denken und zu handeln;
- die Genese geschlechtsspezifischen Arbeitsvermögens, z.B. die Ausbildung einer "männlichen" Organisationskompetenz.[49]

4.6.5. Die Kooperationsdimension der Organisation

Bei dieser Dimension handelt es sich im Gegensatz zu den Formbestimmungen Ordnung, Gebilde und Vergemeinschaftung um die Lebenspraxis der kooperierenden Menschen. Die Handlungspraxis ist nicht von der Organisation determiniert, weil Menschen mit all ihren Eigenheiten miteinander zu tun haben, die weit über das organisationsförmige Arbeitsvermögen hinausgehen.

Die Kooperationsdimension schafft durch das sinnhaft aufeinander bezogene Verhalten der Individuen einen Kontext, der von den beteiligten Akteuren symbolisiert und in der Folge als spezifisches soziales Muster erkannt und reproduziert wird. Diesen Prozeß der Besonderung konkreter kooperierender Kollektive bezeichnet Türk als deren (Organisations-)Kultur. "Faktische Kooperation bringt 'Organisationskulturen' hervor und damit jene 'Sinngrenzen', durch die Akteure ein 'Innen' von einem 'Außen' (z.B. eines so konstituierten Betriebes) unterscheiden" (1993,320). Die Kooperationsdimension wird nicht als Restkategorie im Sinne von Informalität begriffen, sondern als der jegliche Organisation erst konstitutierende Prozeß der Verkörperung sozialer Wirklichkeit.

Für die Kooperationsdimension führen die Autoren also die Akteure ein, die in alltagsweltlichem (ideologisiertem) Bewußtsein den 'Gegenstand Organisation' sozial

49 Zu weiteren Lernprozessen, die dazu notwendig sind, um erforderliche Arbeitstätigkeiten übernehmen und erfolgreich ausführen zu können, siehe z.B. Beck, Brater & Daheim (1980,205ff).

reproduzieren. Zu fragen ist, wie Akteure Organisation als sozialen Kontext erkennen und dadurch ihr Handeln aufeinander beziehen, und welche Wirkungen dieses Handeln hat. Es geht also um die materiale Reproduktion von 'Organisation' vermittels des orientierten Handelns kompetenter Akteure. Organisationen können sich nur dann durchsetzen, wenn sie sich im Handeln der Subjekte verkörpern, indem sie Elemente einer Lebensform werden. Nur über kulturellen Konsens bringt ein hegemoniales Regime Konformität hervor, welche wiederum von den legitimatorischen Möglichkeiten einer Gesellschaft abhängig ist.

Die Organisation als historisch-gesellschaftlich spezifische Form von Herrschaft setzt Bedingungen für und von Kooperation (ohne sie zu determinieren), die sie durch Aneignung von Mehrprodukten (die nicht nur konsumierbare Produkte sein müssen) nutzt. Sie konditioniert selektiv und partikularistisch einen sie weit übergreifenden Lebenszusammenhang der Menschen. Für die Auftrennungen, Abschließungen und selektiven Nutzungen von Zusammenhängen ist ein großer Aufwand an Legitimationsmustern, materiellen Ressourcen, Statusversprechungen usw. nötig, die nicht nur von der Organisation bereitgestellt werden können. Organisationen sind angewiesen auf lebendige Arbeit, müssen aber Lebendigkeit als potentielles Zerstörungspotential ihrer hochselektiven Struktur fürchten. Mit anderen Worten: Herrschaft bzw. Organisation ist nie total, und jede organisationsförmige Kooperation beinhaltet eine "Überschüssigkeit" gegenüber ihrer Formalität. "Kompetentes" Handeln reproduziert Organisationen und besitzt das Potential, sie zu transzendieren. Zudem verweist eine nicht organisational restringierte Kooperation auf die Möglichkeit von Nicht-Herrschaft. Herrschaft kann weder - handlungstheoretisch - schlicht als intentionales Durchgriffshandeln der "Großen Männer" (!) verstanden werden, noch - strukturalistisch - einfach als verselbständigtes, der "Lebenswelt" entgegengesetztes zwingendes "System". "Vielmehr *verkörpert* sich organisationale Herrschaft im koorientierten Handeln der Akteure selbst; diese sind nicht bloß als Objekte, sondern als Subjekte in den Reproduktionsprozeß organisationaler Herrschaft involviert" (1993,329, Hervorh. im Orig.).

4.7. Sexualität und Organisation unter der Herrschaftsperspektive

4.7.1. Anknüpfungspunkte

Integriert man die im Vorfeld festgestellten Zusammenhänge zwischen Geschlecht, Sexualität und Organisationstheorie in Türks und Stolz' Ansatz, lassen sich folgende Anknüpfungspunkte feststellen.

1. Indem Herrschaft ins Zentrum des "Phänomens" Organisation gestellt wird, ist es möglich, die Disziplinierung der Menschen und ihrer Sexualität, wie sie von Foucault und Marcuse analysiert wurde, als Zurichtung zu organisationsförmigem Verhalten zu betrachten.

2. Herrschaft soll in diesem Zusammenhang als (hegemonial) männliche Herrschaft begriffen werden. Stolz und Türk selbst bringen die Herrschaftsdimension an mehreren Punkten mit dem Geschlechterverhältnis in Verbindung: Die Kontrolle über die Bedingungen der "Produktion von Menschen" konzentriert sich auf die Kontrolle über die Gebärfähigkeit (eigentlich: Gebärwilligkeit) von Frauen und die Forcierung einer bestimmten Form von Familienpolitik. In der innerfamiliären geschlechtsspezifischen Arbeitsteilung entdecken Stolz und Türk eine konstitutive Bedingung kapitalistischer Herrschaft. Zudem vermuten sie in der ausschließenden Vergemeinschaftung von (Gruppen von) Organisationsmitgliedern eine typisch männliche Solidarisierung in Form von Männerbünden. Als zentraler Punkt ist die genannte Herrschaftsbasis der diskriminatorischen Kategorisierung in Frauen und Männer zu werten (siehe unten).

3. Durch die makropolitische Perspektive können die innerhalb der Geschlechterforschung gefundenen gesellschaftlichen Bedingungen und Muster der Frau-Mann-Verhältnisse in die Organisationsanalyse eingebracht werden. Ohne eine solche Makro-Perspektive - z.B. bezüglich Familienpolitik, kulturellen Weiblichkeits- und Männlichkeitsvorstellungen, Primärsozialisation usw. - wären die meisten Facetten der Geschlechterdynamik der Organisation - Vergeschlechtlichung von Arbeitstätigkeiten, sexuelle Belästigung, Nicht-Zulassung von Frauen in Männerdomänen usw. - kaum hinreichend zu erklären. In diesen Zusammenhang gehört auch die Betrachtung der Organisation als historisch besondere Herrschaftsform, die mit der Sichtweise der Geschlechterverhältnisse bzw. der Sexualität als historisch entstandene und sich wandelnde Phänomene korrespondiert.

4. Mit den Differenzbegriffen Nicht-Herrschaft bzw. Nicht-Organisation ist es möglich, über das vermeintlich Selbstverständliche hinauszudenken und die heutige Form der Organisation als spezifische und besondere Art der Kooperation unter Menschen nicht als unveränderbar zu betrachten. Nach Türk ist ein Gegenbegriff zu "Organisation" nur denkbar, wenn man die Möglichkeit einräumt, daß sich Menschen auch nicht-organisationsförmig koordinieren können und dies auch fortwährend tun. Solche Postulate kommen sowohl denen Marcuses zur Überwindung zusätzlicher Unterdrückung als auch den Forderungen einiger Geschlechterforscherinnen und -forschern nahe, die nach Möglichkeiten alternativer (gerech-

terer, gleichheitsförderlicher) Kooperationsmodelle suchen (z.B. Acker 1991, Cockburn 1991, Alvesson & Billing 1992).

4.7.2. Kooperation zwischen den Geschlechtern

In der Kooperationsdimension manifestiert sich die Lebenspraxis der Individuen, die "mehr" enthält und vermag als die Organisation ihr abverlangt. Damit ist einerseits die Möglichkeit der Subjekte zu Widerstand und "Transzendenz" eingeschlossen, ein für die Sexualität in Organisationen zentraler Aspekt (vgl. z.B. Burrell 1984, Hearn & Parkin 1987), andererseits muß "Organisation" durch aufeinander bezogenes Handeln reproduziert und sichergestellt werden. In diese Richtung argumentieren Burrell & Hearn (1989, siehe oben) mit ihrem Konzept der "Produktion der Organisation", das sie für das Verständnis der Sexualität in Organisationen heranziehen. Daneben fügen sowohl Türk und Stolz als auch Burrell und Hearn der Akteursperspektive die Dimension der Zurichtung bei: Burrell und Hearn führen die "Biopolitik" im Sinne Foucaults an (vgl. Kap.3.2.), Türk und Stolz beziehen sich allgemeiner auf die Zurichtung von menschlicher und außermenschlicher Natur im Organisationskontext und deren symbolischer Regulation.

Die Handlungsebene der kooperierenden Menschen ist nicht vollständig durch die Organisation determiniert, sondern schließt auch Bedürfnisse, Hoffnungen und Erwartungen der Menschen mit ein. Dieser Gedanke ist für den Umgang der Geschlechter miteinander äußerst wichtig, denn wer an den Kooperationsbeziehungen teilnimmt, gehört zur Organisationskultur und kann sich aktiv in die "politische Arena" einbringen. Mikropolitik erklärt die Phänomene der Geschlechterbeziehungen jedoch nur zum Teil. Geht man von zwei Gruppen - Frauen/Männern oder Heterosexuellen/ Homosexuellen - mit unterschiedlichen Interessen aus, die jeweils versuchen, ihre Ziele individuell oder kollektiv durchzusetzen, ist der mikropolitische Ansatz angebracht. Strategien von Männerbünden, unliebsame Frauen abzuwehren, würden genauso darunterfallen wie "typisch weibliche" Taktiken. Auch Sexualität kann - wie schon gesagt - mikropolitisch genützt werden, indem "strategische" Beziehungen begonnen oder Gerüchte über jemandes Sexualleben verbreitet werden. Daneben bringen jedoch Frauen und Männer ihre gesellschaftlich geformte Weiblichkeit bzw. Männlichkeit mit, die auf heterosexuelle Anziehung ausgerichtet ist und mehr mit Körperlichkeit, Trieb und Gefühlen zu tun hat als mit den eher rationalistischen Gedanken der Interessendurchsetzung und Zielerreichung. Das Nutzen von Spielräumen in Organisationen ermöglicht partielles Ausleben von Bedürfnissen, die auf "Nicht-Organisation" (Türk) beruhen. Körperlichkeit und Sexualität sind trotz oder wegen ihrer Zugerichtetheit und ihrer zentralen Stellung als Angriffspunkte von Disziplinierung (siehe Foucault und Marcuse) widerständig gegenüber (Ver-)Formungen, wenn man die psychoanalytische Sichtweise eines "sexuellen Kerns" des Menschen anerkennt oder auch Foucaults Konzept diversifizierter lokaler Widerstände heranzieht. Dieser Gedanke ist bei Stolz und Türk allerdings nur ansatzweise vorhanden, weil sie mehr kollektive Steuerungsmechanismen interessieren, die auf Kooperationsmöglichkeiten abzielen, als die Gefühlswelt der arbeitenden Menschen - und dies, obwohl sie mit dem Begriff der Desymbolisierung ein sehr "körpernahes" und subjektzentriertes Konzept wählen.[50] Da sie Körper nur mit Herrschaft in Zusammenhang bringen - vgl. die Formulierung, daß sich organisationale Herrschaft im Handeln der Akteure *verkörpert* - findet die andere Seite, der Körper als realer Lebensort jeder Subjektivität (Hagemann-White 1990, vgl. Kap.2.3.3.), weniger Beachtung. Das will heißen: Menschen werden Freiräume in Organisationen nutzen, um ihre Bedürfnisse einbringen zu können, jedoch nicht nur im mikropolitischen Sinn, um Vorteile zu gewinnen und Ziele zu erreichen, sondern auch und vor allem um möglichst viel "Mensch" zu bleiben in einem hochstrukturierten und durchorganisierten Kontext, den nur bestimmte Teile des Menschen interessieren.[51] Wenn Organisation Trennung von Lebenszusammenhängen bedeutet, dann kann *Widerstand als Bestreben aufgefaßt werden, Lebenszusammenhänge zu erhalten oder wiederherzustellen.*

Was Marcuse auf der individuellen Ebene formuliert hat, wird in dieser These auf der institutionellen Ebene fortgesetzt. Bei Marcuse kämpft das Lustprinzip gegen die Zerstückelung der Lust, innerhalb organisierter Kooperation wenden sich die Menschen gegen die Zerstückelung ihres Lebens- und Arbeitskontextes - sie kämpfen für "De-Organisierung". Die Gefahr des Durchbruchs unerwünschter Triebanteile innerhalb triebunterdrückender Steuerungsmechanismen kann parallel der Gefahr des Durchbruchs der überschüssigen (nicht gebrauchten, aber nicht ausgrenzbaren) Anteile menschlichen Vermögens in Organisationen gesehen werden.

4.7.3. Ideologie als Herrschaft

Die von Türk genannte Herrschaftsbasis der legitimatorischen Ideologie macht eine ideologiekritische Analyse von Organisationsprozessen möglich. Sämtliche sich auf

---

50 Stolz und Türk ignorieren hier gerade das, worum es Lorenzer in der Hauptsache ging, nämlich das *emotionale Erleben als Motor* von Handlungen.

51 Diese Vorstellung geht von einem regressiven Modell aus: Die ursprüngliche Einheit "Mensch" soll wiederhergestellt werden (vgl. Freud 1968b,425): "Ursprünglich enthält das Ich alles, später scheidet es eine Außenwelt von sich ab. Unser heutiges Ichgefühl ist also nur ein eingeschrumpfter Rest eines weitumfassenderen, ja - eines allumfassenden Gefühls, welches einer innigeren Verbundenheit des Ichs mit der Umwelt entsprach."

Sexualität und Geschlecht beziehenden Organisationsphänomene, seien es Gerüchte über eine sexuelle Affäre, die Inkraftsetzung eines Frauenförderplans oder das sonntägliche Golfspiel der Vorstandsmitglieder, könnten auf ihren ideologischen Gehalt hin analysiert werden.

Da Stolz und Türk nur relativ kurz auf die Frage der Ideologie in Organisationen eingehen, sie aber für das Zusammenwirken aller Akteure eine wichtige Rolle spielt, soll an dieser Stelle der Ansatz von Dennis Mumby (1988) ergänzend eingebracht werden, der Organisationskultur, Herrschaft und Ideologie zu verbinden sucht. Ideologie verfolgt die Stabilisierung der Grundsätze, Abläufe und Werte der Organisation durch verschiedene Praktiken, die nach innen (Mythenbildung, Reden, Geschichten verbreiten...) und nach außen (PR-Maßnahmen, Imagebildung, öffentliche Auftritte...) gerichtet sein können (Neuberger & Kompa 1987,36). Mumby betont die Rolle der handelnden Akteure, die mithilfe von Symbolisierungen (Organisations-)Realität konstruieren, der jedoch die Tiefenebene der Herrschaft zugrundeliegt (Mumby 1988,21). "Ideologie" vermittelt zwischen diesen Ebenen, indem sie Symbolisierung und Herrschaft verbindet und stimmig macht.

"Herrschaft" wird bei Mumby als Zustand definiert, bei dem Macht zuungunsten bestimmter Gruppen und zugunsten anderer Gruppen auf der Basis sozialer Rollen oder Positionen eingesetzt wird. Noch eingeengter ist der Begriff Hegemonie: Er verweist nicht nur auf die Herrschaft einer Gruppe über die andere, sondern auf die aktive Unterstützung der Ziele einer dominanten Gruppe durch andere, deren Ziele nicht mit denen der unterstützten Gruppe übereinstimmen müssen.[52] Nicht selten übernehmen hegemoniale Gruppen die Artikulation angeblicher Interessen anderer Gruppen (S.86).

Ideologie versieht die Handelnden mit Orientierungsmustern und Handlungsanleitungen, um die Welt zu verstehen, kohärent wahrzunehmen und handelnd immer wieder herzustellen (Mumby 1988,71). Hegemonie wird durch ideologische sinnstiftende Prozesse produziert und reproduziert, indem eine Realitätssicht angeboten wird, die die Interessen der herrschenden Gruppen unterstützt und die der unterlegenen Gruppen unterdrückt. Eine zentrale Wirkung der Ideologie ist die *Reifizierung* dominanter Bedeutungsmuster zu natürlichen, vernünftigen, selbstverständlichen und objektiven Gegebenheiten, so daß sie nicht länger als Menschenwerk erkannt werden (S.73). Einmal als objektiv und natürlich realisiert (= wahr gemacht), scheinen sie unveränderbar. In der Formbestimmung der Hierarchie in Organisationen ist ein solch reifiziertes Muster zu erkennen, das durch zahlreiche Artefakte reproduziert wird. Es er-

52 Vgl. Kap.2.3.2., in dem die unterstützende Funktion der Frauen für hegemoniale Männlichkeit angesprochen wird.

laubt unterprivilegierten Gruppen, ihre Machtlosigkeit sinnvoll erscheinen zu lassen, indem sie sich als Opfer unveränderbarer Verhältnisse sehen können.

Ideologie spielt also eine Hauptrolle in der Legitimation und Reproduktion von Sinnstrukturen in Organisationen und sie wirkt, da sie Herrschaft unterstützt und alternative Sichtweisen verstellt, *deformierend*: Symbole schaffen nicht nur eine von allen geteilte Kultur, sie unterdrücken auch Kultur (Mumby 1988,104), nämlich diejenige, die durch die herrschende ausgeblendet wird. Neben der Repräsentation bestimmter Interessen als Allgemeininteresse gilt als weitere Funktion von Ideologie die Verschleierung von Widersprüchen (S.74): systematische fundamentale Widersprüche werden als oberflächliche Konfliktpunkte reformuliert. Den Widerspruch zwischen Individuum und Organisation nicht auflösen zu wollen und nicht als überwindbares Problem zu bagatellisieren, ist das Verdienst der Kritischen Theorie (vgl. Kap. 3.1.4.). Ideologie und Herrschaft sind also unauflösbar verbunden, weil Ideologie soziale Wirklichkeit im Hinblick auf die Interessen dominanter Gruppen artikuliert. Sie vermittelt somit zwischen Herrschaftsinteressen und Symbolstrukturen, indem sie Interpretationen für Ereignisse liefert, und wird ihrerseits permanent in sozialen Praktiken hergestellt. Dadurch werden andere mögliche Interpretationen ausgeschlossen, wobei das "Mitspielen" der nicht dominierenden Gruppen unabdingbar ist.

Der Begriff der Hegemonie bei Mumby kann ohne weiteres auf patriarchale Hegemonie angewandt werden, was der Autor in einem Anwendungsbeispiel selbst macht (Mumby 1988,106). Er erläutert dabei, wie der Status und die strukturellen Arbeitsplatzbedingungen einer Sekretärin im Rahmen der Organisationshierarchie, der geschlechtsspezifischen Arbeitsteilung und ihrer gesellschaftlichen Stellung durch diskursive Praktiken reaffirmiert und reproduziert werden. Im konkreten Fall geschah dies dadurch, daß sich leitende Mitarbeiter einer Abteilung in der Anwesenheit der Sekretärin, jedoch ohne sie einzubeziehen, über Vertrauliches unterhielten, so als ob sie nicht existiere. Auf diese Weise wurde symbolisch vermittelt, daß eine Sekretärin als Unperson betrachtet werden kann, da ihre Anwesenheit ignoriert wird. Der Fall könnte auch zur Untersuchung hegemonialer Männlichkeit herangezogen werden: Männliche Führungskräfte symbolisieren und konstruieren in ihrem Verhalten a) den Gegensatz von sich als *Personen*, die zueinander in Beziehung stehen, und den anderen als *Unpersonen*, auf die keine Rücksicht genommen werden muß, b) Verbrüderung, indem sie Vertrauliches untereinander bereden, c) Macht, die so groß ist, daß sie die Loyalität der anderen ungefragt voraussetzen können bzw. erwarten, daß ihnen Illoyalität nicht schaden würde.[53]

Ein Frauenförderplan beispielsweise kann in dieser Hinsicht als Symbolisierung für die Unzulänglichkeit von Frauen in der Organisation betrachtet werden, die durch die Definitionsmacht der zugrundeliegenden Herrschaftsstruktur erst erzeugt wird. Dabei wird zum Ausdruck gebracht, daß alles, was gefördert werden muß, von der Organi-

---

53 Dies ist jedoch nur eine - nämlich ideologiekritische - Sichtweise auf den Vorfall, "harmlosere" Interpretationen sind durchaus denkbar.

sation verlangt wird, ohne daß es (bei den Frauen) in ausreichender Weise vorhanden wäre. Der Förderplan trägt also zur Reifizierung des Bildes der Ideal-Arbeitskraft bei (keine familiären Verpflichtungen, keine längeren Pausen, immer einsatzbereit), das nicht mehr als durch Herrschaft erzeugtes Bild erkannt wird. Die abstrakte entkörperlichte Arbeitskraft wird zur ideologisch gestützten unhinterfragten Normfigur.

Stolz und Türk analysieren die Rolle der Ideologie bei der Bewerkstelligung der Transformation von Eigensinn zu Konformität, die für organisierte Kooperation notwendig wird. Die Art der Transformation ist von den legitimatorischen Möglichkeiten einer Gesellschaft abhängig. Es läßt sich im Rahmen der Disziplinierung der Arbeitenden ein Prozeß der *Desexualisierung* der Organisation verfolgen (vgl. Kap.5.1.), der seine Legitimation aus der historisch-gesellschaftlichen Konstruktion von Sexualität schöpfte. Die Normierung sexueller Verhaltensmuster, die Etablierung der bürgerlichen Familie und die Zuweisung von Sexualität zur Privatsphäre stellen solche Legitimationen (Ideologien) dar, die es bis heute vermochten, Sexualität in Organisationen als fremde, periphere Erscheinung darzustellen (vgl. Cockburn 1991). Ebenso können die mit Männlichkeit und Weiblichkeit verknüpften Eigenschaften um so eher als Legitimation für unterschiedliche Behandlungen der Geschlechter herangezogen werden, je "natürlicher" und unveränderbarer sie erscheinen, wozu offizielle, wissenschaftliche und Alltagsdiskurse das ihre beitragen. Wenn an der Existenz gravierender Geschlechterunterschiede hartnäckig festgehalten wird, so mag dies als ideologische Voraussetzung aller nachfolgenden Zuschreibungen an Frauen und Männer gelten.

4.7.4. Trennungen

Die zentrale Kategorie innerhalb von Stolz' und Türks Herrschaftskonzept ist die der Trennung. Oben wurde schon die diskriminatorische soziale Kategorisierung angesprochen, zu der auch die Einteilung der Geschlechter in Männer und Frauen zählt. Der Begriff der "Trennung" ist für die Geschlechterforschung besonders nützlich: Tätigkeiten und Arbeitsplätze können nur dann einem Geschlecht zugewiesen werden, wenn erstens die Arbeitsbereiche entsprechend getrennt worden sind, und wenn zweitens die Menschen in Geschlechter eingeteilt sind (vgl. Cockburn 1988). Trennungen dienen nach Türk und Stolz der Herrschaftssicherung und *nicht* der effizienten Kooperation, was nicht heißen soll, daß sie stets mit Herrschaft zu tun haben - kein Mensch kann alles auf einmal sein und machen. Im Gegenteil, es ist zum Zusammenleben notwendig, Aufgaben und Arbeiten abgeben und sich auf deren Erledigung verlassen zu können.[54] Es kommt vielmehr darauf an, wer an welchen Stellen und zu welchem Zweck Grenzziehungen vornimmt und wem sie zugute kommen. Trennung ist also immer eine Voraussetzung für Herrschaft und riskiert, durch Herrschaft instrumentalisiert zu werden. Türk selbst führt folgende Trennungen an:

- Abtrennung von der Kontrolle über die eigene produktive Lebenstätigkeit (reelle Subsumtion),
- Abtrennung von der Verfügungsgewalt über die erstellten Produkte (formelle Subsumtion),
- Arbeitsteilung (schon bei Marx der "Meuchelmord eines Volkes"),
- Auftrennung der menschlichen Population nach rassistischen, ethnischen, sexistischen oder nationalistischen Differenzierungskriterien,
- Trennung der Lebenssphären,
- Trennung von Planung und Ausführung.

Die bisher als für die Geschlechterbeziehungen relevant herausgearbeiteten Trennungen sind (vgl. Kap.2.2.2.):

- die grundlegende Differenzierung in zwei Geschlechter,
- die Trennung Arbeitssphäre - Privatsphäre bzw. Öffentlichkeit - Privatheit,
- die Trennung "Rationalität" und "Emotionalität" bzw. Verstand und Körper,
- Trennung von Aktivität und Passivität,
- Trennung von Heterosexualität und Homosexualität,
- Trennung von "guter" und "schlechter" Sexualität,
- die Trennung in Norm und Abweichung bzw. in das "Normale" und das "Andere",
- Trennung der Arbeitstätigkeiten nach geschlechtsspezifischen Kriterien.

Der Begriff der "Trennung" ist auch im Grundkonzept von Foucaults Disziplinierungstheorie zu finden. Stolz und Türk selbst führen Foucault zur Untermauerung ihrer These der Verbindung zwischen der realen Trennung von der Kontrolle über die eigene produktive Lebenstätigkeit und der Desymbolisierung entsprechender Interaktionsformen mittels Disziplinierungsprozessen an (Stolz & Türk 1992,155). Durch die Definition dessen was normal oder unnormal, gesund oder krank ist, können nach Foucault Bewertungen und Ein-/Ausgrenzungen vorgenommen werden. Kategorisierungen erlauben die funktionale Nutzung brauchbarer Teile, während andere Teile abgeschoben oder "gelehrig gemacht" (trainiert) werden. Dadurch verteilt sich Macht in alle Bereiche des Lebens und wirkt in Details, Verfahren und Klassifikationen. Je exakter ein Gegenstand eingeteilt werden kann, desto besser kann er überwacht und produktiv gemacht werden, und gleichzeitig erzeugen detaillierte Beschreibungen ih-

54 Allerdings ist es eine der ersten Erfahrungen des Kindes, daß die Sicherung seines Überlebens durch andere mit deren Übermacht und seiner eigenen Ohnmacht einhergeht.

ren Gegenstand gleich mit und geben den Details Bedeutungen. Raum- und Zeiteinteilungen erlauben die organisierte und optimale Nutzung des menschlichen Körpers. Analog führen Trennung und Desymbolisierung im Türkschen Schema zu verschiedenen Bewertungen der voneinander getrennten Teile. Wie Foucault sehen Stolz und Türk die Disziplinierung der Menschen als historischen Prozeß, in dessen Verlauf die Gesellschaft zur "Organisationsgesellschaft" (bei Foucault "Disziplinargesellschaft") wird.[55]

4.7.5. Desymbolisierung

Unter organisationsförmigen, d.h. hier herrschaftsförmigen Bedingungen führen Trennungen zu unterschiedlichen Bewertungen und Belohnungen und zum Ausschluß bestimmter Personen und Gruppen. Auch der Begriff der Desymbolisierung hat mit Trennung zu tun: Symbolsysteme werden beschnitten und aufgebrochen, so daß bestimmte Bereiche ausgeblendet werden. "Desymbolisierung" korrespondiert mit Freuds "Verdrängung" und bezieht sich beim Vater des Begriffs, Alfred Lorenzer, auf die gesellschaftliche Konstituiertheit von Subjektivität. Die "soziale Konturiertheit von Körperprozessen"[56] (= Interaktionsform oder Praxis), die sich mit Sprachfiguren verbunden hat, wird unter dem Druck von Normen, Verboten etc. zerstört. Als Folge davon bieten sich nach Lorenzer (1977) zwei Ausgänge an: 1.) "Praxis ohne Bewußtsein": die Interaktionsform verliert ihre organisierende Repräsentantin, die Sprache; 2.) "Bewußtsein ohne Praxis": Die Sprache löst sich vom Körper, verliert ihre emotionale Basis.

Das Abkoppeln des Verstandes vom Körper, wie es das Rationalitätskonzept nahelegt, die von der Leiblichkeit der Arbeitenden abstrahierende Erwerbsarbeit, und die Verdrängung der Sexualität in Organisationen sind Desymbolisierungen. Die Körper-Geist-Einheit wird unter Disziplinierungsprozessen aufgetrennt, Körperlichkeit und Sexualität sind ausgeblendet, während Rationalität, Kalkül, Naturbeherrschung oder Gewinnmaximierung, symbolisch repräsentiert, eigenständige (sich verselbständigende) Konzepte werden, die, da leiblich entfremdet, um so funktionstüchtiger sind: Bewußtsein ohne Praxis. Mit anderen Worten, nicht repräsentierte Arbeiten, soziale Verhältnisse, Naturbedingungen oder Personen sind zwar immer noch existent, aber

---

55 Im Ausdruck der "Organisationsgesellschaft" zeigt sich, was Foucault implizit und Türk und Stolz explizit aussagen, nämlich daß der Kapitalismus erst die Organisation und dann den Markt schuf. Foucault nimmt allerdings nur einen mittelbaren Zusammenhang zwischen Kapitalismus und Disziplinargesellschaft an.

56 Dieser Ausdruck entspricht Freuds Begriff der Triebstruktur. Lorenzer erkennt jedoch keinerlei menschliche Natur ohne soziale Komponente an und spricht deshalb von der sozialen Konturiertheit von Körperlichkeit.

ihre Existenz wird unterdrückt und abgewertet. Beispiele wären: die Figur des Karrieremenschen, in der die notwendige Alltagsarbeit desymbolisiert ist und der zweiten Person hinter ihm zugewiesen wird; die monetäre Gleich-Wertigkeit von Waren, in der das Zustandekommen der Produkte (unter guten oder schlechten Bedingungen, "gerecht" oder "ungerecht" entlohnt) desymbolisiert wird. In unserer Gesellschaft erfahren Tätigkeiten, Arbeits- und Lebensbedingungen von Frauen in geringerem Maße als jene von Männern die Bedeutung, die sie zu Symbolen machen könnten (d.h. sie sind "nicht repräsentiert", abgewertet, unbeachtet): Hausarbeit, Erziehungsarbeit, "Gefühlsarbeit", die Situation alleinerziehender Mütter oder alter Frauen mit Mindestrente, sexuelle Gewalt in der Familie, sexuelle Belästigung am Arbeitsplatz usw. sind ungenügend symbolisierte Schattenseiten des menschlichen Lebenszusammenhangs. In der Figur der abstrakten, entkörperlichten Arbeitskraft werden Körperlichkeit und Sexualität desymbolisiert, d.h. die Norm-Arbeitskraft Mann (siehe oben) ist ein beschränktes, ja zerstörtes (ihrer Sexualität beraubtes) Symbolsystem ebenso wie das "sexuelle Wesen" Frau ein zerstörtes (seiner Rationalität, Aktivität, Produktivität usw. beraubtes) Symbolsystem darstellt. Mit der desymbolisierten Handhabung von Praxis wird Herrschaft sichergestellt - im Sinne hegemonialer Männlichkeit dient sie zudem dazu, bestimmte Männer von Herrschaft fernzuhalten.

Die psychoanalytische Begrifflichkeit Lorenzers legt einen Vergleich mit Marcuse nahe, der im Gegensatz zu Stolz und Türk die Beziehung von Sexualität und Lohnarbeit thematisiert hat. Obwohl Alfred Lorenzer (1973) Marcuse eine Tendenz zum "Biologismus" vorwirft und er selbst die Gesellschaftlichkeit des Subjekts und der menschlichen Natur ins Zentrum stellt, kann die von Marcuse vorgebrachte "Entsexualisierung" des Körpers als Resultat unserer Arbeitsverhältnisse und der Sicherung des Herrschaftssystems übertragen als Desymbolisierung bezeichnet werden. Von den meisten Körperzonen werden laut Marcuse Sexualtriebe abgezogen und der Körper wird zum Arbeitsinstrument. Die Trennung des körperlichen vom geistigen Teil des Organismus sieht er als Ergebnis gesellschaftlicher Unterdrückung. Um Kooperation zu ermöglichen, müssen Konsense über den Umgang mit Geschlecht und Sexualität gefunden werden, die größtenteils sozialisatorisch angeeignet werden. Kooperation und Sexualität stehen dabei in widersprüchlichem Verhältnis, d.h. um kooperations- und gesellschaftsfähig zu sein, muß Sexualität ein Stück weit unterdrückt werden. Insofern kann die These formuliert werden, daß die Desexualisierung des Körpers unter repressiven Produktionsverhältnissen der Desexualisierung der Organisation zu gewinnorientierten Effizienzzwecken entspricht.

Durch gemeinsame Symbolproduktion und gemeinsamen Bestand an Desymbolisierungen der Gemeinschaften wirken Frauen wie Männer mit bei der Verteidigung geltender Herrschaft (was bei Mumby im Konzept der Hegemonie enthalten ist). Stolz & Türk (1992,139) nennen diesen Prozeß Klassenkompromiß, es kann aber auch von einem "Geschlechterkompromiß" gesprochen werden, der Frauen und Männer aus ihrer realen Interessenlage heraus davon abhält, übermäßigen Widerstand zu leisten. Zum einen haben sie materielle Interessen, die sie durch ihr Mittun befriedigen können, zum anderen verfolgen sie die Idee von der Liebe, die dazu (ver)führt, daß für Frauen und Männer polar gegensätzliche Verhaltenserwartungen und Geschlechterbilder für das eigene Ich akzeptiert werden. Eben diese geschlechtliche Anziehung wird für die Sicherung von Herrschaft gebraucht, sei es in der Nutzung unentgeltlicher "Liebes"-, Reproduktions- und Alltagsarbeit der Ehefrau, sei es bei institutionalisierten "Paaren" wie Chef-Sekretärin und Verkaufsleiter-Verkäuferin, bei denen die Frau eine zentrale Pufferfunktion zwischen Management und Kundschaft bzw. übrigen Mitarbeiterinnen und Mitarbeitern einnimmt. Die Position der Frau ist dabei typischerweise mit wenig eigener und relativ viel abgeleiteter Macht ausgestattet und trägt zur besonderen Loyalität gegenüber Herrschenden und zur Ambivalenz gegenüber der eigenen Identifikation als Kontrollierende oder Kontrollierte bei (Grant & Tancred 1992).

Im folgenden soll noch genauer auf Stolz' und Türks Dimensionen der Organisation - Ordnung, Gebilde und Vergemeinschaftung - eingegangen werden.

4.7.6. Ordnung und Disziplinierung

Die Entwicklung der Organisation folgt den sich herausbildenden Ordnungsschemata seit der Aufklärung, die vornehmlich mit Trennungen und Einteilungen operierten. Mit dem Paradigma der Rationalität werden Dinge und Menschen übergeordneten Zielen und Zwecken unterworfen, so daß die "Ordnung der Dinge"[57] unter Disziplinierungs- und Normalisierungszwecken vollzogen wird. Sexualität rückt ins Zentrum dieses Disziplinierungsprozesses, weil durch Kontrolle der Sexualität sowohl der individuelle Körper als auch die Gesellschaft geregelt und geordnet werden können. Analog zu Stolz' und Türks "politischer Ökonomie" der Organisation spricht Foucault hierbei von der "politischen Ökonomie des Körpers". Dem Körper der Frau werden von der Wissenschaft detaillierte Bedeutungen gegeben, die in engem Zusammenhang mit sexueller Fruchtbarkeit (zur Sicherung des "Gesellschaftskörpers"), Kinderauf-

57 Auch Marcuse spricht von der "Ordnung der Dinge", jedoch stellt er im Rahmen seiner Entsexualisierungsthese die "unterdrückende Ordnung der zeugenden Sexualität", welche die Individuen entlohnt, damit sie ihre Unterdrückung nicht merken, der "Ordnung der Erfüllung, die der freie Eros schafft" gegenüber. Für ihn gibt es also die Möglichkeit einer "freien Ordnung" (1990,169/163).

zucht und Fürsorge für Mann und Haushalt stehen und gegen den "Organisationskörper" abgegrenzt werden (vgl. Acker 1991). Die von Stolz und Türk für den Ordnungsbegriff ins Zentrum gestellte Rationalitäts-, Disziplinierungs- und Normalisierungssemantik ist als *männliche* Semantik zu begreifen, da Norm - männlich - rational eine Einheit bilden. Eines der wichtigsten Ordnungsprinzipien der Organisation, die Hierarchie, bezeichnet Schwarz (1987) als die "heilige Ordnung der Männer". Mit anderen Worten: Das Konstrukt der Ordnung ist kein geschlechtsneutrales Konstrukt, wenn ihm auch beide Geschlechter unterworfen sind.

4.7.7. Das geschlechtsspezifische Gebilde der Organisation

4.7.7.1. Geschlechtsspezifischer Zugriff auf Arbeitsvermögen

Im "Gebilde" der Organisation präsentiert sich ein institutionell abgegrenzter Ort, auf den sich jede Ordnung bezieht und der Akkumulation sicherstellt. Die dafür notwendige Interpunktion gesellschaftlicher Arbeitszusammenhänge geschieht indessen nicht nach "Markt"gesichtspunkten, sondern danach, wie für die Ertragsteigerung Arbeitsleistungen möglichst wenig entlohnt werden müssen oder möglichst billig bezahlt werden können. Wird durch Ordnung erst eingeteilt, was gut und schlecht, nutzvoll und nutzlos ist, wird durch ein abgrenzbares Gebilde bestimmt, welche Handlungen auf welche Art auszuführen sind und welche Handlungen nicht gebraucht oder unerwünscht sind (Türk 1993). Dafür werden kompetente Akteure verlangt, die sowohl die Qualifikation und die Motivation als auch das Wissen um organisationskonforme Muster mitbringen - Voraussetzungen zur (Re-)Produktion der Organisation.

Die Geschlechterforschung legt nahe, daß die Zurichtungskategorien "Qualifikation", "Motivdisposition" und "soziale Kompetenz" geschlechtsspezifische Differenzierungen aufweisen. *Qualifikationen* als Bereitstellung von Fähigkeiten im Sinne vordefinierter Anforderungen (Türk) besitzen zwar Männer wie Frauen, jedoch sind die vordefinierten Anforderungen bereits geschlechtsspezifisch strukturiert, d.h. es werden von Frauen und Männern je spezifische Fähigkeiten verlangt, die sie lernen, bereitzustellen und die geschlechtsspezifisch bewertet werden (Acker 1991). Dabei werden besonders jene Fähigkeiten trainiert, die dauernd verlangt und "nachgefragt" werden und jene werden verkümmern, die niemand haben will. Wenn Arbeitsplätze "vergeschlechtlicht" sind, dann werden die in ihnen verlangten Fähigkeiten zu "weiblichen" bzw. "männlichen" Fähigkeiten. Von Frauen werden dabei insbesondere jene Qualifikationen verlangt, die extrafunktional erworben sind und billig genutzt werden können: Fähigkeiten, die eine Affinität zur primären Domäne der Frauen, der Reproduktionsarbeit aufweisen (Beck-Gernsheim & Ostner 1978,274). Engpässe im Angebot bestimmter Qualifikationen beweisen jedoch die Wichtigkeit des kooperativen Mitmachens der Akteure, womit die Motivstruktur der beteiligten Personen angesprochen ist. So kommt in letzter Zeit, beispielsweise unter dem Schlagwort "Pflegenotstand", eine zunehmende Diskrepanz zwischen der Nachfrage nach "weiblichen" Fähigkeiten wie Empathie, Fürsorge, Geduld usw. und dem von Frauen bereitgestellten Angebot zutage (Ostner 1992). Sie verweist auf die steigende Macht der Arbeitskräftegruppe "Frauen", den Tauschwert ihrer Qualifikationen zu erhöhen.

Bei den *Motivdispositionen*, die laut Türk als Interessen organisationsförmig nutzbar sind, werden geschlechtsspezifische Unterschiede im Hinblick auf berufliche Interessen und Karrieremotivation gefunden. Janet Wolff (1977,19) bringt in ihrer Aussage über Berufswünsche von Mädchen die Motivationsproblematik auf den Punkt: "Furthermore, one of the things they have learned is not to *want* to be doctors, directors, architects, barristers or engineers" (Hervorh. D.R.). Allerdings kann auf der Seite der Organisation kein Interesse an "männlicher" Motivation bei Frauen bestehen, solange genügend Männer für diese Arbeiten zur Verfügung stehen. Als Reservearmee (z.B. Braverman 1974) sollen Frauen je nach Erfordernissen flexibel zur Verfügung stehen. Durch ökonomischen Zwang und Sozialisation wird versucht, sicherzustellen, daß Männer und Frauen "richtig", d.h. organisationskonform motiviert sind - ein Teil von ihnen soll sich mit niederen Arbeiten bescheiden, ein kleiner Teil muß karrieremotiviert sein, ein Teil ist dafür vorgesehen, sich mit Alltagsarbeit zu beschäftigen und nur für den Notfall einsatzbereit zu sein. Allerdings kann die Arbeitsmotivation nicht vom Arbeitsplatzangebot getrennt gesehen werden. So wurde mehrfach darauf hingewiesen, daß die im Vergleich zu Männern geringere Zentralität des Berufs im Leben von Frauen mit ihren geringeren Chancen, attraktive Stellen zu erhalten, und ihrer größeren Benachteiligung auf dem Arbeitsmarkt zusammenhängen (z.B. Clegg & Dunkerley 1980,408). Die Herausbildung der bürgerlichen Familie verwies die Frau auf den häuslichen Tätigkeitsbereich, während die Arbeiterfrau die schlechtest bezahlten und unattraktivsten Arbeitsplätze annehmen mußte.

Soziale Kompetenz im Umgang mit Erfordernissen, Spielregeln und Mustern der Organisation[58] zeigt ihre geschlechtsspezifische Komponente vor allem in jenen Hierarchieebenen, von denen aus die Organisation geleitet wird. Sie sind seit der Entstehung von Organisationen männlich dominiert, so daß Türk selbst von der Ausbildung einer "männlichen" Organisationskompetenz als Element der Konstitution des organisationsförmigen Arbeitsvermögens spricht. In der aktuellen Literatur zu "Frauen im

58 In dieser Definition hat soziale Kompetenz nichts mit den eher Frauen zugeschriebenen Fähigkeiten zu tun, ein freundliches Klima zu schaffen oder Verständigung herbeizuführen. Vgl. zum Begriff der Sozialkompetenz Hoets (1993).

Management" werden diese denn auch als "late entries", im "fremden Kontinent" vorgestellt. Wenn in solchen Texten vom "Aufholen", "Gleichziehen" und "Dazulernen" der Frauen die Rede ist, steht die männliche Organisationskompetenz als Ausgangs- und Zielpunkt im Zentrum weiblicher Managementfähigkeiten. Während sich Frauen also im Führungsbereich, der sie erst in letzter Zeit und in geringem Umfang zu brauchen scheint, neue Organisationskompetenzen einschließlich Qualifikation und Karrieremotivation aneignen (bzw. alte verlernen müssen), haben sie in anderen (frauentypischen) Bereichen diese Kompetenzen längst entwickelt. Zwang zur Anpassung, zur "Resozialisation" bzw. zum Verlernen anerzogener Eigenschaften in frauenuntypischen Bereichen tragen zur Verschärfung der Konflikte zwischen den Geschlechtern und zur Gefahr der Überforderung für Frauen bei (Alvesson & Billing 1992,80).

4.7.7.2. Geschlechtsspezifische Arbeitsteilung

Als der allen drei Kategorien - geschlechtsspezifische Qualifikation, Motivation und soziale Kompetenz - zugrundeliegende Erklärungsansatz kann die geschlechtsspezifische Arbeitsteilung gelten, die durch zwei Faktoren gestützt wird: Erstens durch die *Vergeschlechtlichung von Menschen und Tätigkeiten*, welche die Überschreitung der Grenze zum Arbeitsbereich des anderen Geschlechts schwierig macht; zweitens durch die tendenziell *hierarchische Struktur der Arbeitsplätze bei gleichzeitiger beständiger Neudefinition, Unterteilung und Fragmentierung der Arbeitsprozesse*, was Männern die Chance gibt, durch "horizontales oder vertikales Ausweichen" die Frauen stets auf Distanz zu halten (Cockburn 1988,230). Das heißt, wenn Frauen vormals männliche Arbeitsplätze einnehmen, werden Aufgaben entlang der Geschlechterlinie so verteilt und neu definiert, daß "klar" ist, welche weiblich und welche männlich und wie sie dementsprechend zu bewerten sind. Geschlechtsspezifische ist also stets *geschlechtshierarchische Arbeitsteilung* (Bilden 1991). Zentral scheint bei der Arbeitsteilung nicht die inhaltliche Ausgestaltung dessen zu sein, *was* Frauen und Männer machen, sondern *daß* sie Unterschiedliches machen, damit Distanz erhalten bleibt. Faßt man diesen Prozeß als Kompromiß zwischen kapitalistischen und patriarchalischen Interessen auf, haben beide - Kapitalist und (Ehe-)Mann - damit gewonnen: Ersterer hat ein Reservoir billiger Arbeitskräfte, letzterer hat seine Macht über die Frau erhalten, weil sie wegen ihrer schlechten Arbeitsmarktposition trotz Erwerbstätigkeit auf eine Verbindung mit dem statushöheren Mann angewiesen ist. In dieser dynamischen Sichtweise wird erklärbar, daß geschlechtsspezifische Arbeitsteilung als Phänomen trotz permanenten Strukturwandels innerhalb der Branchen, der Berufe und der Qualifikationen relativ konstant bleibt.

Die Basis geschlechtsspezifischer Arbeitsteilung besteht in der Konstruktion weiblicher Zuständigkeit für Haus- und Erziehungsarbeit und männlicher Zuständigkeit für Erwerbsarbeit. Zwischen diesen Zuständigkeitsbereichen und den jeweils Frauen und Männern zugewiesenen Arbeitsplätzen besteht ein kausaler Zusammenhang dergestalt, daß weibliche Lohnarbeit auf dem sekundären Arbeitsmarkt angesiedelt ist, einem Arbeitsmarkt, der sich durch unsichere, weniger qualifizierte, niedriger entlohnte, weniger aufstiegsermöglichende Arbeitsplätze auszeichnet.[59] So kommt Sengenberger (1987,253) in seiner Untersuchung zum dualen Arbeitsmarkt - einem in Frauen- und Männerarbeit geteilten Arbeitsmarkt - zu folgendem Resümee: "Frauen sind demnach einer doppelten Benachteiligung ausgesetzt:

- Sie werden überproportional stark in Arbeitsplatzbereichen eingesetzt, die durch konjunkturelle Schwankungen gefährdet sind;
- innerhalb der gleichen Bereiche - unterstellt man einmal Homogenität der Arbeitsplätze mit der gleichen Leistungsgruppeneinteilung - werden sie eher Opfer von Personalauslese bei Einstellungen und Entlassungen."

Das Ziel, daß die Arbeit in der Familie sicher erledigt wird, und daß darüber hinaus Frauen in der Lage sind, disponibles Arbeitskräftepotential zu stellen, das einfach und billig einsetzbar und ersetzbar war, konnte nur durch eine Ideologie erreicht werden, die den häuslichen Bereich als weibliche Domäne und die Erziehung der Kinder als häusliche (und nicht gesellschaftliche) Aufgabe erklärt (Clegg & Dunkerley 1980, 421). Mit der kapitalistischen Notwendigkeit der Sicherung der Reproduktionsverhältnisse geht die Kontrolle über weibliche Fruchtbarkeit und Sexualität einher. Hier ist eine Schnittstelle zwischen Geschlechterhierarchie, welche schon präkapitalistisch existierte, und kapitalistischen Produktionsverhältnissen zu finden. Denn zunächst bedeutet "freie" Lohnarbeit auch eine Befreiung aus patriarchalischen Verhältnissen, und in der Tat erlangten junge, unverheiratete Frauen, die bislang nur in der Familie tätig waren, durch ihre Lohnarbeit ein Stück ökonomische und sexuelle Unabhängigkeit (Clegg & Dunkerley 1980,414). Gerade diese Bedrohung der Auflösung direkter männlicher Herrschaft über Frauen durch Lohnarbeitsverhältnisse mag dazu geführt haben, daß die Geschlechterdifferenzen niemals so forciert und profiliert worden sind wie in der marktökonomischen Industriegesellschaft (Ostner 1992,116). Klassen- und Geschlechterverhältnisse sind also nicht voneinander ableitbar, haben sich aber so miteinander arrangiert, daß die jeweiligen Herrschaftsrelationen gesichert

59 Im "Bielefelder Ansatz" (z.B. Werlhof 1983) wird die Tendenz, ungeschützte, schlecht bezahlte, kurzfristige etc. Arbeitsplätze einzurichten, als "Hausfrauisierung" bezeichnet. Davon sind in zunehmendem Maße nicht nur Frauen, sondern auch Leih- und Gastarbeiterinnen/-arbeiter und Beschäftigte der Dritten Welt betroffen.

sind.[60] Gleichzeitig ergibt sich aus der Nutzung und Verstärkung der Geschlechterbilder auch die kapitalistische Ausbeutung männlicher Zuständigkeiten. Ihre Abkoppelung von familiären Pflichten macht Männer zu scheinbar permanent verfügbaren, nicht an außerindustrielle Bezüge gebundenen, entkörperlichten Arbeitskräften, die als solche bestens verwertbar sind (Böhnisch & Winter 1993,142).

Für die Organisation als geschlechtsspezifisches Gebilde folgt daraus zum einen, daß sie ein ganzes Arsenal an gesellschaftlich notwendigen Arbeiten - nämlich jene in der Reproduktionssphäre - nicht zu organisieren braucht, sondern vielmehr relativ billig auf sie zurückgreifen kann.[61] Um sich dieses Privileg zu erhalten, werden in sozialisatorischen Organisationen entsprechende Verhaltensmuster vermittelt und in Wirtschaftsorganisationen verstärkt, indem auf ein *geregeltes* Privatleben der Arbeitskräfte geachtet wird.[62] Zum anderen werden die Geschlechter gemäß ihrer bestmöglichen Verwertbarkeit auf Arbeitsplätze verteilt. Sowohl vertikal als auch horizontal und funktional lassen sich Zuordnungen zu Arbeitsplätzen entlang der Trennungslinie der Geschlechter in Frauen und Männer festmachen (vgl. Alvesson & Billing 1992). Die funktionale Arbeitsteilung verweist dabei auf die Verlängerung weiblicher Alltagsarbeit auf weibliche Erwerbstätigkeit: Eher die persönlichen als die fachlichen, eher die unterstützenden, sozialen, emotionalen als die leitenden, technischen Fähigkeiten, eher weibliche Attribute als erworbene Qualifikationen werden von Frauen erwartet, zuweilen auch auf den formal gleichen Positionen wie Männer sie besetzen (Alvesson & Billing 1992,90). Obwohl die Zuordnungen dynamischer, sich wandelnder Natur sind, folgen sie in der Organisationsgesellschaft tendenziell gleichbleibenden Gesetzen. D.h., auf Organisationsebene wird geschlechtsspezifische Arbeitsteilung so umgesetzt, daß jede Arbeitstätigkeit ein Geschlecht 'hat', das zwar aus der Not heraus, flexibel handeln zu müssen, nicht auf Dauer gestellt werden kann, aber als Distanz- und damit Herrschaftsverhältnis aufrechterhalten wird.

> "Die Arbeit des Wartungsingenieurs ist männlich, die einer Aussucherin im Versandhauslager weiblich. Bei der Arbeit des Wartungsingenieurs trägt "man" einen Blaumann, wird schmutzig, schwitzt, liegt auf dem Boden, braucht Werkzeuge, läßt seine Muskeln spielen und geht Risiken ein; kurz, sie verlangt eine Verhaltensweise, die von einem

---

60 Widersprüchliche Prozesse bleiben hierbei nicht aus. So finden Frauen aufgrund ihrer disponiblen Einsatzmöglichkeit in Krisenzeiten mehr alternative Verdienstmöglichkeiten als Männer. Werden in großem Ausmaß beide Geschlechter als Arbeitskräfte benötigt, kollidiert die Institution der Familie mit dem Anspruch an Mobilität und Flexibilität der Arbeitskraft - ein Problem, das heute zunehmend bei schwer ersetzbaren Arbeitskräften auftaucht.

61 Diejenigen Organisationen, die Produkte und Dienstleistungen für Alltagsarbeit bereitstellen, machen dies wiederum in der Regel aus Gewinninteresse und nicht deshalb, weil sie sich für diese Aufgaben als zuständig betrachten.

62 Zudem werden in staatlichen Organisationen legislative Grundlagen (Bevorzugung der Ehe etc.) geschaffen und in kirchlichen Organisationen entsprechende Ideologien bereitgestellt.

> Mann erwartet wird, für eine Frau wäre das nicht richtig. Die Arbeit der Aussucherin erfordert ein ganz anderes Verhalten - sie verharrt an einer Stelle, macht Bewegungen, die sich wiederholen, handhabt feine Materialien, ist fleißig und wachsam. (...) Und das Geschlecht der Tätigkeit färbt auf die Männer und Frauen ab, die diese Tätigkeiten ausüben" (Cockburn 1988,231).

Das Festgelegtsein von Frauen und Männern auf bestimmte Tätigkeiten führt, ideologisch untermauert, zu geschlechtsspezifischem Organisationsverhalten (häufiger Arbeitsplatzwechsel, Fehlzeiten, Karrierestreben...) und geschlechtsspezifischen Fähigkeiten und Lebenswegen (vgl. Clegg & Dunkerley 1980,409; Ostner 1992).

Jedoch geht es nicht nur um das Geschlecht der Tätigkeit, sondern um die spezifischen Geschlechts*symbole*, die mit 'männlich' und 'weiblich' verknüpft sind. In der Position der Empfangsdame wird nicht nur eine Frau erwartet, sondern eine jugendliche, attraktive, gepflegte, freundliche usw. Frau. Je stärker die männliche Symbolik vorherrscht, desto größer sind die Nachteile für Frauen, was Einstellungschancen und Leistungsbewertung betrifft. Geschlechtssymbole werden dabei über Sprache, Mythen, Artefakte, Kleidung etc. vermittelt (Alvesson & Billing 1992,92). Es muß jedoch berücksichtigt werden, daß Geschlechtersymbole in der Kultur und in jedem/jeder einzelnen tief verwurzelt sind und nicht allein von außen als Anforderungen auf die Individuen stoßen. Die Menschen kommen bereits als Frauen und Männer (bzw. Mädchen und Jungen) mit einer gewissen Vorstellung von für sie angemessenen - vergeschlechtlichten - Tätigkeiten in die Organisation (Schule, Ausbildungsstätte, erster Arbeitsplatz etc.).

4.7.8. Vergemeinschaftung als Ausschlußfunktion

"Vergemeinschaftung" als drittes Konstrukt verweist auf die personelle Abgrenzung einer Organisation. Herrschaft geschieht in Form von Ausgrenzung bzw. Integration nach entsprechender Disziplinierung (siehe Foucault); Gemeinschaftsbildungen verhindern die Aufnahme von als nicht dazupassend definierten Personen oder Gruppen. Im Rahmen der Geschlechterverhältnisse spielt hierbei eine Rolle: der Ausschluß von Frauen aus Männerdomänen und Führungspositionen; die Bevorzugung von Männern, die dem hegemonialen Männlichkeitsbild nahestehen, vor allem für männlich konnotierte Tätigkeiten wie Führung, Militär etc.; der Ausschluß von Frauen aus informellen Netzwerken, sobald sie die gleichgestellte Position erreicht haben; möglicherweise auch der Ausschluß von Männern aus Frauendomänen, weil durch gemischte Arbeitsgruppen Geschlechtergrenzen verwischt werden. Durch solche Mechanismen werden gesellschaftliche Gruppen marginalisiert, und zwar nicht nur durch Nicht-Teilhabe an den Vorteilen, die eine solidarische Gemeinschaft verspricht, sondern auch mangels alternativer Artikulationsmöglichkeiten ihrer Interessen innerhalb einer Organisationsgesellschaft. Benachteiligungen aufgrund fehlender Interessenvertretung sind bis heute in typischen Frauenberufen virulent. Die informelle "bündische" Orientierung der Führungsmannschaften von Organisationen wird aktuell als eine der größten Aufstiegsbarrieren für Frauen betrachtet. Vieles spricht dafür, daß Bünde eher von Männern ausgebildet werden und als solche auch unerwünschte Männer ausgrenzen (vgl. Kap.7.). Der Begriff der Homosozialität, welche die Präferenz für das Zusammensein mit Angehörigen des eigenen Geschlechts ausdrückt und von Männern zwecks gegenseitigen Ressourcenaustauschs gepflegt wird, ist einer unter vielen Belegen dafür (Lipman-Blumen 1976). Nach Hartmann (1979) basiert das Patriarchat gerade auf der Fähigkeit von Männern, sich zusammenzuschließen und zu organisieren, eine Fähigkeit, die sie lange vor dem Kapitalismus ausgebildet haben.

Vergemeinschaftung verspricht Interessenwahrung und Vorteile für die Mitglieder, die sich aufgrund dessen eher an die Organisation binden und sich ihr gegenüber loyal verhalten. Bislang brachte sie mehr Vorteile für Männer als für Frauen, woraus sich die an Frauen gerichteten Ratschläge ableiten, sich möglichst stark in Netzwerken, Verbänden und informellen Gruppen zusammenzuschließen, um Interessen durchsetzen zu können.

4.7.9. Resümee

Mit Türks und Stolz' Modell der Organisation können die im ersten Teil referierten Überlegungen zu Geschlecht und Sexualität in einen theoretischen Rahmen der Organisation integriert werden. So soll hier die These formuliert werden, daß es sich bei den von Türk und Stolz vorgeschlagenen Konstrukten der Organisation nicht um geschlechtsneutrale, sondern um *vergeschlechtlichte Prozesse* handelt, deren mystifizierte Asexualität und Rationalität als Ausdruck hegemonialer Männlichkeit aufgefaßt werden können. Mit anderen Worten: Die Organisation ist eine historisch-gesellschaftlich spezifische Verkörperung männlicher Herrschaft.

Die Herrschaftsdimension ist dabei von der Kategorie der Trennung getragen, durch die Zusammenhänge aufgeteilt und bewertet werden. In "radikaler" (d.h. bis zu den Wurzeln gehender) Sichtweise ist die Trennung der Menschen in zwei Geschlechter bereits die erste Herrschaftsbasis, auf der die unterschiedliche Bewertung und Wertschätzung der Geschlechter aufbaut. Trennung in zwei Geschlechter kann jedoch nur über die Trennung menschlicher Sexualität in männliche und weibliche vonstatten gehen, ohne die die Konstruktion von Geschlechtern sinnlos wäre. In die Formalität der Organisation (Ordnung, Gebilde, Vergemeinschaftung) sind geschlechtliche Herrschaftsprozesse folgendermaßen eingeschrieben:

a) Ordnung: hierarchische Dualismen (männlich/weiblich, hetero-/homosexuell, rational/emotional etc.);

b) Gebilde: Nutzung und Stärkung geschlechtsspezifischer Arbeitsteilung; Einteilung der Arbeitstätigkeiten in männlich/weiblich und entsprechende Zuweisung der Geschlechter zu Arbeitstätigkeiten; Bevorzugung bestimmter Männlichkeiten und Weiblichkeiten durch die Geschlechtersymbolik des Arbeitsplatzes;

c) Vergemeinschaftung: Trennung der Geschlechter und der "Männlichkeiten" und "Weiblichkeiten" in dazugehörig/nicht dazugehörig bzw. drinnen/draußen.

Die Kontrolle der Sexualität präsentiert sich in diesem Zusammenhang als Notwendigkeit, weil ohne sie die Menschen nicht zu Arbeitswerkzeugen würden (vgl. Marcuse), und weil über sie die Kontrolle individueller und kollektiver Körper bewerkstelligt werden kann (vgl. Foucault). Während beide Geschlechter diesem Prozeß unterworfen sind, erfolgt deren spezifische Zurichtung nach Maßgabe der polaren Geschlechterbilder. Aus der Ineinssetzung der Frau mit Sexualität folgt nicht nur die Kontrolle ihrer Reproduktionsfähigkeit und -willigkeit, sondern auch der ganzheitliche Zugriff auf ihre Weiblichkeit, Körperlichkeit und Sexualität bei typischen Arbeitsplätzen für Frauen. Dem Mann wird hingegen "nur" der Einsatz seiner Arbeitskraft abverlangt, deren Funktionieren jedoch, wie auch bei der weiblichen Arbeitskraft, auf der Entsexualisierung und Disziplinierung des Körpers beruht.

Da die Organisation als Repräsentantin der Arbeitssphäre in die aufgezeigten Widersprüche zur Konsumgesellschaft geraten muß, bedarf es eines steigenden Aufwandes, Anliegen und Notwendigkeiten durchzusetzen und legitimatorisch abzusichern, wozu willige kooperierende Arbeitskräfte gebraucht werden. Kompetente Akteure stellen tagtäglich die Organisation her und erhalten sie, indem sie organisationsförmig aufeinander bezogen handeln. Da sie nicht nur durch Gewalt, Disziplin und Überwachung dazu gebracht werden können, zu tun, was von ihnen verlangt wird, müssen sie auch von selbst mittun und ihr Arbeitsvermögen bereitstellen. Damit kommt die Überschüssigkeit ihres Handelns ins Spiel, von dem nur ein Teil organisationsförmig nutzbar ist. In menschlicher Praxis ist sowohl das Potential der Herstellung von Organisation als auch deren Zerstörung im Sinne der Wiederherstellung von Zusammenhängen und der "De-Organisierung" enthalten. Sexualität steht hier wiederum im Brennpunkt des Geschehens, folgt man der Auffassung von der Zentralität der Sexualität als menschliche Urkraft und Triebfeder.[63] Sie strebt nach Lust, unmittelbarer Befriedigung und Befreiung, während ihr Unterdrückung bzw. Disziplinierung, zerstük-

63 Wie gezeigt, kommt auch Foucault von der Kraft der "Körper und Lüste" nicht los, auch wenn er sie theoretisch negiert.

kelnde Diskursivierung, Kontrolle, Einengung auf bestimmte Orte und Zeiten und rationaler Einsatz entgegengesetzt werden. Es liegt auf der Hand, daß sich diesbezügliches Widerstands- und organisationsförmiges Verhalten auch und vor allem an den Geschlechterbeziehungen festmacht, die ihrerseits ein herrschaftsförmiges Verhältnis haben. Die organisationale Kooperationsdimension der Geschlechter zeichnet sich demzufolge aus durch

a) Mitwirken an der Reproduktion der Organisation,

b) Mitwirken an der Reproduktion der Geschlechterbeziehungen,

c) "De-Organisation" als Widerstand gegen Organisation.

Zusammenfassend kann gesagt werden, daß sich der organisationstheoretische Ansatz von Herrschaft und Widerstand im Rahmen der Sexualität in Organisationen konkretisiert zum Spannungsverhältnis zwischen *Organisierung der Sexualität (Herrschaft) und De-Organisierung der Sexualität (Widerstand).* Ihm entspricht bei Marcuse der Gegensatz zwischen Desexualisierung und Re-Erotisierung des Körpers. Wie bei jedem Herrschaftsverhältnis ist die eine Seite, hier die Organisierung der Sexualität, wesentlich durchsetzungsstärker als die andere. Deshalb soll im folgenden Abschnitt die "Organisierung der Sexualität" genauer beleuchtet werden.

5. Von der Unterdrückung zur Verwertung der Sexualität

5.1. Die Desexualisierung der Organisation

5.1.1. Vergleichbarkeit verschiedener Organisationen

Türk und Stolz stellen zwar die kapitalistische Organisation ins Zentrum ihrer Überlegungen, diese wird aber in ihren historischen Kontext gestellt, der die Wurzeln und Vorläufer moderner Organisationen beleuchtet. So findet sich der Topos der Ordnung als Grundlage disziplinierender Organisationen in frühen Einrichtungen wie Armen- und Zuchthäusern, Militär oder Gefängnissen, bezieht sich aber noch auf den zentralistischen Staat und läßt keine freien Vereinigungen zu, die den Weg zum privaten Unternehmen bereiten (Türk 1993,305; vgl. Foucault 1989). Gerade Foucault macht deutlich, daß sich "Ordnung" mit Organisation zum Zweck der Disziplin verband, ohne daß eine gewinnorientierte Haltung Voraussetzung war. Aber erst mit der weiteren Durchsetzung kapitalistischen Wirtschaftens konnte sich Disziplin allgemein etablieren, indem sie eine neue ökonomische Basis bekam: die der Investition in die Arbeitskraft (Treiber & Steinert 1980,96). Als materielle Grundlage der Disziplin diente indessen schon immer die Existenz sozialer Arrangements, in erster Linie "totaler Institutionen" (Goffman 1973). Diese Vorläufer moderner Organisationen zeigen auch, daß "Organisation" dem "Markt" logisch und historisch vorausgeht. "Erst Zurichtung, Disziplinierung, gewaltsame Kasernierung, reelle Subsumtion, Mehrwert*produktion* (Krankenhaus, Zuchthaus, Irrenanstalt, Manufaktur, Fabrik, Militär, Staatsverwaltung...), dann erst der Ruf nach "freier Marktwirtschaft", formaler Rechtsstaatlichkeit, Liberalisierung der gesellschaftlichen Verkehrsformen etc." (Stolz & Türk 1992, 167). Unter "Mehrprodukt" fällt dabei - über Marx' Verständnis des Mehrproduktes hinausgehend - auch die Herstellung bindender Entscheidungen, Einübung militärischer Schlagkraft oder Lernarbeit. Das bedeutet, daß sich Herrschaft durch Organisation nicht auf den Bereich betrieblicher Warenproduktion beschränkt, sondern auf die Totalität der subsumierten Lebensbereiche bezogen ist, so daß organisational vermittelte Exploitation produktiver Lebenstätigkeit ebensogut durch öffentliche Verwaltung, Verbandsbildung, Schule oder Gefängnis stattfindet (Stolz & Türk 1992,142). Zur Kapitalakkumulation wird dabei nicht direkt, sondern in Zuarbeiterfunktion verholfen. Entscheidend ist die Sicherstellung der Disziplinierung der kooperierenden Subjekte - eine These, die Foucaults Diktum der Vergleichbarkeit aller Organisationen folgt, die darauf beruht, daß sich Bio-Macht diversifizierte und auf ganz verschiedene Organisationen ausbreitete.

Dieser Argumentationslinie ist leicht zuzustimmen, wenn die "Produkte" nicht-gewinnorientierter Organisationen untersucht werden: Die Schule fördert Qualifikationen und Anpassung an das nachfolgende Erwerbsarbeitsleben, das Krankenhaus stellt die Arbeitskraft wieder her, die Verwaltung reguliert staatliche und wirtschaftliche Ordnungssysteme, das Gefängnis sondert unangepaßte Personen aus usw. Trotzdem muß gefragt werden, ob es nicht Organisationen gibt, die nicht diesen Mechanismen unterliegen (vgl. Burrell 1992), zum Beispiel jene, die erklärtermaßen zum Zwecke des Widerstands gegründet sind (manche politischen Vereinigungen, Frauen- und Homosexuellenverbände u.ä.). Streng genommen dürften diese Vereinigungen nicht als Organisationen bezeichnet werden, insofern sie - zumindest intentional - nicht das gesellschaftsformativ spezifizierte Herrschaftsverhältnis reproduzieren. Jedoch mögen die für kooperative Alternativen bereitgestellten Schonräume erst dadurch eine Chance erhalten, daß andere - herrschaftliche - Organisationen ihnen das Überleben sichern. Als Differenz und Utopie zu Herrschaft bilden sie indessen eine wichtige Denk- und Handlungskategorie (Türk 1993,328).

Eine der Hauptaufgaben, die sich frühe "Organisationen" - im Sinne Türks müßte von "Proto-Organisationen" gesprochen werden - gestellt haben, ist die Kontrolle der Sexualität (vgl. Burrell 1984). Die Kirche als erstes historisches Beispiel einer bürokratischen Organisation bzw. "Proto-Organisation" wurde sehr schnell nach ihrem Entstehen im Westen wie im Osten politisiert und übte eine zentrale Herrschaftsfunktion aus (vgl. de Rosa 1990,337). Die Kurie, die im 13. Jahrhundert einen ersten Organisationsschub erfuhr, nahm mit zunehmender organisatorischer Ausgestaltung Merkmale an, die sie mit jeder bürokratischen Organisation teilt: Aufgabenverteilung, Spezialisierung und Verwaltung des Status Quo (Treiber 1990,159). Der Mönch im Kloster[64] als erster "methodischer" Mensch, der streng nach Regeln seine Zeit und seinen Raum einteilt und durch Selbstkontrolle und gegenseitige Kontrolle der Mitbrüder die Lebensführung einem exakten System unterwirft (vgl. Treiber & Steinert 1980), dient als Vorbild für spätere Typen methodischer Lebensführung: Fabrikarbeiter, Schüler, Gefangener usw.[65] Methodische Lebensführung basiert auf der Trennung von Lebensbereichen (die beim Mönch alle an einem Ort vereinigt sind, aber verschiedenen Räumen und Zeiten zugewiesen werden) und bildet die Grundlage für ökonomischen Erfolg, den die Klöster trotz anti-ökonomischer und anti-rationaler Propaganda erlangten (Treiber 1990,152). Während die Klosterordnung also nicht pri-

64 Zur Differenzierung von Kirche und Kloster siehe Treiber (1990).

65 Auch Foucault geht auf die Verwandtschaft von Fabrik und Kloster ein: "Die Fabrik nimmt sich ausdrücklich das Kloster (...) zum Vorbild" und "die Disziplin organisiert einen analytischen Raum. Und auch dabei knüpft sie an ein altes architektonisches und religiöses Verfahren an: die Zelle der Klöster" (Foucault 1976,182 u.184).

mär auf ökonomischen Gewinn abzielte, bot sie doch eine Schablone für die Erfordernisse des Erwerbsarbeitslebens.

In kirchlichen Organisationen sind demzufolge Elemente auszumachen, die Türk (1993) in seiner Dreiteilung der Organisation - Ordnung, Gebilde und Vergemeinschaftung - konzipiert hat: Rationalitätsgedanke, Ordnungskonzept, durchstrukturierter Tagesablauf mit methodischer Lebensführung;[66] Grenzziehung zur nicht-organisierten Sphäre durch festgelegte Mitgliedschaft, Rechte, Pflichten und Privilegien der Mitglieder; Arbeitsteilung, Funktionsaufteilung; Regeln der Aufnahme in die Organisation, Voraussetzung bestimmter "Qualifikationen" (z.B. Herkunft) zur Aufnahme, Verpflichtung zur Übernahme der Ziele der Organisation; klare Hierarchie und Zentrum-Peripherie-Gefälle.

Analoge Parallelen lassen sich zwischen Arbeitsorganisation und Militär nachzeichnen, wobei erstere im 19. Jahrhundert Befehls- und Organisationsstrukturen vom Militär übernahm.[67] Zur "Militarisierung der Arbeiterschaft" gehörte die Einrichtung von Mietskasernen (!), die nahe an der Fabrik lagen und wenig kollektives Leben zuließen, das möglichen Widerstand hervorgebracht hätte. Umgekehrt gelang die Militarisierung der Klöster durch die Gründung monastisch-militärischer Ritterorden, die durch ihre Merkmale der Aufnahme- und Initiationsrituale und der Stufenfolge von Prüfungen typische Männerbünde darstellten (Treiber 1990). Beides, die Militarisierung der Arbeiterschaft und die Militarisierung der Klöster, diente durch ihre "Totalerfassung" der Mitglieder allgemein deren Disziplinierung und im besonderen der Kontrolle der Sexualität.

Das Kloster als eine besondere kirchliche Organisation gehört nach Goffman (1973) zu den sog. totalen Institutionen, die sich folgendermaßen auszeichnen:[68]

- Alle Angelegenheiten des Lebens finden an ein und derselben Stelle, unter ein und derselben Autorität statt.
- Die Mitglieder der Institution führen alle Phasen ihrer täglichen Arbeit in unmittelbarer Gesellschaft einer großen Gruppe von Schicksalsgenossen aus, wobei allen die gleiche Behandlung zuteil wird und alle die gleiche Tätigkeit gemeinsam verrichten müssen.

---

66 "Ordo" wird zum Schlüsselbegriff der mittelalterlichen Kirche. Die rationale Wissenschaft als Motor religiöser Entzauberung wurde von der Kirche allerdings mit Mißtrauen betrachtet (vgl. Treiber 1990).

67 Heutige Organisationsbegriffe verraten noch diese Wurzeln, wie z.B. "Stab", "Abteilung", oder "Führungsmannschaft". Es kommt nicht von ungefähr, daß Unternehmen häufig Mitarbeiter bevorzugen, die den Bundeswehrdienst absolviert haben. Aus dem Ausspruch des ehemaligen Präsidenten des Bundesverbandes der Deutschen Industrie Fritz Berg, "der gediente Arbeiter ist der bessere Arbeiter", geht hervor, daß die sozialisatorische Kraft der Bundeswehr für die Anpassung in ein Unternehmen durchaus geschätzt wird (vgl. Birckenbach et al. 1975). Ohne Frage sind mit diesem Einstellungskriterium weibliche Bewerberinnen im Nachteil.

68 Unter den Begriff der Institution im Sinne Goffmans kann der Begriff der Organisation im Sinne Türks als Unterkategorie subsumiert werden, weil Goffman unter "Institutionen" völlig unspezifisch alle Einrichtungen versteht, in denen bestimmte Tätigkeiten ausgeübt werden, auch Freizeiteinrichtungen u.ä.

- Alle Phasen des Arbeitstages sind exakt geplant, eine jede geht zu einem vorher bestimmten Zeitpunkt in die nächste über, und die ganze Folge der Tätigkeiten wird von oben durch ein System expliziter formaler Regeln und durch einen Stab von Funktionären vorgeschrieben.
- Die verschiedenen Tätigkeiten werden in einem einzigen rationalen Plan vereinigt, der angeblich dazu dient, die offiziellen Ziele der Institution zu erreichen.

Keines dieser Elemente findet sich ausschließlich in totalen Institutionen, und nicht jede totale Institution weist alle diese Elemente auf, so daß eher von einem Kontinuum der gänzlich totalen Institution bis hin zur "offenen" Institution gesprochen werden kann, die keines der Elemente mehr aufweist. Zur totalen Institution rechnet Goffman Fürsorge-Anstalten, Gefängnisse, Kasernen, Schiffe, Internate, Arbeitslager, Abteien, Klöster u.ä. Zentrales Merkmal dieser Institutionen ist die Regelung einer Reihe von menschlichen Bedürfnissen - also auch der Sexualität - durch die bürokratische Organisation einer großen Anzahl von Menschen. Gerne wurde und wird deshalb der Prozeß der Desexualisierung anhand totaler Institutionen gezeigt, die ihn besonders drastisch durchzusetzen versuchten. So wird Sexualität in totalen Organisationen im Vergleich zu einer offenen Organisation weniger leicht externalisiert und besser überwacht (vgl. Hearn & Parkin 1987,79), und zwangsläufig mehr innerhalb der Organisation als außerhalb ausgelebt. Aus der Unmöglichkeit der Externalisierung ergibt sich für totale Organisationen die besondere Notwendigkeit eines regulierenden Managements von Sexualität, und zwar gerade auch dann, wenn eine liberale Haltung besteht. "Irgendwie" müssen aber alle Organisationen mit Sexualität umgehen, d.h. sie müssen "Sexualpolitik" betreiben, wenn sie funktionsfähig bleiben wollen. Die Unterdrückung und Verbannung der Sexualität - die "Desexualisierung" - nahm und nimmt dabei einen zentralen Stellenwert ein.

Die von Organisationen eingeschlagenen Strategien zur Desexualisierung lassen sich mit drei hauptsächlichen Mechanismen skizzieren:

1. Desexualisierung durch Geschlechtertrennung;
2. Desexualisierung durch Verbote und Strafen;
3. Desexualisierung durch Kontrolle der Zeit und des Körpers.

5.1.2. Mechanismen der Desexualisierung

5.1.2.1. Desexualisierung durch Trennung der Geschlechter

Auf der Annahme der heterosexuellen Anziehung zwischen Frauen und Männern aufbauend, scheint die Trennung der Geschlechter eine einfache Form der Beherrschung der Sexualität in Organisationen darzustellen, die um so leichter praktiziert werden kann, je mehr Gestaltungsfreiheit eine Organisation über Aufnahme und Verteilung ihrer Mitglieder hat. Organisationen trennen Geschlechter, indem sie

- nur ein Geschlecht aufnehmen,
- Frauen und Männern unterschiedliche Räumlichkeiten zuteilen,
- Frauen und Männern geschlechtsspezifische Arbeitsplätze zuweisen,
- die Art und Weise der Kontaktaufnahme reglementieren und überwachen.

Mit der radikalen Taktik, einfach nur ein Geschlecht aufzunehmen und damit die Mitgliedschaft vom Geschlecht abhängig zu machen, hatten vor allem früher Kirche, Schule und Militär Erfolg. Insbesondere Männerbünde taten sich hierbei hervor und unterstützten dadurch ein Männlichkeitsbild, das von extremer Polarisierung gegenüber Weiblichkeit gekennzeichnet war.

Während es im 7. Jahrhundert noch Doppelklöster gab, nicht selten unter der Leitung einer Äbtissin, setzte sich später eine zunehmende räumliche und institutionelle Trennung der Geschlechter durch, weil den zu Keuschheit verpflichteten Mönchen die Nähe zu Frauen unnatürlich erschien.[69]

> Ein Prämonstratenserabt (zit. in Treiber 1990,154) äußerte sich hierzu folgendermaßen: "Wir und unsere Gemeinschaft von Kanonikern, in der Erkenntnis, daß die Schlechtigkeit der Frauen größer ist als alle Schlechtigkeit der Welt, und daß kein Zorn dem Zorn der Frauen gleichkommt, und daß das Gift von Schlangen und Drachen eher zu heilen ist als der vertrauliche Umgang mit Frauen, haben einmütig beschlossen, zum Wohl unserer Seelen ebenso wie unserer Leiber und Besitzungen, daß wir unter keinen Umständen künftig Frauen aufnehmen, um unsere Gefährdungen nicht zu vergrößern, sondern ihnen wie giftigen Tieren aus dem Weg gehen wollen."

Eine Einlösung des Keuschheitsgelübdes schien nur qua Klausur möglich. Da aber auch Frauen Anspruch auf die geistliche Betreuung durch die Orden hatten, wurden eigene Frauenklöster gegründet und mit rigiden Reglementierungen versehen, unter welchen Umständen es den Nonnen gestattet war, das Kloster zu verlassen. Typischerweise gibt es bis heute in Anstalten, Krankenhäusern, Gefängnissen und Klöstern getrennte Frauen- und Männerbereiche bzw. -häuser, mit dem Effekt, daß die Kontakte zwischen den Geschlechtern auf ein Minimum reduziert sind.[70]

Eine gesellschaftlich zentrale, geschlechtertrennende Organisation ist die Schule, die ihr Bildungsangebot lange Zeit für Mädchen und Knaben separat und zudem für Mädchen äußerst eingeschränkt bereithielt, und erst seit kurzem zur Koedukation übergeht.[71] Die Schule ist eine ausgeprägt asexuelle Erziehungsinstitution, deren Re-

---

69 Cleugh (1964,89) behauptet in seiner Untersuchung mittelalterlicher Sexualität, daß fast alle Nonnen in Doppelklöstern schwanger geworden seien.

70 Neuerdings wird für Gefängnisse die Einrichtung von "Liebeszellen" (Gefangene können unbeaufsichtigt Besuch empfangen) diskutiert.

71 Daß Geschlechtertrennung nicht unbedingt negativ sein muß, zeigen neuere Veröffentlichungen über Benachteiligungen von Mädchen in koedukativen Einrichtungen.

präsentationsfiguren eine stabile ablehnende Einstellung zu Sexualität aufweisen, wenn die Daten zweier Untersuchungen aus den zwanziger und den sechziger Jahren verglichen werden (Kentler 1970,155). Obwohl diese Daten eher historischen Wert besitzen, kann doch die These aufgestellt werden, daß die von Foucault und anderen beschriebene Entsexualisierung und Pädagogisierung des Kindes von der Schule noch immer als ihre Aufgabe betrachtet wird. "Es ist für die Schule konstitutiv, daß sie sich gegenüber dem außerschulischen Leben abschließt und möglichst wenig Unkontrolliertes "von draußen" ins Schulleben hineinläßt" (Kentler 1970,157). Dadurch werden Ordnungsprinzipien der Schule abgesichert und möglichst uniforme Bedingungen für die Äußerungen der Triebe und Interessen der Schülerinnen und Schüler geschaffen. Die erzieherischen Verhältnisse werden entpersönlicht und auf erfolgskontrolliertes Lernen reduziert.[72]

Die Schule, kann gefolgert werden, ist als vorsozialisatorische Instanz der Vermittlung und Einübung der späteren Rolle als Arbeitskraft zu verstehen und übt diese Funktion möglicherweise so gut aus, daß spätere Organisationen mehr Toleranz - "repressive Toleranz" nach Marcuse - zulassen können. Dabei steht die Schule in besonderem Maße vor dem Problem heutiger Arbeitsorganisationen, den Widerspruch zwischen Disziplin und Selbstbeschränkung auf der einen Seite und liberalisierter Konsumhaltung auf der anderen Seite lösen zu müssen, in den Jugendliche in der Phase der Selbstfindung noch intensiver als Erwachsene verwoben sind.

Die Unterbindung sexueller Beziehungen war auch ein zentrales Anliegen der Arbeitgeber zu Beginn der Industrialisierung (Burrell 1984). Während man zunächst am liebsten sämtliche sexuellen Regungen der Arbeitskräfte verunmöglicht hätte, erkannte man die Notwendigkeit der Reproduktion an und gab sich mit dem Ziel des asexuellen Unternehmens zufrieden. Wurden Frauen aus ökonomischen Erwägungen rekrutiert, achtete man darauf, daß sie abgetrennt von den übrigen Bereichen des Unternehmens arbeiteten und wenig mit Männern zusammentrafen (Dohrn 1986,77). Streng getrennte Frauenabteilungen in Bürobetrieben des letzten Jahrhunderts hatten zudem den Effekt, daß die beschäftigten Frauen wenig Einblick in die Abläufe des Betriebes bekamen und nicht ins Geschehen eingebunden waren, wodurch die Entwicklung beruflicher Ansprüche und Ambitionen von vornherein erschwert war. Geschlechtertrennende Arbeitsplatzzuweisungen stellen mithin ein zentrales Medium zur

72 Kentler propagiert vor dem Hintergund der "sexuellen Revolution" zu seiner Zeit Offenheit und Menschlichkeit gegenüber kindlicher Sexualität. Es stellt sich jedoch die Frage, ob eine Schule, die sich der Sexualität ihrer Schüler und Schülerinnen annimmt, nicht noch stärker totalitären Charakter bekommt.

Durchsetzung der Kontrolle der Sexualität dar, durch die wiederum die Organisation als Gebilde reproduziert wird.

Der physische Ausschluß eines Geschlechts wurde sukzessive durch die technische Strategie der vergeschlechtlichten Arbeitsplätze abgelöst, deren desexualisierende Funktionen schon daran zu erkennen sind, daß Argumente gegen die Aufnahme von Frauen in Männerdomänen häufig auf Sexualität bezogen sind: Frauen würden Unruhe stiften, Männer zu Rivalen machen, Affären mit Männern beginnen usw. Noch immer arbeitet ein Großteil der Arbeitnehmerinnen und Arbeitnehmer auf geschlechtersegregierten Arbeitsplätzen (Gutek & Groff Cohen 1992), die Kontakte und Kommunikationsmöglichkeiten zwischen Frauen und Männern regulieren. Gemäß Cockburns Studie (1988) über technische Arbeitsplätze wurde die Zusammenarbeit junger Leute beiderlei Geschlechts von der Firmenleitung nur sehr zögerlich akzeptiert, und bei einer untersuchten Firma gehörte das durchschnittlich höhere Alter der Frauen mit in die Kalkulation. Fritz (1982) zeigt, daß Frauen erst in Bürobetriebe zugelassen wurden, als dort schon eine rigide Sexualmoral herrschte, welche die Triebimpulse unter Kontrolle hielt. Er betont vor allem die soziale Kontrolle durch Kolleginnen und Kollegen, die zur Mäßigung und Selbstbeherrschung führte und unbewachte Nischen der Organisation um so bedeutsamer werden ließ.

5.1.2.2. Desexualisierung durch Verbote und Strafen

Burrell (1984) zitiert den Bischof und frühen "Organisationstheoretiker" des 13. Jahrhunderts Grosseteste, der in seinen Schriften die Wichtigkeit der Unterdrückung der Sexualität in den damaligen Klöstern hervorhob.[73] Die zunehmenden, auch sexuellen Ausschweifungen in den Klöstern trugen zu immer neuen Techniken ihrer Eindämmung durch obere Stellen bei. So wurden verschiedene Orden gegründet, in denen die männliche Kameradschaft als zentrales Prinzip zu dem Zweck propagiert wurde, das Interesse am anderen Geschlecht zu reduzieren. Die dadurch drohenden Neigungen zur Homosexualität mußten durch weitere, zum Teil neu zu erschaffende Tabus zurückgedrängt werden, die in der Gesellschaft noch gar nicht vorhanden waren. Als wichtigstes Mittel zur Sexualdisziplinierung wurde das Zölibat betrachtet, denn diejenigen, die den keuschen Leib des Heilands in der Eucharistie berührten, durften nicht dem liederlichen Körper einer Frau zu nahe kommen (vgl. de Rosa 1990,340).

---

73 Ein "Eignungstest" angehender Nonnen enthielt die Aufgabe, nackt mit einem jungen Mönch die Nacht zu verbringen, um sicherzustellen, daß sie eines zölibatären Lebens fähig seien (Cleugh 1964,95).

Für eine Reihe sexueller Vergehen wurden eigens Straflisten aufgestellt (Venerable Bede 672-735, zit. in Cleugh 1964,275ff):

Einfache Unzucht:	Mönch: Ein Jahr Fasten bei Brot und Wasser.
	Nonne: 3-7 Jahre Fasten.
Unzucht mit verheirateten Personen:	Mönch/Nonne: 2-7 Jahre Fasten.
Masturbation in der Kirche:	Laien: 40 Tage Fasten;
	Mönche/Nonnen: 60 Tage Psalme singen.
Unzucht mit Vieh:	Bischof/Ersttäter: 8 Jahre Fasten;
	Bischof/Rückfalltäter: 10 Jahre Fasten.

Bei den Johannitern wurde Unzucht öffentlich bestraft, sobald sie bekannt wurde: Der betreffende Bruder wurde an dem Ort seiner Tat sonntags, wenn die Gläubigen aus der Kirche gingen, entblößt und ausgepeitscht; dann erfolgte der Ausschluß aus der Ordensgemeinschaft, der aber bei entsprechender Reue wieder rückgängig gemacht werden konnte (Schwenk 1990, 166).

In solchen Sanktionsmaßnahmen wird nicht nur das Bestreben deutlich, Sexualität in jeglicher Form zu unterbinden, sondern auch eine große Lust, sich mit Sexualität und möglichen Sanktionen intensiv zu beschäftigen. "The fanaticism, real or pretended of the clerical hierarchy in its repercussion of sexual indulgence led directly to an unprecedented pre-occupation with such matters" (Cleugh 1964,16). Sie entsprechen zwar Foucaults Diktum der vielfältigen Diskurse über Sexualität, stellen aber trotzdem Verbote dar, die zur *Unterdrückung* der Sexualität führen, falls ihre Übertretung wirklich in der angedrohten Art verfolgt wird.[74]

Die in der Kirche, beim Militär und anderen totalen Organisationen eingeführte Trennung der Geschlechter führte dazu, daß homosexuelle Kontakte wahrscheinlicher wurden und damit ihrerseits zu unterbinden waren. Viele Militärsysteme bestrafen bis heute homosexuelle Neigungen (bei Männern und Frauen) entweder mit Kündigung oder betrachten sie zumindest als unerwünscht. In den USA, Großbritannien, Neuseeland und Portugal ist der Dienst von Homosexuellen (noch) ausdrücklich verboten.

Geiger (1991,746) schreibt bezüglich Homosexualität, daß "in der ehemaligen deutschen Armee diese Dinge mit größter Aufmerksamkeit verfolgt wurden und man auf das kleinste Anzeichen homosexueller Neigungen bei Mitgliedern des Offizierskorps außerordentlich hellhörig reagierte. Selbst wenn für eine Anklage keine Grundlage vorhanden war, wurde der Betreffende aus der Armee ausgestoßen." Da Homosexualität wegen der Gefahr der Erpreßbarkeit und der Weitergabe von Informationen als Sicherheitsfrage behandelt wurde[75], waren

74 Es fällt auf, daß Nonnen für die gleiche Tat in einem Fall eine härtere Strafe bekamen als Mönche. Dies setzt sich in der rigideren moralischen Bewertung sexuellen Verhaltens von Frauen in der Gesellschaft und in späteren Arbeitsorganisationen fort. Z.B. droht Frauen heute bei Affären am Arbeitsplatz nach Quinn (1977) ein doppelt so hohes Kündigungsrisiko als Männern.

75 Ein historisches Beispiel ist der homosexuelle österreichische Oberst Redl, der zu Beginn des ersten Weltkriegs der Spionage im Dienste Rußlands überführt wurde.

Personen um so mehr von Sanktionen betroffen, je wichtiger ihre Position war. Die Argumentation hat sich seit dem Kaiserreich nicht wesentlich verändert. Damals hieß es, Homosexuelle hielten in unkontrollierter Solidarität zusammen, um die Interessen von ihresgleichen zu vertreten, die Solidarität überschreite Klassen- und nationale Schranken und Homosexuelle seien von unkriegerischer, passiver Natur. Ein Referendar Bismarcks hatte die "gleichmachende Wirkung des gemeinschaftlichen Betreibens des Verbotenen durch alle Stände hindurch" beklagt (zit. in Sombart 1991,42). In heutiger Zeit lautet ein Urteil des Oberverwaltungsgerichts Münster von 1975, homosexuelle Männer seien im militärischen Bereich ein Störfaktor, "weil eine solche Veranlagung mit anderen Eigenschaften und die homosexuelle Betätigung mit anderen, militärisch nicht angepaßten Verhaltensweisen gekoppelt seien, welche die Disziplin und Kampfkraft der Truppe gefährdeten. (...) Das gilt schon deswegen, weil für homosexuell Veranlagte die anderen Soldaten als Sexualpartner in Betracht kommen, was für heterosexuell Veranlagte nicht der Fall ist. Infolgedessen besteht die Möglichkeit, daß die Verhaltensweise der erstgenannten Gruppe gegenüber Kameraden oder Untergebenen im Gegensatz zu der letztgenannten Gruppe von sexuellen Motiven beeinflußt sein kann. Es ist offensichtlich, daß ein Vorgesetzter, der der möglichen Versuchung erliegt, homosexuelle Beziehungen zu einem Untergebenen aufzunehmen, dann nicht mehr in der Lage ist, ihm gegenüber die von einem Vorgesetzten zu verlangende korrekte Haltung einzunehmen, sondern geneigt sein wird, ihn je nach der Art dieses Verhältnisses zu bevorzugen oder - falls er auf Ablehnung stößt - zu benachteiligen..." (zit. in Lautmann 1977,115). Wird diese Argumentation auf die Zusammenarbeit von Frauen und Männern übertragen, besteht bei Männern als potentiellen Sexualpartnern von Frauen und umgekehrt die Gefahr sexueller Motive im Verhalten beider, die im Fall der hierarchieüberschreitenden Beziehung zu Bevorzugung oder Benachteiligung führen können. Eben solche Argumente werden bei erotischen Beziehungen zwischen Frauen und Männern am Arbeitsplatz tatsächlich ins Feld geführt (siehe Kap.6.4.).

Tatchell (1985,78) schildert mögliche Maßnahmen bei Verdacht auf Homosexualität: Durchsuchung der Schränke, Prüfung der Post und der Telefonanrufe, körperliche und psychiatrische Untersuchungen. In den vergangenen zehn Jahren haben die US-Streitkräfte rund 15000 Armeeangehörige wegen Homosexualität entlassen, drei Viertel davon Männer. Das Argument lautet, daß Homosexuelle den Zusammenhalt der Truppe gefährden, und daß Spannungen entstünden, die den Soldaten den letzten Rest an Privatleben (!) nähmen. Aus gutem Grund, meint der Senator Dan Coats ironisch, trenne man weibliche und männliche Militäreinheiten, und so würde man konsequenterweise bei Zulassung Homosexueller schwule und nicht-schwule Kompanien einführen müssen (SZ Nr.24/1993). Präsident Clinton hat erhebliche Schwierigkeiten, die Liberalisierung des Homosexuellenverbots bei den Streitkräften durchzusetzen. Interessanterweise lehnen sowohl in den USA als auch in Australien die Soldaten selbst die Zulassung Homosexueller ab. In anderen Ländern, wie z.B. Deutschland, haben homosexuelle Männer geringere Beförderungschancen und werden weder als Zeitsoldat noch als Offizier übernommen. In einer dritten Gruppe von Ländern, zu denen Kanada, Norwegen und Japan gehören, ist die sexuelle Orientierung von Soldaten Privatsache, solange sie sich kein sexuelles Fehlverhalten zuschulden kommen lassen. In allen Militärsystemen herrscht aber eine ausgeprägte Homophobie (Seifert 1993, vgl. Kap.7.4.3.).

Voraussetzung für die Andersbehandlung Homosexueller ist die vorherige Einteilung in gute und schlechte Sexualität mit der Norm der Heterosexualität. Es stellt sich nun die Frage, warum viele militärische und andere totale Institutionen strenge sexuelle Verbote aufstellen, andere, wie die Armeen im antiken Griechenland, dies aber nicht tun. Im Theben der klassischen Periode wurde Homosexualität eher institutionalisiert als verboten,[76] da die Vorstellung bestand, Liebende würden besser zusammen kämpfen und sich weniger im Stich lassen (Davies 1982). Auch in der deutschen nationalsozialistischen "SA" (Sturmabteilung) und ihren paramilitärischen Vorläufern war Homosexualität verbreitet und akzeptiert, und viele führende Männer der SA einschließlich Ernst Röhm waren selbst homosexuell (Theweleit 1990a,61). Davies (1982) versucht nun den Nachweis zu erbringen, daß das Verbot der Homosexualität weniger im Zusammenhang mit moralischen oder Sicherheitsfragen als mit Herrschaftssicherung zu sehen ist: Je strenger die hierarchischen Grenzen einer Organisation sind, desto ausgeprägter sind die sexuellen Verbote, auch was heterosexuelle Beziehungen betrifft. Die Normalität von homosexuellen Beziehungen in der Gesellschaft und eine relativ kleine Armee ohne ausgeprägte hierarchische Strukturen machten die Permissivität gegenüber Homosexualität in der antiken griechischen Armee möglich. Bei der SA lassen sich zwei Gründe finden: Erstens lehnte die SA Traditionen und die Kirche ab und begriff sich als radikale Erneuerungsgruppierung, und zweitens war sie keine straff gegliederte Gruppe mit strenger Disziplin, sondern setzte sich aus kleinen sich selbst formierenden Verbänden zusammen. In der regulären deutschen Armee konnten solche Abschweifungen vom Normverhalten jedoch nicht geduldet werden (Theweleit 1990a), und die meisten bekannten Homosexuellen wurden nach Hitlers Machtübernahme eingesperrt oder ermordet. Homosexualität wurde also nur solange toleriert, wie die nationalsozialistische Bewegung wenig organisiert war. Mit steigendem Organisationsgrad und strengeren internen und externen Grenzen stiegen auch die Verbote, Regeln und Maßnahmen gegenüber Sexualität, welche dann nicht mehr ohne weiteres organisatorisch zu fesseln ist. Sexualität bedroht durch ihren (körper-)grenzüberschreitenden und verbindenden Charakter hierarchische und diskriminatorische Einteilungen, durch die Organisationen gekennzeichnet sind. Homosexualität durchbricht dabei noch mehr festgesetzte Grenzen als Heterosexualität:

- die Grenzen zwischen Männern und Frauen, weil Anteile des jeweils anderen Geschlechts ausgelebt werden;
- insbesondere in Männerbünden die Grenzen zwischen hierarchischen Linien;
- bei männlicher Homosexualität die Trennung zwischen dem hegemonialen Männlichkeitsbild und anderen Männlichkeiten, bzw.
- bei weiblicher Homosexualität die Trennung zwischen dem herrschenden Weiblichkeitsbild und dem daraus Ausgeschlossenen.

---

76 Allerdings bestanden verglichen zu heute Unterschiede in den sexuellen Praktiken (vgl. Veyne 1984).

Nach diesen Argumenten sind Sexualverbote also ein Mittel, um die Organisation als Verkörperung von Herrschaft zu sichern, deren Struktur erst die sanktionierte Form der Sexualität hervorbringt. Obwohl das Verbot und die Strafe nach Foucault ältere, unmoderne Formen der Disziplinierung sind, werden sie dennoch in heutigen Organisationen eingesetzt, wobei je nach "Totalität" der Organisation das Verbot explizit formuliert und streng durchgesetzt werden kann.

Gegen homosexuelle Lehrkräfte werden rigide Sanktionsmaßnahmen (im Rahmen des Beamtenrechts) eingesetzt mit der Begründung der negativen Beeinflussung der Schülerinnen und Schüler im sexuell-sittlichen Bereich und der Unruhestiftung unter Kindern, Eltern und Kollegenschaft. Ein Hauptargument ist wie beim Militär die Einschätzung mangelnder Fähigkeit von Homosexuellen, sich zu beherrschen(!), was die Gefahr der Verführung der ihnen Unterstellten mit sich bringe (Lautmann 1977).

Wenn auch in Wirtschaftsorganisationen in der Regel keine zu totalen Institutionen vergleichbaren Strafen bei Homosexualität verhängt werden können, gibt es doch Fälle von Entlassungen und vor allem Diskriminierungen Homosexueller (Stewart 1991, Zillich 1988, Lautmann 1977, Schumacher 1993). In einer von Stewart zitierten Untersuchung meinten 66% der befragten Führungskräfte, sie würden ungern Homosexuelle in Führungsgremien beordern. In einer deutschen, von einem Meinungsforschungsinstitut durchgeführten Befragung von Managern, bejahten nur 50% uneingeschränkt die Frage, ob sie einen qualifizierten Homosexuellen für eine Führungsposition einstellen würden (Schumacher 1993). Je weniger Toleranz eine Organisation gegenüber Homosexuellen zeigt, desto weniger Homosexuelle sind bei ihr beschäftigt und desto eher halten Beschäftigte ihre Neigung geheim.[77] Den gegenteiligen Effekt scheint die Kirche zu erzielen,[78] die sich intolerant gegenüber Homosexuellen gibt, diese aber gleichzeitig durch ihre männliche Struktur und das Zölibat magisch anzieht (de Rosa 1990).

Daß auch modernen Betrieben die sexuelle Orientierung ihrer Mitglieder keineswegs egal ist, zeigt sich in ihren Strategien, um unerwünschte Homosexuelle zu identifizieren (Lautmann 1977,94; Hearn & Parkin 1987,112; Schumacher 1993): Es gibt Tests und Interviews mit Fangfragen über die sexuelle Orientierung, sowie Personalbeurteilungsbögen und Arbeitszeugnisse mit verschlüsselten Formulierungen wie "er hat ein umfassendes Einfühlungsvermögen", die auf Homosexualität hinweisen sollen.

---

77 Manche Branchen gelten laut Stewart (1991) als besonders homophob: Eisenbahn, Ölgesellschaften, Automobilhersteller, Metallverarbeitung.

78 Laut vatikanischer Glaubenskongregation ist Homosexualität ein "objektiv *unordentliches* Verhalten" (Hervorh. D.R.), dessen Vorliegen gerechterweise zur Ablehnung des Kandidaten führen müsse.

Vor allem in höheren Hierarchieebenen stößt der Ledigen-Status eines Kandidaten auf Mißtrauen. Bei Frauen erweist sich der Nachteil der anerkannt schwierigen Vereinbarkeit von Familie und Beruf in diesem Fall als Vorteil: Die Ehelosigkeit wird ihnen eher als Männern zugestanden. Auf der Kooperationsebene tragen wie beim Militär Verhalten und Einstellungen der unmittelbaren Kolleginnen und Kollegen erheblich dazu bei, wie Homosexuelle behandelt werden und ob sie ihre Orientierung geheim halten (Zillich 1988).

In einer von Lautmann (1977,103) zitierten Studie wußte bei 48% der berufstätigen Homosexuellen die Kollegenschaft nicht über deren Orientierung Bescheid und bei 67% wußten es die Vorgesetzten nicht. Ein Fünftel rechnet mit massiven Nachteilen bei Bekanntwerden ihrer Homosexualität. Nach neueren Zahlen verheimlichen zwischen 23% (Selbständige) und 47% (Beamte) ihre Orientierung (Schumacher 1993). Je exponierter die berufliche Stellung, desto stärker ist die Neigung, sich zu tarnen, d.h. Führungskräfte unterliegen mehr als andere der Heterosexualitätsnorm, die so weit führen kann, daß sie eine Scheinexistenz mit Frau und Kindern führen. Das Bild mit der angeblichen Familie auf dem Schreibtisch symbolisiert besser als alles andere die "Zwangsheterosexualität" der Organisation. Allerdings tragen die Betroffenen durch ihre Heimlichkeit selbst zur Aufrechterhaltung dieser Norm bei, die sie damit implizit anerkennen. Sie haben durch ihre Kategorisierung als Homosexuelle die Möglichkeit zum Widerstand und unterliegen zugleich der Gefahr der Selbstausgrenzung.

Je rigider idealtypische Männlichkeits- und Weiblichkeitsbilder unterstützt werden, die Heterosexualität in der gegebenen gesellschaftlichen Form herstellen, desto "heterosexueller" ist die Kultur einer Organisation, desto weniger Abweichungen werden zugelassen und desto mehr Sexualvorschriften aufgestellt. Strikten Geschlechterbildern folgen Organisationen, die eine besondere werte- und herrschaftsstabilisierende Funktion haben, wie Militär und Erziehungseinrichtungen. Wegen ihres alle Lebensbereiche der Mitglieder umfassenden Charakters stellen totale Institutionen besonders viele Sexualverbote auf, die wiederum mangels Alternativen besonders oft unterlaufen werden (müssen).

Zu Sexualverboten zählen auch Mißbilligungen oder (manchmal verdeckte) Bestrafungen heterosexueller Beziehungen am Arbeitsplatz, Verbote pornographischer Produkte in der Organisation, und Strafandrohungen bzw. Verbote für sexuelle Belästigung (vgl. Kap.6.). Diesbezügliche Regelungen lassen sich um so schwieriger durchsetzen, je liberaler und "moderner" sich eine Organisation gibt.

5.1.2.3. Desexualisierung durch Kontrolle der Zeit und des Körpers

Historisch-gesellschaftliche Prozesse beinhalteten eine fortschreitende Trennung der Lebenssphären mit Zuweisung der Sexualität zur Privatsphäre und damit zur sog.

Freizeit.[79] Die Bedeutung der Kontrolle über die Zeit der Menschen führt Foucault als zentralen Mechanismus ins Feld, menschliche Sexualität in geordnete Bahnen zu lenken, was auf organisationaler Ebene in einem mühsamen Prozeß der Einrichtung strikter Arbeits- und Pausenzeiten mit Überwachungstechniken wie Fabrikuhren, Aufsehern, Regeln, Strafen für Regelmißachtung etc. erreicht werden sollte (vgl. Maurer 1992).

Die Zeitnutzung der Arbeitenden konnte am besten überwacht werden, wenn sie ihre gesamte Arbeitszeit in der Fabrik verbrachten und trotzdem genug Zeit hatten, sich außerhalb der Arbeitsstätte zu reproduzieren, so daß die Heimproduktion immer mehr zugunsten der Produktion in einer fest umrissenen Arbeitsstätte abgebaut wurde. Sexuelles sollte keinesfalls zum Bestandteil der Arbeitszeit werden, ein Ziel, dem durch die Trennung des Zeitflusses in Zeitsegmente und die Bestimmung, was in jedem Zeitabschnitt passieren soll, nähergekommen werden konnte. Denn die nicht abgrenzbaren, zyklischen, nicht vorhersehbaren Zeitstrukturen der Privatsphäre folgen einer Logik, die jener der Arbeitszeit zuwiderläuft.

Daß die rationale Logik immer stärker auf Familie und Haushalt übergriff und die Privatsphäre nach Maßgabe der erwerbswirtschaftlichen Sphäre umformen wollte, ist eine Konsequenz der allgemeinen Durchökonomisierung der Gesellschaft (Sachse 1991). Die Ehe ist dabei in den Prozeß der "Rationalisierung der Lebensführung" (Weber 1920) miteinbezogen, während nach Weber die Erotik im "außeralltäglich gewordenen, speziell also dem ehefreien, Geschlechtsleben" (1920,558) ihren Platz findet. Ob Sexualität geordnet im Eheleben oder als gelegentliche Triebdurchbrüche in außerehelichen Affären gelebt wird - eine Unterscheidung, die mit der zunehmenden Auflösung normierter Privatinstitutionen ohnehin ihre Legitimation verliert -, scheint allerdings gegenüber der massiven Einflußnahme der Organisation auf das Privatleben ihrer Mitglieder eine zweitrangige Frage zu sein. Nicht nur durch Arbeitszeitregelungen und die Organisierung der Arbeit (Schichtdienste, Auslandsaufenthalte etc.), sondern auch durch eine Vielzahl anderer Maßnahmen wird die Zeitverwendung im Privaten erheblich tangiert. Entfremdung von der Arbeit ist um so mehr von sexueller Entfremdung begleitet, je mehr der Arbeitsrhythmus den körperlichen Rhythmus dominiert (Hearn & Parkin 1987,89). Dazu zählen auch Streß und gesundheitliche Risiken, die sexuelle Kontakte erschweren oder verunmöglichen und Lust reduzieren. Überstunden und Nachtarbeit führen zur Störung des Körperrhythmus und damit zu

79 Die Freizeit ist keineswegs frei, sondern als Reproduktionszeit für die Erhaltung und Hervorbringung neuer Arbeitskräfte vorgesehen. Im Türkschen Sinn weisen die ihr zugehörigen Privatbereiche zwar Formkorrespondenzen zur Organisation auf, stellen selbst aber keine Organisationen dar.

Störungen der Sexualität (Bornemann 1992). Allerdings gibt es hierzu keine systematischen Untersuchungsergebnisse; wie die Forschung über Affären am Arbeitsplatz zeigt, können im Gegenteil intensive Zusammenarbeit und Überstunden gerade zu vermehrter Kontaktsuche und zu intimen Beziehungen führen. Nichtsdestoweniger hat Sexualität ihren Platz in der Privatsphäre mit bestimmten Aufgaben zugeteilt bekommen, die emotionales Auftanken, (Re-)Produktion der Arbeitskraft und Erholung von der Arbeit umfassen.

Die Einbeziehung der privaten Zeit findet ihr Extrem in totalen Organisationen, in denen der ganz überwiegende Teil der Lebenszeit verbracht wird, und wo die Kontrolle der Zeit durch einen strukturierten und regelmäßigen Tagesablauf bewerkstelligt wird, wie ihn das Kloster modellhaft einführte (vgl. Treiber & Steinert 1980). Wenn jedoch keinerlei Freiräume mehr wahrgenommen werden, drohen Menschen zu zerbrechen und gerade das nicht mehr zu leisten, was von ihnen erwartet wird. Je mehr eine Organisation folglich auf die Kooperation ihrer Mitglieder angewiesen ist, desto mehr Spielräume muß sie zur Verfügung stellen, in denen das ansonsten Nicht-Erlaubte möglich ist. Im Sinne der Herrschaftssicherung müssen diese Spielräume aber möglichst getrennt vom eigentlichen Organisationsgeschehen installiert werden, um sich seiner nicht zu bemächtigen, und die Privatzeit bietet sich hierfür ideal an.

Für die Kontrolle des Körpers gaben die medizinischen Diskurse seit dem 18. Jahrhundert über sexuelle Funktionen und Störungen Arbeitgebern Argumente an die Hand, die Sexualität der Arbeitskräfte zu kontrollieren und zu disziplinieren. "Koordinierte Muskelaktivität, wie man sie vom Industriearbeiter erwartete, erforderte eine zuverlässige Zurückhaltung der Körperflüssigkeiten und daher wenig sexuelle Betätigung" (Burrell 1984,108). Arbeit war Mittel gegen Zeitverschwendung und diente der Selbstbeschränkung des Individuums. In der Fabrik mußte unabhängig von Befindlichkeiten, Tagesschwankungen und Vorlieben regelmäßig und methodisch gearbeitet werden. Vorkommnisse des Privatlebens sollten nicht in die Arbeit getragen werden, so daß ein auch im Privaten regelmäßig und "methodisch" lebender Arbeiter der bevorzugte Kandidat war. Von einem glücklich verheirateten Mann in Fords Automobilwerken wurde erwartet, daß er seine Energien nicht in unregelmäßiger und aufregender sexueller Befriedigung verschwendete, denn Leidenschaft und zeitökonomische Produktivität galten als unversöhnliche Gegensätze (Gramsci 1971,304/305). Die Ideen des Sparens, der doppelten Buchführung und des gegenseitig Aufrechnens ergriffen auch den Körper und unterwarfen ihn dem rationalen Gebrauch. Übergroße sexuelle Aktivität paßten ebenso wenig in dieses System wie Faulheit und Unpünktlichkeit, und auch in Familie und Ehebett sollte mit weniger Kraft, Zeit und Geld mehr emotionale und sexuelle Befriedigung erzielt werden (Sachse 1991,29).[80]

Die als *Biopolitik* zu bezeichnenden, auf den Körper abzielenden Maßnahmen wirken insofern repressiv desexualisierend, als der Körper zum Arbeitsgegenstand gemacht und von allem Unbeherrschbaren abgezogen - abstrahiert - werden soll. Ihre produktive Wirkung liegt im Sinne Foucaults auf der Hand: Ohne gezielte Lenkung sexueller Impulse wäre die erwartete Arbeitsleistung nicht zu erbringen. Im Rahmen der Konsumgesellschaft wird diese Lenkung immer wichtiger, da in der Spirale von Schaffung von Bedürfnissen, Befriedigung und erneuter Schaffung nicht der Verzicht, sondern die geregelte Lustsuche im Vordergrund steht. Durch den Widerspruch zwischen Konsumhaltung und Arbeitsdisziplin gewinnt die Kanalisierung der Lust als Organisationsaufgabe erneute Aktualität, diesmal aber weniger mit dem Ziel der Verbannung der Sexualität aus der Organisation als vielmehr mit dem Ziel ihrer Regelung *in* Organisationen: Moderne Sexualpolitik schließt die Nutzung von Sexualität mit ein.

Zur Ökonomie des Körpers gehört auch die Kleidung, die als "erweiterter Körper" verstanden werden kann. Kleidungsvorschriften und -regeln sollen die Desexualisierungswirkung der Organisation unterstützen (Hearn & Parkin 1987,82). Vor allem in tendenziell totalen Organisationen gibt es einheitliche, betont asexuelle Kleidung, die sexuelle Erregung und Reize minimieren soll: Uniformen, Sträflingskleidung, Mönchskutten, Schwesterntrachten... Das Priestergewand in seinen weiten, langen Formen integriert weibliche Attribute, vervollständigt durch Söckchen, Ringe, Kreuze und Spangen (Drewermann 1990,328/329), und unterstreicht dadurch die geforderte totale Asexualität des Priesters.[81]

Aber auch in Arbeitsorganisationen gibt es Kleiderregeln zur Kontrolle der Sexualität. Der graue Anzug, die Krawatte, das weiße Hemd als "transzendierte männliche Körperlichkeit in uniformierten Hüllen", wie Jung (1987,50) formuliert, sind das Gegenteil von Erotik und erfassen Frauen in dem Maße, wie sie gleiche Positionen anstreben wie Männer. Auf der anderen Seite wird bei typischen Frauenarbeitsplätzen weibliche Sexualität oft dergestalt instrumentalisiert, daß besonders aufreizende Kleidung zur Arbeitsaufgabe gehört. Insgesamt gilt, daß die betonte Asexualität des Managements durch asexuelle Kleidung unterstrichen werden soll, während auf unteren Rängen in erster Linie bei Frauen sexualisierte Kleidung als Mittel eingesetzt wird, ein Mittel, das zuvor allerdings durch allgemeine Disziplinierungsprozesse schon ver-

---

80 Zur dafür bereitgestellten betrieblichen Sozial- und Familienpolitik siehe Sachse (1991).

81 In Gefängnissen wirkt das Ablegen der Kleider und die Leibesvisitation mit anschließender Neu-Einkleidung gleichzeitig demütigend und entindividualisierend; ähnlich geschieht es beim Militär, wo der Rekrut von Kopf bis Fuß neu eingekleidet wird.

harmlost wurde. Denn auch wenn eine Kleidungsvorschrift "sexy" Kleidung beinhaltet, ist sie dadurch, daß sie verordnet wurde, für unkontrollierbare und spontane Triebimpulse nicht vorgesehen.

5.1.3. Die andere Seite der Desexualisierung

Desexualisierung durch Geschlechtertrennung, durch Kontrolle von Zeit und Körper und durch Strafen und Verbote hat zwei Seiten: nicht nur eine einschränkende, enterotisierende, instrumentalisierende, wie sie Marcuse entwirft, sondern auch eine beschützende, produktive Funktion, wie sie Foucault thematisiert, aber nicht auf die Geschlechterverhältnisse angewandt hat. So werden insbesondere Frauen, aber auch Männer durch Geschlechtertrennung, räumlich-zeitliche Anordnungen und Strafen für sexuelle Belästigung vor Übergriffen geschützt, was vor allem auf totale Organisationen zutrifft. Nicht zu vergessen sind die Ehepartnerinnen und -partner von Organisationsmitgliedern, deren Verunsicherung aufgrund der neuen engen Zusammenarbeit von Frauen und Männern und der dadurch drohenden Affären am Arbeitsplatz durch Einschränkungen sexueller Freiheit gemildert wird. In geschlechtergetrennten Organisationen können sich Männer und Frauen ohne typische Konflikte mit dem jeweils anderen Geschlecht organisieren und formieren. So betrachtet war und ist auch von oben angeordnete Geschlechtertrennung den Betroffenen möglicherweise nicht ganz unrecht. Die Chance zur eigenständigen Gründung eingeschlechtlicher Organisationen und Verbände nahmen bis heute vor allem Männer in Anspruch, zunehmend betätigen sich aber auch Frauen in diese Richtung.[82]

Regeln und Verordnungen schließlich bieten Sicherheit im Umgang mit mehrdeutigen Situationen. Vor allem bei der ungewohnten Zusammenarbeit von Frauen und Männern in vormals segregierten Organisationssegmenten helfen Regeln bei der Bewältigung dieser neuartigen Konstellation. Die durch Kanalisierung der Sexualität geschaffenen Leistungen verweisen auf die Kooperationsdimension im Sinne Türks, die nur gesichert ist, wenn Menschen eben nicht gefühlsmäßig und spontan, sondern kontrolliert und beherrscht miteinander umgehen. Mit Marcuse gesprochen, unterliegt jedes organisierte und kulturschaffende Handeln einer Grundunterdrückung der Sexualität, die allgemein und unaufhebbar ist. Erst die Zusatzunterdrückung, die mit der Herrschaftsdimension der Organisation hinzukommt, führt zu einer *repressiven* Desexualisierung.

---

82 Die Begegnungen mit dem anderen Geschlecht können dann jedoch um so aggressiver ausfallen, wie es sich bei militärischen und politischen unisexuellen Organisationen bisweilen zeigt.

5.1.4. Zusammenfassung

Auf der Makro-Ebene basiert die Desexualisierung der Organisation auf jenen gesellschaftlichen Prozessen, die das Aussehen von und den Umgang mit Sexualität gestalten, nämlich auf der Trennung der Lebenszusammenhänge, der Entwicklung des Rationalitätsgedankens zum allumfassenden Gesetz, der Funktionalisierung der Sexualität für gesellschaftliche Aufgaben, der Ausformulierung polarer Geschlechterbilder und der Festsetzung geschlechtsspezifischer Arbeitstätigkeiten. Staatlicherseits werden diese Prozesse durch gesetzliche Regelungen (Ehe- und Familienpolitik, Sozialgesetzgebung, Sexualstrafrecht) unterstützt bzw. partiell eingeschränkt (Antidiskriminierungsgesetze, Gleichstellungsregelungen etc.).

Vor diesem Hintergrund ergreift die Organisation selbst Maßnahmen, Sexualität unter Kontrolle zu bringen, um ihre Überlebensfähigkeit zu sichern. Es handelt sich bei den Maßnahmen "der Organisation" aber nicht um ein abstraktes Etwas, das gegen die Menschen Vorschriften und Verbote erläßt. In der Rolle der Akteure bei der Durchsetzung der Desexualisierung zeigt sich, daß die Mitglieder einer Organisation selbst durch Anpassung - z.B. durch Verheimlichung ihrer homosexuellen Orientierung - und durch gegenseitige Kontrolle die sexuellen Regeln und Umgangsformen reproduzieren und deren Einhaltung und gleichzeitig den Bestand der Organisation sichern - was nicht ausschließt, daß sie einzelne Regeln verändern oder unterlaufen.

Je weniger Legitimationsbasis eine Organisation in der Gesellschaft hat, desto mehr Anstrengungen muß sie zur Durchsetzung ihrer Desexualisierungskonzepte unternehmen. Alle Organisationen - auch die liberalsten - *müssen* Sexualpolitik betreiben, um ihre herrschaftsförmigen, trennenden, deformierenden und leistungserzeugenden Bestandteile gegen Widerstand und Untergang zu sichern und damit sich selbst zu stabilisieren. Dies geschieht auf organisationaler Ebene durch desexualisierende Prozesse innerhalb der Teilstücke Ordnung, Gebilde und Vergemeinschaftung.

- Ordnung: Hierarchische Grenzen legitimieren sexuelle Tabus. Raumzeitliche Anordnungen kontrollieren durch Zeitstrukturierung, Architektur, Mobilitätserwartungen und das Ausmaß der Überwachung der Zeiten und Räume sexuelle Möglichkeiten. Hier ist auch die Territorialität der Organisation einzuordnen: Je nach Ort, Bauweise, Entfernung von Wohngebieten und Zusammensetzung der Bevölkerung können desexualisierende Maßnahmen unterstützt oder erschwert werden. Eine Verlagerung der Produktionsstätte ins Ausland, wo gänzlich andere "Sitten" herrschen, wird auch das sexuelle Verhalten der Arbeitskräfte tangieren.

- Gebilde: Geschlechtsspezifische Arbeitsteilung wird für die Segregation von Männern und Frauen in Organisationen und damit für die Kontrolle über mögliche Kontakte und Interaktionen genutzt.
- Vergemeinschaftung: Ausschlußmechanismen halten die Geschlechter und die Angehörigen verschiedener sexueller Gruppierungen auf gegenseitiger Distanz.

Sexualpolitik, also alle Maßnahmen, die auf die Regelung der Sexualität der Organisationsmitglieder abzielen, teilt sich auf organisationaler Ebene auf in

a) *Geschlechterpolitik*: Hierunter fallen Geschlechtertrennung und geschlechtsspezifische Arbeitsteilung sowie die dafür notwendigen Maßnahmen (Rekrutierungsstrategien, Anforderungskataloge, Belohnungssysteme etc.) und die betriebliche Familienpolitik.

b) *Biopolitik*: Sie umfaßt sämtliche auf den Körper abzielende Maßnahmen, der nicht unvorbereitet auf die Organisation trifft und meistens sofort eingesetzt werden kann. Weil er aber gleichzeitig besonders widerständig ist, muß seine Einsatzfähigkeit immer wieder sichergestellt werden. Die dazu eingeschlagenen Strategien reichen von rigiden Zwangsmaßnahmen (strikte Überwachung auch des Privatlebens, Verbote und Strafen) über Regelungen des Miteinander-Umgehens (z.B. Reaktionen auf eine Liebesbeziehung am Arbeitsplatz) bis zu verordnetem Sex im Rahmen der Arbeitsaufgabe. Nur ein Teil der Biopolitik hat also desexualisierenden Charakter, und sie muß weder vereinheitlicht noch durchgängig in einer Organisation angewandt werden. So können Vorgesetzte individuell unterschiedlich reagieren, sich über verschriftlichte Regeln hinwegsetzen oder Ausnahmen dulden.

Ideologien bezüglich Geschlecht, Hierarchie, Arbeitsteilung usw. unterstützen alle Maßnahmen, indem deren Unabänderlichkeit bekräftigt und das Bild der Ideal-Arbeitskraft immer wieder nachgezeichnet wird. Dies kann dadurch geschehen, daß die beschriebenen Maßnahmen als für alle förderlich oder als sachlich begründet dargestellt werden: Kleidervorschriften drücken die Kultur des Hauses aus, geschlechtsspezifische Arbeitsteilung ist lediglich qualifikationsbedingt, Biopolitik zum Schutz vor Übergriffen gemacht, hierarchische und raumzeitliche Anordnungen arbeitstechnischen Notwendigkeiten geschuldet usw.

Allen Maßnahmen gemeinsam ist die Tatsache, daß sie ihr Gegenteil entweder nicht verhindern oder sogar provozieren:

- Geschlechtertrennung läßt sich immer weniger bewerkstelligen, da Frauen und Männer in einer extrem aufgabenspezialisierten Gesellschaft zunehmend zusammenarbeiten müssen, was wiederum wegen der Neuheit der Situation besonders erotisierend wirken kann.

- Geschlechtertrennung begünstigt die Entstehung homosexueller Beziehungen.
- Hierarchische Grenzen verführen dazu, sie zu überschreiten, nicht zuletzt, weil Macht attraktiv wirkt.
- Geschlechterhierarchische Arbeitsbeziehungen erleichtern deren Sexualisierung, weil sie dem gesellschaftlichen Normpaar aus übergeordnetem Mann und untergeordneter Frau entsprechen.
- Raumzeitliche Anordnungen bieten genügend Zwischen-Räume und Frei-Zeiten, die für Sexualität genützt werden können und um so erotisierter und erotisierender sind, je kontrollierter die übrigen Räume und Zeiten sind.
- Verbote, Sanktionen und Kontrollen schränken Potentiale ein, die zu Gewinnverlusten führen können.[83]
- Verbote reizen dazu, übertreten zu werden.
- Biopolitik führt zur Geheimhaltung sexueller Äußerungen. Sie verleiht im Foucaultschen Sinne bestimmten Formen eine Bedeutung (z.B. der "Affäre"), während sie andere unbeachtet läßt (z.B. kursierende Sex-Witze), und kanalisiert somit sexuelle Möglichkeiten.
- Ideologie ist auch Schutz vor allzu genauem Hinschauen. Unter dem Mantel der gepflegten Mythen kann leichter den eigentlichen Bedürfnissen nachgegangen werden, als wenn alles für möglich gehalten und deshalb gerechtfertigt werden muß. Je besser Ideologie im großen funktioniert, desto eher können Abweichungen ignoriert werden.[84]

Tabelle 2 gibt zusammenfassend einen Überblick über repressive, produktive und im Widerspruch dazu stehende, zwangsläufig mitproduzierte sexualisierende Wirkungen der geschilderten Maßnahmen.

Allgemein verändern die organisationalen Maßnahmen hinsichtlich Sexualität zunehmend ihre unterdrückende zugunsten einer kanalisierenden Funktion. Denn Konsumorientierung und sexuelle Freizügigkeit erschweren disziplinierende sexualitätseinschränkende Maßnahmen, und rigide Geschlechtertrennungen lassen sich nicht mehr bruchlos durchsetzen. Außerdem schärft zunehmende Kritik am Rationalitätsmythos das Mißtrauen gegenüber dessen Gültigkeit und Durchsetzungsfähigkeit. Organisationen stehen sich insofern selbst im Weg, als sie auf der einen Seite gemäß ihrer konsti-

---

83 Ein amerikanischer Unternehmensberater behauptet beispielsweise, daß eine homosexuellenfeindliche Politik die Produktivität des Unternehmens um zehn Prozent vermindere (vgl. Schumacher 1993).

84 Im Extremfall ist Ideologie nur noch eine Fassade, hinter der das anarchische Leben blüht. Die Organisation im Türkschen Sinne wäre damit allerdings zerstört.

tutiven Bestimmungselemente Sexualität kontrollierbar machen müssen und auf der anderen Seite größtenteils konsumentenabhängig sind und lustbetonte Bedürfnisse eher wecken als unterdrücken sollen. In der Konsumgesellschaft mag es deshalb in erster Linie darum gehen, Sexualität in der Organisation effizient zu kanalisieren, denn reines Abdrängen in die Privatheit scheint weder ratsam noch möglich. Jene Organisationen, die strenge Sanktionen verhängen, bekommen ihre Kundschaft quasi von alleine: die Kirche, die Schule, das Gefängnis, die Klinik, das Heim, das Militär.[85] Die Kanalisierung der Sexualität, mit der die Möglichkeit ihrer ökonomischen Verwertung ins Spiel kommt, geschieht jedoch vor dem Hintergrund wirksamer historischer Unterdrückungsprozesse, die bereits eine entkörperlichte Arbeitskraft und eine desexualisierte Organisation hervorgebracht haben.

Desexualisierungsmechnismen

	Geschlechtertrennung	Kontrolle von Zeit und Körper	Strafen und Verbote
desexualisierende Wirkung	rein männliche/weibliche Organisationen; Horizontale und vertikale geschlechtsspezifische Arbeitsteilung	Reglementierung der Arbeits- und Lebenszeit; Bereitstellung des Körpers als Arbeitswerkzeug	Verbote homo- und heterosexueller Beziehungen bzw. Belästigung; Mißbilligung homosexueller Orientierung
produktive Wirkung	Möglichkeit zu gleichgeschlechtlicher Gemeinschaft	klare Zuständigkeitsbereiche; Schutz vor Übergriffen	Schutz vor Übergriffen; Möglichkeit zur Abwehr unerwünschten Sexualverhaltens; Leitlinien des Miteinander Umgehens
sexualisierende Wirkung	Erleichterung homosexueller Kontakte; Erotisierung der Frau/Mann-Kontakte	Erotisierung raumzeitlicher Nischen; Lust am Umgehen der Kontrollmaßnahmen	Reiz des Verbotenen

Tab. 2: Wirkungen der Desexualisierung

85 Sie führen einen oft verzweifelten Kampf gegen die modernen Entwicklungen - die Kirche kämpft gegen sexuelle Liberalisierung, die Schule gegen den Einfluß der Massenmedien, das Heim gegen seine eigenen liberalen Ansprüche, das Militär gegen die Abschaffung seiner traditionellen Aufgaben.

5.2. Die Kapitalisierung der Sexualität und des Geschlechts

5.2.1. Die Warenform der Sexualität

> "...suppose you have a favour to ask of another department, you send your beautiful secretary, for who could resist such charm? If you have bad news to impart, again you send the ravishing beauty to calm the savage beast" (Burton 1971, zit.n. Hearn & Parkin 1987,121).

Im obigen Zitat geht es zunächst um ein individuelles Ziel - der Betreffende will sich Vorteile verschaffen oder schlechte Nachrichten übermitteln und bedient sich dazu des Charmes seiner Sekretärin -, das aber gleichzeitig insofern organisationale Ziele bedienen mag, als mit dieser Strategie der gesamte Arbeitsablauf reibungsloser funktioniert. Die angesprochenen Vorzüge der Sekretärin stehen exemplarisch für jene Attribute, die bei weiblichen Beschäftigten bevorzugt in Dienst genommen werden: Schönheit, Charme und Gefühl. Nicht jede Indienstnahme dieser Vorzüge ist jedoch schon eine Kapitalisierung der Sexualität. Stellt jemand eine attraktive Sekretärin ein, um seine Augenlust zu befriedigen, wäre das noch keine ökonomische Nutzung ihrer Weiblichkeit, sondern erst dann, wenn er mithilfe der Sekretärin Kunden gewinnt oder sie im Deal gegen Vorteile einsetzen kann. Hier deutet sich die Schwierigkeit der Trennung zwischen "reiner" Kapitalisierung und "reiner" Lustbefriedigung an. Der Vorgesetzte könnte mit der attraktiven Sekretärin den Kundenkontakt erleichtern und gleichzeitig seine eigene Lust befriedigen. Es ist also zu klären, wann von einer Kapitalisierung der Sexualität gesprochen werden kann und bei welchen Tätigkeiten sie vornehmlich zum Tragen kommt. Eine wichtige Rolle spielt dabei der Gedanke, daß die Vergeschlechtlichung der Tätigkeiten nicht nur die Ausnutzung der Sexualität der Arbeitskräfte, sondern auch die Nutzung ihrer aus der Geschlechterpolarität resultierenden Attribute ermöglicht. Davon sind wiederum Männer wie Frauen betroffen, auch wenn in der Regel der potentielle Warencharakter der Weiblichkeit im Vordergrund steht.

Unter "Kapitalisierung" der Sexualität ist zu verstehen, daß sie zu Geld gemacht wird und Tauschwertcharakter bekommt. Am klarsten kann dies bei der Prostitution nachvollzogen werden: Eine halbe Stunde Sex wird je nach inhaltlicher Ausgestaltung mit einer bestimmten, vorher festgelegten Summe vergütet. Den größeren Anteil an ökonomisierter Sexualität erbringt jedoch die indirekte Vermarktung, zu der sämtliche Formen des Einsatzes von Sexualität zum Zwecke der Gewinnsteigerung gehören. Das übergeordnete Ziel all dieser Vermarktungsstrategien ist der ökonomische Gewinn, das Produkt ist jedoch entweder sexueller Natur - z.B. die Porno-Industrie -

oder nicht-sexueller Natur, worunter die meisten anderen Branchen fallen. Daneben gibt es überwiegend nicht-gewinnorientierte Organisationen, die sich zwar mit Sexualität befassen, aber kein Vermarktungsinteresse haben: Selbsthilfe-Gruppen, Homosexuellen-Vereinigungen und u.U. sexualtherapeutische Einrichtungen.[86]

Am weitaus häufigsten wird Sexualität indirekt zu Geld gemacht. Während sie bei der direkten Vermarktung verkauft und von Kundinnen und Kunden konsumiert wird, spielt sie bei der indirekten Vermarktung nur eine Vermittlerrolle - sie soll die Angebot-Nachfrage-Schnittstelle "ölen".[87]

Wenn japanische Kaufhäuser Empfangsdamen beschäftigen, von denen ein bestimmtes Aussehen erwartet wird und die die Kundschaft freundlich begrüßen sollen, dann zielen sie darauf ab, potentielle Kaufwillige zum Kauf anzuregen. In der Werbung, sei es mit Plakaten, Werbebildern oder Werbespots, wird derselbe Zweck verfolgt. Aus den Beispielen der Sekretärin, der Empfangsdame und der Prostitution wird bereits deutlich, daß sich die Kapitalisierung der Sexualität geschlechtsspezifisch gestaltet: Vermarktet wird überwiegend weibliche Sexualität, konsumiert wird überwiegend von männlichen Personen. Unternehmen, die vornehmlich männliche Kunden haben, setzen daher mehr als andere Organisationen Sexualität als Mittel zum Zweck ein, d.h. das Einsatzgebiet ist dort, wo Sexualität auch "normalerweise" ihr Hauptterrain hat: im Kontakt zwischen Frauen und Männern. Der Kontakt kann dabei direkter Natur - die Empfangsdame tritt mit männlichen Besuchern in Interaktion - oder indirekter Natur sein: Auf dem Werbebild, im Werbespot oder anderen Fernsehsendungen tritt die dargestellte bzw. agierende Frau vermittelt über das Medium mit Konsumentinnen und Konsumenten in Verbindung.[88] Dabei kann auch eine (latent) homoerotische Anziehung, etwa zwischen netter, junger Verkäuferin und Kundin, ins Spiel kommen. Allgemein ist Sexualität besser dort zu vermarkten, wo personenorientierte Tätigkeiten vorliegen: In der Einteilung von Gerhards (1988), die auch Mischformen von person- und sachorientierten Berufen zuläßt, gehören zu den rein personenorientierten Tätigkeiten Vermittlungsberufe, Verkaufsberufe, Teile der Gast-

86 Letztere arbeiten zum Teil durchaus auf Gewinnbasis; ihre Vermehrung wird denn auch zuweilen kritisch in Zusammenhang mit der steigenden Kommerzialisierung von Sexualität gebracht in dem Sinne, daß Sexualtherapie gängige Leistungs- und Machbarkeitsideologien unterstütze und die Lücke zwischen Konsument/in und Sexualwesen Mensch schließe (vgl. Béjin 1984). Wird sie jedoch im Rahmen sozialer und therapeutischer Einrichtungen angeboten, fällt sie unter die "non-profit"-Organisationen.

87 Dazu zählen auch der Gebrauch von Call-Girls zur Erleichterung eines Geschäftsabschlusses - siehe Kap.6.4. - oder der gemeinsame Bordellbesuch nach erfolgreicher Arbeit (Brenton 1966, zit.n. Hearn & Parkin 1987).

88 Im Zuge neuer Vermarktungsstrategien kann diese Konstellation auch umgekehrte Vorzeichen annehmen: Der gutaussehende Showmaster soll Zuschauerinnen ansprechen, der erotische Werbebild-Mann Konsumentinnen attraktieren.

und Hauswirtschaft, große Teile der Sozialberufe sowie Lehrer- und seelsorgerische Berufe. Anhand der nur als grobe Orientierung gedachten Auflistung zeigt Gerhards, daß in personenorientierten Berufen überproportional viele Frauen beschäftigt sind. Die Vermarktung ihrer Sexualität findet innerhalb der personenorientierten Berufe in erster Linie dort statt, wo Frauen professionell mit Männern in Kontakt treten. In Abbildung 1 werden die genannten Vermarktungsformen von Sexualität im Überblick dargestellt.

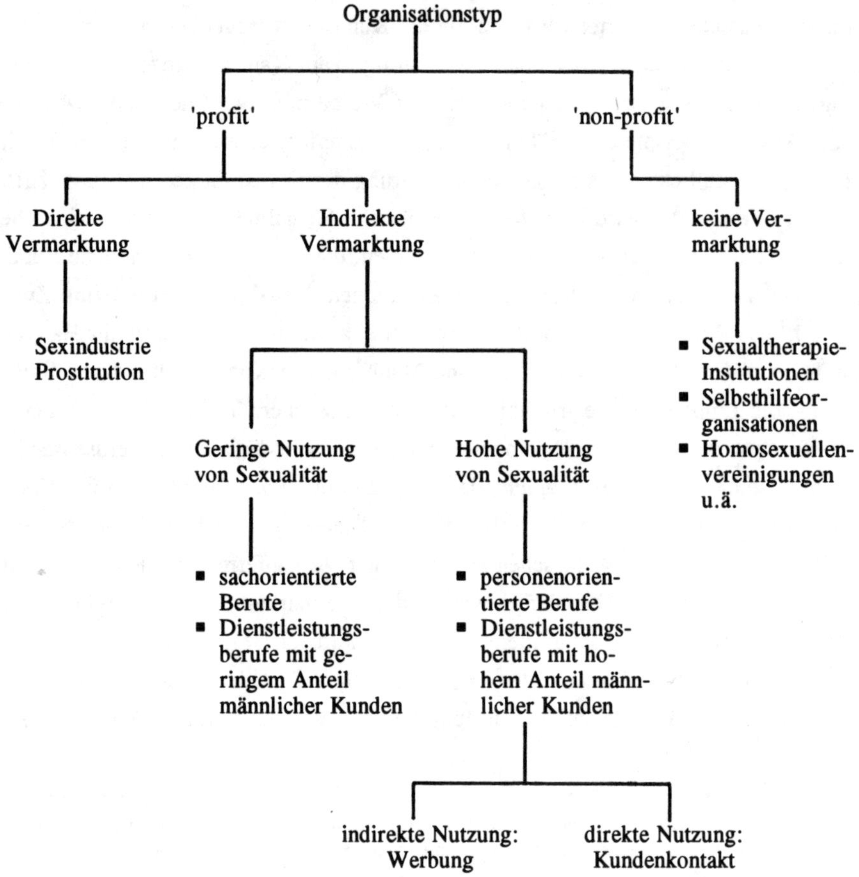

Abb. 1: Vermarktung der Sexualität

5.2.2. Direkte Vermarktung der Sexualität

Zur Sex-Industrie sollen im weiteren alle Organisationen gezählt werden, die pornographische Artikel erzeugen, vertreiben oder verkaufen, oder die sexuelle Dienstleistungen anbieten. Als Pornographie im juristischen Sinne ist eine Darstellung anzusehen, die "unter Ausklammerung aller sonstigen menschlichen Bezüge sexuelle Vorgänge in grob aufdringlicher Weise in den Vordergrund rückt und ihre Gesamttendenz ausschließlich oder überwiegend auf das lüsterne Interesse an sexuellen Dingen abstellt" (§184 StGB). Werden zu den pornoproduzierenden Unternehmen die Dienstleistungsunternehmen (Peep-Shows, Striptease-Lokale, Bordelle usw.)[89] und die selbständig arbeitenden Prostituierten hinzugezählt, ergibt sich, daß jeder hundertste Beschäftigte in Deutschland einen Arbeitsplatz in der Sexindustrie hat (Heinig 1988).

Im Laufe der Kommerzialisierung der Sexualität wurde die Sexbranche zu einem expandierenden Sektor, dessen steigende Marktanteile sich in letzter Zeit indessen nur noch auf die neueren Trends beziehen (Computer-Sex, Videos, Bildschirmtext, Datennetze). Durch die modernen Medien können den beschränkten Möglichkeiten von Rationalisierung und damit Kostendämpfung, die personenbezogene Berufe auszeichnen, neue Türen geöffnet werden. Zunehmender Beliebtheit erfreut sich bereits die Inanspruchnahme von Sex-Arbeit über die Medien Fernsehen, Computer und Telefon: Telefon-Sex, Porno-Software, Btx-Kontakte, Porno-Kanäle, Sexualberatung im Fernsehen, Porno-Cyberspace etc.[90] Beim digitalisierten Sex sind keine leibhaftigen Sexarbeiterinnen und -arbeiter mehr erforderlich - ein Sieg der Technik über den Menschen.

Zwar sind in der Porno-Industrie beide Geschlechter tätig, im Vergleich zur Anzahl weiblicher Beschäftigter in Filmen, gedruckter Pornographie, in Peep-Shows, Bars und Clubs, weiblicher Prostituierter usw. ist der Umfang männlicher Sexarbeiter jedoch gering. Die Kunden hingegen sind zum überwiegenden Teil männlich, wobei ein steigender Anteil weiblicher Konsumentinnen zu verzeichnen ist (Bremme 1990).[91]

Typischerweise ist der Verkauf der Sexualität an Schönheitsideale geknüpft, die wiederum mit Jugend und Unverbrauchtheit zu tun haben. Je älter eine in der Porno-Branche beschäftigte Frau wird, desto schwerer kann sie Kunden gewinnen und desto billiger muß sie ihre Dienste anbieten. Die angemessene körperliche Erscheinung ist neben schauspielerischen Fähigkeiten überhaupt die wichtigste Qualifikation in der Sex-Branche, eine Qualifikation, die in weniger gravierender Form auch auf andere weibliche Tätigkeiten zutrifft.

---

89 Hinzu kommen Organisationen, die im Sextourismus und in der Vermittlung ausländischer Prostituierter tätig sind.

90 Im Buch-Bestseller "Vox" von Nicholas Baker findet die erotische Beziehung ausschließlich durchs Telefon statt - eine moderne Variante des alten Liebesromans.

91 Nach eigenen Angaben sind ca. 30% der Kundschaft der Beate Uhse AG weiblich.

5.3. Kapitalisierung der Weiblichkeit

5.3.1. Weiblichkeit als Ware

Im ganz überwiegenden Teil der Vermarktung von Sexualität wird weibliche Sexualität als Folge aus der Konstruktion des Weiblichkeitsbildes in unserer Gesellschaft zu Geld gemacht. Das "geschlechtsblinde" Kapital vermarktet alles, was marktgängig ist, was bei Frauen jene Attribute sind, die am ehesten mit Weiblichkeit in Zusammenhang gebracht werden. Dazu gehören Sexualität, Körperlichkeit, Schönheit, Verführung, Charme, aber auch Eigenschaften wie Emotionalität, Passivität und Zurückhaltung. Im Zuge der Kommerzialisierung gewinnt der weibliche Körper potentiellen Warencharakter und die weibliche Sexualität potentiellen Dienstleistungscharakter. Zwar wird auch der männliche Körper zunehmend zu Werbezwecken verwendet, vor allem in der Parfum- und Modewerbung, und wird dort auch durchaus als Sex-Symbol oder sinnlich-androgyner Typ vorgeführt (Hermsen 1992). Die Werbung ist aber als Sonderfall zu betrachten, weil sie dazu gezwungen ist, neuartig und überraschend zu wirken und deshalb versucht, mit Geschlechterklischees zu spielen, sie umzudrehen und zu überschreiten, um Aufmerksamkeit zu erregen.

Nun kann bei typischer Frauenarbeit gezeigt werden, daß der Dienstleistungscharakter weiblicher Sexualität und der Warencharakter des weiblichen Körpers keineswegs auf direkte sexuelle Arbeit in der Sexindustrie beschränkt sind. Sie sind vielmehr Teil sexualisierter Arbeit, die darin besteht, daß "weibliche", eng mit Sexualität verknüpfte Attribute zur Arbeitsaufgabe dazugehören und demzufolge von der Frau gefordert werden.[92] Unter sexualisierter Arbeit, die unter funktionale Arbeitsteilung fällt, soll das Besetzen oder Anreichern einer Arbeitsaufgabe mit Sexualität verstanden werden, ohne daß die Aufgabe ausschließlich darin bestehen muß (Knapp 1989). Nach Ansicht vieler Geschlechterforscherinnen und -forscher besteht hierin gerade der Unterschied zwischen männlicher und weiblicher Lohnarbeit. Im Gegensatz zum Mann wird die Frau ganzheitlich angeeignet: Ihre Körperlichkeit, Sexualität und Weiblichkeit werden immer mit vernutzt (Bennholdt-Thomsen 1983,214), so daß *jede* typische Frauentätigkeit zur sexualisierten Tätigkeit wird (MacKinnon 1979). Jedoch trifft dies nach der hier aufgestellten Definition nur bei personenorientierten Tätigkeiten zu und dort wiederum nur bei solchen, die häufigen Kontakt zu Männern beinhalten.

Zur Sexualisierung weiblicher Tätigkeit gehören nicht nur Attraktivität oder sexuelle Verfügbarkeit, sondern auch Unterwürfigkeit, Nettigkeit oder Fürsorglichkeit.

---

92 Adkins (1992) spricht in diesem Zusammenhang generell von "sexueller Arbeit", ein Begriff, der auch schon für weibliche unbezahlte private Dienstleistungen für Ehemänner verwendet wurde. Hier wird jedoch der Überbegriff "sexualisierte Arbeit" bevorzugt, unter den sexuelle Arbeit in der Sexindustrie als Teilbereich fällt.

Sexualisierte Arbeit führt für die Beschäftigten zu zusätzlichen Anforderungen, die sie über die sachliche Aufgabe hinaus zu erfüllen haben und die dazu beitragen, daß sie in sexuelle Machtverhältnisse zu Kunden und Kollegen eintreten. Die solcherart inszenierten Geschlechterverhältnisse sind bestimmt durch die Norm der Heterosexualität und durch sexuelle Objektifizierung des Körpers (Adkins 1992).

Adkins (1992) beschreibt die Arbeitsplätze von Frauen und Männern in einem Hotel und einem Freizeitpark. In beiden Organisationen hatten die weiblichen Angestellten Kriterien von Attraktivität[93] und besonderem zuvorkommenden Verhalten zu erfüllen, die keine Parallelen zu den an männliche Beschäftigte gestellten Kriterien aufwiesen - sie waren zusätzliche Anforderungen für alle beschäftigten Frauen, egal welche konkrete Tätigkeit sie ausübten. Die angestellten Frauen mußten nicht nur die Voraussetzung eines gewissen ansprechenden Äußeren mitbringen, sondern es über die Zeit so pflegen, daß sie ihren Arbeitsplatz halten konnten. Während beide Geschlechter bestimmten Kleidungsvorschriften unterlagen, sollten die Frauen insbesondere im Freizeitpark eine sexuell konnotierte Kleidung - schulterfreie Kleider und hochhackige Schuhe - tragen. Die Folge davon waren beständige Annäherungsversuche, Bemerkungen und Berührungen von Kunden, Kollegen und Vorgesetzten, mit denen die Angestellten wiederum souverän umzugehen hatten. Keinesfalls durften sie, zumindest was die Kunden betraf, verärgert oder ablehnend reagieren, aber sich auch nicht zu sehr auf einen Flirt einlassen. Gefordert wurde routinierter Umgang mit der sexualisierten Interaktion, die zuvor erst durch die zusätzlichen Anforderungsmerkmale hergestellt und dramatisiert wurde.

In analoge Richtung gehen die Untersuchungen von Hochschild (1990), die die Bedeutung von "Gefühlsarbeit" in Interviews mit Stewardessen feststellte. Der professionelle Einsatz von Gefühlen war Teil der Arbeitsaufgabe, der darin bestand, positive Gefühle im Kontakt mit den Fluggästen zu vermitteln und zu erzeugen. Gefühlsarbeit war gekoppelt mit Kriterien der äußeren Erscheinung wie Figur, Alter, Schönheit, geraden Zähnen und ebenmäßigem Gesicht.

Voraussetzung ist die Annahme, daß sich Gefühle manipulieren lassen, und zwar so überzeugend, daß der/die andere an ihre Echtheit glaubt.[94] Hochschild verbindet die Auffassung von Gefühl als körperlichem Sinn, der uns Aufschluß über unser Erleben gibt, mit der gesellschaftlichen Ebene, die uns erlaubt, Gefühle zu betrachten, sie herzustellen, an ihnen zu arbeiten und sie zu unterdrücken. Viele Prozesse dieser Art geschehen unbewußt, der bewußte Anteil daran kann aber als Gefühlsarbeit betrachtet werden, sofern er in den Dienst der Erwerbstätigkeit gestellt wird.

Freundlichkeit, Fürsorglichkeit und Wärme auf der einen Seite und Attraktivität, Verführungskunst und "sexy" Kleidung auf der anderen Seite verbinden sich zur se-

93 "Attraktivität" wurde nicht weiter spezifiziert, sie unterlag der subjektiven Einschätzung der Personalverantwortlichen. Einer Anzahl von Bewerberinnen wurde beispielsweise kein Arbeitsplatz angeboten, weil sie "zu häßlich" oder "zu vermännlicht" waren.

94 Bei Burrell (1992,74) findet sich das Beispiel von Verkäuferinnen, die zum Flirten mit den Kunden angehalten wurden, und als Folge davon bösen Reaktionen von Ehefrauen und obszönen Telefonanrufen von Männern ausgesetzt waren.

xualisierten Arbeitskraft, die nicht nur diese Anforderungen zu erfüllen hat, sondern auch mit den daraus entstehenden Beziehungsmustern professionell umgehen soll. Die Angestellten im Hotel, im Freizeitpark und im Flugzeug kennen problembehaftete Interaktionen mit Kunden, deren von den Frauen unerwünschtes Verhalten gerade aus der hergestellten Machtbeziehung resultiert. Denn der objektifizierte weibliche Körper und der inhärente Dienstleistungscharakter der Interaktion versetzt die Frau gegenüber dem Kunden in eine untergeordnete Position, die um so schwerer wiegt, je direkter die Bedienstete vom Wohlwollen des Kunden abhängig ist.

In die Tätigkeit an sich ist Gefühlsarbeit um so mehr eingebaut, je mehr das Unternehmensinteresse sie fordert und der Profit von der gelungenen Interaktion der Angestellten und der Kundschaft abhängt. Über die Zeit verfolgt, scheint der Anteil der Gefühlsarbeit an personenorientierten Tätigkeiten zuzunehmen. Während beispielsweise zu Anfang des Jahrhunderts Verkaufsarbeit noch der Industriearbeit ähnelte und die Verkäuferinnen und Verkäufer vornehmlich für die schnelle Abwicklung der Warenausgabe und für die Kasse zuständig waren, wurde zunehmend von ihnen erwartet, daß sie die Kundschaft freundlich bedienten, sich mit ihr unterhielten, über die Ware Bescheid wußten und sich adrett kleideten (Porter Benson 1992).[95]

Daneben gibt es Gefühlsarbeit in nicht profitorientierten Organisationen wie Krankenhäusern und Gefängnissen, wo sie nicht im Zentrum des Interesses der Organisationsleitung steht und nur im Rahmen psychologischer Ausbildung und/oder Supervision (die beide äußerst begrenzt sein können), wenn überhaupt, zum Thema gemacht wird. Deshalb liegen in diesen Bereichen auch wesentlich größere Schwankungsbreiten hinsichtlich Freundlichkeit und Hilfsbereitschaft der Beschäftigten vor; Gefühlsarbeit ist durch die "Kundschaft" nicht einklagbar. Die Sexualisierung der Arbeit hält sich schon alleine deswegen in Grenzen, weil sie in "non-profit" Organisationen nicht zu Geld gemacht werden kann; höchstens mag der interne Arbeitsablauf dadurch erleichtert werden.

Vielen Dienstleistungsberufen mit starker personenbezogener Komponente ist gemeinsam, daß ihr Ansehen in der Gesellschaft noch hinter Industriearbeit an letzter Stelle rangiert (Hochschild 1990). Solche Tätigkeiten sind typischerweise eher im un- und niedrigqualifizierten Bereich und in weiblich dominierten Branchen zu finden. Da aber kaum ein Beruf überhaupt nicht mit Menschen zu tun hat, und seien es Kolleginnen und Kollegen, werden sämtliche Beschäftigten mit Anforderungen nach manipulativem Einsatz ihrer Gefühle konfrontiert. Allerdings geschieht das Gefühlsmanagement in Berufen mit höherem Status eher zum eigenen Vorteil, sei es, daß durch "im-

95 Auch Gerhards (1988) geht von einer Zunahme des Anteils an Gefühlsarbeit aus, weil Verkaufskontakte in der Konsumgesellschaft zunehmende Bedeutung erlangen.

pression management" die Karriere gefördert oder durch geschicktes Agieren in Verhandlungen ein Vertragsabschluß erreicht werden soll. Gefühlsarbeit im Sinne des Unternehmens bezieht sich darauf, daß die Führungskraft das Unternehmen nach außen durch freundliches und verbindliches Auftreten positiv repräsentieren soll, oder durch geeignete Gefühlsmanipulation versuchen muß, schwer ersetzbare Arbeitskräfte zu halten und Top-Bewerberinnen und -Bewerber zu animieren, den angebotenen Arbeitsplatz anzunehmen[96]. Immer mehr werden solche "weichen" Eigenschaften zu den geforderten Qualifikationen der Führungskraft gezählt. Diese Gefühlsarbeit kann zwar entfremdend und belastend sein und ihr Mißlingen sich für die Handelnden verheerend auswirken, aber zum einen wird sie besser und direkter - in Form konkreter Vorteile für sich selbst - belohnt und zum anderen konstituiert sie kein spezifisches Machtverhältnis zwischen den Akteuren und den mit ihnen Interagierenden, weil in der Regel kein Anspruch auf Gefühlsarbeit geltend gemacht werden kann und die Statusunterschiede zwischen den Beteiligten geringer sind. Anders als die selbstverständlich erwartete Freundlichkeit der Verkäuferin werden Menschenkenntnis und Sensibilität beim Führungskräftenachwuchs zudem für viel Geld systematisch trainiert und als Leistung auch bezahlt (vgl. Hoets 1993). Mit anderen Worten, je höher der Status einer Person ist, desto höher ist ihre Gefühlsautonomie und desto mehr Kontrolle hat sie über den Einsatz ihrer Gefühle. Da aufgrund geschlechtsspezifischer Arbeitsteilung mehr Männer auf höheren und mehr Frauen auf niedrigeren Positionen arbeiten, sind die dargestellten Unterschiede bezüglich Gefühlsarbeit ebenfalls geschlechtsspezifisch geprägt.

Gefühlsarbeit kann im Rahmen sexualisierter Arbeit im Extrem auf ein Minimum reduziert sein. Bei der Prostitution gibt es, obwohl immer Kundenkontakt vorhanden ist, Bereiche, die kaum eine Vermittlung von Gefühlen erfordern, z.B. die Straßenprostitution, und Bereiche, die sehr viel Gefühlsvermittlung verlangen, z.B. die Privathostesse oder das Call-Girl. Bei der Straßenprostitution läuft die sexuelle Dienstleistung weitgehend sachlich ab, so daß die Frau ihre Arbeit relativ unbeteiligt verrichten kann. "Das Anschaffen auf der Straße ist auf eine Art sehr einfach, man gibt dort nichts von sich selber. Wenn du annonciert, ist das anders (...). Ich mußte viel mehr spielen und so tun als ob, auf der Straße wird das überhaupt nicht erwartet" (Hoigard & Finstad 1987,180).

In der Callgirl-Situation müssen Gefühle gespielt werden, um möglichst echt eine Art Rendezvouz-Atmosphäre herzustellen. Da die Aufmerksamkeit auf den anderen und die Konversation gerichtet sein muß, können die Gedanken kaum abschweifen. Um sich abzugrenzen, versuchen die Frauen, möglichst "Oberflächenhandeln" (Hochschild) herzustellen, d.h. die verlangten Gefühle vorzuspielen, ohne sie zu empfinden. Erfahrenen Prostituierten

---

96 Der Unternehmensberater Gerd Gerken (1991) spricht in diesem Zusammenhang von der männlichen Fähigkeit des rationalen Einsatzes von Gefühlen im Gegensatz zum typisch weiblichen irrationalen Umgang mit Gefühlen. In Anbetracht der hohen Anzahl weiblicher Gefühlsarbeiterinnen ist diese Aussage jedoch anzuzweifeln.

gelingt dies besser als Anfängerinnen. Auf der anderen Seite wirkt die Spaltung empfundener und ausgedrückter Gefühle auf die Dauer belastend. "Ich mußte Ausgelassenheit zur Schau stellen, wenn mir zum Heulen zumute war, Lächeln verkaufen, das ich nicht empfand... Ich tanzte und sang mit dem Messer in der Seele" (zit. in Mey 1987,162), beschrieb Celeste Mogador, eine Kurtisane aus dem Paris des 19. Jahrhunderts, die Qual der fortgesetzten Verstellung der Gefühle. Eine ähnliche Äußerung aus heutiger Zeit: "...du wirst in der Branche original zur Schauspielerin. Kann ja so gehen, daß du mit dem im Bett liegst und spielst da ne große Show ab und im Grunde könntest du aufs nächste Klo rennen und könntest kotzen" (Giesen & Schumann 1980,66).

Je gehobener bezüglich des Kundenkreises und der geforderten Diskretion Prostitution abläuft, desto mehr Gefühlsarbeit im Sinne von "Tiefenhandeln" wird von den Frauen erwartet; beim Tiefenhandeln werden dabei im Gegensatz zum Oberflächenhandeln die Gefühle selbst erlebt, die vermittelt werden sollen. Eine Callgirl-Vermittlerin für exklusive Kunden verlangt: "Ich brauche für meine Kunden Frauen, die Spaß haben am Sex und an den Männern und nicht im Innersten von Ekelgefühlen und Selbstverachtung beherrscht werden." "Ich verkaufe Romantik und Lovestorys..." ('DER SPIEGEL' 43/91,338 u. 341).

Daß fließende Übergänge von direkt sexuellen zu lediglich sexualisierten Dienstleistungen existieren, belegt die folgende Aussage der Callgirl-Vermittlerin: "Übrigens gibt es auch Männer, die wollen gar keinen Sex, sondern nur reden. Rund 30 Prozent wollen eine schöne Frau an ihrer Seite haben, mit ihr angeben und sie rumzeigen. Aber eben keinen Sex" ('DER SPIEGEL' 43/91,339).[97]

5.3.2. Die Kapitalisierung von Attraktivität und Jugendlichkeit

Schönheit und Attraktivität sind wichtige Bestandteile sexualisierter Arbeit von Frauen, gelten sie doch als die weiblichen Besitztümer schlechthin.

> "Doch ist Schönheit die Eigenschaft, in welcher sich der Mann der Frau am deutlichsten unterlegen weiß - *deshalb* exponiert er die weibliche Schönheit und steigert sie zu einem Attribut des ganzen Geschlechts. (...) Schönheit, erotischer Augenreiz, Verführungskunst, wortlos-laszive Körperlichkeit, Narzißmus - all das sind weibliche Domänen", schreibt ein ZEIT-Redakteur (Nr.19/92) und drückt damit gängige Vorstellungen über Weiblichkeit aus.

Nun ändern sich Schönheitsnormen ständig mit der Mode und werden aufgrund kommerzieller Vorteile immer wieder modifiziert, weshalb es hier nicht um eine Bestimmung von Schönheit oder Attraktivität gehen kann, sondern um die Instrumentalisierung der äußeren Erscheinung. In den sog. Display-Berufen werden Frauen und manche Männer mehr oder weniger exklusiv für ihre Schönheit bezahlt. Während früher nur eine eng umrissene Gruppe zu den Display-Berufen gehörte - Schauspielerinnen, Mannequins, Tänzerinnen und höherbezahlte Sexarbeiterinnen - nahmen die von

97 Ohne die Gleichsetzung aller weiblichen Tätigkeiten überzustrapazieren, kann das "Angeben" mit dem gekauften Callgirl parallel zum "Angeben" mit einer attraktiven Sekretärin betrachtet werden. In beiden Fällen wird weibliche Attraktivität für männliche Bedürfnisse funktionalisiert.

Frauen übernommenen Tätigkeiten in vielen Berufen im Lauf der Zeit ebenfalls Display-Charakter an (Wolf 1991,34). Schönheit wird in immer mehr Berufsbereichen unter die Eignungskriterien aufgenommen, ein Trend, der sich seit den sechziger Jahren bemerkbar macht.

In einer Untersuchung von Gutek & Groff Cohen (1992) ergaben sich erhebliche Unterschiede bezüglich der Wichtigkeit weiblicher Attraktivität bei verschiedenen Arbeitsplätzen. Jene Frauen auf typischen Frauenarbeitsplätzen mit häufigem Kontakt zu Männern gaben zu einem weitaus höheren Prozentsatz als jene auf Frauenarbeitsplätzen ohne häufigen Kontakt zu Männern an, daß weibliche Attraktivität eine wichtige Rolle bei ihrer Arbeit spiele und sie sich bewußt attraktiv kleideten. Zur ersten Gruppe gehörten typische sexualisierte Arbeitsplätze: Empfangsdamen, Kellnerinnen, Sekretärinnen, Stewardessen, Friseurinnen; zur zweiten Gruppe gehörten nicht sexualisierte Arbeitsplätze: Lehrerinnen, Krankenschwestern und Bankangestellte.

Kleidung und Schönheit werden dabei in dem Maße normiert, wie sie zur Arbeitsaufgabe dazugehören. Wolf (1991) zitiert US-amerikanische Rechtssprechungen, denen zufolge Kleidervorschriften für weibliche Beschäftigte wesentlich restriktiver gehandhabt werden dürfen als für Männer und das Abweichen von imaginativen "Standards näherungsweiser Vollkommenheit" für weibliche Körper in bestimmten Berufen Grund zur Entlassung geben kann. Allerdings sind die Rechtsurteile so unterschiedlich, daß keine allgemein verbindlichen klaren Normen existieren, an denen sich Frauen orientieren könnten.

Weil bei den traditionellen Display-Berufen gutes Aussehen praktisch die Hauptqualifikation darstellte, wird auch heute noch das Eignungskriterium der Attraktivität mit der Vorstellung verbunden, daß darüber hinaus wenig andere Qualifikationen vorliegen müssen. Damit wird der betreffende Arbeitsplatz trivialisiert und devaluiert, weil die Tätigkeit als so simpel betrachtet wird, daß sie jede hübsche junge Frau machen kann. Wenn bei einem Beruf das Kriterium der Attraktivität der Beschäftigten Eingang findet, kann sie folglich als Strategie verwendet werden, andere zentrale mit der Arbeit verbundenen Fähigkeiten abzuwerten. Darin sieht Wolf (1991) denn auch den Hauptgrund der zunehmenden Verbreitung dieses Eignungskriteriums.

Was für explizit sexuelle Arbeit besonders schwierig ist - das Altersproblem - ist auch für Berufe erschwerend, bei denen sexualisierte Arbeit nur einen Teil der Arbeit darstellt. Die in Stellenanzeigen häufig geforderte Altersbegrenzung für Sekretärinnen kann in der Richtung interpretiert werden, daß ein Teil der Arbeit aus dem Verkauf ihrer Sexualität besteht und dies in höherem Alter nicht mehr gewährleistet ist. So finden sich bei Sekretärinnen Zweifel, ob sie ihren Beruf auf Dauer ausüben können, und Angst, mit zunehmendem Alter an Attraktivität zu verlieren (Handschuh-Heiß 1994). Entsprechend erklärt Niki Lauda zur

Beschäftigung von Stewardessen bei seiner Fluggesellschaft Lauda Air: "Mit 33 Jahren müssen die Stewardessen bei mir abmustern" (Forbes 12/90,74).

Indessen bedeutet jede Ware auch Besitz, der strategisch und lustvoll genutzt werden kann. Freude an der Verkleidung, am permanenten Wechsel der eigenen Ausstaffierung, bietet die Chance, Lebendigkeit und Kreativität in den Arbeitsalltag einfließen zu lassen und Spielräume mit "überschüssigem" Handlungsvermögen zu füllen. Die Unterwerfung unter den normativen Warencharakter der Weiblichkeit birgt somit gleichzeitig Widerstandsmomente in sich, die dem Herrschaftsmuster der Organisation zuwiderlaufen. Durch Sexualisierung bekommen Frauen eigene Machtressourcen an die Hand, wie Porter Benson (1992) im Rahmen ihrer Studie über Verkäuferinnen herausfand. Gerade der Kontakt zu einer Vielzahl von Menschen erlaubt Einflußnahme und Manipulation: Die Angestellten vermochten es, unliebsame Kundschaft zu ignorieren, Abteilungsleiter vor deren Chefs bloßzustellen und je nach Sympathie erhebliche Unterschiede in der Behandlung der verschiedenen Personen zu machen. Dadurch haben sie auch die Chance, Flirts und Romanzen am Arbeitsplatz selbst zu steuern, eine Chance, die uniformiert gekleidete Männer ohne vielseitige Kontakte nicht ohne weiteres bekommen. In der Manipulation des weiblichen Körpers drückt sich also "nicht allein die affirmative, herrschaftsstabilisierende Integration, die Unterwerfung der Frauen unter den normativen Warencharakter ihrer Weiblichkeit aus, sondern auch der defensive Versuch, der Erfahrung von Restriktion und Diskriminierung durch Zeichen des Überschusses zu entrinnen" (Frevert 1979,100).

5.3.3. Vermittlerfunktionen der sexualisierten Arbeit

Wie ausgeführt, sind sexualisierte Tätigkeiten zum ganz überwiegenden Teil personenorientierte Tätigkeiten. In Organisationen führen die Attraktivität und Freundlichkeit von Sekretärinnen, Empfangsdamen oder Verkaufspersonal zu "institutionalisierten Flirtbeziehungen", welche die Kontakte zu Kunden, Geschäftspartnern und Mitarbeitern erleichtern sollen. In dieser Funktion nehmen die Frauen zwischengeschaltete Positionen ein (vgl. Tancred-Sheriff 1989), die zwischen Management, Produzent oder Ware auf der einen Seite und mit ihnen in Kontakt tretenden Personen auf der anderen Seite vermitteln. Nicht nur die Sekretärin hat eine klassische Pufferfunktion zwischen Chef und Außenwelt inne, indem sie Personen "vorläßt" oder abweist, sondern auch andere typische Frauenarbeitsplätze sind auf solchen Vermittlerpositionen angesiedelt: Die Verkäuferin vermittelt zwischen Kaufwilligen und Warenproduzierenden, die Krankenschwester und die Sprechstundenhilfe zwischen Erkrankten und Therapierenden, die Stewardess zwischen Fluggast und Fluglinie. Sie alle stellen die nötige zwischenmenschliche Ebene her, ohne die Angebot und Nachfrage nur schwer zueinander fänden, und unterstehen ihrerseits den Anleitungen von Vorgesetzten (Hochschild 1990,125). Folgende Faktoren tragen dazu bei, daß vornehmlich Frauen solche Puffer- und Vermittlerfunktionen ausüben:

1. Im bürgerlichen Familienideal ist es die Aufgabe von Frauen, ein emotionales Binnenklima herzustellen, das zwischen den Anforderungen von außen und dem familiären Netz vermittelt. Während der Ehemann draußen den Unterhalt für die Familie verdienen muß, soll die Ehefrau ihn vor familiären Belastungen abschotten und ein Refugium im Privaten schaffen. Diese Erwartungen werden auf die erwerbstätige Frau übertragen und in ihre Arbeitsaufgaben inkorporiert, die analog zu familiären Aufgaben den ganzheitlichen Einsatz der Arbeitskraft, die Schaffung einer angenehmen Atmosphäre und sozial-kommunikative Fähigkeiten beinhalten.

2. Die relative gesellschaftliche Machtlosigkeit der Frauen führte dazu, daß sie statt mit Geld und Positionen mit Gefühlen und zwischenmenschlichen Faktoren handelten, um ihre Ziele zu erreichen (Hochschild 1990,132). Da ihnen mangels Teilnahme am öffentlichen Leben und dessen Entscheidungsinstanzen die "große Politik" ("Makromanipulation") verwehrt blieb, agierten sie in der kleinen Politik, durch "Mikromanipulation" (Lipman-Blumen 1984), deren Techniken sie sich in der dauernden Auseinandersetzung mit den Herrschaftsträgern aneigneten. Zur Mikromanipulation zählen alle interpersonalen Strategien, mit denen Einfluß oder Kontrolle hergestellt werden können, weshalb sie in enger Beziehung zum Konzept der Mikropolitik steht. Mehr als bei Mikropolitik geht es indessen bei Mikromanipulation um die Beziehung zu Herrschenden und das Unterlaufen ihrer Herrschaft. Frauen sind in typischen Frauenberufen häufig von den Gefühlen und Stimmungen der sie umgebenden Personen abhängig, so daß es überlebenswichtig sein kann, deren Wohlwollen zu sichern und deren Stimmungen rechtzeitig richtig einzuschätzen.[98]

   "They learn to anticipate their governors' behavior, to evoke as well as smother pleasure, anger, joy, and bafflement in their rulers, to charm, to outsmart, even to dangle the powerful over the abyss of desire and anguish. By the various interpersonal strategies of micromanipulation, women have learned to sway and change, circumvent, and subvert the decisions of the powerful to which they seemingly have agreed. They know when to observe the rules the dominant group has created. Women have also mastered how to "obey without obeying" those rules they find overtly repressive. When necessary, they cooperate with men to maintain the mirage of male control" (Lipman-Blumen 1984,30).

---

98 Unzählig sind die Geschichten von Sekretärinnen über die Stimmungsschwankungen ihrer Vorgesetzten, von Stewardessen über Aggressionen von Fluggästen oder von Verkäuferinnen über seltsame Kunden und Kundinnen.

In dieser idealtypischen Beschreibung fehlt zwar die Überlegung, daß auch Männer Mikromanipulation betreiben und auch der souveränste Herrscher insoweit von seinen Untertanen abhängt, als er sich deren Gefolgschaft durch mehr als bloße Gewalt sichern muß. Während Männer sich aber aufgrund ihrer dominanten gesellschaftlichen Stellung eher eine Kombination von Makro- und Mikromanipulation erlauben können, sind Frauen um so mehr auf Mikromanipulation angewiesen, je weniger gesellschaftliche Macht sie haben. Mikromanipulation muß dabei keineswegs weniger effektiv als Makromanipulation sein, zumal sie in der Regel diskreter und undurchschaubarer vonstatten geht. Daraus kann gefolgert werden, daß es Frauen besser gelernt haben, ihre Gefühle so zu handhaben, daß ein erwünschter Effekt zustande kommt, was Hochschilds Konzept der Gefühlsarbeit besagt.

3. Frauenarbeit ist billiger als Männerarbeit. Da meistens aufgrund der Zeitintensität zwischenmenschlicher Kontakte sehr viel Service-Personal an den Schnittstellen zwischen Kundschaft und Anbietenden bzw. Ware gebraucht wird, kommt die Unternehmen der Einsatz von Frauen in diesem Bereich wesentlich kostengünstiger. Ihre vorsozialisierten Fähigkeiten werden dabei als "Jedefrau-Qualifikation" ohne besondere Honorierung und ohne wesentliche Ausbildungskosten verwendet.

5.3.4. Kapitalisierung der Weiblichkeit in Männerdomänen?

Die Kapitalisierung der Weiblichkeit ist inhärenter Bestandteil typischer Frauenberufe. Der Widerstand gegen Frauen in Männerberufen mag nicht zuletzt daher kommen, daß ihr Geschlecht dann nicht mehr instrumentalisiert werden kann - es bietet sich nicht mehr als Ware an, sondern "verschwindet" im Monteursanzug oder im Geschäftskostüm.[99] Das neuerdings verbreitete Bestreben, "weibliche" Qualitäten als Führungseigenschaften zu postulieren, ist ein Versuch der Kapitalisierung der Weiblichkeit im eigentlich frauenuntypischen Bereich, die ohne besondere Ausbildungs- und Trainingskosten erreichbar scheint. So wird die Tätigkeit von Frauen auf vormals männlich besetzten Positionen um die Instrumentalisierung von Sexualität erweitert und Anteile klassischer Pufferfunktionen werden integriert. Aufgrund des im Führungssektor erforderlichen hohen Anteils an Kontakten zu vielen verschiedenen Menschen bietet sich der Einsatz weiblichen Charmes und weiblicher Attraktivität zur Erleichterung zwischenmenschlicher Interaktionen an. Daraus folgen bestimmte Vorstellungen über das äußere Erscheinungsbild und das Benehmen der Frau, das ihre Selbst-

99 Die Geschlechterdynamik in Männerdomänen wird ausführlich in Kap.7. behandelt. Hier geht es lediglich um den Aspekt der Kapitalisierung.

bestimmung in höherem Maße einengt als das ihrer männlichen Kollegen. Die an die Managerin gestellten teils sexualisierenden, teils strikt sachlichen Erwartungen veranlassen sie ihrerseits, zwischen den widersprüchlichen Anforderungen ausbalancierende Strategien zu entwickeln (vgl. Kap.7.). Da es sich bei Führungspositionen aber um klassische Männerarbeitsplätze handelt, ist die ökonomische Nutzung der Weiblichkeit begrenzt und besteht zudem die Gefahr, daß auf diesen recht einflußreichen Positionen die Verdinglichung der Weiblichkeit den Frauen selbst eine spezifische Machtquelle an die Hand gibt, welche Männer nicht einsetzen können.

Auf technischen Arbeitsplätzen ist wegen des geringen Umfangs an Kontakten zu Menschen die Kapitalisierbarkeit der Weiblichkeit beschränkt. Die Diskriminierung der Frauen ist deshalb noch stärker als im Führungsbereich, bei dem Weiblichkeit immerhin im Kundenkontakt und zur Statuserhöhung eingesetzt werden kann. Cockburn (1988) analysierte genau diese Dynamik bei Frauen in technischen Berufen.

> "Beide, Männer und Frauen von Delta, brachten, als sie die geschlechtsspezifische Arbeitsteilung im Lager erklärten, klar zum Ausdruck, wie ungehörig es sei, wenn Frauen ihren Körper und ihre Muskeln einsetzen. Sie können, sollen und - so nahm man an - wollen keine Arbeit machen, in der sie raufklettern, rumkriechen, liegen, Kraft ausüben und schwitzen müssen. All dies aber gehörte bei Delta zum aktiven Umgang mit der Technologie" (Cockburn 1988,108).

Wenn hingegen (in einem anderen Unternehmen) im Rahmen der Entwicklung neuer Technologien dieselben verkauft und deshalb Kundenkontakt erforderlich wird, werden weibliche Attribute gebraucht. "Als Anlernerinnen werden sie ihres weiblichen Charmes wegen eingestellt, als Ingenieurinnen sind sie so selten wie Diamanten" (Cockburn 1988,160). Der CAD/CAM-Manager erwartet von seinen weiblichen Angestellten, daß sie ihre Weiblichkeit geschickt nützen, denn die Kunden sind überwiegend Direktoren und Betriebsleiter, und "die haben normalerweise ein Auge für eine nette junge Dame, ein hübsches junges Mädchen, und es kann gut sein, daß sie sich sagen: 'Wir kaufen das System, wenn *sie* das Anlernen macht'" (S.165). Eine Bedienungsfachfrau machte die Erfahrung, daß ihre Kunden manchmal "glaubten, mich gäb's zusammen mit der Maschine" (S.165).

5.3.5. Sexualisierte Frauenarbeit: Zusammenfassung

Vor dem Hintergrund der Desexualisierung kann im Zuge der Kommerzialisierung der Sexualität sexualisierte Arbeit gefordert und systematisch eingesetzt werden. In dieses Schema paßt prototypisch das von Marcuse benannte "sexy Büro- und Ladenmädchen", dessen Körper seine sexuellen Züge zur Schau stellen kann, ohne aufzuhören, ein Arbeitsinstrument zu sein. Die derart angepaßte Entsublimierung des Sexuellen bringt nach Marcuse Unterwerfung durch Genuß hervor und entspricht Burrells (1992) sog. "erster Seite der Lust". Marcuse ignoriert jedoch die spezifischen, mit weiblichen sexualisierten Tätigkeiten verbundenen Merkmale, die sie von männlichen Tätigkeiten unterscheiden:

1. In dem Maße wie sexuelle Arbeit mit Schönheits- und Jugendlichkeitsnormen verbunden ist, birgt sie beträchtliche Risiken bezüglich Arbeitsplatzverlust oder Lohneinbußen, sobald Frauen den Normen nicht mehr entsprechen. Denn Schönheit und Jugendlichkeit sind Qualifikationen, die mit der Zeit - anders als dies in der Regel bei Fähigkeiten und Fertigkeiten der Fall ist - abnehmen und mit immer größerem Aufwand hergestellt werden müssen.

2. Parallel zu der von Hochschild angesprochenen Gefahr der Entfremdung von den eigenen Gefühlen bei Gefühlsarbeit, vor allem beim Tiefenhandeln, besteht bei sexualisierter Arbeit die Gefahr der Entfremdung von der Sexualität. Wenn immer wieder ein bestimmtes Bild von Weiblichkeit oder weiblicher Sexualität präsentiert werden muß, kann die Wahrnehmung für eigene Bedürfnisse und Wünsche nachlassen. Schließlich fällt es leichter, permanente Annäherungsversuche von Kunden oder Kollegen lustvoll zu empfinden als darunter zu leiden. Dies mag ein Grund dafür sein, daß Frauen in Frauenberufen sexuelle Belästigung weniger gravierend erleben als Frauen in Männerberufen - sie gehört quasi zur Erledigung der Arbeit dazu (vgl. Kap.6.3.).

3. Im niedrigqualifizierten Bereich, in dem die meisten sexualisierten Tätigkeiten angesiedelt sind, muß in der Regel auf Vorgesetzte, Kundschaft etc., ihre Gefühle und Verhaltensweisen, Rücksicht genommen und ihre Wünsche antizipiert werden. Die Abhängigkeit von den Reaktionen der anderen ist damit besonders ausgeprägt.

4. In der Honorierung der sexualisierten Arbeit zeigt sich, inwieweit sie selbstverständlich erwartet oder aber als Qualifikation anerkannt wird. Bei angemessener Bezahlung wird sie wohl bereitwilliger in Kauf genommen als in vielen niedrigqualifizierten Dienstleistungsberufen, in denen sie nicht extra honoriert wird.[100]

Nach dem Gesagten kann die von Frauen erbrachte sexualisierte Arbeit auf einem Kontinuum angesiedelt werden, das am einen Ende sexuelle Arbeit in den Mittelpunkt

100 Der Verdienst mag ein Grund dafür sein, daß sich Prostituierte selten unzufrieden über ihre Arbeit äußern. Denn eine der wenigen Branchen, in denen Frauen besser als Männer bezahlt werden, ist die Porno-Industrie. Für die gleiche Tätigkeit - Pornodarsteller/in - verdient (bezogen auf das Jahr 1988) ein weibliches Modell ca. 500-800 DM pro Drehtag, ein männliches Modell 300-500 DM (Koch 1988).

rückt (Beispiel Pornodarstellerin) und am anderen Ende sexualisierte Arbeit eher ausschließt (Beispiel Technikerin). Abb. 2 stellt eine skizzenhafte Zuordnung verschiedener Berufe zu ihren jeweiligen Anteilen an sexualisierter Arbeit dar.

geringer Grad an Sexualisierung						hoher Grad an Sexualisierung
----------	----------	----------	----------	----------	----------	---------- >
Technike- rin Handwerke- rin	Bankange- stellte Bürokauf- frau	Mana- gerin	Stewardess Verkäuferin Sekretärin	Schau- spielerin Animateurin	Privat- hostesse	Porno- darstel- lerin

Abb. 2: Sexualisierung weiblicher Berufe

Je unersetzbarer durch einen Mann eine Frau an ihrem Arbeitsplatz gilt, desto eher ist zu vermuten, daß sexualisierte Arbeit Teil der Aufgabe ist. Die Prostituierte kann überhaupt nicht durch einen Mann ersetzt werden, die Technikerin jederzeit.

5.4. Kapitalisierung der Männlichkeit

5.4.1. Männlichkeit als Ware

Nach Bennholdt-Thomsen (1983,214) wird dem Mann nur der Einsatz seiner Arbeitskraft, nicht aber seiner gesamten Person abverlangt, während die Frau als Ganzes zur Ware wird.[101] Von der abstrakten, entkörperlichten Norm-Arbeitskraft (Mann und Frau) müssen aber persönliche Bedürfnisse und Emotionen abgezogen werden, damit sie den Anforderungen des Erwerbsarbeitslebens genügt. Mit der dadurch notwendigen Selbstinstrumentalisierung geht die Instrumentalisierung der anderen einher: Andere Menschen werden nicht in ihrer Eigenart betrachtet, sondern als Konkurrenz oder nützliche Personen. Wegen der Zentralität der marktförmigen Erwerbsarbeit im Konzept der Männlichkeit ist die Selbstinstrumentalisierung eine typisch männliche Grundorientierung (Böhnisch & Winter 1993,156).[102] Das relative Desinteresse des Kapitals an der Verwertung männlicher Sexualität ist deshalb weniger auf die größere Autonomie des Mannes im Verwertungsprozeß zurückzuführen als auf die mangelnde Integration sexueller Aspekte im Konstrukt "Männlichkeit". Es wird zwar daran gearbeitet, auch für den Mann Schönheitsnormen zu entwerfen und ihn zum Kunden der Kosmetik- und Modebranche zu machen, aber noch ist das Männlichkeitsbild verbunden mit überwiegend nicht-sexuellen Zuschreibungen wie Stärke, Sachlichkeit, Initiative, Energie... Sie sind denn auch die Eigenschaften, die sich zur Instrumentalisie-

101 Diese Formulierung ist allerdings widersprüchlich, weil für die Verdinglichung des Körpers stets Aufspaltungen von Ganzheiten vonnöten sind.

102 Auch Türk (1993) spricht von der "männlichen Organisationskompetenz".

rung anbieten und vom Mann gefordert werden. Dies macht sich besonders dort bemerkbar, wo ein sehr rigides, eng umgrenztes Männlichkeitsbild existiert wie im Militär, welches die Ungeeigneten dadurch kenntlich macht, daß sie vom Männlichkeitsideal am weitesten entfernt sind. Nicht nur wird Homosexuellen die Eignung fürs Militär abgesprochen, sondern es wird von jedem Soldaten die Abspaltung "unmännlicher" Gefühle wie Angst und Mitleid gefordert (Seifert 1993). Aber auch in anderen Männerdomänen herrschen Männlichkeitsvorstellungen, die sich an gesellschaftlichen Vorgaben orientieren. Daß bei typischen männlich konnotierten Tätigkeiten die permanente Herstellung der "richtigen" Männlichkeit notwendig wird, zeigen vereinzelte kritische Ansätze, die sich gegen die Zumutung solcher Ideale wenden. Was die Männerdomäne Management betrifft, haben sich einige Autoren mit der Zurichtung und Deformierung des Mannes zur funktionierenden Führungskraft auseinandergesetzt. Sie gehen dabei von einem ursprünglich nicht geschlechtstypisierten Mann aus, der erst durch die Erwartungen der Gesellschaft zu dem gemacht wird, was stereotyp mit Männlichkeit verbunden wird.

> "The oppression of men seems to serve three purposes; firstly it prepares us men to play the traditional role of "warrior" and "defender", prepared to kill or be killed in the name of our "manhood". Secondly, it trains us to see ourselves as "bread-winners" and "providers", committed to earning more than is needed just to support ourselves. Thirdly, it provides the foundation on which we can be manipulated into taking on the sexist attitudes towards women that makes us into the agents of women's oppression" (Simmons 1989,17).

Die Erfüllung dieser Anforderungen trägt zu psychischer Belastung, dem andauernden Gefühl der Unzulänglichkeit und der systematischen Distanzierung von Frauen, Kindern und anderen Männern bei (Ruth 1989,25). In der gesellschaftlichen Geringschätzung der Homosexuellen wird die Strategie erkannt, Männer immer daran zu erinnern, was passiert, wenn sie sich nicht angemessen verhalten. Aufgrund von Interviews konnte Ruth (1989) - analog zu den in Kap.4.2.2. erwähnten Ergebnissen aus Assoziationsstudien zu "Mann" und "Manager" - feststellen, daß zwischen dem Männlichkeitsbild, zu dem Männer in der Gesellschaft ermuntert werden, und den Forderungen der Organisation an den Mann hinsichtlich eines beruflichen Fortkommens eine enge Beziehung besteht.[103]

Allgemein kann die These aufgestellt werden, daß ein um so strikteres Männlichkeitsbild in klarer Abgrenzung zu "Weiblichkeit" gefordert wird, je mehr der Arbeitsplatz zu einer Männerdomäne gehört. Dem geforderten Bild zu entsprechen, setzt

---

103 Die Liste umfaßte Begriffe wie 'geschickt', 'konkurrierend', 'isoliert', 'unterwürfig', 'wichtigtuerisch', 'konform', 'verschlossen' usw. Da es sich bei den Befragten um Männer handelte, die vorhatten, neue Männlichkeitsmodelle zu entwickeln, fällt ihre Liste männlicher Eigenschaften negativer aus als dies üblicherweise der Fall ist.

eine konsequente Zurichtung des Mannes hin zum Männlichkeitsideal voraus, aus dem alle "weiblichen" Attribute verbannt sind. Die genaue Definition dessen, was männlich ist, bietet die Möglichkeit, Männlichkeit zu instrumentalisieren und in Geldwerte umzusetzen, wofür nach Türk Desymbolisierungen und Abspaltungen von ganzheitlichen Lebenszusammenhängen eine ausschlaggebende Rolle spielen. So gewährleistet die Anpassung an das geforderte Männlichkeitsbild größtmögliches organisationsförmiges Handeln. Da der Mann im allgemeinen und der männliche Organisationsmensch im besonderen als Norm und Ausgangspunkt jeder Analyse dienen, fällt deren Zurichtung und soziale Reproduktion allerdings kaum auf - ein wesentlicher Nachteil jeder Normgruppe. Ihr Vorteil besteht unzweifelhaft in der höheren gesellschaftlichen Bewertung und, was ihre Instrumentalisierung betrifft, in der höheren Entlohnung typischer Männerarbeit.

Gefühlsarbeit, die von Männern innerhalb ihrer Arbeitsaufgabe und nicht nur für ihr persönliches Fortkommen erwartet wird, bezieht sich in erster Linie wiederum auf das männliche Geschlechtsstereotyp und fordert Aggressivität und Härte insbesondere dort, wo es weniger um den Verkauf oder die Erleichterung von Beziehungen als um Drohung, Grenzen-Setzung und Einschüchterung geht. Hochschild (1990) nennt als Beispiel Inkasso-Angestellte, die gegen Normverletzer hart vorgehen, um sie zum Zahlen zu bewegen. Allgemein werden überall dort bevorzugt Männer eingesetzt, wo angenommen wird, daß Aggressionen eher als Freundlichkeit zum Ziel führen: Aufseher, Polizisten, Richter, Lehrer, Soldaten... Sie sollen genau das Gegenteil dessen erreichen, was weibliche Gefühlsarbeit zu bewirken hat: Angst erzeugen, die diszipliniertes Verhalten herstellt. Im Zuge der weiteren Vernutzung der Arbeitskraft werden in kommerziellen Organisationen vom Mann jedoch immer mehr "weiche", ausgleichende Eigenschaften erwartet, wie sie beispielsweise neue Managerbilder fordern, und er steht unter Zwang, sich auch diese Qualifikationen anzueignen.

5.4.2. Der Einsatz von Männerarbeit: Zusammenfassung

Die Attraktivität und äußere Erscheinung des Mannes mögen für die Organisation von Bedeutung sein - Marcuse nennt den "ansprechenden, virilen Juniorchef und den Verkäufer" -, jedoch ist ihr Geschlechterstereotyp weit mehr von nicht-sexuellen Eigenschaften getragen, die ihrerseits dementsprechend instrumentalisiert werden. Die Virilität des Juniorchefs hilft wohl ihm persönlich mehr als dem Unternehmen - schließlich wäre er auch Juniorchef, wenn er nicht besonders gut aussähe - und der ansprechende Verkäufer muß zwar durchaus Gefühlsarbeit leisten, jedoch keine sexualisierte Arbeit in dem Sinne, daß er seinen Körper für weibliche Kundinnen zur Verfügung stellt. Sexualisierte Arbeit leistet der Mann als Porno-Darsteller, Prostituierter (für Frauen und Männer), und teilweise mit steigender Tendenz in der Werbe-, Kunst- und Unterhaltungsbranche; d.h. der mit direktem Personenkontakt verbundene Anteil ist wesentlich geringer als der weiblicher sexualisierter Arbeit. Institutionalisierte Flirtbeziehungen mögen zwar in Verkaufs- und Verhandlungskontakten vorkommen, gehören aber nur in geringem Umfang von vornherein zur Arbeitsaufgabe, weil im Rahmen gesellschaftlicher Geschlechterhierarchie der Mann (abgesehen vom Callboy für Frauen) normalerweise keine sexuellen Dienstleistungen für Frauen anbietet. Aus diesem Grund kann das für weibliche Dienstleistungen typische sexuelle Machtverhältnis zwischen Beschäftigten und Kundschaft/Kollegenschaft/Vorgesetzten kaum entstehen. Gefühlsarbeit zählt hingegen durchaus zum geforderten Repertoire männlicher Fähigkeiten.

5.5. Resümee

Der Einsatz und Gebrauch von Sexualität steht scheinbar in krassem Gegensatz zum Prozeß der Desexualisierung von Organisationen, wie er in Kap. 5.1. beschrieben wurde. Denn hier wird gerade Sexualität in die Organisation inkorporiert, um ihre Ziele zu unterstützen, dort wird sie aus der Organisation verbannt, um funktionsfähige Arbeitskräfte bereitzustellen. Bei näherer Analyse kommen aber gleiche Mechanismen zum Tragen: einmal der Foucaultsche Machttyp der Ausschließung (Desexualisierung), einmal der Machttyp der Integration (Kapitalisierung). Ausgesonderte sind gemäß Foucault durch Behandlung oder Erziehung umzuformen und in den sozialen Verkehr zu integrieren, aus dem man sie zunächst gezogen hatte. Historisch betrachtet war die Desexualisierung die frühere Aufgabe, denn erst einmal mußte der Boden dafür bereitet werden, daß Arbeitskräfte ohne unvorhergesehene Triebdurchbrüche verwendbar und kontrollierbar waren. Mit der zunehmenden Integration der Frauen in Lohnarbeit geht die Integration der Sexualität in den Kapitalverwertungsprozeß einher. Ökonomischere Strategien der Normalisierung und der innerlichen Disziplinierung treten an die Stelle der Gewalt und der Strafe. Das heißt, verbannte Sexualität wird zurückgeholt, trainiert und in den Warenverkehr integriert. In der folgenden Abbildung 3 werden die Tendenzen zunehmender Einschließungsmacht gegenüber Sexualität schematisch dargestellt, wobei die linke Seite keineswegs aufgehoben zu werden droht, sondern als notwendige Grundlage für weitere Entwicklungen dient und vor allem in totalen Institutionen dominant ist.

Desexualisierung	→	Kapitalisierung
Unterdrückung	→	Kanalisierung
Geschlechter-trennung	→	vergeschlechtlichte Arbeitsplätze
Verbote/Strafen	→	sexualisierte Arbeits-anforderungen
ausschließliche Sacharbeit	→	Anteile von Emotionsarbeit
Ausgrenzung der Weiblichkeit	→	Instrumentalisierung der Weiblichkeit
Sexualität als Ziel der Kontrolle	→	Sexualität als Mittel der Kontrolle
Sex als Störfaktor	→	Sex als Ware

Abb. 3: **Tendenzen zunehmender ökonomischer Verwertung der Sexualität**

Sexualisierte Frauenarbeit bringt Männer und Frauen am Arbeitsplatz in ein Verhältnis, das von sexuellen Machtunterschieden und der Heterosexualitätsnorm gekennzeichnet ist und im Zuge der Forderungen nach Gleichbehandlung der Geschlechter zu vermehrten Konflikten führt. In der Tat sind die neuen von Frauen eingenommenen Arbeitsplätze im technischen und Führungsbereich nur schwer zur Vermarktung der Weiblichkeit geeignet und stellen deshalb aus Unternehmerperspektive eine Verschwendung weiblicher Ressourcen dar. Die mögliche Konsequenz der Sexualisierung männlicher Tätigkeit zeichnet sich erst in Ansätzen ab, etwa durch die Expansion der Mode- und Kosmetikindustrie für Männer. Insgesamt stehen ihr aber die gesellschaftlich etablierten Geschlechterverhältnisse entgegen, die eine sexuelle Unterordnung von Männern unter Frauen verbieten. Die betonte Asexualität der Norm-Arbeitskraft und die betonte Sexualität bestimmter Frauenarbeit sind also nur zwei Seiten desselben Prinzips - einmal wird gesellschaftlich konstruierte Männlichkeit, einmal Weiblichkeit zu Geld gemacht.

6. Sexualität in Organisationen

6.1. Grenzen der Herrschaft

6.1.1. "Nicht-organisierte" Anteile der Menschen

Die Zurichtung der Sexualität, die sich zum einen in ihrer Verbannung in die Privatsphäre, zum anderen in ihrer ökonomisierten Form als sexualisierte Arbeit zeigt, stößt dort auf Grenzen, wo Menschen mit ihren nicht organisationsförmigen, überschüssigen Gefühlen, Gedanken und Verhaltensweisen "am Werk" sind, die gegen die Auftrennung ihrer Lebenszusammenhänge, gegen die Kanalisierung ihrer Bedürfnisse zu Organisationszwecken und gegen die Kontrolle über ihre Körper und ihre Zeit rebellieren. Die Möglichkeit der Rebellion ist sowohl in psychoanalytischen Ansätzen in Form des "authentischen Kerns der Sexualität", als auch in Foucaults Konzept der Zusammengehörigkeit von Kontrolle und Widerstand enthalten. In Türks Ansatz kommen autonom-authentische Strebungen eigensinniger Menschen durch die Kooperationsdimension ins Spiel, in der "Organisation" hergestellt wird, aber auch überschüssige Anteile ausgelebt werden.

Menschen werden zunächst zu Männern und Frauen und dann erst zu Kooperierenden in Organisationen. Sie kommen also mit der gesellschaftlich konstruierten Geschlechterpolarität als Organisationsmitglieder zusammen - eine Situation, die im Vergleich zum bürgerlichen Paar mit erwerbstätigem Mann und nicht erwerbstätiger Hausfrau eine neue Stufe der Geschlechterbeziehungen seit der Industrialisierung darstellt. Wird Sexualität in Organisationen Ausdruck verliehen, kommen Geschlechterasymmetrien demnach zwangsläufig mit ins Spiel. Mit "Sexualität *in* Organisationen" ist dabei der de-organisierende Pol der Sexualität gemeint: Sie wird aus ihrer Verbannung zurückgeholt, findet aber nicht Eingang in den Kapitalverwertungsprozeß, sondern nimmt undefiniert ihre Gestalt in verschiedenen Äußerungsformen an. Auch wenn diese nicht notwendigerweise der Herrschaftsdimension der Organisation zuwiderlaufen müssen, so stellen sie doch durch ihre Unkontrollierbarkeit und Unvorhersehbarkeit - ihre "Unorganisiertheit" - einen Gegenpol zur und eine potentielle Bedrohung für die Organisation dar.

6.1.2. Lücken der Organisation

6.1.2.1. Zwischenräume, Zwischenzeiten

In Anbetracht der Maßnahmen der Organisation, Sexualität beherrschbar und effektiv zu machen, stellt sich die Frage, wie und wo "nicht-organisierte" menschliche Anteile eingebracht und ausgelebt werden können. Bei der Darstellung der Maßnahmen zur Regulierung von Sexualität zeigte sich, daß bruchlose Herrschaft nicht nur nicht möglich (und erwünscht) ist, sondern daß sie immer ihre Gegensätze mitproduziert.

Nach Freuds Annahmen ist das Verbotene erregend, weil es verboten ist. Demnach stellt das Übertreten von Sexualverboten und das Umgehen von Strafen auf nicht erlaubtes Verhalten einen besonderen Reiz dar, der die Befriedigung verspricht, sich gegen die Organisation als die Schranken setzende Elterninstanz durchgesetzt zu haben. Eine solche Verlockung ist beim Aufstellen von Sexualvorschriften mitzubedenken, vor allem wenn die Entdeckung oder Ahndung der Verfehlung nicht gewährleistet ist.

Geschlechtertrennung bewirkt die besondere Erotisierung des Kontaktes zwischen Frauen und Männern, wenn sie schließlich doch kooperieren. Bei der Aufnahme von Frauen in Bürobetriebe Ende des 19. Jahrhunderts entwickelte sich eine beträchtliche erotische Spannung gerade aufgrund der hohen Reglementierung der Arbeitsabläufe (Fritz 1982,87).[104] Die erotische Spannung wurde nicht nur durch die bloße Anwesenheit von Frauen erzeugt, sondern auch durch die räumliche Nähe, die zwischen den Angestellten bestand, und durch die Notwendigkeit der inhaltlichen Zusammenarbeit. In Bürobetrieben wurde durch die erworbene Selbständigkeit der weiblichen Angestellten der zwanziger Jahre sowie durch neue Massenkonsumgüterindustrien, die im Akkord produzierte Kleider und billige Kosmetika bereitstellten, die zwischengeschlechtliche Attraktion noch weiter gesteigert (vgl. Lorentz 1984). Sie wurde um so wichtiger, je weniger eine berufliche Zukunft gegeben war, denn die Büroarbeit war als vorübergehende Tätigkeit der ledigen Frau ohne Aufstiegschancen konzipiert, und viele "Büromädels" hofften, am Arbeitsplatz einen Mann zum Heiraten zu finden. Erotik nahm also die von Marcuse so genannte Form repressiver Entsublimierung an und hing direkt von den Erwerbsbedingungen der Arbeitskräfte ab. Um in dieser Diktion zu bleiben: Lust wurde kontrollierter Befriedigung zugänglich gemacht, die der eigenen Unterwerfung einen gewissen Genuß versprach. Die andere Seite der neuen Zusammenarbeit waren unerwünschte Avancen von Vorgesetzten und Kollegen: Im

---

104 Der Rückgang der Geschlechtertrennung ist auf arbeitsmarktpolitische Notwendigkeiten zurückzuführen - in Büro- und Industriebetrieben entwickelte sich ein steigender Bedarf an Arbeitskräften innerhalb einer sich ausdifferenzierenden Verwaltung und sich verzweigenden Produktion.

Jahr 1899 kündigte der Chef eines Stellenvermittlungsbüros seiner Angestellten fristlos, weil sie seine "stille Liebe" nicht erwidern wollte (Jäggi 1991,74).

Der gegenläufige, aus Unternehmerperspektive sogar positive Effekt der Zusammenarbeit von Frauen und Männern in der Fabrik kommt im Bericht eines Fabrikinspektors für Weimar im Jahre 1899 zum Vorschein: "Die Beschäftigung von Arbeiterinnen in Fabriken hat sich in sittlicher Beziehung günstig ausgewirkt. Dieselben in gesunden guten Räumen, in größter Anzahl und in verschiedenen Altern, unter steter Aufsicht beisammen, halten nicht nur mehr auf sich, sondern auch auf den Ruf ihrer Gesamtheit. Dies beeinflußt vielfach auch das Leben außerhalb der Fabrik. Selbst das vielfach unvermeidbare Zusammenarbeiten von männlichen und weiblichen Arbeitern hat nicht nur nirgends einen ungünstigen Einfluß gezeigt, sondern wird vielfach als wohltuend und erzieherisch günstig wirkend betrachtet. Unziemlichkeiten werden dadurch mehr vermieden als gefördert, zumal da fast überall eine Anzahl älterer Frauen anwesend ist"[105] (SZ-Texte 9, 1990,61). Die gegenseitige Kontrolle der Kolleginnen und Kollegen scheint mithin so weit fortgeschritten zu sein, daß die Zusammenarbeit von Frauen und Männern keine Gefahr mehr darstellt; allerdings nur deshalb, weil stete Aufsicht gewährleistet ist und Personen verschiedenen Alters zusammenarbeiten. Immerhin zeigt die Aussage, daß die Entwicklung der Kooperation der Geschlechter mit Mißtrauen verfolgt wurde.

Aber nicht nur durch die Aufhebung bzw. nicht vollständige Durchsetzung der Geschlechtertrennung, sondern auch durch *raumzeitliche Anordnungen* wird erotische Spannung erzeugt. Innerhalb der allgemeinen Disziplinierungsprozesse, die den Menschen zur Arbeitskraft machen, wie sie Foucault und Marcuse beschrieben haben, und der spezifischen Kanalisierung und Kontrollierung der Sexualität sind widerständische und gegenläufige Prozesse am leichtesten dort möglich, wo Kontrolle am wenigsten greift und Verbote am schlechtesten durchgesetzt werden können: in den raumzeitlichen Nischen und Zwischenräumen der Organisation, die weniger überwacht und weniger angefüllt mit fremdbestimmten Tätigkeiten sind (vgl. Hearn & Parkin 1987,96). Gerade die "Verteilungen" der Menschen in Organisationen, die zur Kontrolle und Disziplinierung eingesetzt werden, produzieren zugleich ihre Lücken: Korridore, Aufzüge, Küchen, Toiletten, Reisen, Kongresse, Arbeitsessen, Auslandsaufenthalte, Betriebsausflüge, Weihnachtsfeiern, Pausen, Nachtarbeit...[106]

In den Anfängen der Frau-Mann-Kooperation erlangten schlechter überwachte zeitliche und räumliche Nischen um so größere Bedeutung, je weniger Möglichkeiten unbeobachteten Kontakts am Arbeitsplatz gegeben war (Fritz 1982). Das Nutzen der Lücken war zwar mit Angst und Peinlichkeit verbunden, konnte aber gerade durch

105 Die Strategie, verschiedene Altersgruppen zu mischen, findet sich 100 Jahre später in der Untersuchung von Cockburn (1988) wieder.

106 Vgl. dazu die Bemerkung von Aigner (1986,19) über Sex-Arbeit: "Es paßt zum Bild des kommerziellen Großstadt-Sexmarktes und der flüchtigen, fast im "Vorbeigehen" zu erledigenden Befriedigung (Peep-Shows, aber auch Kinos und Callgirls sind davon betroffen), daß neuerdings v.a. auch die Mittagspause als umsatzträchtige Zeitspanne gilt."

das Übertreten von Verboten spannend und erregend sein und zur "Bündelung" erotischer Energie innerhalb dieser Nischen beitragen - Nischen, die heutzutage ihre Bedeutung nicht verloren haben.

> "Der Lagerleiter klagte darüber, daß man am ehesten in der einzig "heißen" Zone, der Beschickung, wo Männer und Frauen am gleichen Ort zusammenarbeiten, auf "Albernheiten, Techtelmechtel hinter den Regalen" stieß. Ähnlich hatte ein Wartungsingenieur bei Steadywear seine schlimmsten Erfahrungen damit gemacht, Mädchen und Jungen in eine Reinigungsschicht zu packen. Er fand sie "küssend und knutschend an versteckten Orten der Fabrik, wo niemand hin darf" (Cockburn 1988,104).

Zu den "Zwischen-Räumen" gehört aber im weitesten Sinne jede kleine Pause und sogar jede Arbeitstätigkeit, die mehr als die durch die Arbeitsaufgabe vordefinierten Verhaltensweisen erlaubt. Schon bei einem Minimum aufeinander bezogener Tätigkeiten verschwimmt die Grenze zwischen definierter Arbeitstätigkeit und Lücke vollends - jeder Blick, jedes Wort kann "mehr" bedeuten. Aber auch die weiter unten diskutierte Phantasietätigkeit läuft im Sinne des aus der kognitiven Psychologie bekannten Phänomens des "time-sharing" parallel zur Arbeitstätigkeit ab. Das Konzept der Nische oder des Zwischenraumes in der Organisation ist demnach eher modellhaft zu verstehen - als Bild dafür, daß die Arbeitskraft immer Möglichkeiten des Widerstands hat. Es ist daher von einem stets präsenten "Untergrund"[107] parallel zum organisierten Handeln auszugehen, der dann am leichtesten zum Vorschein kommt, wenn Kontrolle und Zensur gelockert sind, also in jenen Momenten und Ereignissen mit geringster "Organisiertheit" in Türkschem Sinne. Diese haben typischerweise einen halb offiziellen, halb privaten Charakter, sind oft von Alkoholkonsum, manchmal von zusätzlichen sexuellen Stimuli begleitet und können somit Schranken verringern, die im Arbeitsalltag durch äußere und innere Barrieren aufrechterhalten werden.[108] In weniger freien oder lückenhaften Momenten bleibt dieser "Untergrund" im Verborgenen, kann aber zumindest als Phantasie jederzeit präsent sein. Manche dieser Lükken, z.B. der Betriebsausflug und die Betriebsfeier, sind bewußt institutionalisiert worden, damit überschüssige Impulse kontrollierter Befriedigung zugeführt werden können.

Dadurch daß die Menschen in Organisationen als Kooperierende zusammenkommen und sich organisationsförmig verhalten müssen, gewinnen die Zwischenräume oder Poren der Organisation das Moment "organisierter Unorganisiertheit". Denn

---

107 Burrell (1984) spricht in diesem Zusammenhang von "underlife".

108 Geschäfts- und Kongreßreisende haben hier besonders vielfältige und diskrete Möglichkeiten (vgl. Aigner 1986): Hosteß-Angebote, Pornos im Hotelzimmer-TV, Bekanntschaften im Hotel und auf Tagungen. Eine der Hauptqualifikationen von Taxifahrern und -fahrerinnen besteht darin, Geschäftsleute, die in einer fremden Stadt weilen, zu den einschlägigen Lokalen chauffieren zu können.

trotz Weihnachtsfeier sind die Menschen Vorgesetzte und Untergebene, trotz Begegnung in der Kantine Angestellte der Abteilung X oder Personalverantwortliche der Abteilung Y - aber eben nicht nur das, sondern sie sind auch Menschen mit der Überschüssigkeit ihrer organisational nicht gebrauchten Gefühle, Interessen und Wünsche.

Ideologie ist dem Nutzen von Lücken insofern funktional, als sie Schutz gegen die Sichtbarkeit von Sexualität gewährt. So trägt die Ideologie der abstrakten, rationalen Arbeitskraft dazu bei, daß beispielsweise sexuelle Belästigung als gelegentlicher Einzelfall und Widerspruch zum eigentlichen Geschehen und nicht als alltägliche Erscheinung gilt. Positiv gewendet, werden unter dem Schutz der Ideologie nicht vorgesehene intime und "verbotene" Beziehungen gelebt, die offiziell einfach wegdefiniert werden. Was nicht für möglich gehalten wird, wird auch weniger leicht zur Kenntnis genommen.

Zwar beinhalten raumzeitliche Nischen sexuelle Möglichkeiten für Männer und Frauen, gleichzeitig wegen ihres schlecht überwachbaren Charakters aber auch Gefahren. Da Sexualität keineswegs konfliktfrei sein muß, gehören Gefahr und Angst zur "Schattenseite" der Nische. Sie knüpft an die Gegenseite der Desexualisierungsprozesse an: Überwachung und Reglementierung bringen nicht nur Kontrolle, sondern auch Schutz mit sich, und analog bergen unüberwachte Räume und Zeiten nicht nur Freiheitsgrade, sondern auch Bedrohung. Vor allem sich unterlegen fühlende Personen meiden deshalb gerne diese Lücken der Organisation, die aber gerade ihnen, die weniger Artikulations- und Durchsetzungschancen haben, erweiterte Möglichkeiten des Widerstandes böten, denn Gegendiskurse und gegen die herrschenden Normen gerichtetes Verhalten sind hier gefahrloser herzustellen.

6.1.2.2. Lücken in totalen Institutionen

In totalen Organisationen wird Sexualität mit rigideren Mitteln kontrolliert als in anderen, und explizite Verbote und restriktive Überwachungsstrategien sind hier besonders ausgeprägt. Nach Burrell (1984) ist Widerstand gegen Kontrolle dort besonders gegeben, wo Kontrolle am weitesten entwickelt wurde. Wenn man von einem permanenten sexuellen Untergrund ausgeht, handelt es sich hierbei aber eher um eine bessere "Sichtbarkeit" von Sexualität in totalen Organisationen, weil sie weniger gut nach außen und in unüberwachte Zwischenräume verlegt werden kann. Die Privatsphäre ist im Extrem in die Organisation hineinverlagert, und damit ist der übliche Kanalisationsweg der Sexualität verschlossen. Um so größere Bedeutung erlangen die Lücken der Organisationen, die dann auch teilweise sehr massiv genutzt werden. Aufnahmerituale mit stark sexueller Komponente (vgl. Kap.7.4.) existieren insbesondere beim

Militär, bei der Feuerwehr, in Internaten, Kliniken und manchen Fabriken (Hearn & Parkin 1987,74). Sexuelle Gewalt passiert vor allem dort, wo strikte Grenzen die Organisation nach außen (geschlossene Organisation) und nach innen (starre Hierarchie) kennzeichnen.[109] Hier scheint "repressive Entsublimierung" vollends auszubrechen - deformierte Varianten sexueller Äußerungsmöglichkeiten unter restriktiven Bedingungen. Die weitgehende oder völlige Abtrennung des Menschen von anderen sozialen Bezügen erhöht sein Aggressivitätspotential, und die Grenzen scheinen die Legitimation zu bieten, anderen Verhaltensnormen als "draußen" zu folgen. Geduldete Formen der Sexualität treten um so mehr zu Tage, je mehr alternative Möglichkeiten beschnitten sind. So bleiben beispielsweise den Gefangenen ohne Gelegenheit zu heterosexuellem Kontakt homosexuelle Kontakte, Selbstbefriedigung, Phantasien und erotische Literatur, der Soldat im Einsatz findet Prostituierte und andere Frauen vor Ort für - teilweise gewaltsame - heterosexuelle Kontakte.

6.2. Sexuelles Verhalten in Organisationen

6.2.1. Verhalten und Erleben

"Sexuelles Verhalten" soll hier als Überbegriff für alle sexuellen Verhaltensweisen verstanden werden, die nicht zur Arbeitsaufgabe gehören und damit nicht unter "sexualisierte Arbeit" fallen. Im einzelnen kann die Trennlinie zwischen beidem allerdings fließend sein. Soll eine Verkaufsassistentin durch Flirten Kunden zum Kauf anregen, ist die Grenze zwischen verordnetem und selbstgesteuertem darüber hinausgehenden Flirten nicht eindeutig erkennbar. Nach Barbara Gutek et al. (1990,560) gilt als sozial-sexuelles Verhalten ("social-sexual behaviour") jedes nicht-arbeitsbezogene Verhalten mit sexueller Komponente. Darunter fallen bei ihr: beleidigende und anerkennende sexuelle Kommentare, (nicht-)sexuelle Berührungen, als Kompliment bzw. als Beleidigung zu verstehende Blicke und Gesten, Umgang mit Mitgliedern des anderen Geschlechts als Teil der Arbeit und sexuelle Beziehungen. Die Abgrenzung zu arbeitsbezogenem sexuellen Verhalten bleibt sie allerdings schuldig, womit auch der Ausdruck "nicht-arbeitsbezogen" nicht deutlich definiert ist. Eine Hilfsdefinition könnte lauten: Sexuelle Verhaltensweisen sind jene, die nicht in einem hypothetischen realistischen Anforderungskatalog des Arbeitsplatzes enthalten wären, wenn es einen solchen gäbe. Ein weiteres Abgrenzungsproblem ergibt sich zwischen sexuellem und nicht-sexuellem Verhalten, denn zur "Befriedigung des sexuellen Triebes", wie die Lexikon-Definition sagt, könnten auch Verhaltensweisen dienen, die nicht unmittelbar

---

109 Belege finden sich z.B. in Studien über sexuelle Gewalt in Gefängnissen und Jugendheimen (Hearn & Parkin 1987,78).

als sexuell zu bezeichnen sind. Dem Sexualtrieb und der sexuellen Lust sind keine abgegrenzten Verhaltensweisen zuzuordnen, weil deren sexueller Inhalt vom Erleben einer Person abhängig ist: Ein und dieselbe Berührung mag als sexuell oder indifferent, freundschaftlich oder anzüglich empfunden werden. In Anlehnung an Gutek et al. sollen hier aber nur jene Verhaltensweisen Berücksichtigung finden, die in Studien als sexuell bezeichnet werden und üblicherweise als solche gelten.

Die Verhaltensebene ist dabei die allgemeinste Ebene menschlicher (Re-)Aktionen und umfaßt als "inneres Verhalten" auch Gedanken, Gefühle und Vorstellungen (Clauß et al. 1981,654). Äußeres Verhalten (Handlungen, Ausdrucksbewegungen, sprachliche Äußerungen) muß nicht immer notwendigerweise bei sexuellem Verhalten vorliegen. So können alle Beschäftigte am Arbeitsplatz von einer Romanze zwischen Kollege und Kollegin wissen, ohne daß sie durch entsprechendes Verhalten bekundet wird.

Eingedenk der Tatsache, daß bei "sexuellem Verhalten in Organisationen" häufig an sexuelle Belästigung gedacht und eher das Negative als das Positive referiert wird, soll hier zwischen belästigendem und nicht-belästigendem Verhalten unterschieden werden. Zwar gibt es keine objektive Grundlage für die Diagnose "nicht belästigend" bzw. "belästigend", wohl aber im Erleben[110] der Betroffenen gravierende Unterschiede zwischen beiden. Während jedoch belästigendes Verhalten eindeutig negativ konnotiert ist, muß nicht-belästigendes Verhalten nicht unbedingt positiv sein - es kann auch indifferent oder unangenehm erlebt werden, ohne direkt belästigend zu sein. Nach Guteks Ergebnissen (1990) ist davon auszugehen, daß nicht-belästigendes sexuelles Verhalten - nach ihrer Definition - von beiden Geschlechtern wesentlich häufiger als belästigendes Verhalten erfahren wird. Dabei mußten die Befragten von einer Liste sexueller Verhaltensweisen[111] diejenigen identifizieren, die sie schon am Arbeitsplatz erlebt hatten und als (nicht) belästigend einstuften. 76,2 % der Männer und 77,6 % der Frauen in einer randomisierten Befragung hatten nach dieser Methode nicht-belästigendes, 24,6 % der Männer und 34,1 % der Frauen belästigendes sexuelles Verhalten erlebt. Die Zahlen zur Belästigung sind in anderen Studien zwar höher, aber auch dort findet sich das Ergebnis, daß die häufigsten sexuellen Verhaltensweisen nicht als belästigend eingestuft werden - wenn auch dieser Sachverhalt nicht so systematisch wie bei Gutek et al. erforscht wurde. Mit anderen Worten: Beide Ge-

110 Mit der Ebene des emotionalen Erlebens wird dem psychoanalytischen, insbesondere Alfred Lorenzers Ansatz Rechnung getragen.

111 Es handelte sich um: Komplimente sexuellen Inhalts, beleidigende Kommentare sexuellen Inhalts, Komplimente durch Blicke und Gesten, beleidigende Blicke und Gesten, sexuelle Berührungen, nichtsexuelle Berührungen, Umgang mit Personen des anderen Geschlechts am Arbeitsplatz, und sexuelle Beziehungen mit Personen des anderen Geschlechts am Arbeitsplatz.

schlechter "kennen" zum überwiegenden Teil sexuelles Verhalten in Organisationen und stufen es eher als nicht-belästigend ein. Durch die Vorgaben in der Befragung wird jedoch bereits suggeriert, daß es trennscharfe Unterschiede zwischen sexuellem und nicht-sexuellem sowie zwischen belästigendem und nicht-belästigendem Verhalten gibt; außerdem wird nur heterosexuelles Verhalten berücksichtigt.

Der Analyse belästigenden und nicht-belästigenden Verhaltens soll eine Untersuchung vorangestellt werden, die zeigt, wie schwierig die Trennung zwischen beidem von außen zu treffen ist, da sich negative und positive, belästigende und nicht-belästigende Elemente überlagern können.

6.2.2. Flirtverhalten

Eine spielerische und dezente Variante des komplexen Geschehens, das zu Annäherung und Abkehr, Interesse und Konflikt zwischen Menschen führt, ist der Flirt.[112] Blicke, Lächeln, Körperhaltung und Worte spielen beim Flirten zusammen und ergeben das, was viele das Schönste am gegenseitigen Kennenlernen finden. Obwohl es in einer kulturellen Gemeinschaft Übereinkünfte hinsichtlich "richtigen" Flirtens gibt, besitzt es doch den Charakter des Spontanen, Unvorhersehbaren und in seinen Folgen nicht Kalkulierbaren. Abgesehen vom Flirt als Element sexualisierter Arbeit gehört er also zum "unorganisierten" Teil menschlichen Handelns in Organisationen. Inwieweit er vor dem Hintergrund der Formalität der Organisation ein spezifisches Aussehen annimmt, wird in einer Untersuchung von Konecki (1990) deutlich, die im folgenden vorgestellt werden soll.

Konecki (1990) untersuchte Flirtverhalten in einem Elektronik-Unternehmen mit 1500 Beschäftigten mithilfe von Interviews und verdeckter teilnehmender Beobachtung. Er stellte sog. "parasexuelle" Interaktion vornehmlich in der Produktion, aber auch bei den Angestellten fest; darunter fielen: Anfassen und Kneifen (von Mann zu Frau), Umarmungen, flirtende Selbstdarstellung der Frauen, Simulationen sexuellen Verhaltens in engen Kontakten, partielles Ausziehen der Frauen durch Männer mit Zustimmung der Frauen, Bemerkungen zum Sexualleben einer Person und sexuelle Angebote. Sowohl Frauen als auch Männer initiierten solches Verhalten ungeachtet des Alters oder Altersunterschieds der Beteiligten. Konecki folgert daraus, daß innerhalb dieser ritualisierten Interaktion die Beziehungen zumeist symmetrischer Natur sind, und daß das Flirtverhalten ein Gruppenphänomen und keine dyadische Angelegenheit ist. Parasexuelle Interaktionen kamen hauptsächlich zwischen Personen vor, deren Arbeitsprozeß engen Kontakt erforderte. Es fand immer in Anwesenheit Dritter statt - heimliches Flirten war verpönt -, setzte sich nicht außerhalb der Arbeit fort und schloß realisierte sexuelle Beziehungen aus. Letzteres mußten Neulinge erst lernen, die glaubten, das gezeigte Verhalten sei das Vorspiel zu weiteren sexuellen Aktivitäten. Flirten fand in der untersuchten Abteilung zwischen den weiblichen Maschinenbedienerinnen und verschiedenen männlichen

112 Laut Duden bedeutet "Flirten" "den Hof machen, kokettieren". Es hatte ursprünglich im Englischen die Bedeutung von "herumflattern, herumtollen" (Drosdowski 1989,194/195).

Arbeitern (interner Transport, Mechaniker, Qualitätsprüfer u.a.) statt, von denen die Frauen insofern abhängig waren, als die Zuarbeiter den Arbeitsfluß erheblich stören und das Einkommen der nach Stücklohn bezahlten Frauen mindern konnten. Daraus entwickelte sich nun folgendes Schema: Die Mechaniker neigten dazu, um so langsamer das für den Arbeitsablauf der Frauen Notwendige zu tun, je mehr Widerstand die Frauen ihrem Flirten entgegensetzten. Da die Mechaniker weniger verdienten als die Maschinenbedienerinnen, wollten sie durch dieses Machtspiel ihren Status erhöhen, wobei interessanterweise das Eingehen auf ihr Flirten sie so zufriedenstellte, daß sie auf ihre potentielle Macht verzichteten. Sex und Macht waren also austauschbare Währungen und das eine konnte zur Kompensation des fehlenden anderen dienen. Konecki zitiert einen Beobachter (1990,61): "I once saw a press operator come to a fitter asking him to fit the press at which she was working. She started by embracing him by the neck and hugging him. After a short while he went to fit her machine". Die hier gezeigte Sex-Macht-Verbindung hat spielerischen Charakter mit ernstem Hintergrund: Sie muß rational eingesetzt werden, um die eigenen Interessen durchzusetzen.

Die Vorarbeiter verbündeten sich mit den Arbeitern gegen widerständige Frauen, deren Durchsetzungskraft dadurch weiter geschwächt wurde. Auch wenn manchen Frauen das Flirten mit manchen Männern Spaß machte, setzte die strukturell bedingte Abhängigkeit dem Spaß doch Grenzen, das eigentlich Spielerische und Spontane am Flirten ging partiell verloren und nahm Charakteristika "sexualisierter Arbeit" an. Allerdings setzten Frauen den Avancen von Neulingen massiven, auch handgreiflichen Widerstand entgegen, wenn jene aus Unkenntnis nicht die Grenzen des Flirtens einhielten (zu aggressiv, zu nah oder zu oft flirteten). Auch weibliche Neulinge mußten sich erst an die Flirtnormen gewöhnen, indem sie Verhaltensweisen uminterpretierten und angemessene Reaktionen entwickelten.

> "A press operator once told me that men were harassing her a lot when she first came to work here (they would pinch and feel her up etc.). She couldn't stand it and she would often go to the ladies room to cry. In the end she gradually got used to it and changed her tactics. She started behaving in the same way, 'snapping back' at them and using the same kind of language (vulgarisms) in order to survive and bear up against her situation in the plant" (Konecki 1990,64).

Konecki faßt die Einstellung von Männern und Frauen zu ihrem Verhalten im beispielhaften Zitat zusammen: "We are one family, so that we can behave like that" und folgert daraus den für eine gute Arbeitsatmosphäre positiven Beitrag des Flirtens. Nicht erst seit den Diskussionen um sexuellen Mißbrauch in der Familie ist bekannt, daß auch in Familien Abhängigkeit ausgenutzt und Liebe erkauft wird. Angesichts der Ergebnisse von Konecki muß angezweifelt werden, ob die Rede von "symmetrischen Beziehungen" zwischen Frauen und Männern gerechtfertigt ist. Es handelt sich jedoch um eine von Frauen und Männern gemeinsam aufgebaute Flirtkultur, die mit den üblichen Diskussionen um sexuelle Belästigung nicht hinreichend erklärt werden kann, zumal eine Täter-Opfer-Beziehung in ihr nicht eindeutig feststellbar ist.

Innerhalb der Kooperationsdimension der Organisation wird hier ein nicht zur Arbeitsaufgabe gehöriges Verhalten gezeigt, das sexueller Lust entspringt und als solches dazu da ist, Lebendigkeit und Spaß in die Monotonie des Arbeitsalltags zu bringen. Durch die Geschlechterverteilung über Arbeitsplätze, d.h. das geschlechtsspezifische Gebilde der Abteilung (Maschinenbedienung = weiblich, Mechaniker = männlich etc.), und durch Vergemeinschaftungstendenzen zur Stärkung der Durchsetzungskraft, m.a.W. durch die Herrschaftsdimension der Organisation wird aus zunächst unorganisierter Lust partiell organisierte Sexualität, die ihr Lustpotential zwar nicht verliert, sich aber als solche aus individueller Kontrolle löst und verselbständigt. Sie wird zur Ware, die gegen Dienstleistungen und Vorteile getauscht wird. Voraussetzung für diese Art der Organisierung der Sexualität sind gesellschaftlich konstruierte Geschlechterverhältnisse: die Heterosexualitätsnorm, die Verbindung männlicher Sexualität mit Aktivität und Stärke, das Bild der Frau als primär sexuelles Wesen, weibliche Sexualität als wichtige Ressource der Frau und eine geschlechtsspezifische Sozialisation, in der Mädchen lernen, daß es "normal" ist, ungefragt von Männern angesprochen oder angefaßt zu werden, Blicke und Bemerkungen zu ihrem Äußeren hinzunehmen und mit der Gefahr sexueller Gewalt zu leben.

Sexuelle Belästigung scheint eindeutigere Bewertungen als diese Flirtkultur nach sich zu ziehen, tatsächlich handelt es sich aber um Verhaltensweisen, bei denen in ähnlicher Weise verschiedene Ebenen mehrdeutigen Inhalts ineinander greifen.

6.3. Sexuelle Belästigung

6.3.1. Definition

Die Definition des EEOC (Equal Employment Opportunity Commission) in den USA für sexuelle Belästigung lautet: "Unwillkommene sexuelle Annäherungen, Aufforderungen zu sexuellen Gefälligkeiten und anderes verbales oder physisches Verhalten sexueller Art bilden sexuelle Belästigung, wenn sie unter einem der folgenden Umstände stattfinden:

- Wenn die Einwilligung in sexuelle Annäherungen eine explizite oder implizite Bedingung dafür ist, einen Arbeitsplatz zu behalten oder zu bekommen;
- Wenn ein Vorgesetzter oder Arbeitgeber eine Personalentscheidung von der Bereitwilligkeit zur Akzeptierung sexueller Annäherungen abhängig macht;
- Wenn sexuelle Handlungen die Arbeitsleistung einer Person beeinträchtigen oder eine einschüchternde, feindselige oder beleidigende Arbeitsatmosphäre schaffen" (Hopfgartner & Zeichen 1988,23).

Es werden zwei Formen sexueller Belästigung angesprochen: die "quid pro quo" Belästigung, die auf einem Handel beruht - für Sexualität werden berufliche Vorteile geboten bzw. für deren Verweigern Nachteile angedroht; und die Belästigung auf der Basis einer einschüchternden, feindseligen oder beleidigenden "Arbeitsatmosphäre". Die Belästigung muß aber laut USA-Gerichtshof dem Kriterium "sufficiently severe or pervasive" genügen, damit das Opfer Anspruch auf Schadensersatz hat (Koen 1990,91). In den von Koen untersuchten 65 Gerichtsfällen bezog sich die Mehrheit der Klagen auf die zweite Belästigung, diejenige auf der Basis der unangenehmen Arbeitsatmosphäre. In 36 % der Fälle dieser Kategorie gewann die Klägerin (es gab insgesamt nur einen männlichen Kläger). Meist war der Belästiger ein Vorgesetzter. Angesichts der Tatsache, daß die meisten Belästigungen von Kollegen ausgehen, kommen diese Fälle offensichtlich seltener vor Gericht und wird dadurch in der Öffentlichkeit das Bild vermittelt, überwiegend Vorgesetzte seien die Urheber sexueller Übergriffe. Die Bezeichnung der feindseligen Arbeitsatmosphäre fand auch Anwendung bei anderen Arten diskriminierenden Verhaltens außer sexueller Belästigung, z.B. Beleidigungen und Schimpfworte. Neben Bußgeldern sehen die Bestimmungen eine Verpflichtung des Arbeitgebers zur Prävention sexueller Belästigung vor. In Deutschland gibt es keine solche Regelung, jedoch kann auf andere Bestimmungen wie Dienstpflicht und Fürsorgepflicht des Arbeitgebers verwiesen werden.

In leichteren Fällen ergibt sich das Problem, Kriterien zu finden, ob eine Beschwerde gerechtfertigt ist oder nicht. Amerikanische Gerichte gehen davon aus, daß die angemessene Sichtweise von einer fiktiven "vernünftigen" (reasonable) weiblichen Person abgeleitet werden muß - es wird also dem Umstand Rechnung getragen, daß Frauen ein Verhalten wahrscheinlich anders beurteilen als Männer. Würde diese Person sich in der gleichen Situation belästigt fühlen, ist die Klage berechtigt. Diese Regelung schützt Frauen vor der Verharmlosung der Vorfälle durch Männer und schützt Männer vor übersensiblen Klägerinnen. Wie diese fiktive vernünftige Frau urteilt, ist allerdings eine Frage des gesellschaftlichen Umgangs mit dem Phänomen sexueller Belästigung.

Eine offizielle Definition der sexuellen Belästigung existiert in Deutschland bis zum vorliegenden Zeitpunkt noch nicht. Eine Studie von 1990 (Holzbecher et al. 1990), welche die erste bundesweit durchgeführte, nahezu repräsentative Untersuchung über sexuelle Belästigung am Arbeitsplatz darstellt und vom Bundesministerium für Jugend, Familie, Frauen und Gesundheit (BMJFFG) in Auftrag gegeben wurde, bietet an, unter sexueller Belästigung Verhaltensweisen zu verstehen, die von der Betroffenen nicht erwünscht sind, als abwertend und herabwürdigend erlebt werden und bei Verweigerung oder Duldung zu negativen Auswirkungen (Beeinträchtigung der Arbeitszufriedenheit, Schikanen, Verlust des Arbeitsplatzes) führen können. Damit sind auch hier die beiden Elemente der Erpressung und der negativen Arbeitsatmosphäre enthalten.[113] Es wird deutlich, daß sich die Definitionen zwar auf manifeste Verhaltensweisen beziehen, aber abgesehen von direkten Erpressungen ohne das Ele-

113 Zur differenzierten Rechtslage siehe Holzbecher et al. (1990).

ment des subjektiven Erlebens nicht auskommen. Dessen Objektivierung ist mithin bislang das Hauptproblem bei der Einschätzung sexueller Belästigung. Allein die Sensibilisierung der Betroffenen gibt den Ausschlag dafür, ob eine Berührung in der konkreten Situation anregend oder negativ - oder gar als Mischung von beidem - empfunden wird. Als weitere Probleme tauchen auf:

1) Bei einem Verhalten können mehrere sich überlagernde Botschaften empfangen werden. Macht ein Mann einer Kollegin ein Kompliment über ihr Aussehen, so kann sie sich freuen, ein positives Feed-back zu bekommen, und ärgern, weil er sie damit auf ihre Rolle als Frau verweist, anstatt ihre Fähigkeiten anzuerkennen. Dem Kompliment ist von vornherein nicht anzumerken, ob es liebevoll, berechnend oder beides ist. Solche diffusen Situationen tragen dazu bei, daß eindeutige Reaktionen erschwert werden.

2) Viele potentiell belästigende Verhaltensweisen sind keineswegs außergewöhnlich oder gar gewalttätig zu nennen und stellten bis vor kurzem normatives Verhalten dar: Insistierende Aktivität von seiten des Mannes trotz Weigerung der Frau gehörte zu den an Männer gestellten Erwartungen hinsichtlich ihres Werbeverhaltens, die heute keineswegs obsolet sind. Godenzi (1992) zieht aus Gesprächen mit Männern den Schluß, daß Verhaltensweisen, die von Frauen als sexuelle Belästigung betrachtet werden, für die meisten Männer alltägliche Rituale der Expression, Annäherung, Kommunikation und Bewertung seien. Pin-up-girls und Ähnliches sind gemäß der Aussagen der Männer Ausdruck ihrer Virilität, sexuellen Präferenz, ihrer ästhetischen Vorlieben, Lust und Freiheit. Sexuelle Handlungen sehen sie als Ausdruck ihrer aktiven Rolle innerhalb des Interaktionsprozesses.

3) Nicht unerheblich ist auch der dynamische Aspekt: Beim ersten Mal mag die Berührung als Zufall oder Spaß wahrgenommen werden, beim wiederholten Mal als Belästigung. Im englischen Begriff "harassment" kommt deutlicher als im Deutschen der zeitliche Aspekt der Belästigungserfahrung zutage: Ähnlich dem neuen Ausdruck des "mobbing" handelt es sich vielmehr um permanente, zermürbende, schikanöse Behandlung als um einmalige Vorfälle.

Bisher wurde stillschweigend impliziert, daß es sich bei sexueller Belästigung um weibliche Opfer und männliche Täter handelt. In der Tat ist genau diese Konstellation eines der stabilsten Ergebnisse innerhalb der sehr heterogenen Befunde zum Thema. Allerdings scheint es mehr männliche Opfer zu geben, als gemeinhin angenommen wird, während der Anteil weiblicher Täterinnen als gering anzusehen ist.

6.3.2. Das Alltagsverständnis sexueller Belästigung

Eine der hauptsächlichen Forschungsrichtungen bezüglich sexueller Belästigung besteht in künstlichen Experimenten oder Befragungen zur Einschätzung verschiedener Verhaltensweisen. Damit soll die zunächst bestehende Unklarheit hinsichtlich des Erlebens eines Verhaltens behoben werden. Laborexperimente arbeiten mit Szenarien, in denen Personen, Verhalten, Ort, Situation etc. variiert werden, Befragungen geben verschiedene Verhaltensweisen schriftlich vor. Da emotionales Erleben in der Versuchssituation sehr verschieden von jenem in der Realität sein kann, ist die Generalisierung von Versuchspersonen und Befragten auf reale Opfer in diesem Bereich jedoch als besonders schwierig anzusehen.

In der deutschen BMJFFG-Studie wurde eine beträchtliche Einheitlichkeit darin festgestellt, was als sexuelle Belästigung zu gelten hat. Das Datenmaterial stützt sich auf Intensivinterviews mit betroffenen Frauen, schriftliche Befragungen von Frauen in drei ausgewählten Betrieben, der Berufsgruppe der Sekretärinnen und einer branchenübergreifenden Stichprobe im gesamten Bundesgebiet; insgesamt wurden mehr als 4000 Fragebögen ausgewertet. In einer Liste wurden 15 verschiedene Verhaltensweisen und Situationen aufgeführt, die danach beurteilt werden sollten, inwieweit die Befragten darunter eine sexuelle Belästigung verstehen sowie, ob und wie häufig sie solche Vorkommnisse bereits am Arbeitsplatz erlebt hätten. Von den 15 Verhaltensweisen (siehe Liste S.175) wurden nur wenige mehrheitlich eher *nicht* als sexuelle Belästigung angesehen: anzügliche Witze, "zufällige" Körperberührungen, und Anstarren/taxierende Blicke/Hinterherpfeifen. Bei allen anderen Nennungen waren sich die Frauen mit mindestens 85%iger Mehrheit (Ausnahme: pornographische Bilder 75%) einig, daß es sich um sexuelle Belästigung handelt.

In einer Teilstichprobe mit Männern ergab sich eine erstaunliche Übereinstimmung mit den Einschätzungen der Frauen hinsichtlich der Bewertung belästigenden Verhaltens.[114] Dies widerspricht den Erkenntnissen der meisten US-amerikanischen Studien, die feststellten, daß Frauen mehr Verhaltensweisen als belästigend einstufen als Männer (vgl. Fitzgerald & Shullman 1993,12; Cleveland & Kerst 1993,62). Auch Godenzis Gesprächsprotokolle (siehe oben) entsprechen eher den amerikanischen Studien. Vermutlich bringen unterschiedliche methodische Vorgehensweisen (schriftliche Befragung, Gespräch, Art der gestellten Fragen) diese Heterogenität hervor, davon abgesehen, daß die Zusammensetzung der Männergruppe jeweils eine andere ist.

---

114 Jedoch glauben sie im Gegensatz zu den Frauen, daß nur sehr wenige Frauen tatsächlich belästigt würden.

6.3.3. Die Häufigkeit sexueller Belästigung

Die folgende Übersicht listet die bei der BMJFFG-Studie gefundenen prozentualen Anteile derjenigen weiblichen Befragten auf, die angaben, schon mindestens einmal am Arbeitsplatz von den genannten Vorkommnissen betroffen gewesen zu sein (Holzbecher 1992,24f).

Anstarren, Hinterherpfeifen, taxierende Blicke	84%
anzügliche Witze	81%
scheinbar zufällige Körperberührungen	70%
anzügliche Bemerkungen über Figur und sexuelles Verhalten im Privatleben	56%
unerwünschte Einladungen mit eindeutiger Absicht	35%
Pokneifen oder -klapsen	33%
pornographische Bilder am Arbeitsplatz	33%
unerwartetes Berühren der Brust	22%
aufgedrängte Küsse	15%
Telefongespräche, Briefe mit sexuellen Anspielungen	14%
Aufforderung zu sexuellem Verkehr	12%
Versprechen beruflicher Vorteile bei sexuellem Entgegenkommen	7%
Androhung beruflicher Nachteile bei sexueller Verweigerung	5%
Zurschaustellen des Genitals	3%
Erzwingen sexueller Handlungen	3%

Wenn diejenigen Verhaltensweisen unberücksichtigt bleiben, die mehrheitlich nicht als Belästigung angesehen werden - in dieser Liste die ersten drei[115] -, bleibt ein Anteil von 72% Frauen, die am Arbeitsplatz belästigendes Verhalten erfahren haben. Dieser Prozentsatz liegt höher als in vorhergehenden deutschen Untersuchungen: Die Infas-Studie ermittelte 25% (Plogstedt & Bode 1984), die Studie über den Hamburger Öffentlichen Dienst 60% (Schneble & Domsch 1990), eine österreichische Studie ergab jedoch sogar 81% belästigter Frauen am Arbeitsplatz (Hopfgartner & Zeichen 1988).

Die berichtete Häufigkeit in anderen Untersuchungen zur sexuellen Belästigung schwankt erheblich. Sie reicht in Gutek & Dunwoodys Überblicksreferat (1988) von 20% in einem gemischten Sample (Gutek 1985) bis 88% in einem weiblichen Sample (Safran 1976), Terpstra & Baker (1989) fanden bei unterschiedlichen Studien Zahlen zwischen 42% und 90%. Zur Bewertung dieser und der vorher genannten Zahlen müßten Methodik und Definitionen genauer betrachtet werden. Während bei der österreichischen Studie auch sexuelles Verhalten ohne Körperkontakt inkludiert

115 Leider wurde bei diesen Verhaltensweisen nicht gefragt, ob und inwiefern sie positiv oder indifferent empfunden wurden.

wurde,[116] verwendete die Infas-Studie nur Formen physischen Kontakts,[117] woraus die relativ niedrige Zahl von 25% belästigter Frauen zu erklären ist. In der BMJFFG-Studie sind "Hinterherpfeifen" und "anzügliche Witze" nicht bei den 72% enthalten, jedoch "anzügliche Bemerkungen über Figur und sexuelles Verhalten im Privatleben" u.ä. Außerdem werden unterschiedliche Zeiträume erfaßt: die letzten 12 oder 24 Monate, der derzeitige Arbeitsplatz oder sämtliche bisher gemachten Erfahrungen. Daraus ergibt sich, daß die verschiedenen ermittelten Häufigkeiten kaum miteinander vergleichbar sind.

6.3.4. Exkurs: Humor, Bilder und Sprüche

6.3.4.1. Sexueller Humor

"Anzügliche Witze" wurden von der Mehrheit der Befragten der BMJFFG-Studie zwar als gängiges Vorkommnis erlebt, aber nicht als sexuell belästigend eingestuft. Nimmt man andere Studien hinzu, tauchen aber die Sexwitze immer wieder auch als sexuelle Belästigung auf (Gutek 1985). Wenn Humor etwas Positives ist, bei dem sich alle Beteiligten - auch wenn sie selbst zur Zielscheibe des Humors werden - gemeinsam freuen, wäre es wünschenswert, wenn dies beim sexuellen Humor auch der Fall wäre. Warum können sich aber gerade über einen Sexwitz offenbar nicht alle gleichermaßen amüsieren?

Im Humor[118] werden Themen angesprochen, die ansonsten tabu oder für bestimmte Gruppen problematisch oder ambivalent sind. Spannungen können durch Witz entladen, Ärger, Enttäuschungen und Wünsche artikuliert werden. In dieser Hinsicht ist der Witz ein Stück Widerstand gegen tägliche (Selbst-)Disziplinierung und Anforderung an Rationalität und Sachlichkeit. Das zum Humor dazugehörige Lachen steht als (in der Regel) unkontrolliert körperliches Geschehen im Widerspruch zur entkörperlichten Arbeitskraft.

Humor vermag bestehende Verhältnisse zu stabilisieren, zu verstärken und zu verbreiten, ohne sie explizit offenzulegen (vgl. Neuberger 1988). Sexueller Humor als

---

116 Die Vorgaben beinhalteten: Hinterherpfeifen, "Kosenamen", Konfrontation mit pornographischen Bildern, anzügliche Bemerkungen über Körper und Erscheinung, angestarrt und musternd betrachtet werden, Angebot einer sexuellen Beziehung mit dem Versprechen beruflicher Vorteile.

117 Nämlich: unerwünschte Berührungen, auf den Po klatschen, Fassen an die Brust, Küssen, an die Genitalien greifen, Genitalien des anderen berühren müssen, Zwang zum sexuellen Verkehr und "anderes".

118 Witz, Scherz, Humor werden im folgenden synonym verwendet, da sie im Redefluß schwerlich voneinander abgrenzbar sind und in der Literatur zu Sexualität am Arbeitsplatz nicht differenziert werden. Genau genommen ist Humor der Überbegriff, unter den Witze (abgegrenzte Erzähleinheiten mit Schlußpointe), Scherze (weiter gefaßt, oft spontan produziert), und lustige bildliche Darstellungen fallen.

Untergruppe allgemeinen Humors ist dementsprechend als Reflexion gesellschaftlicher Geschlechterverhältnisse aufzufassen. In Collinsons Studie (1988) war zwar der Humor der reinen Männerbelegschaft auch dazu da, Widerstand gegen repetitive und wenig soziales Ansehen bietende Arbeit zu leisten und die Hierarchie der Männer untereinander festzulegen: Wer Witze nicht verstand oder sich nicht wehrte, sank in der Hierarchie nach unten. Ein noch wichtigerer Mechanismus ihres Humors war jedoch die Identifikation als soziale Gruppe mit einem ausgeprägt männlichen Selbstbild, das als selbstbewußt, unabhängig, machtvoll und potent präsentiert wurde, während sich ihr Frauenbild im Gegensatz dazu durch Passivität und Abhängigkeit auszeichnete. In ihren Witzen und Bemerkungen spielten bei jüngeren Männern sexuelle Potenz und Frauen als eroberte Sexobjekte eine Hauptrolle, bei älteren Männern ihre häusliche Vormachtstellung samt sexueller Übermacht. Manche Männer verurteilten zwar diese Gespräche im Interview, wollten sich aber nicht aus der Gemeinschaft ausgrenzen. Collinsons Ergebnisse wurden auch von anderen Autorinnen und Autoren erzielt, die in der männlichen Arbeiterkultur die Pflege männlichen Stolzes bezüglich körperlicher Arbeit und bezüglich der Dominanz über weibliche Arbeit und weibliche Eigenschaften feststellten (Willis 1979; Gray 1987; Cockburn 1988).

Der Sex-Witz, die sog. Zote, greift die Geschlechterthematik auf und ist als solcher eine beliebte Form des Bürowitzes (Neuberger 1988). Die doppelte Tabuisierung von Sexualität in der Gesellschaft und in der Organisation kann im Witz ihren Ausdruck finden. Da der Zote zudem das Stigma des "Primitiven" anhaftet und sie selten zum Thema wissenschaftlicher Erörterung wird, ist der sexuelle Bürowitz von besonderem Reiz. Das Gros der Sex-Witze aus der Welt der Arbeit nehmen die Chef-Sekretärin-Beziehung zum Thema, das in verschiedenen Variationen durchgespielt wird: die Frau als willige Sexpartnerin, als aktive Verführerin, als clevere Verweigerin männlicher Wünsche, in Konkurrenz zur Ehefrau des Chefs usw. Ohne ins Detail zu gehen (siehe hierzu Neuberger 1988), bleibt festzuhalten, daß die klassischste aller Mann-Frau-Beziehungen der Organisation deshalb sexualisiert - also mit sexueller Bedeutung angereichert - wird, weil sie gleichzeitig auch die privateste ist (Pringle 1989). Die Ambivalenz der "Quasi-Ehe" zwischen Chef und Sekretärin wird im Witz aufgelöst und verfremdend phantasiert: Die Sekretärin ist auf Bildwitzen und Cartoons (ebenso wie in der Werbung, in Romanen, Filmen) meist jung und sexy, der Chef potent. Oft sind die Frauen nicht die verführten Opfer, sondern die aktiven Täterinnen, die genau das machen, was die Männer insgeheim wünschen. So können männliche Eroberungsphantasien ohne Schuldgefühle befriedigt und Frauen als Wesen der Verkörperung sexueller Lust inszeniert werden (vgl. Seidler 1987). Diese Konstruktion befriedigt männliche Bedürfnisse mehr als weibliche und ist vorwiegend von

Männern und für Männer gemacht. Wenn Frauen auch darüber lachen bzw. selbst solche Witze erzählen, dann weil sie sich mit den einflußreicheren, statushöheren Männern identifizieren, als liebenswerte und humorvolle Frauen und Kolleginnen gelten und zum Ausdruck bringen möchten, daß sie zur Gruppe dazugehören und sich den herrschenden Normen beugen.[119]

Sind Frauen in nicht allzu kleinen Zahlen in Männerdomänen vorhanden, können sie durch eigene sexuelle Scherze Kollegen und Vorgesetzte verunsichern, wie das beim in Neuberger & Kompa (1987,140) geschilderten Fall der "Frauen bei Bosch" geschieht, deren Scherze Reaktionen auf sexuelle Anzüglichkeiten der Männer sind. Auch andere Studien belegen insbesondere für Frauendomänen eine weibliche Scherzkultur (z.B. Collinson et al. 1990, Pollert 1981, Westwood 1984, Plogstedt & Bode 1984). Frauen benutzen ihren Humor und sexuelle Anspielungen, um mit den Vorgesetzten und Kollegen zu flirten, gegen sie anzugehen oder (siehe die Studie von Konecki) ihre Ziele zu erreichen. Nischen und Zwischenräume (Toiletten, Kantine, Wege von und zur Arbeit) scheinen für ihre Scherzdiskurse eine besondere Rolle zu spielen - ein Grund dafür, daß weiblicher Humor weniger öffentlich und weniger erforscht ist. Im von Plogstedt & Bode (1984) geschilderten Fall eines Supermarktes mit Frauendominanz kommt eine Scherzkultur zutage, die so derb ist, daß sie von manchen Angestellten beiderlei Geschlechts als belästigend eingestuft wurde.

Gerade beim Sex-Witz werden Aggressionen gegen das andere Geschlecht oder gegen alternative sexuelle Orientierungen[120] zum Ausdruck gebracht. Vor allem Frauen in Männerdomänen und in Konkurrenzverhältnissen zu Männern sind mit dieser Art von Witzen und Scherzen konfrontiert. Wenn Witz und Humor jedoch auch mit Status und Macht zu tun haben, wird es vermutlich in Zukunft, wenn Frauen verstärkt gleichrangige Positionen zu Männern einnehmen, mehr von Frauen initiierte und (gegenüber Männern) sexistische Witze geben bzw. werden die bereits vorhandenen weiblichen Witze öffentlicher.

Denn Witz und Lachen sind als Mini-Widerstand und Symbol für Lebendigkeit (Neuberger 1988) für *beide* Geschlechter Chancen des Andersseins, des Anarchischen. Schuller (1991) sieht diese Chancen besonders für Frauen, die immer wieder auf bestimmte eingeschränkte Bilder festgelegt werden. In der bürgerlichen Kultur des 19. Jahrhunderts galt ausgelassenes Lachen für Frauen als ordinär, denn mit dem Lachen brachten sie ihren sexuellen Körper ins Spiel, und dieser stand unter männlicher

---

119 Zu weiteren Funktionen von "selbstabwertendem Humor" siehe Müller-Vogg, Neuberger & Dittmar (1990,74/75).

120 Huffzky (1979) behandelt ausführlich die Homosexuellen-Thematik im Witz; vgl. auch Klein (1990).

Kontrolle. "Witz und Lachen sind möglicherweise Formen, wo die sogenannte Identität selbst zu Bruch geht, oder auseinanderfliegt; und das auch nur zeitweise... Die kontinuitäts-, identitätsstiftenden Faktoren geraten im Lachen und im Witz in Verwirrung" (Schuller 1991,29). Je sicherer jemand in der Welt steht, desto leichter kann er oder sie zeitweise den identitätsstabilisierenden Weg verlassen, und je größer die eigene Kontrolle über den Körper ist, desto eher werden auferlegte Lachverbote abgeschafft. Das Potential des Sex-Witzes besteht neben seinen möglichen belästigenden Aspekten zusammenfassend darin, daß er

- Menschlichkeit und Lebendigkeit in einer versachlichten Welt symbolisiert;
- Aggressionen akzeptabel kanalisiert;
- tabuisierte sexuelle Inhalte zum Ausdruck bringen läßt;
- Selbstdarstellung möglich macht.

Diese Positiva mögen dazu führen, daß der Sex-Witz in der BMJFFG-Studie überwiegend als nicht-belästigend wahrgenommen wird und man davon ausgehen kann, daß sich das Gros der Beschäftigten gegen ein Verbot sexuellen Humors aussprechen würde. Humor ist durchaus Sache beider Geschlechter, am Arbeitsplatz kanalisiert er sich gemäß der Herrschaftsdimension der Organisation aber in eine dominante, sichtbare, (Geschlechter- etc.) Trennungen erzeugende und verstärkende männliche Version und eine unsichtbare, Lücken nutzende, weibliche Gegenversion, die gleichfalls polarisierend vorgeht, zumal Humor von pointierten Überzeichnungen lebt. Erst diese Konstellation macht ihn zuweilen zur sexuellen Belästigung.

6.3.4.2. Bilder und Sprüche

Neben Witzen gibt es noch eine Reihe anderer Sexualitätsformen, die nicht unbedingt lustig gemeint sein oder wirken müssen und zur Belästigung werden können. Dazu zählen Abbildungen, Sprüche und Graffiti, die vor allem in den Zwischen-Räumen der Organisation zu finden sind: in Gängen, Toiletten, Garagen, Außenwänden und eher dort, wo die Autorschaft kaum nachzuweisen ist. Die Toilette als einziger Ort, wo man/frau in der Öffentlichkeit nicht gestört wird, ist der beliebteste Graffiti-Produktionsraum und Sex ist das beliebteste Thema der Graffiti (Müller 1985). Im geschützten Raum der Toilette kann sich jede/r ungehemmt äußern. Zwar bricht nicht alles dort Geschriebene Tabus, aber es scheint ein Zusammenhang zwischen in einer Gesellschaft unterdrückten Themenbereichen und der Häufigkeit eben dieser Themen bei Graffiti zu geben.

Graffiti als Mittel der Einschüchterung und als Ausdruck von Aggression scheint es vor allem dort zu geben, wo gegen das Eindringen von Frauen in eine Männerdomäne vorgegangen wird: "Als in der Shoemaker-Mine weibliche Bergleute Einzug hielten, tauchten bald darauf Graffiti auf, die in verschiedenster Weise Frauenbrüste und Frauengenitalien lächerlich machten. So wurde beispielsweise eine Frau mit kleinen Brüsten "die Dame mit den invertierten Brustwarzen" tituliert. Den weiblichen Bergleuten, die sich dieser kritischen Beurteilung ausgesetzt sahen, fiel es zunehmend schwerer, ihre Selbstachtung zu wahren, und ihr Privat- und Berufsleben begann darunter zu leiden" (Wolf 1991,69).

"Xeroxlore" oder Bürofolklore bezeichnet die in vielen Betrieben kursierenden Blätter mehr oder weniger lustigen Inhalts, die in Form von kopierten Rundschreiben, Glückwünschen, Gedichten, Zeichnungen usw. zur Unterhaltung dienen sollen (Kutter 1985). Wie bei Graffiti können unzensierte Äußerungen anonym abgegeben werden, die jedoch im Normalfall länger, elaborierter, weniger obszön und arbeitsbezogener als gängige Graffiti sind. Allen gemeinsam ist, daß sie sich Luft machen über unerfreuliche Arbeitsbedingungen, ungeliebte Personen und Situationen, und daß sie mit (mehr oder weniger) Kreativität gegen Entpersönlichung und Limitierung reagieren. Gerne werden Maschinen und andere Gegenstände sexualisiert, um ihnen etwas Menschliches zu verleihen bzw. um dem Sexuellen etwas Technisches zu geben.[121]

Ein Beispiel für Xeroxlore, die zur "feindseligen Arbeitsatmosphäre" führte, findet sich bei Fisher (1990,23): "Kristine Utley, die einzige Verkaufsleiterin in der Abteilung in Goldmanns Büro in Boston, warf der Firma vor, daß die Arbeitsatmosphäre dort "feindlich, diskriminierend und sexistisch" sei. Als Beweis für ihre Vorwürfe legte sie Notizzettel vor, auf denen einige Männer ihren Kollegen die Einstellung von neuen Mitarbeiterinnen ankündigen wollten - auf jedem war ein Pin-up-Girl zu sehen, was anscheinend der neuen Mitarbeiterin ähnlich sehen sollte. Sie gab Beispiele für Witzblätter, die regelmäßig im Büro kursierten. (Ein typisches war ein Blatt mit dem Titel "Warum Bier besser als Frauen ist?", wo zu lesen war: "Ein Bier wird nicht eifersüchtig, wenn man nach einem anderen greift." Und: "Ein Bier geht immer leicht runter.")" Dieser Fall führte wegen der Klage der Frau wegen feindseliger Arbeitsatmosphäre zu erheblichen Schwierigkeiten für das Unternehmen. Das Begehren nach der Frau, gemischt mit Konkurrenzangst und Verunsicherung wurde auf Phantasien umgeleitet, in denen die Frau als bereitwilliges Objekt dargestellt wurde. Die Xeroxlore erfüllte hier - wie in der oben genannten Bergmine - offensichtlich den Zweck, mit dem Eindringen von Frauen in eine Männerdomäne fertigzuwerden und Aggressionen Luft zu machen.

Daß von Männern produzierte Sprüche, Bilder und Graffiti wesentlich dominanter als weibliche Produkte sind, liegt zum einen daran, daß die Geschlechterhierarchie Männern mehr öffentliche Artikulationsmöglichkeiten beschert, zum anderen aber auch daran, daß Frauen aufgrund ihrer untergeordneten Positionen verborgenere Ausdrucksformen ihrer Sexualität wählen, die deshalb gerne als nicht existent angenommen werden. Wie schon beim sexuellen Humor angesprochen, ist zu vermuten, daß weibliche Definitionsmacht über das, was als lustvoll und amüsant gilt, mit ihrer Präsenz in zentralen Positionen in Organisationen steigen wird.

---

121 Zur Verbindung von Technik und Erotik siehe Hacker (1989).

"Pornographische Bilder" werden von Dreiviertel der Befragten in der BMJFFG-Studie als belästigend eingestuft. Meistens handelt es sich dabei nicht um Selbsterzeugnisse, sondern um Produkte der Porno-Industrie, die als Bilder, Magazine, Videos und neuerdings als Software[122] in Organisationen kursieren. Abgesehen von ihrem häufig frauenverachtenden Inhalt kommt der belästigende Aspekt der Produkte weniger durch ihre Existenz als dadurch ins Spiel, daß Frauen meist nicht in der Position sind, über Zeitpunkt, Ort, Umfang und Inhalt der auftauchenden Pornographie zu bestimmen. Während sie bei Witzen und Geschichten selbst aktiv werden und eigene Ideen produzieren können, sind sie bei Pornographie auf die in erster Linie für männliche Wünsche hergestellten Erzeugnisse angewiesen, ein Grund dafür, daß diese eher als belästigend eingestuft werden als Sex-Witze.

6.3.5. *Belästigungskonstellationen*

6.3.5.1. Typische Muster

"Ältere, verheiratete Männer zwischen 40 und 50 Jahren mit langjähriger Betriebszugehörigkeit belästigen junge, unverheiratete Frauen, die erst kurz im Betrieb sind", so das Fazit der Autorinnen in der BMJFFG-Studie (Müller & Holzbecher 1992,35; ähnlich Gutek 1985). Jedoch ist die Belästigung durch Kollegen wesentlich häufiger als durch Vorgesetzte (in der österreichischen Studie 48% versus 18%, in der Infas-Studie 52% versus 35%, in der BMJFFG-Studie 38% versus 21%). Die belästigende Person ist Kunde, Klient usw. in 11% (Infas-Studie) bzw. 7,4% (Österreich) bzw. 14% (BMJFFG-Studie) der Fälle. Das beschriebene Bild typischer Belästigter und Belästiger legt die Vorstellung mißglückten Kontaktverhaltens zwischen potentiellen Liebespaaren nahe. Gerade die eher unspezifische, anonyme "feindselige Arbeitsatmosphäre" hat jedoch recht wenig mit Kontaktaufnahme zwischen den Geschlechtern zu tun, und es werden durchaus nicht nur junge, gutaussehende Frauen belästigt. Hängen Pin-Up-Blätter an der Wand, ist weniger die Person ausschlaggebend, welche die Blätter aufhängte, als die Kultur, die dies ermöglicht. Im allgemeinen scheinen individuelle Bedingungen überschätzt zu werden, weil Sexualität, als der Privatsphäre zugeordnet, zwischen zwei Personen wahrgenommen wird, deren Persönlichkeiten und Eigenschaften zum sexuellen Kontakt führen (Gutek 1989, Fitzgerald & Shullman 1993), während die strukturellen Bedingungen unterschätzt werden.

---

122 "Soft"ware ist ein unpassender Ausdruck, glaubt man den Recherchen von Ott (1991), die herausgefunden haben will, daß Hardcore-Pornos (teils mit gewalttätigem Inhalt) über Datennetze von etlichen Computerbenützern (und Benützerinnen?) an wissenschaftlichen Institutionen abgerufen werden.

Abgesehen vom Geschlecht (überwiegend weiblich) ist das "Opferprofil" vollkommen unspezifisch, und beim individuellen Täterprofil gibt es, wiederum abgesehen vom Geschlecht (überwiegend männlich), lediglich Anhaltspunkte, die u.a. auf die Wichtigkeit des Faktors "Einstellung zum anderen Geschlecht" hindeuten (Pryor et al. 1993). Männer mit traditioneller Geschlechtsrollenorientierung und der Persönlichkeitsvariable "sexuelle Aggressivität" belästigen eher als andere Männer.

Was zeitliche und räumliche Gegebenheiten betrifft, wurde in der BMJFFG-Studie keine Häufung bei weniger überwachten Räumen und Zeiten (Tiefgaragen, Fahrstühle, Nachtschichten) festgestellt, mit Ausnahme des Betriebsfestes, bei dem auch Alkohol eine Rolle spielt. Andere Autorinnen und Autoren (z.B. Solomons & Cramer 1985, Vaux 1993) betonen indessen die Bedeutung ambiger, halbprivater Situationen (Reisen, Geschäftsessen, Kundenbesuche) für das Vorkommen sexueller Belästigung. Unbeobachtete raumzeitliche Nischen scheinen eher dort eine Rolle zu spielen, wo Verhaltensstandards sexuelle Übergriffe zum unangemessenen Verhalten machen, insbesondere dort, wo die Position der Frau ein respektvolles Verhalten zu ihr geboten macht. Im allgemeinen ist jedoch sexuelle Belästigung ein normales, alltägliches Phänomen, das jederzeit, an jedem Ort und mit nicht eigens dafür "qualifizierten" Personen als Beteiligten abläuft.

6.3.5.2. Männer als Opfer

Was Männer als Opfer sexueller Belästigung betrifft, schwanken die Zahlen zwischen 9% (Gutek 1985), 15% (Tangri et al. 1982), 20% (Haavio-Mannila et al. 1988) und 25% der befragten Männer (Gutek et al. 1990). Bei einem Universitäts-Sample (Studierende, Angestellte und Lehrende) hatten sogar mehr Männer als Frauen sexuelle Erpressung und Bedrohung erlebt (Vaux 1993). In der BMJFFG-Studie geben 19% der Männer an, sexuelle Belästigung schon einmal erlebt zu haben, wobei sie zu 37% von einer Frau ausging, zu je 18% von männlichen Kollegen oder Kunden/ Klienten und zu 7% von einer Gruppe von Frauen. "Zufällige" Körperberührungen, unerwünschte Einladungen mit eindeutiger Absicht und anzügliche Bemerkungen spielten dabei die größte Rolle. Männer scheinen aber im Gegensatz zu Frauen weniger negative Folgen der Belästigung zu verspüren. 31 % blieben "unbeeindruckt" (Frauen: 10 %), nur 15 % (Frauen: 41 %) fühlten sich "angeekelt". 67 % der Männer in Guteks Studie von 1985 sehen sich durch sexuelle Aktivität von Frauen geschmeichelt, während sich umgekehrt 62 % der Frauen durch männliche sexuelle Aktivität beleidigt fühlen. Diese Zahlen deuten darauf hin, daß eher von Flirtverhalten als von Belästigung die Rede ist. Allerdings kann hier die Erwartung an Männer, souverän mit sexueller Aktivität von Frauen umzugehen, zu einer Beschönigung des Erlebten beitragen. Opfer homosexueller Belästigung wiederum mögen derart traumatisiert sein, daß sie das Erlebte lieber verschweigen. Vaux (1993,120) nennt deshalb Männer gar die "vergessenen Opfer".

Männer belästigende Personen sind jünger als Frauen belästigende, eher dem Mann beruflich gleichgestellt und eher desselben Geschlechts wie das Opfer. Zu dieser Konstellation gehört die von Plogstedt & Bode (1984,120ff) geschilderte Situation in einem Supermarkt, in dem die beschäftigten homosexuellen Männer von ihren Kollegen durch Anspielungen und Tätlichkeiten belästigt wurden.[123] Es ist aber auch denkbar, daß sich Männer durch die mit sexuellen Sprüchen, Witzen und Geschichten angereicherte (sexualisierte) Atmosphäre einer reinen Männergruppe belästigt fühlen, wie dies in Collinsons Studie (1988) über die Scherzkultur einer Männerdomäne zum Vorschein kommt. Zwar nannte niemand die Situation sexuell belästigend, aber es spricht nichts dagegen, den Tatbestand der feindseligen Arbeitsatmosphäre hierauf anzuwenden. Bislang ist diese Form mann-männlicher Belästigung aber weder gesellschaftlich noch innerbetrieblich als solche anerkannt. Umgekehrt stellen nicht nur Männer eine sexualisierte Arbeitsatmosphäre her, sondern auch Frauen, wie das Supermarkt-Beispiel von Plogstedt & Bode (1984) belegt. Die Frauen waren sowohl zahlenmäßig als auch von der Position her den meisten Männern überlegen, und die sexuellen Scherze, Sprüche und Kommentare einiger dominanter Frauen waren manchen weiblichen und männlichen Angestellten auf Dauer lästig.

Männer sind häufiger Opfer weiblicher Untergebener, die auf persönliche Vorteile hoffen, als Frauen Opfer männlicher Untergebener werden. In den meisten dokumentierten Fällen mit weiblichen Belästigerinnen waren die Männer jedoch Untergebene der Täterinnen. Opfer sexueller Belästigung durch Frauen sehen sich mit dem Problem konfrontiert, zum einen nicht mehr dem herrschenden Männlichkeitsbild zu entsprechen, wenn sie zugeben müssen, sich nicht individuell gegen eine Frau wehren zu können, und zum anderen sich dem Verdacht der Homosexualität auszusetzen, da die meisten Männer weibliche sexuelle Aktivität begrüßen (Quinn & Lees 1984). Sie können es sich kaum leisten, auf die Gegenwart einer Frau nicht sexuell zu reagieren, denn auch Gleichgültigkeit wird zur interpretierbaren Reaktion. Wenn betroffene Männer Untergebene der Frau sind und damit schon dem Männlichkeitsideal der Überlegenheit über die Frau widersprechen, mag ihre Scheu vor öffentlicher Beschwerde besonders groß sein und die diesbezügliche Dunkelziffer könnte sich mit

123 Ein Fall homosexueller Belästigung durch einen Statusniedrigen wird in "Newsweek" vom 21.10.1991 geschildert: Ein Professor wurde von einem homosexuellen Studenten bedrängt und mit Rufschädigung bedroht, wenn er sich nicht gefügig zeige.

dem Anwachsen solcher Arbeitsbeziehungen (weibliche Vorgesetzte, männlicher Mitarbeiter) und steigendem Selbstbewußtsein von Frauen erhöhen.

Es bleibt festzuhalten, daß vorherrschende hegemoniale Männlichkeit auf der einen Seite zwar dazu beiträgt, daß Männer wesentlich seltener als Frauen Opfer sexueller Übergriffe werden, daß sie aber auf der anderen Seite die Selbst- und Fremdanerkennung männlicher Opfer erschwert, sowohl was homosexuelle als auch was von Frauen ausgehende Belästigung betrifft.

6.3.6. Folgen und Reaktionen

6.3.6.1. Folgen sexueller Belästigung

Im folgenden sollen wieder die Hauptopfer sexueller Belästigung, die Frauen, berücksichtigt werden. Folgen und Reaktionen von Belästigungen sind insofern von Interesse, weil durch sie unter anderem die Organisation in ihrer geschlechtsspezifischen Struktur reproduziert wird und eine diesbezügliche Veränderung durch Praxis nicht zuletzt von den Konsequenzen sexuellen Verhaltens abhängt.

Etwa ein Drittel aller belästigten Frauen in der BMJFFG-Studie und in der österreichischen Studie registrierte keinerlei Auswirkungen auf sich und die Einstellung zur Arbeit. Abgesehen von weiteren 4,3% der österreichischen Befragten, die sich sogar geschmeichelt fühlten, gab der Rest negative Auswirkungen an, insbesondere wenn der Belästiger ein Vorgesetzter war. Die BMJFFG-Studie fand bei der Mehrheit der Betroffenen verstärktes Mißtrauen, erhöhte Empfindlichkeit und Aggression sowie weniger Spaß am Beruf vor. Gutek & Koss (1993) nennen in ihrem Überblick amerikanischer Studien als Folgen sexueller Belästigung für das Opfer:

- Unbehagen, sinkende Motivation und Zufriedenheit, Streß, Angst vor Enthüllung;
- Störung der beruflichen Laufbahn;
- Kündigung: Bis zu 10% der Kündigungen von Frauen erfolgen nach Guteks (1985) Schätzung aufgrund von sexueller Belästigung, ein Viertel der betroffenen Frauen in Crulls Studie (1982, zit. in Terpstra & Baker 1989) hatte selbst oder auf Druck gekündigt;
- Scham: Diese Reaktion ist auch von Vergewaltigungsopfern bekannt. Sie fühlen sich schuldig und selbst verantwortlich für den Vorfall, suchen die Ursache bei sich selbst;
- Beziehungsstörungen zu Männern im allgemeinen und zu Kollegen im besonderen;
- gesundheitliche Probleme.

Die Ergebnisse sind jedoch im ganzen eher unspezifisch und undifferenziert, was der Tatsache geschuldet ist, daß zum einen ein Sammelsurium von Verhaltensweisen und Erlebensformen unter sexuelle Belästigung subsumiert wird, und zum anderen wenig umfassende Studien zu ihren Folgen vorliegen.

Es müssen aber auch die Auswirkungen sexueller Belästigung auf die Organisation berücksichtigt werden, die kaum im Blickfeld der Forschung stehen (Tab. 3).

+	–
▪ Disziplinierung der Beschäftigten ▪ Stabilisierung geschlechtsspezifischer Arbeitsteilung und hegemonialer Männlichkeit ▪ Mittel der Gratifikation für unattraktive Arbeitsplätze ▪ Verhinderung partikulärer intimer Beziehungen, dadurch Unterstützung der Desexualisierungsmaßnahmen ▪ Unterstützung der Kapitalisierung der Sexualität durch (Belästigung inkludierende) sexualisierte Arbeit	▪ Unruhe, Beschwerden ▪ Kooperationsprobleme zwischen den Geschlechtern ▪ ökonomische Verluste durch Motivationsrückgang Absentismus Krankheit Kündigung ▪ Bindung von Energien Opfer, Täter/in, Drittpersonen, Management ▪ Imageverlust

Tab. 3: Positive und negative Auswirkungen sexueller Belästigung auf die Organisation

Nach einer Untersuchung in den USA bei 160 der 500 größten Unternehmen zieht sexuelle Belästigung einen jährlichen Produktionsverlust von durchschnittlich 6,7 Mio. Dollar pro Unternehmen nach sich (vgl. Hauch 1991,62). Durch Verschlechterungen der Beziehungen zwischen Opfer, Täter/Täterin und Kollegenschaft kann die Zusammenarbeit erschwert oder verunmöglicht werden. Zudem bindet sexuelle Belästigung als unerwünschtes Ereignis die von der Organisation eingekaufte Energie aller Beteiligten.

Auf der anderen Seite kann sexuelle Belästigung auch disziplinierenden Charakter haben, indem potentielle Opfer aus Angst vor Belästigung angepaßt und möglichst unauffällig ihre Arbeit erledigen und indem Frauen sich mit den ihnen zugewiesenen Arbeitsplätzen in Organisationen zufriedengeben und nicht wagen, in Männerdomänen einzudringen. Die Angst beider Geschlechter vor Belästigung trägt dazu bei, hegemoniale Männlichkeit zu unterstützen und keine neuartigen Geschlechterarrangements in Organisationen auszuprobieren. Eine weitere positive Auswirkung für die Organisation ist die mögliche Kanalisierung überschüssiger Sexualität der Arbeitskräfte in wenig gefährliche Bahnen, in denen durch den negativen Aspekt sexueller Belästigung potentiell gefährlichere lustbetonte, grenzüberschreitende Beziehungen verhindert werden. Sexuelle Belästigung wäre damit aus Unternehmerperspektive eine harmlose Ausdrucksform der nicht zu verbannenden Sexualität in Organisationen, eine Form, derer sich Frauen allerdings kaum bedienen (können).

6.3.6.2. Reaktionen auf sexuelle Belästigung

Die häufigste Reaktion von Frauen ist im allgemeinen das Ignorieren und Nicht-Reagieren (37,8% der belästigten Frauen in Österreich, 24% in der Infas-Studie, 51% in der BMJFFG-Studie). Als weitere Reaktionsformen haben nach der BMJFFG-Studie 36% versucht, den Belästiger zu meiden, und 40% sind scherzhaft mit der Belästigung umgegangen. Aktivere Formen der Gegenwehr (zur Rede stellen, abwehren, ohrfeigen u.ä.) haben nur Minderheiten, hier vor allem die älteren Frauen, gewählt. Dies und die Tatsache, daß nach einer Reihe von Studienergebnissen weibliche Lehrlinge am meisten unter sexueller Belästigung leiden, deuten auf einen Lernprozeß der Frauen zur aktiven Gegenwehr im Lauf ihres Berufslebens hin.

Werden diesen informellen Reaktionen die formalen Schritte der Klage und Beschwerde gegenübergestellt, so zeigt sich eine klare Vorliebe für ersteres. Offizielle Beschwerden sind nicht nur mit Unannehmlichkeiten verbunden, sondern auch häufig mit dem Unverständnis von Kolleginnen/Kollegen und Vorgesetzten, auch wenn die Beschwerde von den zuständigen Stellen sorgfältig bearbeitet wird (Fitzgerald & Shullman 1993). Die übliche Prozedur der verdeckten Recherche bringt Unruhe und Mißtrauen in die Kollegenschaft und erschwert die Reintegration der/des Betroffenen. Dabei zeigt sich nicht selten, daß insbesondere Frauen sich schützend vor den Täter stellen und eine Koalition mit ihm gegen die Beschwerdeführerin eingehen. Die durch gesellschaftliche und betriebliche Geschlechterhierarchien mitverursachte Konkurrenz unter Frauen um die Gunst der Männer und die weibliche Unterstützung hegemonialer Männlichkeit macht hier solidarisches Handeln zum Problem.

Hinzu kommt, daß vor allem von Inhaberinnen sexualisierter Arbeitsplätze ein professioneller Umgang mit sexuellen Übergriffen erwartet wird. Eine Beschwerde kommt damit dem Eingeständnis mangelnder Qualifikation für den Arbeitsplatz gleich (Müller & Holzbecher 1992). So beharren viele Verantwortliche darauf, daß sexuelle Belästigung in ihrer Organisation kein Thema sei, weil sich die Frauen selbst dagegen wehren könnten. Auf diese Weise unterstützt sexuelle Belästigung bzw. die Angst davor die Kapitalisierung weiblicher Sexualität.

Zentraler für den Umgang der Geschlechter miteinander ist aber m.E. nicht die unmittelbare Reaktion auf eine Belästigungshandlung, sondern vorwegnehmende Vermeidungsstrategien von Frauen, mit denen sie schon erlebte, beobachtete oder lediglich erwartete potentielle Belästigungen von vornherein umgehen wollen. Hierunter fallen selbstdisziplinierende Strategien hinsichtlich Benehmen, Kleidung und Verhalten besonders in weniger formalen Situationen (Betriebsfeiern, Einladungen, Dienstreisen), aber auch - und wesentlich folgenreicher - die Arbeitsplatzwahl. Pringle (1988,93) stellt fest, daß viele Sekretärinnen ihren Arbeitsplatz u.a. aus Gründen der Minimierung potentieller Belästigung gewählt hätten.[124] Vermutlich läßt neben anderen Gründen auch die Angst vor sexueller Belästigung viele Frauen davor zurückschrecken, nicht-traditionelle Arbeitsfelder, gerade im technischen Bereich, zu wählen. Damit unterstützen diese Strategien die Stabilisierung der Organisation als geschlechtsspezifisches Gebilde und männliche Vergemeinschaftung.

Was eindeutige Reaktionen erschwert, ist die häufig vorliegende Ambiguität der Situation durch die Vermischung von freundschaftlichem und belästigendem Verhalten, die keine Rückschlüsse auf die Motivation der Täter zuläßt. Ein allgemeines Ergebnis besagt, daß um so aktiver reagiert wird, je massiver, d.h. je eindeutiger die Belästigung ist und je länger sie andauert (Gutek & Koss 1993), was auf den Stellenwert des zu Anfang genannten zeitlichen Aspekts verweist.

Je mehr Reaktionsmöglichkeiten dem Opfer potentiell offenstehen, desto weniger ist es sexuelles *Objekt* und desto mehr wird es zum *Subjekt* seiner Wünsche. Voraussetzung dafür ist, daß Reaktionen auch eine Wirkung haben und mit ihnen eine gewisse Kontrolle ausgeübt werden kann. Sämtliche Taktiken, seien sie vorbeugender oder nachträglicher Natur, laufen auf ein bewußtes "Sexualmanagement" hinaus, im Extrem auf die Unterdrückung jedweder Spontaneität und Sexualität (Cockburn 1988, 204). Auf der anderen Seite wird potentiell belästigendes Verhalten um so mehr kontrolliert, je mehr Regelungen und offizielle Richtlinien gegen sexuelle Belästigung eingesetzt werden. Belästigung kann damit als Kampf um Freiheitsspielräume gedeutet werden: Je länger sich jemand ungestraft und ungestört belästigend verhalten kann, desto weniger Freiräume hat der/die andere. Je schneller umgekehrt jemand ein unerwünschtes Verhalten zu stoppen vermag, desto mehr eigene Vorstellungen von Lust und Sexualität kann er/sie einbringen.

In Abb. 4 werden die verschiedenen Reaktionsmöglichkeiten des Opfers, der Kollegenschaft und des Managements in Beziehung zu ihrer das Vorkommen sexueller Belästigung aufrechterhaltenden bzw. verringernden Funktion dargestellt, wie es in der Literatur andiskutiert wurde. Jedoch ist der Erkenntnisstand diesbezüglich nicht weit fortgeschritten. Zudem muß bedacht werden, daß zwar eine eher passive Reaktion belästigendes Verhalten kaum stoppt, aber trotzdem individuell für das Opfer in

124 Eine Vorstandsabteilung hieß "twenty five year club" aufgrund der Länge des Zusammenseins der Abteilungsmitglieder. Es gab zwar keine erotische Spannung in der Abteilung, aber zumindest auch keine sexuelle Belästigung.

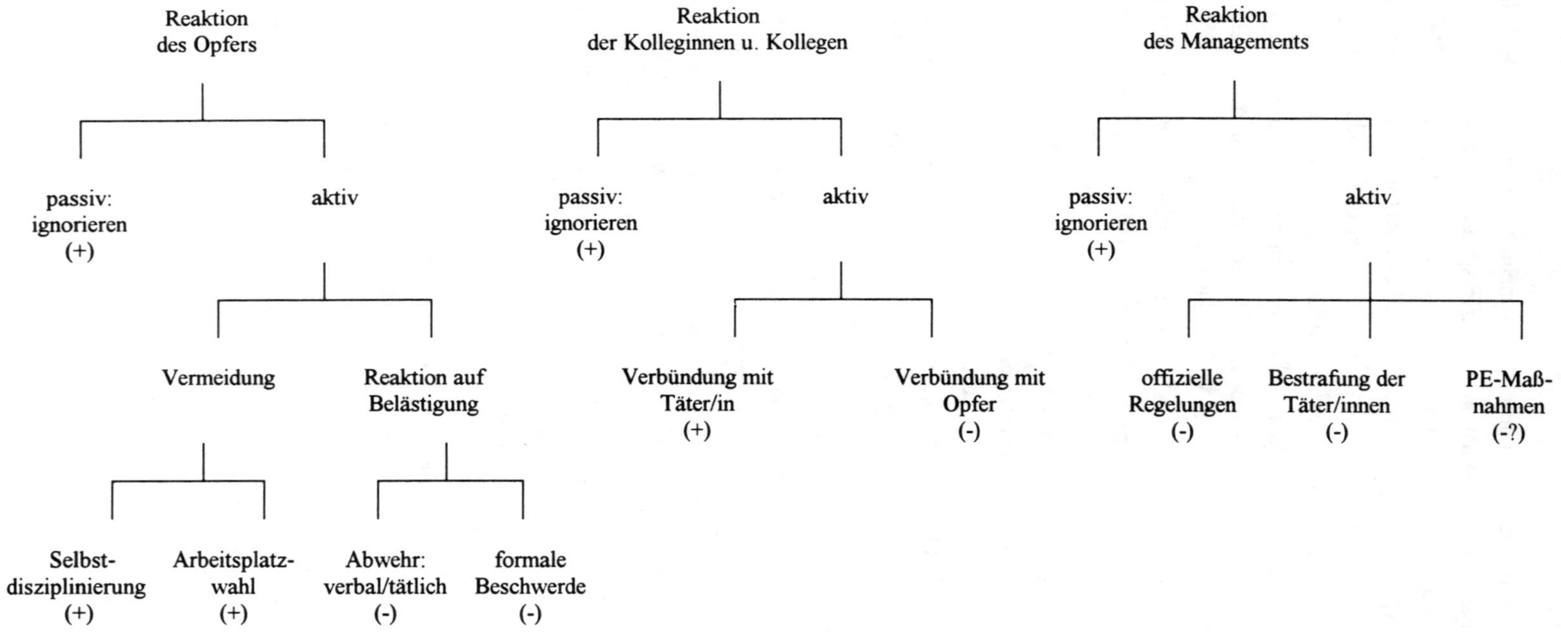

Legende: sexuelle Belästigung wird
(+) stabilisiert
(-) destabilisiert

Abb. 4: (De-)stabilisierende Reaktionen auf (potentielle) sexuelle Belästigung

Anbetracht aller möglichen Konsequenzen die sinnvollste Strategie sein kann. Umgekehrt mag ein aktives Vorgehen das Verhalten des Täters ändern, aber für das Opfer trotzdem schädlich sein (indem es isoliert oder gar versetzt wird), wie manche Untersuchungen festgestellt haben (Hopfgartner & Zeichen 1988).

6.3.7. Organisationsfaktoren zur Entstehung sexueller Belästigung

6.3.7.1. Allgemeines

Wenn man davon ausgeht, daß sexuelle Belästigung nicht nur am Arbeitsplatz vorkommt, sondern tagtäglich auf der Straße, in öffentlichen Verkehrsmitteln und in Geschäften, stellt sich die Frage, inwieweit sie am Arbeitsplatz von organisationsspezifischen Größen - namentlich der "Formalität" der Organisation - beeinflußt wird. Von besonderem Interesse sind hierbei das geschlechtsspezifische Gebilde der Organisation und die Vergemeinschaftungsdimension: Sie tragen dazu bei, daß Frauen und Männer hinsichtlich Position, Aufgabe und Arbeitsplatz geschlechtersegregiert tätig sind[125] (Gebilde) und daß Ausschlußtendenzen gegenüber Nicht-Mitgliedern bestehen (Vergemeinschaftung). Hinzu kommen die durch die Kooperationsdimension hergestellten "Organisationskulturen", in die sich Faktoren wie die "Arbeitsatmosphäre" noch am ehesten einordnen lassen.

6.3.7.2. Horizontale und funktionale Arbeitsteilung

Werden im Rahmen des geschlechtsspezifischen Gebildes der Organisation Arbeitsplätze gezielt Frauen bzw. Männern zugewiesen, befindet sich das andere Geschlecht jeweils in der Minderheit, wobei hier analog zum Konzept der Männerdomäne (vgl. Kap.7.1.) davon ausgegangen werden soll, daß ein Anteil von bis zu 15% der jeweiligen Minderheit als "nicht-traditioneller Arbeitsplatz" für diese Gruppe anzusehen ist. Im Rahmen der Kapitalisierung weiblicher Sexualität wurde bereits angesprochen, daß typische weibliche Arbeit häufig sexualisiert ist in dem Sinne, daß Sexualität zur Arbeitsaufgabe dazugehört und zu Geld gemacht wird. Innerhalb dieser funktionalen Arbeitsteilung trägt die Sexualisierung der Arbeit dazu bei, daß Situationen mit Vorgesetzten, Kunden und Kollegen belästigenden Charakter annehmen können (vgl. MacKinnon 1979, Adkins 1992). Da sexuelle Belästigung somit zum integralen Bestandteil des Arbeitsplatzes wird, ist sie zugleich "normaler" und weniger auffällig als

---

125 Innerhalb der Geschlechterverteilung über Arbeitsplätze müssen als Voraussetzung für heterosexuelle Belästigung jedoch überhaupt Kontaktmöglichkeiten zwischen Frauen und Männern gegeben sein. Wo perfekte Geschlechtertrennung durchgesetzt wird, findet keine heterosexuelle, dafür um so mehr homosexuelle Belästigung statt (Hearn & Parkin 1987).

bei nicht sexualisierten Arbeitsplätzen. Auch wenn nicht alle traditionell weiblichen Arbeitsplätze sexualisiert sind, läßt sich feststellen, daß bei ihnen wesentlich weniger Vorfälle sexueller Belästigung angegeben und diese weniger problematisch betrachtet werden als bei nicht-traditionellen Arbeitsplätzen (Gutek 1985, Fitzgerald & Shullman 1993). Wo Sexualität verkauft wird, wird anzügliches Verhalten "mit in Kauf genommen" und als Teil des Berufes betrachtet. Dafür spricht auch, daß uneindeutige Verhaltensweisen von Mann zu Frau in Frauendomänen weniger als Belästigung empfunden werden als in Männerdomänen (Sheffey & Tindale 1992).

Den Studienergebnissen zufolge, die durch die unter "Bilder und Sprüche" genannten Beispiele illustriert werden, nehmen Frauen auf nicht-traditionellen Arbeitsplätzen nicht nur mehr sexuelle Belästigung wahr, sondern diese ist auch feindseliger und geht öfter von Kollegen aus als bei traditionellen Arbeitsplätzen (DiTomaso 1989, Gruber & Bjorn 1982, Lach & Gwartney-Gibbs 1993). DiTomaso (1989,74) zieht den Schluß: "Women who work in traditional female settings have to accept low wages, while women who work in non-traditional settings frequently have to accept unpleasant working conditions." Hier kombiniert sich das geschlechtsspezifische Gebilde mit der Vergemeinschaftung der Männer - innerhalb derer sich Männer verbünden und gegenseitig stärken - gegen die neue Konkurrenz der Frauen, und führt zu Formen der Abwehr und Distanzierung. Paradoxerweise führt sexuelle Annäherung in diesem Fall also zur Distanzierung zwischen den Geschlechtern.

In engem Zusammenhang mit dem Vorliegen einer Männerdomäne steht das Männlichkeitsbild, das in der Organisation herrscht. Je maskuliner die Kultur geprägt ist, desto eher geschieht sexuelle Belästigung, ein Ergebnis, das insbesondere für Militär und Polizei belegt ist (Vaux 1993, Müller & Holzbecher 1992, Hearn & Parkin 1987).

Innerhalb der Vergemeinschaftungsdimension der Organisation tendieren Vorgesetzte und belästigende Männer dazu, eine bewußte oder unbewußte Koalition einzugehen, indem die einen die Vorfälle ignorieren, um Zufriedenheit und Kohäsion der Belegschaft zu sichern, und die anderen mit deren Toleranz rechnen können. Vom Management werden um so mehr streßreduzierende Mechanismen erlaubt, je belastender der Arbeitsplatz ist (Hearn & Parkin 1987,83), und darunter fällt auch sexuelle Belästigung als "repressive Entsublimierung" unter entfremdeten Arbeitsbedingungen. Als Beispiel wird das hohe Ausmaß sexueller Belästigung bei der Polizei angeführt, deren Tätigkeit sich durch ungünstige Arbeitszeiten und durch teils repetitive, teils gefährliche Arbeit als besonders belastend erweist. Die bereits angesprochene Funktion der Kanalisierung der Sexualität in ungefährliche Bahnen kann also bei unattraktiven Arbeitsplätzen eine vordringliche Managementaufgabe darstellen. Die "Erlaubnis" zu sexueller Belästigung wäre dann eine Belohnung für belastende Tätigkeiten, und umgekehrt würde das Verbot solcher Verhaltensweisen womöglich eine Änderung der Arbeitsplatzbedingungen erforderlich machen, an der Arbeitgebern nichts gelegen ist.

Für die Zukunft ist zu prognostizieren, daß das Ausmaß und die Stärke von sexueller Belästigung in dem Maße steigen wird, wie Frauen zunehmend in Männerdomänen eindringen. Je mehr sie formal den Männern gleichgestellt sind, desto mehr Einschüchterung wird von konkurrierenden Kollegen erfolgen und desto weniger von Vorgesetzten, die eher klassische Frauenrollen am Arbeitsplatz ausnützen.

6.3.7.3. Vertikale Arbeitsteilung

Die typischen von Vorgesetzten ausgehenden Übergriffe sind im Gegensatz zur von Kollegen ausgehenden Belästigung rückläufig. Zum einen deshalb, weil auch untergeordnete Frauen heute ihren Vorgesetzten nicht mehr im gleichen Ausmaß ausgeliefert sind wie ehedem, zum anderen, weil patrimoniale Verhältnisse mit sexueller Initiative des Mannes und passivem Abwarten der Frau immer weniger der allgemein akzeptierten Norm entsprechen. Trotzdem sind noch genug Frauen in untergeordneten Positionen und in Abhängigkeitsverhältnissen zu männlichen Vorgesetzten der Gefahr des Machtmißbrauchs ausgesetzt (Vaux 1993,129), die durch Karrieredruck potenziert werden kann.[126] Wenn statusniedrige Personen im allgemeinen weniger eigene Gefühle zeigen dürfen und mehr mit unangemessenen Verhaltensweisen anderer konfrontiert werden als statushohe Personen (Hochschild 1990), können erstere weniger Unmut über unerwünschtes Verhalten kundtun und müssen eher freundlich reagieren als Frauen in höheren Positionen. Allgemein gesprochen trägt jede Art interner geschlechtsspezifischer Arbeitszuweisung und Diskriminierung zu Ungleichheiten zwischen Frauen und Männern bei, die wiederum Anlaß zu asymmetrischen Interaktionen einschließlich sexueller Belästigung bieten. Die einzigen Determinanten sind sie allerdings nicht, da Belästigung auch von Untergebenen, von gleichgestellten Frauen zu Männern und von Männern zu Männern erfolgt.

6.3.7.4. Erotisierte Arbeitsatmosphäre

Die "erotisierte Arbeitsatmosphäre" wird von Haavio-Mannila et al. (1988) gemäß ihren Ergebnissen als Hauptfaktor für sexuelle Belästigung bezeichnet. Ihre Definition - Verhaltensweisen und Beziehungen werden sexuell gedeutet, ohne es zu sein - bleibt allerdings vage. Auch Gutek (1985) betont die Wichtigkeit einer "sexualisierten Ar-

---

126 Diese Konstellation lag beim aufsehenerregenden Fall von Anita Hill gegen Clarence Thomas in den USA vor.

beitsatmosphäre" für sexuelle Belästigung. Sie umfaßt sexuelle Sprüche, Witze, Kommentare und Aufmerksamkeit für weibliche Attraktivität und Kleidung. Die Verwandtschaft beider Konzepte mit der "feindseligen Arbeitsatmosphäre" in der Definition sexueller Belästigung liegt auf der Hand, wenn auch letztere für die rechtliche Anerkennung sehr gravierende Formen annehmen muß. Allerdings ist ihre Diagnose, wie schon die Rechtssprechung zeigt, äußerst diffizil, zumal die "Atmosphäre" von verschiedenen Personen unterschiedlich wahrgenommen werden kann, so daß die Objektifizierung dieses Organisationsfaktors mithin zum Problem wird. Fitzgerald & Shullman (1993,15) schlagen vor, die Arbeitsatmosphäre dadurch zu bestimmen, daß die Organisationsmitglieder die von ihnen vermuteten offiziellen Folgen (keine Folgen, Tadel, Verweise, offizielle Untersuchung etc.) verschiedener belästigender Verhaltensweisen von Vorgesetzten, Kolleginnen/Kollegen etc. angeben sollen, womit herausgefunden werden könnte, wie lange jemand ungestraft belästigen darf. Gutek (1985) läßt die Befragten zur Messung der sexualisierten Arbeitsatmosphäre Fragen wie diese beantworten: "Würden Sie sagen, daß Scherze und Gespräche über Sexuelles an Ihrem Arbeitsplatz häufig, manchmal oder gar nicht vorkommen? Wie viele Frauen (Männer) benehmen sich gegenüber Männern (Frauen) in sexuell verführerischer Weise? Die meisten, einige, kaum jemand, niemand?" Es ist zu vermuten, daß solche Fragen schwer zu beantworten sind und in ihrer quantifizierenden Art eine Objektivität suggerieren, die kaum gegeben ist.

Offensichtlich stellt die Arbeitsatmosphäre, die zur gemeinsam hergestellten Organisationskultur gerechnet werden kann, einen wichtigen Faktor für sexuelle Belästigung dar, jedoch mangelt es an der empirischen Bestimmung dieser Größe und an Erkenntnissen über die Erlebensebene der Beteiligten. Denn auch eine hocherotisierte Atmosphäre muß nicht unbedingt belästigend sein, im Gegenteil könnte sie auch äußerst anregend erlebt werden.

6.3.7.5. Offizielle Regelungen

Klare Richtlinien, ob formal oder informell, scheinen Vorfälle sexueller Belästigung zu verringern (Lach & Gwartney 1993; Fitzgerald & Shullman 1993). Es besteht aber auch die Möglichkeit, daß sie weniger bereitwillig gemeldet werden, weil damit eine offizielle Maschinerie mit unabwägbaren Folgen in Gang gesetzt wird. Die Einschätzung der Effizienz dieses Faktors, der zu den Maßnahmen organisationaler Sexualpolitik gehört, wird dadurch erschwert, daß keine Evaluationsstudien hinsichtlich offizieller Regelungen und Interventionen einschließlich neu geschaffener Sensibilisierungsprogramme (im Rahmen von Personalentwicklungsmaßnahmen) vorliegen. Zudem kann eine Organisation über offizielle Vereinbarungen mit bloßer Alibifunktion verfügen, eine andere dafür ohne solche Regelungen inoffiziell sehr hart gegen belästigende Personen vorgehen. Wie zu Anfang erwähnt, besteht die Gefahr, daß Reglementierungen, deren Einhaltung schwer überprüft werden kann, einen Anreiz bieten, sie zu übertreten.

Regeln und rechtliche Schritte, als Herrschaftsmoment begriffen, bergen das Potential der Einmischung in private Angelegenheiten in sich, die damit noch mehr unter organisationaler Kontrolle geraten. Im Fall sexueller Belästigung dringen aber weniger die Führungsspitzen als die Betroffenen auf offizielle Regelungen, die somit nicht vorrangig im Interesse der Organisation liegen. Ein Grund dafür mag in den für die Organisation (auch) positiven Effekten sexueller Belästigung liegen. Zudem wirken Strafen und Verbote[127] in modernen Organisationen fast schon anachronistisch, geht doch die Tendenz klar zu instrumentalisierenden Formen der Kontrolle. Offizielle Richtlinien fallen aber bereits unter die im nächsten Abschnitt behandelte Diskursivierung sexueller Belästigung.

6.3.8. Diskurse über sexuelle Belästigung

Mit Foucault ist zu fragen, warum und wie der Begriff "sexuelle Belästigung" zustande kommt und was mit ihm bewirkt wird. Das verstärkte Reden über dieses Phänomen, im Extrem in den öffentlichen Anhörungen und Verhandlungen in den USA vorexerziert, bestätigt Foucaults Diktum, daß Sexualität in zahlreichen und ausschweifenden Diskursen ans Licht gebracht wird, die den Charakter des Geständnisses und der Wahrheitssuche haben. So wird womöglich ein Problem erst erzeugt, das zuvor unter allgemeine Konflikte am Arbeitsplatz eingereiht oder gar nicht problematisch gesehen wurde. Vor allem die Befragungen nach erlebter sexueller Belästigung machen nachträgliche Interpretationen möglich, die aus dem Fluß mehr oder weniger sexuell konnotierter Verhaltensweisen einige extrahieren und mit einem Namen versehen. Umgekehrt wird bei Männern die Erfahrung sexueller Belästigung nicht erwartet, sie werden gar nicht danach gefragt oder ihre Erfahrungen werden anders benannt und damit potentielle Belästigung wegdefiniert. Insgesamt wäre eine Einordnung sexueller Belästigung in andere negativ erlebte Situationen vonnöten, um ihren Stellenwert bestimmen zu können. Womöglich stellt sich heraus, daß sie eine der harmloseren Varianten täglicher Schikane am Arbeitsplatz ist.

---

127 Der Chef des Hamburger Polizeidienstes hat kurzerhand und angeblich mit Erfolg alle Pin-up-Blätter in Spinden und Büros verboten. Ob dies in anderen Organisationen auch funktionieren würde, bleibt dahingestellt.

Beim Thema "sexuelle Belästigung" soll wieder ein Teil Sexualität zwecks Strafverfolgung verrechtlicht, abgegrenzt und kategorisiert werden. Dadurch werden bestimmte Verhaltensweisen aus dem Handlungsfluß herausgeschnitten, benannt und fixiert, während andere unbenannt bleiben. Die Rede über sexuelle Belästigung lenkt in dieser Perspektive den Blick vom Rest des Geschehens ab, der Stereotypisierung weiblicher Arbeitstätigkeiten, Funktionalisierung weiblicher Sexualität, Diskriminierung wegen familiärer Pflichten usw. umfaßt. Diese Erscheinungen sind automatisch normal, legal und akzeptiert, solange sie außerhalb der Definition von Belästigung stehen.[128] Das, was als sexuelle Belästigung gilt, wird von Politik, Gesetzgebung, Arbeitnehmer- und Arbeitgeberverbänden definiert, ist also Macht- und Biopolitik. Wie sich aber die Homosexuellen erst formieren und Gehör verschaffen konnten, als ihre Sache in der Allgemeinheit bekannt und beschrieben war, so können sich belästigte Opfer nur organisieren, wenn ihr Anliegen einen Namen und einen Stellenwert in der Diskussion hat. Die neu erschaffene Trennung zwischen belästigendem und nichtbelästigendem Verhalten ist demzufolge daraufhin zu prüfen, wer sie aus welchen Gründen vornimmt. Dementsprechend sind mögliche Funktionen des *Diskurses* über sexuelle Belästigung in Organisationen:

- Diskussion eines Personalproblems zum Zweck des Schutzes der Opfer und zur Verminderung von Produktionsverlusten, die durch sexuelle Belästigung entstehen;
- Biopolitik: Disziplinierung vor allem der männlichen Arbeitskräfte durch Strafandrohung bei Fehlverhalten, Disziplinierung vor allem der weiblichen Arbeitskräfte durch vorbeugende Reglementierung von Kleidung und Benehmen;
- "Normalisierung" und Legalisierung alles außerhalb der Definition sexueller Belästigung liegenden Verhaltens;
- Möglichkeit, sich unliebsamer Arbeitskräfte zu entledigen oder sie in Schwierigkeiten zu bringen, indem man sie der sexuellen Belästigung beschuldigt;
- Symbolic Management: sich als fortschrittliches Unternehmen darstellen, das z.B. eine Betriebsvereinbarung bezüglich sexueller Belästigung aufstellt;
- Ablenkung von anderen organisationalen oder gesellschaftlichen Problemen.

6.3.9. Zusammenfassung

Ihre aufgezeigten Formen nimmt sexuelle Belästigung nach Cockburn (1991,143) vor dem Hintergrund gesellschaftlicher männlicher Vorherrschaft an, die dazu führt, daß jeder Mann zunächst sexuelle Übermacht relativ zu jeder Frau hat und daß jede Frau

128 Deshalb sind manche Autorinnen und Autoren dazu übergegangen, Diskriminierungsmechanismen als "gender harassment" zu bezeichnen und damit den Belästigungsbegriff erheblich zu erweitern (z.B. Fitzgerald & Shullman 1993).

ohne Schutz von Vater oder Ehemann - also praktisch jede Frau am Arbeitsplatz - Verhandlungs- und Spielobjekt der männlichen Gemeinschaft wird. Auch wenn diese Sichtweise zu sehr die Opferrolle der Frau betont, wird dadurch doch das große Ausmaß und die Normalität sexueller Belästigung am Arbeitsplatz verständlich. Sie ist Teil hegemonialer Männlichkeit und damit nicht nur für Frauen, sondern auch für Männer ein Problem, die sich dieser Form von Männlichkeit nicht nahe fühlen. Gleichzeitig zeigte sich, daß Frauen sowohl (seltener) als Täterinnen als auch (häufiger) als Verbündete des Täters hegemoniale Männlichkeit unterstützen und reproduzieren.

Unter kapitalistischen Arbeitsverhältnissen kann nach Marcuse Sexualität nur noch auf entmenschlichte, reduzierte Weise - als Belästigung, Gewalt u.a. - ausgedrückt werden. Das Sexuelle in Form sexueller Belästigung ist demzufolge herrschaftskonforme, ungefährliche, kontrollierte Befriedigung, welche die "Enterotisierung der Umwelt" (Marcuse) unterstützt. Der von Schmidt (1988) proklamierten Distanzierung der Geschlechter voneinander bei intensiver Zusammenarbeit wird paradoxerweise durch sexuelle Belästigung Vorschub geleistet, denn wirkliche Nähe und Zuneigung kann in einem Klima unangenehmer, schikanöser Behandlung kaum entstehen. Infolgedessen dürfte bei Unternehmensführungen kein großes Interesse daran bestehen, sexuelle Belästigung zu unterbinden, sondern im Gegenteil müßte deren Aufrechterhaltung gefördert werden, um gefährlichere Formen der Entsublimierung unter Kontrolle zu halten.

Auf der Mikro-Ebene, der Täter-Opfer-Beziehung, hat sexuelle Belästigung die Funktion der *Distanzierung der Geschlechter* voneinander (siehe Tab. 4).

Die *Ordnungsdimension* der Organisation macht aus sexueller Belästigung ein wenig sichtbares Geschehen, das sie als vereinzelte pathologische Verirrung erscheinen läßt. Universalistische Rationalität und Asexualität überdecken sexuell belästigendes Verhalten mit einer Schicht von Schweigen und Unverständnis. Unterstützt wird diese Sichtweise durch Legitimationsmuster, die sexuelle Belästigung bagatellisieren ("nicht generalisierbare Ausnahmen"), reifizieren ("war schon immer so zwischen den Geschlechtern"), tabuisieren ("bei uns kein Thema") und externalisieren ("damit muß sie als ... selbst fertig werden"). Ihre Normalität in Organisationen entlarvt jedoch den Mythos der entkörperlichten Arbeitskraft, und ihre geschlechtsspezifische Gestalt macht aus der nun körperlichen Arbeitskraft eine dominant männliche, deren Definitionsmacht über Sexualität mehr Frauen als Männer in Situationen bringt, in denen sie mit unerwünschtem sexuellen Verhalten konfrontiert sind. Die Ordnung verschiedener Männlichkeiten mit Dominanz der hegemonialen Seite macht homosexuelle Belästigung und männliche Opfer zu besonders inadäquaten und inakzeptablen Phänomenen, deren Sichtbarmachung und Anerkennung dadurch erheblich erschwert wird.

- Mikropolitik bzw. Mikro-Biopolitik: Platzverweis für Personen, die in gegengeschlechtliche Domänen eindringen; oder: Versuch von Untergebenen, sich persönliche Vorteile zu verschaffen;
- Machtmißbrauch (bezüglich positionaler Macht);
- Stabilisierung der Machtungleichgewichte zwischen den Geschlechtern;
- Demonstration der Zugehörigkeit zur hegemonialen (heterosexuellen) Männlichkeit;
- Widerstand gegen repressive Arbeitsbedingungen, gegen Eintönigkeit und Frustrationen;
- Ablenkung, Streßminderung;
- Reaktion auf die Entsexualisierung der Körper: repressive Entsublimierung;
- Vermeidung der Entstehung intimer, erotischer Beziehungen aus Angst vor dem Aufkommen unkontrollierbarer Gefühle.

Tab. 4: Funktionen sexueller Belästigung

Das geschlechtsspezifische *Gebilde* der Organisation bewirkt, daß sich Frauen auf untergeordneten Positionen nur erschwert gegen sexuelle Belästigung wehren können, und daß sie häufig negative Folgen in Kauf nehmen müssen. Als Minderheiten in Männerdomänen sind sie von sexueller Belästigung aus Konkurrenzmotiven betroffen, als Mehrheiten in Frauendomänen von Belästigung als Machtmißbrauch männlicher Vorgesetzter. Auf sexualisierten Arbeitsplätzen ist die Erfahrung und Handhabung sexueller Übergriffe Inhalt der Arbeitstätigkeit und somit von vornherein potentiell angelegt. Vor allem in Männerdomänen bildet sich zudem häufig eine sexuelle Kultur aus, die auf alle Mitglieder Anpassungsdruck ausübt und belästigend wirken kann.

Die *Vergemeinschaftungsdimension* läßt Interessensgruppen solidarisch handeln und ihre Vorteile sichern, was sich im Fall der Männerdomänen in Abwehrreaktionen gegen eindringende Frauen kanalisiert. Aber auch Frauen können Bündnisse schließen und eine belästigende Scherzkultur ausbilden.

Auf nicht-traditionellen Arbeitsplätzen ist sexuelle Belästigung weniger verschleiert. Das bedeutet, daß in Zukunft, falls mehr Frauen in Männerdomänen eindringen, sexuelle Belästigung in feindseliger Art und zwischen gleichgestellten Personen zunimmt, daß sie aber dann zurückgeht, wenn Frauen und Männer weniger asymmetrisch über Arbeitsplätze verteilt sind - sowohl horizontal (wenn es keine "nicht-traditionellen" Arbeitsplätze mehr gibt), vertikal (gleiche Anteile von Frauen und Männern auf allen Hierarchie-Ebenen) als auch funktional (sexualisierte Arbeit weitet sich auf Männerarbeitsplätze aus oder verschwindet, weil die dazu nötige Qualifikation nicht mehr bereitgestellt wird). "Belästigungsfreie" Organisationen sind indessen kaum denkbar, solange sie herrschaftsförmig aufgebaut sind, denn als Folge von Herrschaft werden Unterdrückung von Sexualität, Zerstückelung von Lebenszusammenhängen und Desymbolisierungen immer zu Widerstandsverhalten Anlaß geben, das sich unter anderem auch in Form unerwünschten sexuellen Verhaltens kanalisiert. Dieses würde womöglich jedoch wesentlich häufiger als heute von Frau zu Mann oder Frau zu Frau erfolgen.

Wichtiger als diese Vision ist indessen die verstärkte Möglichkeit von Frauen, eigene Definitionen von Lust einbringen zu können, um Sexualität nach ihren Wünschen zu gestalten. So kann jede Form sexuellen Verhaltens, bei der Frauen Subjekte ihres Tuns sind, als Gegendiskurs im Sinne Foucaults verstanden werden, der als gleichzeitiger Machtdiskurs neue Fakten schafft. Aber auch die meisten Männer waren weder jemals Belästiger noch finden sie an dieser Form der Interaktion Freude, d.h. auch sie suchen nach einer angenehmen, lustvollen Möglichkeit des Miteinander-Umgehens. Wenn Barbara Guteks Ergebnisse stimmen, ist davon auszugehen, daß die meisten Varianten sexuellen Verhaltens auch und sogar häufiger von beiden Geschlechtern nicht negativ erlebt werden. Ob und inwieweit sie positiv wirken, müßte ein Forschungsdesign ermitteln, das nicht mehr nach dem Negativen fragt, sondern umgekehrt danach, *welches sexuelle Verhalten sich Frauen und Männer am Arbeitsplatz wünschen* und wie es zu verwirklichen wäre.

Eine Chance für befriedigende, eigenständige Sexualitätsdiskurse - hier als nichtdiskursive Praxis - scheinen konsensuelle Liebesbeziehungen am Arbeitsplatz zu sein, für deren Entwicklung bei Vorliegen sexueller Belästigung nicht nur sämtliche Voraussetzungen fehlen, sondern die dadurch verunmöglicht und stabil vermieden werden.

6.4. Sexuell-romantische Beziehungen

6.4.1. Die Organisation als idealer Ort für Romanzen?

6.4.1.1. Dichtung und Wahrheit

Erotische Beziehungen am Arbeitsplatz scheint es nur in Filmen, Witzen, Romanen und Unterhaltungen, jedoch nicht in der wissenschaftlichen Literatur zu geben. Sind sie deshalb Projektionen der Phantasie, um der entfremdeten und leblosen Arbeitswelt ein wenig Lebendigkeit und Erotik zu verleihen, oder sind sie tabuisierte, da nicht zum Modell der asexuellen Arbeitskraft passende Wirklichkeit? Aufgrund der deutschsprachigen Organisationsliteratur ist ersteres zu vermuten - ich fand lediglich einen diesbezüglichen Unterpunkt eines Aufsatzes von Friedel-Howe (1990) sowie einen Beitrag von Neuberger (1993) zum Thema, abgesehen von den ins Deutsche übersetzten Büchern "Liebe im Büro" (Mainiero 1991) und "Mehr als nur Kollegen" (Eyler & Baridon 1993) -, zusammen mit der englischsprachigen Literatur ergibt sich aber ein Bild, das Ausmaß und Bedeutung sexueller Beziehungen am Arbeitsplatz erkennen läßt.

Es lohnt sich, vorab Realität und Fiktion romantischer Beziehungen am Arbeitsplatz mit zwei Beispielen vor- und gegenüberzustellen. Zunächst die Realität: In den USA erinnert man sich noch immer an den Fall (in zweifacher Bedeutung) der Mary Cunningham. Sie wurde 1980 mit 29 Jahren zur Vizepräsidentin der Bendix Corporation befördert und als beeindrukkend, aggressiv und gutaussehend beschrieben. Nach kurzer Zeit gab sie ihren Posten auf, als Gerüchte aufkamen und in den Medien verbreitet wurden, ihre schnelle Beförderung hätten mehr mit ihrer Beziehung zum Chairman William Agee als mit ihren Fähigkeiten zu tun. Agee und Cunningham dementierten nicht die Existenz ihrer Liaison, sondern deren ihnen unterstellte Ursache für die Beförderung. Gemäß dem Widerspruch zwischen Weiblichkeitsbild und Managerbild (vgl. Kap.7.9.1.) konnte Mary Cunningham in ihrer Rolle als Geliebte des Vorgesetzten die Rolle der Vizepräsidentin nicht ausfüllen. Egal, ob diejenigen, die den Skandal initiierten, an diesen Zusammenhang glaubten oder ihn sich nur mikropolitisch zunutze machten, in jedem Fall haben Öffentlichkeit und Kollegenschaft entsprechend reagiert und es möglich gemacht, Mary Cunningham ein unlauteres strategisches Verhalten zu unterstellen.

Und nun zur Fiktion: Ein schönes Beispiel für den Einzug der Sexualität ins Büro und ihr Ausleben in Privaträumen ist Billy Wilders 1960 gedrehter Film "The Apartment". Ein kleiner Angestellter (C.C.Baxter) arbeitet sich vom Großraumbüro "Pult Nummer 861" zur Chefetage hoch, indem er seine günstig gelegene Wohnung für Treffs leitender Herren des Unternehmens mit weiblichem Personal zur Verfügung stellt. Sein Ehrgeiz treibt ihn zu immer größeren Opfern (er übernachtet im Freien, um seinem Chef ein Treffen mit einer Angestellten zu ermöglichen), die auch tatsächlich mit Aufstieg belohnt werden. Leider kollidiert sein strategisches Handeln schließlich mit seinen Gefühlen: Er verliebt sich ins Liftgirl, das mit dem obersten (verheirateten) Chef liiert ist und sein Apartment für die Treffen mit dem Liebhaber nutzt. Was in diesem Film zum Ausdruck kommt, ist (vgl. Koch 1987):

- Sexualität wird gegen Macht bzw. Privaträume (=sexuelle Möglichkeiten) werden gegen Machträume getauscht;

- Macht macht erotisch. Denn die Chefs können sich ihre Geliebten praktisch unter den (statusniedrig) beschäftigten Frauen heraussuchen. Während es bei den Verhältnissen der Abteilungsleiter mit Telefonistinnen unverbindlich zugeht, sind Liftgirl und Sekretärin am Chef "ernsthaft" interessiert, der seinerseits jedoch nur mit ihnen spielt und kein tieferes Interesse hat. Die leitenden Männer sind alle verheiratet (sonst bräuchten sie C.C.Baxters Wohnung nicht), während das Privatleben der Frauen keine Rolle spielt.

Die Abteilungsleiter werden als "Männerbund der Seitenspringer" (Koch 1987), die Telefonistinnen als sexuell lockere Frauen dargestellt, die bei der orgiastischen Weihnachtsfeier (!)

auf den Tischen tanzen. Daneben kommt die schmerzliche Liebe zum Vorschein, als der Aufsteiger feststellen muß, daß das Liftgirl, in das er sich verliebt hat, zum Privatbesitz des Chefs gehört. Am Ende ist er zwar in der Liebe erfolgreich, muß aber dafür, wie auch seine Geliebte, den Verlust sozialer Privilegien und den beruflichen Mißerfolg in Kauf nehmen. "Echte" Gefühle erweisen sich also im Gegensatz zu oberflächlichen, gespielten, kurzzeitigen Gefühlen als zerstörerisch. Die Handlung ist aufgespannt im Koordinatensystem vertikaler Macht und horizontaler Sexualität, wobei die Stellung der Frauen durch ihre Beziehung zu den Männern bestimmt wird; sie werden bewegt und getauscht wie in der archaischen Stammesgesellschaft.[129]

Die beiden Beispiele aus Fiktion und Wirklichkeit zeigen:

- Geschlechtsspezifische Arbeitsteilung gestaltet erotische Kontakte am Arbeitsplatz mit.
- Sexuelle Beziehungen am Arbeitsplatz betreffen selten nur zwei Personen (nämlich die Beteiligten), sondern auch Kolleginnen und Kollegen, Vorgesetzte, "die Organisation", die Öffentlichkeit usw.
- Sexualität wird von Männern und Frauen, Vorgesetzten und Untergebenen als Machtmittel eingesetzt.
- Gefühle der Zuneigung und Liebe lassen sich nicht ohne weiteres am Arbeitsplatz ausleben.
- Über die Zeit hat sich die Dynamik von Liebesaffären verändert: Heute sind Frauen am Arbeitsplatz nicht nur kurzfristige Geliebte oder potentielle Ehepartnerinnen, die im Fall der Heirat die Organisation verlassen, sondern beanspruchen egalitäre Beziehungen und kündigen nicht mehr selbstverständlich, wenn sie mit einem Mann in der Organisation liiert sind.
- Frauen sind in anderer und offensichtlich ungünstigerer Weise als Männer von den Konsequenzen erotischer Affären betroffen.

6.4.1.2. Definition der sexuell-romantischen Beziehung am Arbeitsplatz

Sexuelle Beziehungen sind eine besonderte Untergruppe interpersonaler Beziehungen in Organisationen, die sich von "reinen" Privatbeziehungen durch ihre Einbettung in herrschaftsförmige und geordnete Strukturen unterscheiden, welche unmittelbare Mitspieler der Beziehung sind (vgl. Neuberger 1993). Zwar ist jede Liebesbeziehung in herrschaftsförmige gesellschaftliche Strukturen eingebettet, während aber die übliche Paarbeziehung zwei Arbeitende als Menschen verbindet, vereinigt die intime Arbeits-

---

129 Das Großraumbüro und die typischen Frauentätigkeiten (Schreibkraft, Sekretärin, Hilfsarbeiterin) in Wilders Film entsprechen der an den Anfang des Kapitels gestellten Analyse der Entwicklung der Bürotätigkeiten und der damit verbundenen erotischen Möglichkeiten und Restriktionen. Die weiblichen Beschäftigten sind hier wie dort aufgrund ihrer subalternen Stellung Zielobjekte männlicher Begierde und haben ihrerseits auf Männer gerichtete Wünsche nach "Erlösung" durch Verbindung mit einem statushohen Mann.

beziehung zwei Menschen als Arbeitskräfte. Die Romanze am Arbeitsplatz ist damit organisiert nicht-organisiert: Innerhalb organisierter zwischenmenschlicher Beziehungen, die das Kennen- und Liebenlernen der beteiligten Personen erst ermöglicht (organisiert) haben, stellt ihre Verbindung eine nicht-organisierte Un-Ordnung dar.

Anders als sexuelle Belästigung, die, wie gezeigt wurde, höchst einseitig oder unpersönlich (in Bildern, Witzen...) vonstatten gehen kann (nicht muß), soll unter dem hier besprochenen sexuell-romantischen Beziehungsmuster eine wechselseitig konsensuelle erotische Beziehung zwischen zwei Menschen verstanden werden, die entweder auf gleicher oder auf verschiedener Ebene in derselben Organisation zusammenarbeiten.[130]

Für die sexuelle Beziehung in der Organisation wurden in der Literatur verschiedene Bezeichnungen verwendet: "sexuell-romantische Beziehungen" (Friedel-Howe 1990), "sexual attraction" (Bradford et al. 1975, Jamison 1983, Spelman et al. 1986), "lovers" (Collins 1983), "romantic relationships" (Quinn 1977), "organizational romances" (Mainiero 1986), "Liebe im Büro" (Mainiero 1991), "sexual relationships" (Josefowitz 1982), "intimate relationships" (Dillard & Miller 1988), "co-worker romances" (Warfield 1987), "corporate romance" (Westoff 1985), "sexual intimacy in the workplace" (Powell 1986), "cupid to the workplace" (Ford & McLaughlin 1987), "sexuelle Beziehungen zwischen Kolleg(inn)en" (Neuberger 1993). Unter diesen Bezeichnungen werden ausschließlich heterosexuelle Beziehungen in Arbeitsorganisationen verstanden. Die Worte sexuell, romantisch, intim, Attraktion, Liebe, Beziehung, Affäre usw. deuten darauf hin, daß ganz unterschiedliche Konstellationen - flüchtiges Verhältnis, feste Beziehung, Partnersuche, Seitensprung usw. - ineins gesetzt werden, obwohl erhebliche Unterschiede zwischen einer in die Ehe mündenden Dauerbeziehung und einer leidenschaftlichen Affäre bestehen. Im folgenden wird in der Gleichsetzung von Ausdrücken wie "sexuelle Beziehung", "Affäre am Arbeitsplatz" und "Romanze" diese mangelnde Unterscheidung trotzdem beibehalten, wenn sie nicht einer expliziten Differenzierung weicht.

6.4.1.3. Liebe und Arbeit

Der bereits angesprochene Antagonismus zwischen Lustprinzip und Realitätsprinzip bzw. zwischen Sexualität und Arbeit verstärkt sich noch, wenn die triebhaften Impulse auf ein Liebesobjekt gerichtet werden. Nach Freuds Vorstellungen muß ein

---

130 Auf die Frage der Freiwilligkeit von Zweierbeziehungen im Kontext ökonomischer Zwänge und gesellschaftlicher Konventionen, insbesondere der Ideologie der bürgerlichen Familie und der monogamen Dauerbeziehung soll hier nicht eingegangen werden, denn diese Frage trifft generell auf alle Paarbeziehungen zu.

Mensch sein zur Verfügung stehendes Quantum an libidinöser Energie auf bestimmte Ziele verteilen, so daß er die Libido, die er für kulturelle Aufgaben braucht, nicht mehr für sexuelle Bedürfnisse einsetzen kann. Während Freud aber immerhin noch "im Falle der Mitarbeiterschaft libidinöse Bindungen zwischen den Kameraden" für möglich hält, gibt es bei Marcuse unter entfremdeten Arbeitsbedingungen nur noch die "karriereförderliche Mätresse" als instrumentalisierten Überrest erotischer Beziehungen in einer enterotisierten Umgebung.

Auch wenn Marcuses Ansicht als zu radikal verworfen wird, ist der Gegensatz von Liebe und Arbeit durch die zunehmende Trennung der Lebenszusammenhänge in verschiedene Bereiche mit zugeordneten Aufgaben in unserer Gesellschaft tief verwurzelt, wie die oben geschilderten Fälle aus Leben und Film illustrieren (vgl. Rode 1990, Rubinstein 1978, Meyer 1991). Es wird akzeptiert und ist nicht zuletzt für ein Funktionieren in versachlichten Zusammenhängen auch erforderlich, daß andere Menschen am Arbeitsplatz als Konkurrenz oder lediglich als weitere Arbeitskräfte und nicht in ihren persönlichen Eigenarten wahrgenommen werden: Selbstinstrumentalisierung und Instrumentalisierung der anderen gehen Hand in Hand (Böhnisch & Winter 1993,156). "Liebe ist in jeder Hinsicht das Gegenteil von Arbeit" (Rohrlich 1984,53), denn "Arbeit ist Struktur und Ordnung; Liebe ist Freiheit. Die Arbeit ist auf die Zukunft ausgerichtet, auf Ziele; Liebe fordert die Gegenwart. Arbeit ist Herrschaft und Bewältigung; Liebe ist Aufnahmebereitschaft und Unterwerfung. Arbeit ist Geist; Liebe ist Gefühl" (1984,201). Wer in Rohrlichs Koordinatensystem einen hohen Wert in "Arbeit" und einen niedrigen in "Liebe" hat, tendiert zur Arbeitssucht, während der/diejenige mit der umgekehrten Konstellation zugunsten von Freude und Lust leistungsscheu zu nennen ist. Rohrlich sieht zwar in zielgerichteter Arbeit erotisches Potential liegen, da ihre Spannung und Aufregung der sexuellen Erregung verwandt ist, aber wirkliche Affären im Büro sind "oft nur als Verbindungen vollziehbar, die mit der Arbeit zusammenhängen, und bei denen echte Intimität durch die Einengungen der Arbeitsbeziehung verhindert wird" (1984,168). Affären am Arbeitsplatz - und noch wichtiger: phantasierte Affären - entspringen nach Rohrlich einer bereits gestörten Sexualität, die sich unter den spezifischen Bedingungen des Arbeitsplatzes gefahrloser ausleben läßt. Die Unangebrachtheit sexueller Kontakte in Arbeitsbeziehungen ermöglicht Flirts und Eroberungsphantasien, ohne reale Mißerfolge fürchten zu müssen. Gegen diese Interpretation ist einzuwenden, daß in den Untersuchungen über sexuelle Beziehungen am Arbeitsplatz zwar keine klinischen Diagnosen über die psychische Struktur der Betroffenen erstellt wurden, daß aber solche Beziehungen wesentlich häufiger, alltäglicher und "normaler" sind als zu vermuten wäre. Nicht nur Flirts und Phantasien, auch lang- und kurzfristige, leidenschaftliche und partnerschaftliche - kurz, alle möglichen Arten von erotischen Beziehungen "existieren" in Organisationen ebenso wie im Privaten. Da sie aber innerhalb der Organisationsprinzipien Rationalität, Ordnung etc. nicht vorgesehen sind, müssen sie zunächst als "überschüssiges", nicht organisationsförmiges Verhalten verstanden werden.

6.4.1.4. Begünstigende Einflüsse

In unserer Geschlechterordnung ist sexuelle Attraktion zwischen Frauen und Männern vor allem dann, wenn sie nach herrschenden Maßstäben potentielle Liebespaare sind, eingebaut. Indessen ist der Kontakt der Geschlechter reglementiert und sehr enger Kontakt wird durch die Ehe oder zumindest durch die feste Partnerbeziehung legitimiert (Tyrell 1986). Das Zusammenarbeiten von Frauen und Männern in Organisationen stellt schon für sich einen Widerspruch zur bürgerlichen Familie dar, die sich durch die öffentliche bezahlte Tätigkeit des Mannes und die private unbezahlte Tätigkeit der Frau auszeichnet. Intimbeziehungen am Arbeitsplatz sprengen gänzlich den vorgegebenen Rahmen geschlechtersegregierter Welten. Es wurde jedoch bereits angesprochen, daß die Ehe emotional überfordert sein mag, wenn sie als Refugium wahrer und liebevoller Gefühlsbeziehungen fungieren soll. So kann am Arbeitsplatz gerade die Tatsache, daß keine persönliche Beziehung und schon gar keine Liebe erwartet werden, die emotionale Freiheit schaffen, sich zu verlieben. Wenn laut Max Weber im Zuge der Rationalisierung der Lebensführung Leidenschaft nur im ehefreien Geschlechtsleben möglich ist, bietet der Arbeitsplatz gerade dazu ein passendes Setting.

Das lange und räumlich nahe Zusammensein der Geschlechter am Arbeitsplatz ohne familiäre Basis ist jedoch eine moderne Erscheinung, die sich noch immer im Experimentierstadium befindet, denn noch ist nicht sicher, ob Frauen und Männer auf Dauer zusammenarbeiten können, ohne Sexualität in zerstörerischem Ausmaß zuzulassen.

> "Nothing has programmed us for life on terms of some personal intimacy, within a rigid and formalized hierarchy for eight or more hours a day in an age of sexual freedom and blatant sexual appeal. Modern office is a radical experiment in relations between the sexes which is at least as revolutionary as any commune, and far wider in scope" (Korda 1972,108).

Zwar scheint für die Zeit am Anfang unseres Jahrhunderts, als weibliche Arbeitskräfte zunehmend für erotische Spannung innerhalb restriktiver Arbeitszusammenhänge sorgten, Erotik viel mehr aus Angst und Zwang zur Heimlichkeit wegen nicht erlaubter und nicht entladener Triebimpulse als aus manifesten Beziehungen bestanden zu haben. Jedoch haben sich die Arbeitsplatzstrukturen seitdem gewandelt, und erotische

Spannung wird heute wesentlich häufiger in Form gelebter Intimität gelöst. Neben dem schon lange bestehenden Faktum, daß Menschen am Arbeitsplatz regelmäßig zusammenkommen, tragen die in Tabelle 5 aufgelisteten Gründe zu dieser Situation bei.

Es kristallisieren sich zwei zentrale Faktoren für die Zunahme von intimen Beziehungen am Arbeitsplatz heraus: die steigende Präsenz von Frauen und der steigende Grad an Freiheiten bezüglich Autonomie und sexueller Verhaltensweisen. Viele Autorinnen und Autoren sehen aus diesen Gründen den Arbeitsplatz als natürlichen, naheliegenden oder gar idealen Ort an, um potentielle Sexual- oder Ehepartner bzw. -partnerinnen kennenzulernen (z.B. Quinn 1977, Mainiero 1991, Eyler & Baridon 1993). Angesichts der massiven Desexualisierungs- und Ökonomisierungsstrategien muß allerdings damit gerechnet werden, daß sexuelle Beziehungen in Organisationen keineswegs paradiesische Zustände für ihr Gedeihen vorfinden.

6.4.1.5. Empirischer Zugang

Die Erfassung und Analyse sexueller Beziehungen in Organisationen stellt sich deshalb schwierig dar, weil sie als "Tabu-Thema"[131] zwar real existieren und im Alltagsgespräch beredet werden, aber im offiziellen Diskurs in der Regel kein Thema sind. Das Tabuthema "sexuelle Beziehungen am Arbeitsplatz" wirft deshalb mehrere Probleme hinsichtlich der Empirie auf:

1) Affären werden von den Beteiligten oft verheimlicht, vor allem wenn sie in der Organisation oder außerhalb negativ sanktioniert werden.
2) Sie sind nicht so häufig, als daß sie leicht auffindbar wären.
3) Sie werden als Privatangelegenheit betrachtet und darum ungern öffentlich gemacht.
4) Sie umfassen eine Reihe höchst unterschiedlicher Beziehungsmuster, die schwer vergleichbar sind.
5) Der Beobachterstandpunkt ist mitzurechnen: Es gibt zwei "Betroffene" mit zwei potentiell unterschiedlichen Sichtweisen, darüber hinaus die Kollegenschaft, die Vorgesetzten und Untergebenen. Hinzu kommen möglicherweise Partner und Partnerinnen der Beteiligten außerhalb der Organisation.

131 Nach Martin (1990) sind allerdings Affären vorgesetzter Männer mit untergebenen Frauen keineswegs tabuisiert, solange sie mit Diskretion behandelt werden.

a) Kooperationsebene
- Zusammenarbeitende Personen haben oft intensive (Erfolgs-, Mißerfolgs-) Erlebnisse miteinander;[132]
- sie sind sich aus beruflichem Interesse und aufgrund der Tendenz, seinesgleichen zu rekrutieren, ähnlich;
- sie verfolgen oft dieselben Ziele;
- der Trend geht hin zu intensiven Formen der Kooperation (Team- und Projektarbeit);
- die Menschen im eigenen Arbeitsbereich kennen sich aus vielen verschiedenen Situationen, müssen sich nicht erst kennenlernen;
- rigide Kontrollsysteme entsprechen nicht mehr heutigen Ansprüchen an Selbstbestimmung, Selbstverantwortung und Identifikation mit der Aufgabe, welche an Arbeitnehmer und Arbeitnehmerinnen herangetragen werden;

b) gesellschaftliche Ebene
- Das soziale Netzwerk im Arbeitsumfeld tritt für viele Beschäftigte an die Stelle traditioneller Familien- und Nachbarschaftsnetzwerke, und zwar um so mehr, je mobiler die Erwerbstätigen werden;
- es ist ein freierer Umgang mit Sexualität und vor-/außerehelichen Beziehungen festzustellen;
- die auch das Sexualleben erfassende Konsummentalität verspricht leichte Befriedigungsmöglichkeiten am Arbeitsplatz;
- die Geschlechtsrollen veränderten sich dahingehend, daß sie Frauen mehr Freiheiten und beiden Geschlechtern mehr Flexibilität bringen;
- Frauen sind zunehmend in Männerdomänen präsent;
- Frauen treten selbstbewußter auf und wollen ihre Bedürfnisse durchsetzen.

Tab. 5: Ursachen zur Entstehung von Romanzen am Arbeitsplatz

Aufgrund der genannten Schwierigkeiten bezüglich empirischer Informationssammlung basieren die meisten Untersuchungen auf Fallgeschichten und nur einige wenige

132 Kanter (1977,107) zitiert den Psychiater Robert Seidenberg: "As people who have interesting careers have always known, work is very sexy, and the people with whom one is working are the people who excite. A day spent launching a project or writing a paper or running a seminar is more likely to stimulate - intellectually and sexually - than an evening spent sharing TV or discussing the lawn problems or going over the kids' report cards". Auch Barbara Sichtermann (1989,55ff) meint, daß die bürgerliche Hausfrau in ihrer häuslichen Isolation wesentlich weniger Möglichkeiten zu unterschiedlichen und starken Gefühlsempfindungen hat als der beruflich engagierte Mensch, der mit vielen Personen zusammenkommt.

(Quinn 1977, Anderson & Hunsaker 1985, Haavio-Mannila et al. 1988, Lobel 1993) auf größeren und systematischen Befragungen.

Quinn (1977) hat in einem originellen Forschungsdesign Daten gesammelt und Erkenntnisse gewonnen, auf die in späteren Arbeiten immer wieder zurückgegriffen wurde, weshalb seine Studie näher vorgestellt werden soll. Die Fragestellung lautete: Welche organisationalen Faktoren erleichtern die Bildung von Romanzen? Welchen organisationalen Einfluß haben sie? Wie nehmen Vorgesetzte, Kolleginnen/Kollegen und Untergebene die Romanze wahr und wie gehen sie mit ihr um? Quinn (1977,30) definiert Romanzen in Organisationen als "a relationship between two members of the same organization that is perceived by a third party to be characterized by sexual attraction". Damit wählt er den Beobachterstandpunkt des Dritten, womit Beziehungen, die nicht bekannt sind oder von Dritten anders als sexuell gedeutet werden, ausgeschlossen sind. Die "Dritten" waren infolgedessen die Befragten, die Aussagen darüber machen sollten, ob und wie oft sie romantische Beziehungen in ihrem Arbeitsumfeld mitverfolgt hätten und wie diese verlaufen wären - damit ist nicht ausgeschlossen, daß sie über ihre eigene Affäre als Beobachtende sprachen. Die "third party observers" - 71% waren männlich - setzten sich aus wartenden Geschäftsleuten am Flughafen zusammen, in der Hoffnung, daß sie sich in der Leerlaufzeit und Langeweile des Wartens zugänglicher als gewöhnlich erweisen würden. Somit wurde für die Befragung eine zeitliche und räumliche Lücke des Arbeitsprozesses ausgenützt, in dem die Personen weder ganz privat noch vollkommen in ihrer Arbeitsrolle eingespannt waren und die deshalb ausgezeichnet zur ebenfalls im Zwischenreich von Privat- und Berufsleben befindlichen Romanze am Arbeitsplatz paßte.

6.4.1.6. Häufigkeit sexuell-romantischer Beziehungen am Arbeitsplatz

In Quinns Studie wußten 130 der 211 Befragten von mindestens einer Beziehung. Wenn man bedenkt, daß meistens sehr viele "Dritte" von einer Beziehung Bescheid wissen, erscheint die Zahl realistisch, aber Phantasien und Projektionen der Befragten, die Übernahme nicht verifizierter Gerüchte oder ein Redebedürfnis aus Langeweile können zu der hohen Zahl beigetragen haben. Zudem ist bei der Bezeichnung "romantic relationship" der Grad der Intimität variabel. Die Häufigkeiten *beobachteter* Beziehungen, die Quinn in seiner Untersuchung fand, werden durch Dillard & Millers (1988) Ergebnis einer Metaanalyse von fünf Studien (einschließlich Quinns) übertroffen. 71% der Befragten in den kombinierten Stichproben hatten eine oder mehrere Beziehungen beobachtet.

Was Studien über selbsterlebte Beziehungen am Arbeitsplatz betrifft, ergaben sich bei Haavio-Mannila et al. (1988) Werte zwischen 29% und 58% der Befragten, die schon einmal selbst in eine Romanze (nicht unbedingt sexueller Art) involviert waren, bei Schneider (1984) 22% und bei Dillard & Millers (1988) Auswertung dreier Studien 31% der Befragten. In einer neueren Studie (Lobel 1993) wurden ca. tausend Personen aufgefordert, ihre eigene engste gegengeschlechtliche Beziehung am Arbeitsplatz zu beschreiben und anzugeben, ob diese sexuell intim sei oder nicht. Über die Hälfte von jener breiten Mehrheit, die nicht-intime Beziehungen beschrieben, negierte den Mangel an sexueller Anziehung als Grund für die nicht-sexuelle Beziehung ab, und sechs Prozent gaben an, sich bewußt dazu entschlossen zu haben, ihre Gefühle sexueller Anziehung nicht auszuleben. Nach Eyler & Baridon (1993) ist genau dies die moderne Form der Liebesbeziehung am Arbeitsplatz: Das Paar ist mehr als befreundet, aber weniger als sexuell intim. Für die Kolleginnen/Kollegen und Vorgesetzten muß dieser Unterschied nicht unbedingt eine Rolle spielen, wenn die Beziehung als intim im Sinne von "innigst, vertrautest" (gemäß dem lat. "intimus") erlebt wird.

Wie bei sexueller Belästigung wird die Vergleichbarkeit der Ergebnisse dadurch erschwert, daß die Zeiträume variieren können, auf die sich die Fragen beziehen, und die Formulierungen unterschiedliche Niveaus an Intensität der Beziehung vorgeben.

6.4.2. *Vorbedingungen und Motive*

6.4.2.1. Entstehungsbedingungen für Romanzen am Arbeitsplatz

Empirisch wurden folgende günstige Entstehungsbedingungen für Romanzen gefunden (vgl. Quinn 1977, Mainiero 1991 u.a.):

- permanente Zusammenarbeit (Sitzungen, Weiterbildung, Geschäftsreisen, soziale Aktivitäten),
- permanente räumliche Nähe bei der Zusammenarbeit,
- in manchen Fällen gelegentlicher Kontakt zweier Organisationsmitglieder, die sonst wenig miteinander zu tun haben (z.B. Vizepräsident und Empfangsdame);
- Unterforderung ("they simply had little else to do", meint Quinn);
- lange gemeinsame Überstunden in einsamen Büros.

Vor allem die ersten beiden Punkte konnten durch mehrere Studien bestätigt werden. Die Bedeutung räumlicher Anordnung für erotische Kontakte wurde schon von Fritz (1982) herausgestellt. Er ging auf deren Verunmöglichung durch Einengung und Reglementierung der räumlich-sozialen Gegebenheiten ein. Heute gehören solche Reglementierungen und Restriktionen zwar keineswegs der Vergangenheit an, aber erhöhte Mobilität und Autonomie erleichtern selbstbestimmte Kontakte erheblich (Hearn & Parkin 1987,80).

Weniger überwachte Zwischenräume und Zeiten der Organisation spielen für das Zustandekommen von sexuellen Beziehungen eine um so größere Rolle, je weniger diese toleriert werden. Viele Autorinnen und Autoren streichen demgemäß die Bedeutung von Reisen, Betriebsfeiern,[133] Betriebsausflügen, Nachtschichten, Überstunden und schlecht überwachten Räumen heraus (z.B. Burrell 1984, Mainiero 1991, Hearn & Parkin 1987), die vor allem in restriktiven Organisationen für sexuelle Kontakte genutzt werden. Die Schule als Erziehungsinstanz mit ausgeprägt disziplinierendem Charakter vertritt eine relativ rigide Sexualmoral, durch die die Sexualität, welche eine "heimliche Existenz in der schulischen Subkultur: in unübersichtlichen Winkeln des Schulhofs, in den Toiletten, unter den Schulbänken" (Kentler 1970,158) führt, zur devianten Erscheinung wird.

6.4.2.2. Motive für Beziehungen am Arbeitsplatz

Befragt man Drittpersonen zu den von ihnen unterstellten Motiven einer beobachteten sexuellen Beziehung, so haben diese zwar Einfluß auf die Reaktionen der Kolleginnen/Kollegen und Vorgesetzten und damit wiederum auf das Paar, müssen aber nicht mit den "wahren" Motiven des Paares bzw. der einzelnen Beteiligten identisch sein, wobei es fraglich ist, ob überhaupt die Motive einer Romanze erfaßt werden können. Quinn (1977) fand drei wahrgenommene Hauptmotive, die er "Job", "Ego" und "Liebe" nannte. Jobmotive für das Eingehen einer Beziehung am Arbeitsplatz umfassen berufliches Weiterkommen, Arbeitsplatzsicherheit, Machtzuwachs, finanzielle Vorteile, Arbeitserleichterungen und Arbeitseffizienz. Ego-Motive beinhalten Aufregung, Ich-Befriedigung, Abenteuer und sexuelle Erfahrungen. Liebesmotive schließlich werden bei "wahrer Liebe", Heiratswunsch und Kameradschaft unterstellt. Job-Motive wurden Männern nur in jenen raren Fällen (3,4%) unterstellt, in denen sie mit einer Vorgesetzten liiert waren. Aus der Analyse entstehen nach Quinn drei Haupttypen von Beziehungen:

1) Ego-Motive von Mann und Frau (häufigster Typ). Diese Beziehungen waren von kurzer Dauer, oder es wurde ihnen eine kurze Dauer vorhergesagt.

2) Liebe auf beiden Seiten, meist zwischen zwei unverheirateten Personen und mit späterer Heirat verbunden (zweithäufigster Typ).

3) Ego-Motiv beim Mann und Job-Motiv bei der Frau (dritthäufigster Typ). Diese Konstellation wurde meist den Paaren mit vorgesetztem Mann und unterstellter Frau zugesprochen.

---

133 "There is a period in all such office festivities when, momentarily, all things seem possible, when the undercurrents of sexuality that run through office life are briefly released, when men take the extra drink, miss the next train, begin to wonder if they could find a plausible excuse for staying overnight in town. There is even a social pressure against men who do go home early, for in a world that has absorbed half of Freud's teachings without paying any attention to the rest, the worst sin is to fail in the Darwinian struggle for sexual survival" (Korda 1972,40).

Einseitige "wahre Liebe" wurde fast nie konstatiert.

Bei der Untersuchung der Motive beziehen sich die meisten Autorinnen und Autoren auf Quinns Einteilung in Liebes-, Job-, und Ego-Motive. Manchmal wird ein Machtmotiv vom Job-Motiv differenziert, da vermehrte Macht aufgrund der Beziehung nicht nur arbeitsbezogen sein muß. Die analytische Trennung der Motive ist zum einen problematisch, weil sie eine Klarheit der Beweggründe für die Romanze suggeriert, während Mischformen verschiedener Motive wohl häufiger sind: Aus der Lust nach Abwechslung im Arbeitsalltag (Ego-Motiv) entsteht eine innige Liebesbeziehung (Liebesmotiv), die sich bei günstiger Konstellation positiv auf die Karriere auswirkt (Job-Motiv). Zum anderen enthält die Einteilung der Motive eine Wertung - das "gute" Liebesmotiv hebt sich von den selbstsüchtigen Motiven ab -, und es ist eine philosophische Frage, wieviel Selbstlosigkeit bzw. Egozentrismus in "Liebe" enthalten und was "wahre Liebe" überhaupt ist.

Bei Dillard & Miller (1988) werden aufgrund der Befragung von beobachtenden Drittpersonen fünf Beziehungsmuster aufgestellt:

- Die leidenschaftliche Liebesbeziehung (36% der Fälle) enthält Liebes- und Ego-Motive.
- Die kameradschaftliche Liebesbeziehung (23% der Fälle) wird nur von Liebesmotiven gebildet und entspricht damit der "wahren Liebe" bei Quinn.
- Die kurze Affäre (19% der Fälle) besteht aus reinen Ego-Motiven. Oft ist mindestens ein Partner verheiratet.
- Die männlich dominierte Nutzenbeziehung (8%) setzt sich zusammen aus Liebes- und Job-Motiven auf der Seite der Frau und aus Ego- und sehr hohen Job-Motiven auf der Seite des Mannes. Sie trifft vor allem auf Beziehungen einer höherrangigen Frau mit einem unterstellten Mann zu.
- Die weiblich dominierte Nutzenbeziehung (14%) vereint eine Frau mit Ego- und sehr hohen Job-Motiven und einen Mann mit Ego-Motiven. Dieses Muster war mit männlicher Machtstellung und weiblicher Machtlosigkeit assoziiert und entspricht damit einer Vorgesetzten-Untergebenen-Beziehung klassischer Art.

Interessanterweise wird die Motivlage in der Situation "Frau in übergeordneter Position" anders wahrgenommen als im umgekehrten Fall: Die Frau empfindet gemäß der Beurteilung Dritter Zuneigung und hofft auf berufliche Vorteile bei einem untergebenen Geliebten, umgekehrt geht es dem männlichen Vorgesetzten eines Paares angeblich vorwiegend um sexuelle Erlebnisse. Der Interpretation der Motivlage werden also bestehende Männlichkeits- und Weiblichkeitsbilder unterlegt. Bei der "klassischen"

Konstellation - Mann in übergeordneter Position - sind auch wesentlich mehr Verheiratete involviert als bei der nichttraditionellen Konstellation. Zu berücksichtigen gilt aber, daß es sich um Beurteilungen Dritter handelt und das Paar selber individuell und für den/die anderen eventuell andere Motive benennen würde. Auf Diskrepanzen dieser Art zwischen Selbst- und Fremdbeurteilung weisen auch Dillard & Millers Ergebnisse hin. Allgemein kann gesagt werden, daß das geschlechtsspezifische Gebilde der Organisation einen Einfluß auf die Interpretationen der beobachtenden Personen bezüglich der sie umgebenden Beziehungen hat.

6.4.3. Homosexuelle Beziehungen in Organisationen

Aufgrund der noch immer vorliegenden Tabuisierung homosexueller Orientierung in der Gesellschaft und der Verfolgung homosexueller Beziehungen in manchen Organisationen ist der empirische Zugang zu ihnen noch schwieriger, als es ohnehin bei diesem Thema der Fall ist. Sich nicht offen bekennende Homosexuelle riskieren durch das Bekanntwerden einer Romanze zudem die Aufdeckung ihrer sexuellen Orientierung. Homosexuelle Paare am Arbeitsplatz verstoßen nicht nur gegen die Trennung von Privat-/Sexualitätssphäre und Arbeits-/Rationalitätssphäre, sondern zusätzlich gegen die Norm der Heterosexualität und gegen die Institution der Familie. Da Homosexuellen exzessive, unkontrollierte Lust nachgesagt wird (Hall 1989), wirken ihre Affären besonders bedrohlich.

Die Erkenntnisse über homosexuelle Beziehungen am Arbeitsplatz sind rar und widersprüchlich. Zillich (1988) fand in seiner Interview-Studie über homosexuelle Männer am Arbeitsplatz, daß deren Kontakte untereinander sporadisch und auf Informationsaustausch ausgerichtet waren. Die Häufung Homosexueller in bestimmten Beschäftigungssparten mit der gleichzeitigen Möglichkeit engerer Zusammenarbeit konnte er nicht bestätigen, dagegen ermittelte Stewart (1991) in manchen Branchen mehr Homosexuelle mit intensivem Kontakt untereinander als in anderen. In einer Fragebogen-Studie über heterosexuelle und lesbische Arbeitnehmerinnen (die sexuelle Orientierung wurde nach Selbstauskünften festgelegt) hinsichtlich erotischer Kontakte zu Kolleginnen und Kollegen (Schneider 1984) ergab sich aufgrund der Arbeitsplatzstruktur ein Vorteil für lesbische Frauen: Die meisten Frauen sind auf geschlechtersegregierten Arbeitsplätzen beschäftigt, sie haben also mehr Kontakt zu Frauen als zu Männern und deshalb auch mehr Möglichkeiten, erotische Beziehungen zu Frauen zu knüpfen. Der Arbeitsplatz ist demzufolge für lesbische Frauen ein wichtigerer Ort der Partnervermittlung als für heterosexuelle Frauen, die den privaten Freundeskreis und soziale Ereignisse zum Kennenlernen eines Partners bevorzugen. In Halls Studie (1989) empfinden lesbische Frauen eine besondere Verbindung mit Gleichgesinnten am Arbeitsplatz und nehmen den Beginn einer Beziehung gerne zum Anlaß, ihre sexuelle Orientierung aufzudecken, die der Großteil der Befragten geheimhält. Insgesamt hatten 52% der lesbischen Frauen und 22% der heterosexuellen Frauen in Schneiders Studie während ihres bisherigen Arbeitslebens mindestens eine sexuelle Beziehung am Arbeitsplatz. Was die Folgen der Beziehung betrifft, berichten die lesbischen im Vergleich zu den übrigen Frauen sowohl von mehr positiven als auch von mehr negativen Auswirkungen: Sie sahen das soziale Klima und die Qualität der Freundschaften am Arbeitsplatz verbessert, jedoch wirkten die Geheimhaltungsstrategien belastend. Immerhin 13% der lesbischen und 17% der anderen Frauen verließen nach Beendigung der Beziehung ihren Arbeitsplatz. Insgesamt waren die Beziehungen der lesbischen Frauen egalitärer bezüglich der beruflichen Positionen, aber von mehr Problemen mit der heterosexuellen Umwelt begleitet als die Beziehungen der übrigen Frauen.

Im Extrem führt Geschlechtersegregation zur Unterbindung heterosexueller und zur Förderung homosexueller Beziehungen, insbesondere in totalen Institutionen und Organisationen mit strikter Geschlechtertrennung. Während letztere den Menschen außerhalb der Organisation Gelegenheit lassen, sexuelle Beziehungen einzugehen, sind die Menschen in ersteren dafür auf die Personen im unmittelbaren Umfeld angewiesen.[134] Burrell (1984) nennt historische Belege für homosexuelle Beziehungen bei der britischen Navy, Hearn & Parkin (1987) zitieren Ergebnisse von Studien zu homosexuellen Beziehungen in Gefängnissen und in Klöstern. Homosexuelle Männerbeziehungen unter Gefangenen haben gemäß dieser Untersuchungen eine eher ökonomische, vertragliche oder potentiell gewalttätige sowie kurzfristige Basis, während Frauenbeziehungen eher dem Freundschafts- und familialen Muster folgen und stabiler Natur sind. Eine große Rolle spielen hier die schlecht überwachten Räume - Küche, Keller, Werkstätten und Baustellen (Friedrichs 1971). Häufig werden mit dem Wachpersonal kleine sexuelle Freiheiten ausgehandelt, wobei die Kooperation der Mitgefangenen für das Zustandekommen der Kontakte unerläßlich ist.

6.4.4. *Die Hierarchie als Dritte im Bunde*

6.4.4.1. Die Beziehung zwischen Statusungleichen

74 % der männlichen Partner sind in Quinns Studie gegenüber den beteiligten Frauen in übergeordneter Position beschäftigt. Von den weiblichen Untergebenen waren 48% Sekretärinnen, 26% andere direkt Unterstellte und der Rest in größerer hierarchischer Distanz. In Dillard & Millers (1988) Auswertung von sechs Studien stand der Mann in 60% der Fälle hierarchisch über der Frau, in immerhin 16% der Fälle war es umgekehrt. Die Tendenz scheint aber dahinzugehen, daß immer mehr Gleichgestellte intime Beziehungen miteinander haben. Bei Schneiders rein weiblichem Sample (1984) war die Beziehung zu einem gleichgestellten Kollegen das häufigste Muster.

Die (heterosexuelle) Beziehung zwischen Statusungleichen im Sinne hierarchischer Differenzen innerhalb einer Organisation birgt wesentlich mehr Risiken in sich als die zwischen Statusgleichen. Sind alle Romanzen am Arbeitsplatz in hierarchische

134 Auf homosexuelle Tendenzen in sog. Männerbünden wird in Kap.7.5. eingegangen.

Strukturen eingebettet, ist zwischen Statusungleichen die Hierarchie direkt die Dritte im Bunde (Neuberger 1993,261). Die weiter unten aufgezeigten negativen Folgen von Affären am Arbeitsplatz sind in dieser Konstellation potenziert und betreffen vor allem den/die Statusniedrigere/n und die auf sie/ihn gerichteten Reaktionen von Drittpersonen. Die meisten ablehnenden Kommentare und negativen Einschätzungen von Arbeitsleistung und Arbeitsklima beziehen sich auf Affären zwischen einer statushöheren und einer untergebenen Person (z.B. Mainiero 1991, Powell 1986, Collins 1983, Anderson & Hunsaker 1985). Sexualität kollidiert hier mit Macht- und Abhängigkeitsbeziehungen und droht noch mehr als bei Verhältnissen zwischen Gleichrangigen die Ordnung der Organisation zu stören.

Eine besondere institutionalisierte Faszination und gleichzeitig Bedrohung tritt bei unmittelbaren Abhängigkeitsverhältnissen auf: Lehrkraft und Schüler/Schülerin[135] (z.B. Glaser & Thorpe 1986), Therapeut/Therapeutin und Klient/Klientin (z.B. Rutter 1991), Mentor/Mentorin und Protégé/e (Harriman 1985,258) etc. Durch die besondere komplementäre Beziehung zwischen Wissenden und Unwissenden, Helfenden und Hilfsbedürftigen, Förderern und Geförderten ist für Institutionen mit solchen Abhängigkeitsverhältnissen charakteristisch, "daß sie bestimmte Objektwahlweisen diktieren, die zugehörigen Liebesberührungen aber unter Strafe stellen" (Theweleit 1990b,45).[136]

Die Organisation verlangt unpersönliche Arbeitsbeziehungen, die nur so freundschaftlich sein dürfen, daß die Loyalität - die Liebe - trotzdem in erster Linie der Organisation gilt. Überspitzt formuliert: Je mehr Loyalität von einer Arbeitskraft erwartet wird, desto weniger persönliche Beziehungen darf sie in der Organisation eingehen, es sei denn, diese Beziehungen stellen keine Gefahr für die Organisation dar. Eine solche relativ ungefährliche Konstellation scheint die laut Theweleit institutionell "gebotene" Chef-Sekretärin-Beziehung zu sein (Harragan 1977).[137]

---

135 Der Begriff des pädagogischen Eros stammt von Platon und seiner Akademie, meinte damals allerdings ausschließlich Homoerotik.

136 Theweleit (1990b,44) beschreibt pointiert die Konstellation Doktorvater-Doktorandin: "Doktorandinnen kommen und gehn, das liegt im Charakter der Universität; und solange diese patriarchalisch ist, ist der Doktorvater nicht nur Vater oder Mann, sondern oberster Pavian seiner Wissenschaftshorde. Es liegt in der Konstruktion der Institution, daß er auch als sexuelle Instanz erscheint und die auftauchenden Wissenschaftler-Frauen auch als Sexualobjekte der Wissenschaftsprimaten; diese Liebesweise ist, wenn nicht ein Diktat, dann ein Gebot der Institution wie die Liebesverbindung Chef-Sekretärin das Gebot ('die Verführung') einer andersgearteten Institution 'Büro' in der sog. 'freien Wirtschaft'. Sehr oft führt das Gebot zu Ehen, sehr viel öfter aber nicht, sondern zu Reihen. Nicht die Ehefrauen werden (jeweils) ausgetauscht, sondern eben Sekretärinnen. Auch Doktorandinnen kommen und gehn."

137 Das geringe Zerstörungspotential sexueller Beziehungen zwischen Chef und Sekretärin mag ein Mythos sein, der darauf beruht, daß sich das ohnedies eheähnliche Verhältnis zwischen beiden nach außen hin nicht wesentlich verändert, wenn die sexuelle Dimension hinzukommt. Wie Ehe-

6.4.4.2. Führungskräfte als Beteiligte einer Romanze

Bei einer (heterosexuellen) Beziehung zwischen Führungskräften[138] ist zum einen mehr Macht mit im Spiel und zum anderen sind Führungskräfte exponierter und deshalb verstärkter Gerüchten und Anfeindungen ausgesetzt als andere (z.B. Jamison 1983, Collins 1983, Josefowitz 1982, Mainiero 1991). Für die Organisation ist aus diesen Gründen eine Affäre zwischen Führungskräften schädlicher als zwischen statusniedrigen Beschäftigten, gerade sie wird aber voraussichtlich mit dem Vordringen der Frauen in ehemals rein männlich besetzte Führungspositionen vermehrt auftreten.[139]

Jamison (1983,47) berichtet in ihrer unsystematischen Fallsammlung, wie die Reaktionen auf eine mit ihrem Vorgesetzten liierten Mitarbeiterin aussahen: "The woman manager lost the authority of her position as well as her credibility, because it was the perception of those who reported to her that she was being closely directed by her love mate. She was seen as the man's handmaiden, and her position appeared to be a superfluous level in the chain of authority. Among those in positions below hers, there was a perception that the usual channels for advancement had been closed off". Durch ihre Beziehung zum höhergestellten Mann wurde die Frau also übersprungen und nicht mehr als eigenständige Person betrachtet. Sie fiel zurück in die Weiblichkeitsrolle, die mit Ohnmacht und dem abgeleiteten Status des Mannes umschrieben ist.

Frauen in führenden Positionen sind in einer Dilemmasituation: Auf der einen Seite bietet die Organisation eine naheliegende Möglichkeit, einen Partner zu suchen, auf der anderen Seite hat die sexuelle Beziehung am Arbeitsplatz für die Führungsfrau negative Folgen. Pro und Contra sind in folgender Tabelle 6 dargestellt.

Heutzutage kann die Frau nicht mehr ohne weiteres von ihrem Arbeitsplatz entfernt werden, und sie hört auch bei dauerhafter Beziehung nicht mehr bereitwillig auf zu arbeiten, wie das früher meist der Fall war. In den frühen sechziger Jahren wurden Frauen noch ermuntert, erotische Beziehungen am Arbeitsplatz zu knüpfen und auf diese Art den Mann fürs Leben zu finden (Gurley Brown 1965). Ihre Erwerbstätigkeit diente mehr als heute zur Überbrückung des Ledigen-Status und die Beendigung derselben bei Heirat war (für die Mittelschicht-Frau) meist selbstverständlich. Heute gilt diese weibliche Normalbiographie zwar nach wie vor als Zielvorstellung vieler Frauen

---

frauen in der Familie, können jedoch auch Sekretärinnen große "Binnenmacht" besitzen, die durchaus der Organisation Schaden zufügen kann. Im übrigen ist davon auszugehen, daß - vielleicht gerade wegen der Enge der Beziehung - Sex viel mehr in sie hineinphantasiert wird als in Wirklichkeit geschieht (vgl. Handschuh-Heiß 1993).

138 Auf die allgemeine Geschlechterdynamik im Management wird in Kap.7. eingegangen. Hier soll es spezifisch um sexuelle Beziehungen zwischen Führungskräften gehen.

139 Eben diese Aussicht läßt Verantwortliche, wie sie teilweise explizit zugeben, vor der Einstellung von Frauen auf Führungspositionen zurückschrecken.

auf unattraktiven Arbeitsplätzen, kann aber nicht mehr selbstverständlich erwartet werden.

Pro	Contra
▪ Druck, sich durch vermehrte Anstrengungsbereitschaft Anerkennung zu verschaffen, führt zu verringerten Chancen, außerhalb des Arbeitsplatzes Menschen kennenzulernen.	▪ Als Abweichlerin vom Weiblichkeitsbild hat sie sich gerade aus der sexuellen, schwachen, passiven Rolle befreit. Als Geliebte erfüllt sie diese Rolle wieder und läuft Gefahr, daß ihre Kompetenz entwertet wird.
▪ Kollegen kennen die Frau in ihrer beruflichen Rolle und akzeptieren sie und ihre Ziele deshalb bereitwilliger als Männer "draußen".	▪ Als Eindringling in eine Männerwelt ist sie in besonderem Maße mikropolitischen Strategien ausgesetzt.
▪ Die Frau lernt ähnlich interessierte und engagierte Männer sowie Männer mit Macht kennen.	▪ Als Vorgesetzte hat sie mit ablehnenden Reaktionen enttäuschter Untergebener zu rechnen.

Tab. 6: Pro und Contra Arbeitsplatzromanzen der Frau in Führungsposition

Collins (1983) stützt sich auf vier Fallgeschichten, in denen die Männer im Alter zwischen 40 und 45 Jahren nach dem Aufbau ihrer Karriere an einen Punkt kamen, an dem das Persönliche für sie wieder zentraler wurde. Sie empfanden durch ihren Status, ihr Geld und ihre Macht quasi ein Recht auf ein erfülltes Liebesleben. Die betroffenen Frauen hatten sich eine Position erarbeitet, die sie aus dem weiblichen Rollenklischee hervorhob. Sie beanspruchten Anerkennung für ihre Arbeit und gleichberechtigte Partnerschaften, während sie in der Rolle der Geliebten in den Augen der anderen wieder näher an das Weiblichkeitsstereotyp heranrückten ("she is just a woman after all"). Als sie bemerkten, daß sie von anderen auf ihre weibliche Rolle zurückverwiesen wurden, aus der sie sich gerade herausgearbeitet hatten, richteten sie ihre Enttäuschung gegen die Organisation. So riskierten sie, ihre Karriere für die Beziehung zu opfern, nachdem sie vorher für die Karriere ihr Privatleben geopfert hatten. Fazit: "In the long run, the most fragile thing is probably not the corporation or the people but the love relationship" (Collins 1983,149).

Aufgrund der methodischen Schwierigkeiten und der kleinen Fallzahlen beruhen die meisten Interpretationen dieser Art auf solchen Fallgeschichten. Da in allen Organisationen mehr Männer in höheren und mehr Frauen in niedrigeren Positionen arbeiten und dieses Faktum stets mit dem Geschlecht konfundiert ist, kann nicht mit letzter Sicherheit gesagt werden, ob eher die Position oder eher das Geschlecht ausschlaggebend für Risiken und Dynamiken einer Affäre sind. *Generell* scheinen aber die Risiken für den/die Statusniedrigere/n größer zu sein. Die Fallzahlen mit nicht-traditionellen Liebesbeziehungen - die Frau ist Vorgesetzte ihres Geliebten - sind jedoch (noch) zu klein, um dazu gesicherte Erkenntnisse präsentieren zu können.

6.4.5. Auswirkungen sexueller Beziehungen

6.4.5.1. Positive Auswirkungen

Bezüglich der Auswirkungen einer Liebesbeziehung auf das Paar, die Arbeitsgruppe und die Organisation, kommen sowohl positive als auch negative Auswirkungen zur Sprache. 21% der Fälle in Anderson & Hunsakers Studie beinhalten positive Aspekte wie verbesserte Interaktion und verstärkte Produktivität, im Gegensatz zu 79% mit negativen Aspekten. Dillard & Miller (1988) fanden in generellen Einschätzungen verbesserte Arbeitsleistung bei 28% der männlichen Partner und 37% der weiblichen Pendants, in Quinns Studie wurden 10% der Fälle generell positiv eingeschätzt. Im einzelnen sind folgende positiven Folgen für die Organisation zu verzeichnen:

- Verbesserung des Arbeitsklimas, weil Verliebte glücklicher sind;
- höhere Arbeitsmotivation und -produktivität aufgrund des Synergie-Effektes (zwei zusammen schaffen mehr als die Summe ihrer individuellen Leistungen);
- Milderung von Konflikten im Arbeitsumfeld, da Verliebte ausgeglichener sind;
- Verbesserung der Kommunikation;
- Stabilisierung des Arbeitskräftepotentials, da Beschäftigte, die eine Beziehung in der Organisation haben, weniger bereitwillig den Arbeitsplatz wechseln als ungebundene Arbeitskräfte.

Allerdings beziehen sich die positiven Aspekte durchweg auf harmonische Paare. So leben die von Mainiero zitierten Paare mit positiven Folgen in stabilen Beziehungen oder haben geheiratet, sind also dem "Liebesmotiv" zuzuordnen und von daher unproblematischer als das Gros der Affären. Das Liebesmotiv scheint sich günstig auf die gezeigte Leistung des Paares auszuwirken, denn:

- Verliebte möchten dem/der anderen durch Leistung imponieren;
- sie wollen Kollegenschaft, Vorgesetzten und/oder Untergebenen beweisen, daß ihre Beziehung keine negativen Effekte hat;
- sie sind einfach glücklich und kommen deshalb mit ihrer Arbeit besser zurecht;
- Dritte reagieren positiv auf Liebespaare und stufen deren Leistung dadurch besser ein.

Dillard & Miller (1988) weisen aber darauf hin, daß in keiner Untersuchung Leistungsmessungen im Sinne "vorher-nachher" stattgefunden haben, sondern die Daten auf Fremd- und Selbsteinschätzungen beruhen, und besonders letztere ("Liebe macht blind") verzerrt sein könnten.

Insgesamt überwiegen jedoch die negativen Auswirkungen die positiven. Allein was die Leistung betrifft, wurde in Andersons & Hunsakers Studie den involvierten Frauen in 24% der Fälle und den Männern in 14% der Fälle von den sie umgebenden Personen reduzierte Leistung zugeschrieben, bei Dillard & Miller betragen die Zahlen 15 bzw. 8 Prozent - Frauen werden also negativer beurteilt. Die Einschätzung durch Kolleginnen und Kollegen ist von ihrer mittelbaren Betroffenheit beeinflußt. Neidgefühle, sich zurückgesetzt fühlen, Angst vor Begünstigungen eines Partners/einer Partnerin, Ausgeschlossensein usw. können bewußt oder unbewußt das Urteil mitgestalten.

Dementsprechend fällt die Liste negativer Folgen einer Beziehung am Arbeitsplatz länger als die der Vorteile aus. Die vorgenommene Trennung in Nachteile für das Paar, die Gruppe und die Organisation geschieht der Übersichtlichkeit halber, denn Wechselwirkungen zwischen ihnen sind anzunehmen.

6.4.5.2. Negative Auswirkungen auf das Paar bzw. die einzelnen Beteiligten

1) Die Berufsentwicklung ist aufgrund von Problemen in der Beziehung oder durch Druck von außen gefährdet.

2) Die Arbeitsbeziehung wird eventuell zerstört, wenn die Liebesbeziehung in die Brüche geht und das Paar weiterhin zusammenarbeiten muß. Besonders problematisch wird die Situation für den/die Untergebene/n nach einer Beziehung mit dem/der Vorgesetzten.

3) Es kommen Selbstzweifel bzw. Verlust an Objektivität auf: Vorgesetzte laufen Gefahr, Geliebte anders, evtl. auch strenger zu behandeln als andere, um Vorwürfen der Begünstigung vorzubeugen. Die Betroffenen selbst sind sich nicht mehr sicher, ob sie ihre Gratifikationen der Leistung oder der Beziehung verdanken.

4) Es entstehen Rivalitätskonflikte: Strebt das Paar dieselben knappen Ressourcen an, kann Konkurrenz die Beziehung belasten.

5) Verliebte bringen zum Ausdruck, daß sie Gefühle zulassen. Dadurch werden sie verletzlich und zum potentiellen Opfer mikropolitischer Strategien (Rufmord, inszenierter Klatsch, vorgetäuschte Toleranz u.a.), die sich ohnehin auch ohne realen Hintergrund gerne auf das Sexualleben beziehen.

6) Auch die einzelnen Beteiligten einer Romanze werden verletzlich, was bei Konflikten in der Beziehung zu arbeitsbezogenen Problemen führen kann: Der/die Angreifbarere wird manipulierbar und abhängig (das muß nicht immer der/die Statusniedrigere sein, sondern im Gegenteil eher die Person, die mehr Ressourcen im Hintergrund hat).

7) Psychischer Druck und Streß entstehen, falls das Paar die Beziehung geheimhalten muß oder will und Anfeindungen ausgesetzt ist.

8) Es droht Konfusion zwischen organisationalen und personalen Verhaltenserwartungen und Erfordernissen, denn beim Arbeitsplatzpaar fallen private und berufliche Rollen zusammen. Eine Interviewpartnerin in Mainieros Studie (1991,57) sagt: "Privat sollte ich die zugewandte, liebende Gefährtin sein und im Beruf die distanzierte, objektive Kollegin. Es kam mir so vor, als seien an unserer Beziehung nicht zwei, sondern vier Personen beteiligt". Die angesprochene "Persönlichkeitsverdoppelung" kommt durch die konträren Anforderungen des Berufs- und des Privatlebens in bezug auf ein- und denselben Menschen zustande. Collins (1983) berichtet in ihrer Fallsammlung über eine Reihe solcher Dilemmasituationen.

6.4.5.3. Negative Auswirkungen auf die Arbeitsgruppe

1) Es droht Verunsicherung und Verachtung bei Kolleginnen und Kollegen: Im "Sippenhaftprinzip" werden beide für Handlungen des/der einen verantworlich gemacht.

2) Es besteht die Angst, daß sich die Beteiligten einer Romanze gegenseitig beeinflussen, nicht mehr objektiv urteilen und man sich mit beiden gutstellen muß. Der Synergie-Effekt impliziert auch Machtzuwachs - das Paar bildet eine Machtkoalition und/oder löst bei anderen Ängste davor aus.

3) Kolleginnen/Kollegen fürchten ihren Ausschluß vom Informationsfluß zwischen den Paarbeteiligten ("pillow talk", vgl. Warfield et al. 1987) oder entwickeln Phantasien, was der/die eine vom/von der anderen über sie erfahren hat.

4) Sie empfinden Enttäuschung über die Exklusivität der Beziehung und entwickeln Gegenstrategien. Nach Quinns Studie ergreifen Beschäftigte, welche die Beziehung ablehnen, Rachemaßnahmen wie Sabotage und Arbeitsverweigerung. Ein Drittel der Fälle zieht Klatsch und Unterstellungen von Begünstigungen nach sich, ein weiteres Drittel ist mit ernsten negativen Folgen in Form von Klagen,

Feindseligkeiten, verschlechterter Kommunikation, bedrohtem Ruf der Arbeitsgruppe, Nachlassen der Arbeitsmoral und geringerer Produktivität konfrontiert.

5) Drittpersonen werden eifersüchtig oder neidisch und entwickeln aus Abwehr dieser nicht erlaubten Gefühle Rationalisierungen in der Form, daß sie aufgrund der Beziehung die Produktivität und soziale Ordnung bedroht sehen. Die Tatsache, daß sich zwei Personen etwas erlauben, was in einer formalisierten Struktur verboten ist, läßt eigene Unzufriedenheiten deutlicher werden. Besonders starke Eifersucht kommt auf, wenn (bewußte oder unbewußte) eigene sexuelle Wünsche auf eine/n der beiden Involvierten gerichtet sind, oder wenn unerlaubte sexuelle Phantasien in das Paar hineinprojiziert werden und es dafür verurteilt wird. Wie Kinder eifersüchtig sind, wenn Mutter oder Vater Geschwister bevorzugen oder neue Partnerschaften eingehen, können Untergebene eifersüchtig werden, wenn Vorgesetzte Geliebte aus der Organisation wählen. Ist er/sie aus den eigenen Reihen, wird das Gefühl der Zurücksetzung besonders schmerzlich sein. Verheiratete, die eine Beziehung am Arbeitsplatz beginnen, wecken in den beobachtenden Personen Ängste bezüglich der Zerbrechlichkeit von Ehen und der Möglichkeit, daß sich auch der eigene Ehepartner bzw. die eigene Ehepartnerin am Arbeitsplatz verlieben könnten. Da in unserer Kultur mehr Ansprüche des Geliebt-Werdens und der Fürsorge an Mütter gerichtet werden, hat es die weibliche Vorgesetzte, die sich in eine Beziehung einläßt, besonders schwer, Enttäuschung bei den Untergebenen zu verhindern. Auch wenn sie ihren Partner aus ihrer Hierarchiestufe wählt, ist das Bild der asexuellen, nährenden Mutter ohne eigenständige Sexualität, das Beschäftigte auf weibliche Vorgesetzte projizieren, zerstört.

Die beschriebenen Ängste können einen realen Hintergrund haben: Das Paar bildet ein Informationsmonopol, bevorzugt sich gegenseitig bei angenehmen Arbeiten bzw. schont den/die andere/n bei unangenehmen Tätigkeiten. Es versucht, gemeinsam mehr Macht auszubilden und Druck auf Vorgesetzte auszuüben und durch Anstachelung von Eifersucht alte Rechnungen zu begleichen.

6.4.5.4. Negative Auswirkungen auf die Organisation

1) Mögliche Beeinträchtigung der Arbeitsleistung: "The issue to consider is not whether people who work together sleep together, but whether their sleeping together affects performance" (Josefowitz 1982,94). Immerhin liegt der Gedanke nahe, daß ein Paar Energie und Zeit, die eigentlich die Organisation "eingekauft" hat, für sich verwendet (vgl. Neuberger 1993,275), ähnlich wie dies bei sexueller Belästigung der Fall ist.

2) Eventueller Verlust wertvoller Arbeitskräfte durch Selbstkündigung aufgrund des Druckes durch die Umwelt oder der Trennung des Paares, und durch Kündigung als Reaktion der Organisation. Auch andere Beschäftigte entschließen sich möglicherweise aus Enttäuschung und Ärger zur Kündigung.

3) Gefahr mangelnder Geheimhaltung von Information und mangelnder Loyalität gegenüber der Organisation.

4) Gefahr der Machtumkehr und der Zerstörung des Rationalitätsmythos (Neuberger 1993,274).

5) Möglicher Imageverlust bei Skandalen oder im Falle gesellschaftlich nicht akzeptierter Beziehungen (z.B. bei Bekanntwerden homosexueller Beziehungen).

6) Allgemeine Unruhe in der Organisation, Gefahr von Beschwerden seitens der Beschäftigten (auch wegen einer "feindseligen Arbeitsatmosphäre" oder Diskriminierung) und darauffolgender Zwang, reagieren zu müssen.

Aufgrund des hochemotionalen Gehalts einer Romanze nicht nur für die unmittelbar Beteiligten, sondern für alle mit dem Paar in Beziehung stehenden Personen sind die Auswirkungen auf Paar, Gruppe und Organisation im Einzelfall kaum absehbar, scheinen sich aber selten ausschließlich harmonisch zu entwickeln.

6.4.6. Die Diskursivierung intimer Beziehungen am Arbeitsplatz

6.4.6.1. Ratgeberliteratur

Karriereratgeber beinhalten nicht selten eine Form der Diskursivierung von Romanzen: In Kathryn Stecherts "Leitfaden für den Berufsalltag mit Männern" (1988) heißt ein Kapitel "Sex im Büro", in Betty Lehan Harragans "Games Mother Never Taught You" (1977) gibt es das Kapitel "Sexy Games, or Playing Around in the Hierarchy", und in Lynda Moores "Not as Far as You Think" (1986) den Abschnitt "Sexual Attraction at Work: Managing the Heart".

Laut Harragan (1977,350) besteht bei Frauen, was Sex am Arbeitsplatz betrifft, größte Verunsicherung, reisen sie doch als Aufsteigerinnen in ein ihnen fremdes Männerland. "Once a woman travels into the world of big business, she is in an all-male preserve. No longer is her anatomy her destiny; now male anatomy is her destiny". Harragan ist gegen Euphemismen wie "sexuelle Attraktion" oder "Büroaffäre", es handelt sich schlicht um "männlich-weiblichen Genitalkontakt innerhalb eines lokalisierten Settings". Dieses Spiel - sie betrachtet alle Handlungsprozesse einer Organisation als Spiele - können Frauen gar nicht gewinnen. Da Männer die Spielregeln diktieren und sexuelle Kontrolle über Frauen ausüben wollen, sind sexuelle "Eroberungen" nach Harragan Mittel zum Zweck der Herrschaft über Frauen - je höher der Status der Frau, desto höher ist die Eroberung zu werten: Eine Prostituierte bringt wenig, eine Sekretärin etwas mehr, eine Managerin sehr viel Status. Es handelt sich um eine quasi-geschäftliche Angelegenheit, deren Ziel es ist, den Status des Mannes zu erhöhen und gleichzeitig den der Frau zu erniedrigen. Dieses Spiel muß den Beteiligten nicht bewußt sein, aber "once you've slept with your boss, you've ended your upward mobility in that company - and the reason has nothing to do with sex" (S.358). Harragan erhebt den mütterlichen Zeigefinger, der die Töchter vor skrupellosen Männern bewahren will. Bekanntlich folgen Töchter selten solchen Warnungen, vor allem wenn das Liebesobjekt nicht dem angedrohten Negativbild ähnelt. Harragans Ratschläge entsprechen den Erkenntnissen der negativen Folgen von Affären für Frauen. Gefühle lassen sich jedoch meist nicht mit der Regel "Don't sleep with your boss" kontrollieren.

Stechert (1988) sieht das Problem von Karrierefrauen darin, daß der größte Teil ihres Lebens aus Arbeit besteht und sie Männer überwiegend im Berufsleben kennenlernen. Es gilt drei Regeln zu befolgen:

1) Keine kurzfristigen Affären mit Kollegen beginnen. Das schädigt den Ruf, und wenn der Mann ernsthaftes Interesse entwickelt, wird er sich für die Ablehnung rächen.

2) Außereheliche Beziehungen vermeiden, sei es ihre oder seine Ehe. Daraus entsteht Klatsch.

3) Diskret sein und Zurückhaltung üben, da die Affäre von anderen als Bedrohung erlebt wird.

Wenige Affären enden, meint sie, ohne daß eine/r oder beide den Arbeitsplatz verlassen müssen. "Sie sollten sicher sein, daß der Mann dieses mögliche Opfer wert ist" (Stechert 1988, 199). Auch Stechert spricht also klare Warnungen aus, sieht aber, daß sich Sexualität nicht einfach verbieten läßt und gibt Ratschläge zur Schadensbegrenzung. Allen Tips ist jedoch gemeinsam, daß Frauen für den angemessenen Umgang mit Sexualität verantwortlich gemacht werden, weil sie als sexualisierte Wesen erstens sowieso in höherem Maße dafür zuständig sind und zweitens in eine Männerdomäne eindringen, deren Spielregeln sie sich unterordnen müssen. Ratgeber zeichnen also ein recht düsteres Bild von der Zukunft der karrierewilligen Frau - sie muß sich dauernd Gedanken über etwas machen, was eigentlich spontan und ohne viel nachzudenken geschehen soll.

Positive Aspekte der Liebe am Arbeitsplatz erwähnt keine Autorin - sie finden sich nur in frühen Werken, in denen das mögliche Ende der Karriere wegen einer Affäre noch nicht als Katastrophe betrachtet wird, wie in jenem saloppen Karriereratgeber für Frauen aus den sechziger Jahren von Helen Gurley Brown (1965,225): "Weit entfernt davon, geringe, flüchtige, oberflächliche Begegnungen zu sein, können Romanzen und Affären, die durch die Arbeit zustande kamen, die widerstandsfähigsten, befriedigendsten, unvergeßlichsten Episoden im Leben zweier Menschen sein. Sogar wenn es traurig endet, wird keines von beiden je sagen (oder auch nur denken), es gäbe etwas dafür, wenn es das Ganze ungeschehen machen könnte."

Eine ganz neue Lösungsmöglichkeit sexueller Attraktion am Arbeitsplatz schlagen - wie schon kurz angedeutet - Eyler & Baridon (1993) vor: die Beziehung, die mehr als Freundschaft und weniger als eine Romanze sein soll. Wegen der Risiken einer sexuellen Affäre für Karriere und Ehe sollen die Kooperierenden, ihrer gegenseitigen sexuellen Attraktivität bewußt, diese nicht zu einer romantischen, zerstörerischen Bindung werden lassen, sondern sie in produktive Arbeit kanalisieren. Dadurch entstehen neue Leistungshochs und ungeahnte Kreativitätsschübe, die auch dem Arbeitgeber nur gefallen können. Voraussetzung dafür ist das wohldurchdachte und bewußt kontrollierte Management der sexuellen Energie, denn "in einer Umgebung, in der Menschen direkt und rational mit ihrer Sexualität umgehen, werden unerlaubte sexuelle Beziehungen selten ein Problem darstellen" (Eyler & Baridon 1993,229). Eine solch durchorganisierte Erotik entspricht indessen mehr dem rationalen, sachlichen Anspruch der Organisation als dem spontanen, ungeplanten Charakter authentischer Sexualität. Die Menschen müssen schon hinreichend diszipliniert und enterotisiert sein, um permanent jene Grenzen einzuhalten, die für das neuartige Beziehungsmodell vonnöten sind.

6.4.6.2. Diskurse über Sex am Arbeitsplatz

Der Widerspruch zwischen Foucaults Diagnose bezüglich der Ausweitung sexueller Diskurse in der Gesellschaft und dem Schweigen darüber in der organisationsbezogenen Literatur ist auffällig (vgl. Burrell 1984). Wie gezeigt, gibt es zwar einige Studien, Abhandlungen und Ratgeber zum Thema, aber eine breite Diskursivierung - wie sogar zeitweise beim Thema der sexuellen Belästigung - hat es nicht gegeben. Es ist zu vermuten, daß aufgrund der Desexualisierung der Organisation Erotik am Arbeitsplatz keine eigenständige Kategorie werden konnte, was sich aber, wenn die festgestellten Tendenzen zutreffen, in Zukunft verändern wird. Dann könnten Einteilungen in Form von Grenzziehungen zwischen guten und schlechten bzw. effizienten und schädlichen Beziehungen und von Erörterungen verschiedener Konsequenzen und Managementstrategien nötig werden, wie sie in amerikanischen Studien bereits auftauchen. Eyler & Baridons (1993) Konzept einer neuartigen Arbeitsbeziehung ist ein erster Schritt in diese Richtung: Da erkannt wurde, daß rein sachliche Beziehungen in Organisationen nicht mehr durchzusetzen sind, aber das zerstörerische Potential von Liebesbeziehungen nach wie vor gefürchtet wird, soll eine neue Methode des Umgangs mit sexueller Anziehung die Lösung bringen. Diese Beziehungsform hat noch gar keinen Namen - man könnte sie "Inteambeziehung" nennen -, stellt aber einen ausgezeichneten Beleg für Foucaults These der Schaffung bestimmter Sexualitätsformen durch neue Abgrenzungen dar, deren produktive Funktion in diesem Fall offen propagiert wird.

Großen Anklang findet die Liebe am Arbeitsplatz in Medien, populären Zeitschriften, Romanen, Geschichten und Witzen.[140] In den Medien werden bevorzugt Skandale und spektakuläre Fälle von Liebesbeziehungen in Organisationen zur Sprache gebracht (siehe den Fall von Mary Cunningham, weitere medienwirksame Fälle

140 Sie ist auch ein äußerst beliebtes Sujet von Pornofilmen (Hearn & Parkin 1987,149).

schildern Hearn & Parkin 1987,117). Im öffentlichen Diskurs über solche Vorkommnisse werden die Wertvorstellungen der Gesellschaft gefestigt und überprüft. Das Interesse der Medien und der Öffentlichkeit war groß, als Redakteure einer Zeitung Anfang 1992 ankündigten, Frauen zu "outen", die sich "nach oben geschlafen haben" (vgl. SZ vom 25.2.92/27.2.92). Letztlich wollten sie mit diesem fingierten "Medienexperiment" nur beweisen, daß solche Diskurse immer noch öffentliche Aufmerksamkeit hervorrufen und trotz sexueller Liberalisierung Skandalcharakter annehmen.

In der Boulevard-Zeitschrift "Neue Revue" (Nr.44,1990) werden unter dem Titel "Sex im Büro" Ergebnisse eines "Sexologischen Instituts" veröffentlicht, das angeblich 4567 Berufstätige befragte. Danach hatte jeder zweite Deutsche im letzten Jahr einen Flirt am Arbeitsplatz. 56 % der Frauen finden die Atmosphäre in ihrer Firma zu geschäftsmäßig, 12 % träumen von sexuellen Kontakten mit einem Kollegen, und ("nun die tollste Zahl"): Gegen echten Sex in der Firma haben 41 % aller Frauen überhaupt nichts einzuwenden. Bei den Männern liegen die Zahlen noch höher. Der Beitrag schließt mit "Also dann: Männer und Frauen - viel Vergnügen...". In den Populärmedien wird also ein anderes Bild präsentiert als in wissenschaftlichen Erörterungen - der Arbeitsplatz wird zur idealen Umgebung für erotische Abenteuer.

Die wissenschaftliche Tabuisierung des Themas "Liebe am Arbeitsplatz" unterbindet nicht informelle Anekdoten und Geschichten in Organisationen, sondern macht sie nur um so spannender. Im Sinne von Neuberger & Kompa (1987) können sie als Teil der Unternehmenskultur betrachtet und analysiert werden. So werden in inoffiziellen Geschichten verschiedene Botschaften je nach erzähltem Ausgang - Happy End für beide/ für den Mann/ für die Frau/ für keinen von beiden - gesendet:

- Warnungen an Neulinge, das gleiche Verhalten zu zeigen;
- Verweis der Frau auf ihre traditionelle Rolle als Verführerin und Geliebte;
- Bekräftigung, daß Lust und Liebe in der Abteilung eine Chance haben bzw. umgekehrt, daß partikuläre Koalitionen nicht geduldet werden;
- Darstellung der Machtverteilung und Informationsflüsse durch Erzählen, wer wann von der Affäre wußte und wer welchen Einfluß auf sie hatte;
- Annäherungsversuch an eine Kollegin/einen Kollegen durch Schilderung eines Modellfalls.

Drastische und häufige Schilderungen sexueller Affären tragen zu einer "sexualisierten Arbeitsatmosphäre" bei, die wiederum als Belästigung empfunden werden kann. Insgesamt zeigen die vielfältigen Diskurse über "Sex am Arbeitsplatz", daß nicht nur manifeste Romanzen, sondern alleine schon das Reden darüber anregend und attraktiv wirken.

6.4.7. *Das Management der Romanze*

Das "Management" einer Romanze von seiten der Vorgesetzten des betroffenen Paares ist nach Quinns und Mainieros Erkenntnissen eher passiver Natur. Vorgesetzte sind verunsichert und scheuen sich, in die Intimsphäre der Untergebenen einzugreifen, oder hoffen, daß die Affäre bald beendet ist (Ford & McLaughlin 1987). Übereinstimmung scheint zumindest in der US-amerikanischen Literatur darin zu bestehen, daß Liebesbeziehungen am Arbeitsplatz ein wachsendes organisationales Problem sind, mit dem sich Personalverantwortliche zu beschäftigen haben. Interventionen beziehen sich auf die Möglichkeit der Aussprache, auf Warnungen, Drohungen und Kündigung. Frauen werden nach Quinn (1977) zweimal so häufig wegen einer Romanze entlassen wie Männer (Männer: 5 %, Frauen: 11 %). Dies ist zum einen auf das vorhandene Weiblichkeitsbild zurückzuführen, das Frauen für Sexualität eher verantwortlich macht als Männer, zum anderen scheint der wichtigere Grund aber ein organisationaler zu sein: Trotz Aufholens der Frauen bezüglich beruflichen Stellungen sind sie meist in der niedrigeren Position, ihre Entlassung ist weniger problematisch, und sie sind für die Organisation weniger wichtig. "The simple fact is that for the business's purpose, the most valuable person ought to stay, and in today's organization, considering seniority and time as investments, that person is probably the man" (Collins 1983,151).[141] Mary Cunningham scheint also kein Einzelfall zu sein.

Die meisten Organisationen haben keine expliziten oder verschriftlichten Regeln hinsichtlich privater Beziehungen am Arbeitsplatz. In einer Untersuchung von 220 "Fortune 500" Unternehmen, bei der 37 Unternehmen antworteten, gaben sechs Prozent an, schriftliche Regelungen für romantische Beziehungen zu haben, mehr als ein Drittel sah hingegen über diese Art von Beziehungen diskret hinweg (Warfield et al. 1987).[142]

---

141 Bei Collinson & Collinson (1989) wird ein Fall dieser Art beschrieben.

142 Ein "Anti-Flirt-Führer", wie ihn angeblich das Londoner Versicherungsunternehmen "Legal and General" herausgegeben hat, ist äußerst unüblich. Im Bericht über den Führer heißt es: "Bei der Einladung zu einem Drink nach der Arbeitszeit soll jeder Angestellte seinem Arbeitskollegen oder der Kollegin grundsätzlich einen Korb geben, weil dies allzu häufig zu Romanzen am Arbeitsplatz führe. Allzu aufdringlichen Büro-Genossen soll abweisend begegnet werden.(...) In einer Umfrage für das Londoner Institute of Directors unter 76 Managern gestanden über zwei Drittel ein, daß sie Techtelmechtel am Arbeitsplatz nur äußerst ungern sehen. Nach der Studie der Strathclyde Business School neigen Büro-Verliebte am Arbeitsplatz noch mehr als andere zu ausschweifenden Tagträumen, verlieren bei Beurteilungen jegliche Objektivität und plaudern auch häufiger Betriebs-Interna aus, was alles in allem der Produktivität schade" (SZ vom 27.12.90). In den meisten Fällen haben Vorgesetzte allerdings keinen "Anti-Flirt-Führer", den sie den Beschäftigten in die Hand drücken können, und sind zu einer eigenständigen Reaktion gezwungen.

Während es für konservative Unternehmen dem Brechen eines Inzesttabus gleichkommt, wenn Beschäftigte ein Verhältnis miteinander haben, wollen andere, daß die Romanze im eigenen Haus - sozusagen in der Familie - bleibt, da sie die Unmöglichkeit der Verbannung von Privatbeziehungen erkannt haben und sie unter Kontrolle haben wollen. Die "Traditionellen" glauben eher an Freuds Energiemodell: "Ein Manager soll sich uneingeschränkt als ganze Person in den Job einbringen und die Energien nicht auf Affären verschwenden" (Führungskraft, zit. in 'DER SPIEGEL', 47/1991,70). Wer ein seriöses, familienbezogenes Image vermitteln möchte, sieht Liebesbeziehungen bei Beschäftigten negativer als Organisationen, die sich modern, offen und fortschrittlich geben. Die neueste, bereits vorgestellte Variante stellt eine Synthese aus der Verhinderung von Affären und der Akzeptanz erotischer Spannung zwischen Beschäftigten dar, die auf einer neuen Ebene organisationskonform verläuft: "Manager können unauffällig ein berufliches Umfeld fördern, worin intime, nichtsexuelle Beziehungen sicher und produktiv funktionieren können, (...) versuchen Sie, die Beziehungen am Arbeitsplatz stärker zu lenken als zu kontrollieren. (...) Sie sollten sich mit sexueller Zuneigung, die unter Ihrer Belegschaft besteht, direkt und routinemäßig auseinandersetzen, damit sie nicht störend wirkt" (Eyler & Baridon 1993, 237ff).

Die Beziehung, die zur Ehe führt, wird im allgemeinen eher toleriert als die kurze Affäre oder die außereheliche Beziehung (Loring & Wells 1972,117), denn die Ehe ist eine gesellschaftlich geordnete Institution, die parallel und komplementär zur Ordnung der Arbeitsorganisation gesehen werden kann. Sie weist eine Formkorrespondenz zur Organisation auf (Türk) und dient der Aufrechterhaltung der Trennung der Lebenssphären, einer Voraussetzung für das Funktionieren der Organisation. Ist die Frau, wie in der Mehrzahl der Fälle, dem Mann untergeben, bleibt sowohl die hierarchische als auch die patriarchalische Ordnung gewahrt.

6.4.8. Zusammenfassung

Im Unterschied zu üblichen Paarbeziehungen sind diejenigen in der Organisation Bedingungen und Strukturen unterworfen, die aus ihnen "besondere" Liebesverhältnisse machen. Sexuelle Beziehungen am Arbeitsplatz bedeuten eine potentielle Aufhebung der vielfältigen Trennungen im Sinne von Türk, jedoch nur dann, wenn sie nicht selbst wieder in geordneten (organisierten) Bahnen verlaufen. Die Formalität der Organisation ist bei der Romanze sozusagen der Sand im Getriebe:

1) *Ordnung*: Sie bewirkt die Dominanz universalistischer Rationalität, Asexualität und Neutralität, die aus partikularistischen Verbindungen in Organisationen gene-

rell etwas Exotisches macht. Innerhalb der Beziehungsformen trifft sie aber nochmals Bewertungen: Affären zwischen Statusungleichen sind unerwünscht, wenn Sexualität und Macht gegeneinander konvertierbare Währungen sind, d.h. vor allem bei direkt über/untergeordneten Personen. Hier kann Sexualität mit Macht konfundiert und getauscht werden, was der Herrschaftsfunktion der Organisation zuwiderläuft. Leidenschaftliche, indiskrete Affären stören die etablierte Ordnung von Entpersönlichung und Abstraktifizierung ganz besonders und erinnern an das, was zwischen Menschen, die täglich eng miteinander zu tun haben, sein könnte, wenn es die Organisation nicht gäbe. Beziehungen entgegen der Geschlechterhierarchie - zwischen einer statushöheren Frau und einem untergebenen Mann - untergraben männliche Vormachtstellung und Souveränität. Homosexuelle Beziehungen verstoßen gegen die Norm der Heterosexualität.

2) *Gebilde*: Zu den geforderten Qualifikationen, die in organisationsförmiges Handeln einfließen sollen, gehört die Fähigkeit, sich zu verlieben, gerade nicht. Die überwiegend von Frauen verlangte Vermarktung ihrer Sexualität schließt im Gegenteil einen besonders kalkulierten Umgang mit den eigenen Gefühlen ein, und auf sexualisierten Arbeitsplätzen laufen sie Gefahr, daß ihre Gefühle instrumentalisiert werden. Das geschlechtsspezifische Gebilde der Organisation bewirkt zwar, daß Frauen und Männer überhaupt zusammen kommen, lenkt aber auch die Gestalt der Beziehungen: So sind die Frauen meist in der untergeordneten oder weniger wichtigen Position als ihre Partner und deshalb mehr negativen Folgen und Beurteilungen aus der Affäre ausgesetzt als Männer - die Unterstellung eines "Jobmotivs" liegt nahe. Für beide Geschlechter werden durch geschlechtsspezifische Arbeitsteilung egalitäre (heterosexuelle) Partnerschaften erschwert, teilweise durch extreme Segregation überhaupt verhindert. Mit dem Arbeitsplatz verbundene Männlichkeits- und Weiblichkeitsbilder färben auf die Beziehungsmuster ab: Deren Rollenverteilung wird nicht erheblich von jener am Arbeitsplatz abweichen. Homosexuelle Beziehungen werden zwar durch Segregation eher gefördert, ihnen stehen jedoch massive Mißbilligungen von außen gegenüber, vor allem was Affären über Hierarchiegrenzen hinweg betrifft.

3) *Vergemeinschaftung*: Sie will die Entstehung exklusiver Zweierbünde verhindern, weil damit die Solidarisierungsfunktion der Vergemeinschaftung gefährdet ist. Eine Mann-Frau-Beziehung verstößt dabei genauso gegen die Prinzipien des Männerbunds als Vergemeinschaftungsinstitution wie homosexuelle Verbindungen, die die Zweck- und Interessensgemeinschaft des Bundes zu zerstören drohen.

Die Arbeitskraft ist vereinzelt, entpersönlicht, entsexualisiert und deformiert - all dem scheint die Liebe am Arbeitsplatz diametral entgegenzulaufen: Sie ist (im Idealfall) verbindend, persönlich, erotisch und gefühlvoll ohne Rücksicht auf betrieblich erwünschte Gefühle und folgt mit diesen Qualitäten der von Burrell (1992) postulierten zweiten bzw. dritten Seite der Lust (vgl. Kap.3.1.5.). Entsprechend der zweiten Lustform würden die Liebenden das Interesse an den Zielen der Organisation verlieren und sich selbst genügen, gemäß der dritten Lustform würden sie durch ihre Liebe gar die Organisation oder deren Strukturprinzipien sprengen. Obwohl dies in der Regel nicht zu erwarten ist, zeigt das Auftreten von Romanzen am Arbeitsplatz trotzdem, daß

- Entemotionalisierung und Abstraktifizierung nicht vollkommen durchsetzbar sind,
- Menschen sich dagegen wehren, zur abstrakten Arbeitskraft gemacht zu werden, m. a. W., gegen Auftrennungen Widerstand leisten,
- Organisationen Nischen und Zwischenräume bieten, in denen Freiräume existieren,
- Organisationen nicht nur (Sexualität, Gefühle, menschliche Begegnungen) deformieren, sondern auch Möglichkeiten zu Kontakten, Beziehungen, Liebe und sexuell-erotischem Austausch herstellen.

Die Organisation bietet also nicht nur die exklusive Möglichkeit zur Solidarisierung und Interessenartikulation, sondern auch oftmals die exklusive Chance zur Liebe.

Im Zuge der konsumatorischen Befriedigung als Pseudoliberalisierung (Aigner 1986,13) sind kontrolliert sexuell aktive Arbeitskräfte - *mit* Bedürfnissen, aber *ohne* Ausschweifungen - ideal ans Wirtschaftssystem angepaßt. Deshalb wird gerne eine ungefährliche schwache Beziehungsintensität von einer zerstörerischen starken Intensität unterschieden, eine Differenzierung, die Schmidts These der Entsexualisierung der Beziehungen aufgrund der Angleichung der Geschlechter im Beruf entspricht. Für eine nicht allzu starke Anziehungskraft, die für beide Beteiligten handhabbar bleiben muß, plädieren auch Eyler & Baridon (1993) mit ihrem Beziehungsmodell, dessen Postulate Marcuse und seiner These der instrumentalisierten Beziehungen recht geben - selbst Liebe wird in den Dienst genommen und effizient verwertet. Sie kann sogar als Instrument zur Steigerung der Arbeitsproduktivität gebraucht werden und entspricht damit Burrells "erster Seite der Lust", bei der Sexualität nicht mehr Ziel, sondern Mittel sozialer Kontrolle ist. Dazu gehören auch alle von "oben" strategisch geplanten Beziehungen, um Ziele der Organisation zu erfüllen: In Spionage-Organisationen haben Agentinnen und Agenten den Auftrag, mithilfe der Erotik Informationen zu gewinnen.[143] Besondere Zielscheibe von Agenten sind Sekretärinnen hochstehender Personen, denen deshalb geraten wird, sich ihre Liebhaber genau anzuschauen. Für geschäftliche Verhandlungen werden zuweilen Frauen engagiert, welche die Geschäftspartner in gute Stimmung versetzen sollen.[144] Diese Formen der Erotik sind - da Management-Strategie - weitgehend kontrollierbar, bergen aber die Gefahr der "Überschüssigkeit" in sich.[145]

Daß "die Organisation" nicht als fremde, gegnerische Macht den Individuen gegenübersteht, sondern von ihnen selbst reproduziert wird, kann in den Einstellungen der beobachtenden Personen nachvollzogen werden. Die Mehrheit spricht sich gegen sexuelle Beziehungen zwischen Statusungleichen aus und räumt Vorgesetzten das Recht ein, bei diesen Beziehungen zu intervenieren. Sie äußert sich also im Sinn der Organisation, was die Sicherung von Arbeitseffizienz und Herrschaft betrifft. Nur wenige Arten von Liebesbeziehungen finden für ihre Normverletzung den Beifall der Beobachtenden. Frauen scheinen den Einfluß sexueller Intimität und Sexualität am Arbeitsplatz besonders negativ einzuschätzen und fordern stärkere Management-Interventionen als Männer. Sie sehen sich als unmittelbar (negativ) Betroffene sowohl aufgrund ihrer eher statusniedrigen Position als auch in Rivalität mit anderen Frauen um die Gunst der Männer. Zuweilen ergibt sich ein fast archaisches Muster der Geschlechterbeziehung ausgerechnet bei den sich für Frauen neu eröffnenden, nicht-traditionellen Arbeitsplätzen: Durch die Verbindung mit einem möglichst mächtigen Mann sind sie vor sexuellen Übergriffen der anderen Männer geschützt.

Da in der Erläuterung der Motive der Beteiligten deutlich wurde, daß es neben purer Liebe oder purer Lust auch arbeitsbezogene Motive für sexuelle Beziehungen in Organisationen gibt, kann die Vermischung von Arbeits- und Liebesbeziehung zu mikropolitischen Kämpfen und Interessenskonflikten führen.[146] Mikropolitik, woran Türk im Rahmen der Kooperationsdimension der Organisation als erstes denkt, scheint bei sexuellen Beziehungen zwar nicht das Hauptmotiv zu sein, gehört aber in der Wahrnehmung Dritter zu den häufigsten Beweggründen.[147] Mit anderen Worten,

---

143 Genannt "honey trap". Lockvögel haben beispielsweise im Zweiten Weltkrieg wichtige homosexuelle Persönlichkeiten systematisch eingefangen und unter Androhung der Entlarvung zur Informationslieferung gezwungen (vgl. Geiger 1991).

144 "Geschlechtsverkehr als Bestandteil des Geschäftsverkehrs" nennt dies Volkmar Sigusch (1985, zit. in Aigner 1986,9).

145 Dies wird von manchen Spionage-Filmen in Szene gesetzt, die zeigen, was passieren kann, wenn Agent oder Agentin sich "wirklich" in ihr Zielobjekt verlieben.

146 Zwar sind auch manche anderen Paarbeziehungen "jobmotiviert" (z.B. Übernahme von Unternehmen durch Heirat), doch besteht hier nicht die Unmittelbarkeit von arbeitsbezogenen Interessen und Liebesmotiv, wie es in Billy Wilders "Apartment" so plastisch zum Ausdruck kommt.

147 Im Männermagazin "Esquire" (3/91,100) wird genau diese Strategie - halb ironisch - als Mittel gegen Karrierefrauen ("auch die Karrierefrau braucht ab und zu Liebe") empfohlen.

nicht nur die Führung einer Organisation macht sich sexuelle Beziehungen zunutze, sondern jede/r einzelne kann sie für sich und die eigenen Zielsetzungen instrumentalisieren. Hierbei handelt es sich, wie auch bei der sexuellen Belästigung, um "Mikro-Biopolitik".

Da Frauen zum einen als die definitiv sexuellen Wesen in unserer Gesellschaft gelten und zum anderen eher in niedrigen Positionen beschäftigt sind, wird ihnen besonders viel Mikro-Biopolitik unterstellt. Im Vergleich zu ihrer eher leidvollen Rolle bei sexueller Belästigung haben sie in erotischen Beziehungen selbst als Untergebene wesentlich mehr Handlungsmöglichkeiten, da die konsensuelle Beziehung mit interpersonaler Attraktion und sexueller Lust auf beiden Seiten verbunden ist. Nicht umsonst wurde in den Anfängen des Kapitalismus befürchtet, daß die Frau, die zur Arbeitskraft wird, gegenüber der häuslich geborgenen Frau an sexueller Freiheit gewinnt. Tatsächlich scheint sie die Ressource Sexualität in Form einer Beziehung zu einem (meist höhergestellten) Mann bisweilen einzusetzen, um die Koalition mit ihm ausnutzen zu können. Insgesamt lehnen Frauen sexuelle Beziehungen am Arbeitsplatz jedoch eher ab und glauben, daß deren Folgen für sie negativer als für Männer sind, eine Überzeugung, die sich empirisch bewahrheitet. Da Frauen auf nicht-traditionellen Arbeitsplätzen mehr Romanzen haben als in typischen Frauenberufen, ist insgesamt und vor allem für Frauen trotzdem mit einem Anstieg an imtimen Beziehungen am Arbeitsplatz zu rechnen.

Die doppelte Ungleichheit von Geschlecht und Geschlechterstruktur in Organisationen kommt bei der Affäre am Arbeitsplatz unmittelbar zum Tragen, jedoch wird die Asymmetrie zwischen den Geschlechtern dadurch gebremst, daß sich *beide* Beteiligte im Falle einer gefühlsintensiven Beziehung verletzlich machen. Mit Angleichung der Geschlechter hinsichtlich der Positionen, die sie in Organisationen innehaben, werden die Nachteile für betroffene Frauen abnehmen. Bleibt die Organisation aber als Verkörperung von Herrschaft bestehen, ist Barbara Sichtermanns Hoffnung, daß vielleicht irgendwann einmal "Kollegialität und Erotik in friedlicher Koexistenz Werkhallen, Büros und Ämter spiritualisieren" (1989,76), nur ein frommer Wunsch.

6.4.9. Exkurs: Phantasien

> "In the 20 years I have been working, there have been various amounts of sexual tension between myself and others in the organization. I have not acted upon these tensions, but I have dreamed and fantasized about the other person." (InterviewpartnerIn bei Lobel 1993,145).

Nicht nur aus Lobels Studie (1993), sondern auch aus den Produkten der Populärkultur ist zu schließen, daß phantasierte Affären und Kontakte am Arbeitsplatz die manifesten Affären bei weitem übersteigen. Unter dem Schutz von sexuellen Tabus und Grenzen können sexuelle Wünsche gefahrlos in Flirtverhalten und Phantasie-Affären umgesetzt werden. Flirts ermöglichen Eroberungsphantasien, die niemals ausgeführt werden dürfen (müssen) und die Phantasierenden "durch das rationalisierte Verbot, Arbeit und Vergnügen zu mischen" (Rohrlich 1984,168), vor Mißerfolg bewahren. Die Idee von Sex bei der Arbeit mag so erregend sein, daß gar nichts mehr realiter passieren muß. Es wird Lust daran gefunden, so zu tun, als wäre etwas, wo eigentlich gar nichts ist (Korda 1972,108). Diese Thesen setzen Bedingungen voraus, wie sie in Koneckis Fallgeschichte zum Tragen kommen: Durch die Institution gesetzte unüberschreitbare Grenzen, die wirkliche Intimität verhindern, führen zu einer ungefährlichen Flirtkultur. So können erotische Phantasien als häufig einziger Ausweg aus den Zwängen des Arbeitslebens betrachtet werden, wenn angesichts strenger Verhaltensnormen und Sexualtabus die Zusammenarbeit von Frauen und Männern zu affektgeladenen Spannungen führt (Fritz 1982,87).

Das Wort "Phantasie" leitet sich vom altgriechischen Wort phantazesthai ab, das "sichtbar werden, erscheinen" bedeutet. Phantasien sind also Erscheinungsbilder, deren Konnotation im Umgangssprachlichen eher positiv ist (vgl. das Adjektiv "phantastisch"). Nach Freud sind Phantasien weitgehend vom Realitätsprinzip verschont und dem Lustprinzip unterworfen, so daß unterdrückte, verdrängte und gehemmte Triebimpulse meist mit aggressiven und sexuellen Inhalten zum Ausdruck kommen. Marcuse charakterisiert Phantasien als eine Art Denktätigkeit, die lustvoll, aber nutzlos ist, im Gegensatz zu Denktätigkeiten unter der Herrschaft des Realitätsprinzips, die zwar lustlos, aber dafür nützlich sind. "Die kritische Funktion der Phantasie liegt in ihrer Weigerung, die vom Realitätsprinzip verhängten Beschränkungen des Glücks und der Freiheit als endgültig hinzunehmen, in ihrer Weigerung, zu vergessen, was sein könnte" (Marcuse 1990,148).

Je mehr Sexualität verschwiegen, verdrängt, verboten und reglementiert wird, desto leichter findet sie ihren Platz in der Phantasie der Individuen (Hearn & Parkin 1987,121). Manche Phantasien, die Kolleginnen/Kollegen, Vorgesetzte, Kundinnen/Kunden usw. betreffen, wollen auch gar nicht gelebt werden. Sie sind dazu da, eine Idee zu bleiben, denn als Idee sind sie unter individueller Kontrolle und ohne Folgen, was sie als ausgeführte Handlung nicht mehr wären (vgl. Bradford et al. 1975,57).

Nischen für selbstbestimmte Denktätigkeiten wird es an jedem Arbeitsplatz geben, aber im Arbeitsablauf hochgradig aufeinander angewiesene Arbeitstätigkeiten mit hohen Konzentrationserfordernissen würden Phantasie auf Lücken und Pausen beschränken, während andererseits gerade einfache Tätigkeiten nicht den "ganzen" Menschen in dem Maße beanspruchen, wie das oft bei qualifizierten Arbeiten der Fall ist, so daß mehr Spielraum für eigene Gedanken vorhanden ist; ein Zusammenhang, der durch Marcuses bekannte Äußerung, "je mehr die Arbeit für den Einzelnen zu etwas Äußerlichem wird, desto weniger berührt sie ihn im Bereich des Notwendigen" (1990,219), untermauert wird.

Dieselbe Argumentation, die auch für gesprochene oder bebilderte sexuelle Themen angeführt wird, kann hier verwendet werden: Sexuelle Phantasien dienen als Widerstand gegen Entfremdung und Ohnmachtserlebnisse an unattraktiven Arbeitsplätzen, als Ausbruch aus Langeweile und Frustrationen, als Vehikel zum Ableiten von Aggressionen und als Selbstversicherung der eigenen individuellen Existenz angesichts von Anonymität und Austauschbarkeit in Arbeitsorganisationen. Mehr noch als alle anderen Formen des Widerstands unterliegt die Phantasie keiner äußeren Zensur, ein Umstand, der für Frauen eine besondere Bedeutung haben könnte. Denn Frauen erfahren, gerade was ihren Körper und ihre Gefühle betrifft, mehr einengende Reglementierungen als Männer, und bestimmte Formen sexuellen Ausdrucks wie Pornographie oder Sex-Witze sind in einem männlich dominierten Umfeld für Frauen nicht erlaubt oder von ihnen selbst nicht erwünscht.

Phantasien können unter Umständen berufliche Konsequenzen für die Phantasierenden oder die Zielobjekte der Phantasie haben. Wenn etwa in ein Liebes- oder Freundschaftspaar am Arbeitsplatz eigene Enttäuschungen oder Defizite hineinprojiziert werden und so die Realität verzerrt wahrgenommen wird, werden Vertrauen und Kooperationsfähigkeit erschüttert. Phantasien über die Phantasien anderer eröffnen eine Spirale verschiedener Beobachtungsebenen, die, jeweils unkommuniziert, eine zweite (Organisations-)Welt darstellen. Wenn der Vorgesetzte glaubt, die neue Mitarbeiterin nicht auf eine Geschäftsreise mitnehmen zu können, weil die anderen denken könnten, er habe ein sexuelles Interesse an ihr, die Mitarbeiterin ihrerseits vermutet, er habe etwas gegen sie persönlich, weil er sie als einzige nicht mitnimmt, die anderen jedoch vermuten, er nehme sie nicht mit, um keinen Verdacht auf eine längst bestehende Beziehung zu lenken, so ist diese Konstruktion nicht unrealistisch (und in dieser Form der Autorin mitgeteilt worden).

6.5. Resümee: Sexualität in Organisationen zwischen Distanz und Annäherung

In folgender Tabelle 7 sollen die sexuelle Belästigung bzw. Romanzen begünstigenden organisationalen Bedingungen einander gegenübergestellt werden. Es wird deutlich, daß es sich keineswegs um gleichartige Phänomene handelt - einmal in geglückter und einmal in mißglückter Version -, sondern daß ganz unterschiedliche Faktoren zum einen bzw. zum anderen beitragen. Belästigung kann als eine Form der Distanzierung, Romanzen dagegen als eine Form der Annäherung zwischen Männern und Frauen (bzw. unter Frauen oder unter Männern) am Arbeitsplatz betrachtet werden.

sexuelle Belästigung	**sexuell-romantische Beziehungen**
starke vertikale, horizontale und funktionale geschlechtsspezifische Arbeitsteilung	Angleichung der Tätigkeiten der Geschlechter
ausgeprägte Männerdomänen	intensive Zusammenarbeit der Geschlechter
Toleranz des Managements gegenüber sexueller Belästigung	antizipierte Akzeptanz sexueller Beziehungen durch das Management
stark sexualisierte Arbeitsatmosphäre	gering sexualisierte Arbeitsatmosphäre
Tendenz der Kollegenschaft/Vorgesetzten zur Verbündung mit Tätern	antizipierte positive Reaktion der Kollegenschaft/Vorgesetzten
Traditionelle Geschlechterrollenorientierung	Angleichung der Geschlechterrollen
starke Konkurrenz	wenig Konkurrenz
starke Vergemeinschaftungstendenzen innerhalb eines Geschlechts	geringe Vergemeinschaftung innerhalb eines Geschlechts
Angst vor Nähe und Gefühlen	Zulassen von Nähe und Gefühlen

Tab. 7 : **Faktoren zur Entstehung heterosexueller Belästigung und Romanzen am Arbeitsplatz**

Sexualität *in* Organisationen, sofern sie nicht die Gestalt sexualisierter Arbeit annimmt, hat einen "trotzdem"- und einen "weil"-Charakter. Der "trotzdem"-Charakter verweist auf den konstruierten Antagonismus zwischen Organisation und Sexualität, der letztere zum unpassenden und fehlgeleiteten Geschehen in Organisationen macht, der "weil"-Charakter beinhaltet ihr Widerstandsmoment gegen die Prozesse, die aus ihr ein organisationsfremdes Phänomen machen wollen. Die Ausgangsbedingungen für Widerstand sind denkbar ungünstig: Ein Herrschaftsapparat, der es sich seit langem zur Aufgabe gemacht hat, menschliche Sexualität unter seine Kontrolle zu bringen, und für deren Durchsetzung auch gewichtige Mittel zur Verfügung hat, soll genau mit seinem Hauptfeind unterlaufen werden. Als Energiequelle menschlichen Tuns ist zwar Sexualität selbst machtvoll, aber eben darum auch besonders bekämpft. Es liegt nahe, daß sie unter diesen Umständen droht, vom Herrschaftsapparat vereinnahmt zu werden, sich "organisationsförmig" zu gebärden. Wenn die Organisation eine Verkörperung männlicher Herrschaft ist, dann ist sexuelles Verhalten in Organisationen nicht frei von dieser Herrschaft, sondern im Gegenteil von ihr durchdrungen. "Zusätzliche Unterdrückung" bemächtigt sich der Körper und macht sie gefügig für die Erfordernisse der Erwerbsarbeit, läßt ihre Energien in Begeisterung und Kreativität für die Aufgabe münden. Lust und Begehren drohen instrumentalisiert zu werden, bei sexueller Attraktion über die Ausbeutung positiver, leidenschaftlicher Impulse, bei nicht-konsensuellem sexuellem Verhalten über die Ausnutzung von Angst und Selbstdisziplinierung bzw. über die Ablenkung von weitaus bedrohlicherem Widerstand. Da solch körpernahes, gefühlsintensives Geschehen aber kaum rational zu planen und einzusetzen ist, sondern höchstens durch die Formalität der Organisation gelenkt werden kann, sind "nicht-organisierte" Anteile immer vorhanden und lebendig, solange Menschen und nicht Maschinen kooperieren. Die nicht-konsensuellen Anteile der Sexualität in Organisationen scheinen dabei am weitesten von emanzipatorischen Inhalten entfernt zu sein. Wenn man aber davon ausgeht, daß Sexualität selten konfliktfrei ist und zwischen Menschen immer wieder zu Enttäuschung, Leid und Mißverständnis führt, so ist nicht die Tatsache nicht-konsensueller Sexualität zu bekämpfen, sondern die unterschiedliche Durchsetzungsmacht verschiedener Personen hinsichtlich ihrer Wünsche und Begehren. Im freien Spiel der gleichstarken Kräfte wäre das belästigende Verhalten zwar immer noch lästig, aber nicht mehr demütigend, paralysierend und beschädigend.

Konsensuelle Sexualität ist offenbar schon mehrere Schritte weiter: Zwar passen sich viele Romanzen - schon aus eigenem Interesse - als "geordnete" Beziehungen in die Organisation nahtlos ein, und werden, wenn sie schon nicht verhindert werden können, integriert und assimiliert. Aber Liebende nehmen sich in ihrer Einzigartigkeit wahr, machen sich verletzlich und angreifbar - alles unter der Prämisse, Gefühle der Zuneigung und nicht (nur) Kalkül sind bei der Romanze mit im Spiel - und laufen somit gegen das Ideal der enterotisierten, instrumentalisierten Norm-Arbeitskraft an. Hierarchiegefälle zwischen den Beteiligten haben hierbei eine eher störende als stimulierende Wirkung.

Ein interessanter und zukunftsweisender Befund ist die Tatsache, daß Frauen in Männerdomänen mit steigender Tendenz private Beziehungen am Arbeitsplatz eingehen, gleichzeitig aber zur Vorsicht ermahnt und in höherem Maße als sonstwo mit sexueller Belästigung konfrontiert werden. Ist die gleichrangige Zusammenarbeit von Männern und Frauen im nicht-herrschaftsförmigen Kontext nichts Ungewöhnliches - man denke an die jahrhundertelange Kooperation der Geschlechter in der Landwirtschaft -, stellt sie in herrschaftsförmigen Organisationen eine neue und zukunftsrelevante Entwicklung dar. Wie zu zeigen sein wird, steht ihr die Formalstruktur der Organisation jedoch massiv entgegen, so daß sich die Analyse dieses "Experimentierfeldes" zwischengeschlechtlicher Kooperation nicht nur wegen seiner Aktualität, sondern auch aus theoretischer Perspektive lohnt.[148] Im folgenden soll also die Geschlechterdynamik in Männerdomänen untersucht werden, von denen eine der wichtigsten - auch im Hinblick auf die Forderung nach egalitären Geschlechterbeziehungen am Arbeitsplatz - das Management ist.

148 Auch der umgekehrte Prozeß - Männer dringen in Frauendomänen ein - würde den Organisationsprinzipien zuwiderlaufen, aber eine dementsprechende Entwicklung ist erst sehr zögernd in manchen Berufsfeldern, z.B. dem Pflegeberuf, zu verzeichnen.

7. Geschlecht und Sexualität in Männerdomänen

7.1. Definition der Männerdomäne

"Wie die Glut zehrt von der Glut, wie der Brand sich entzündet am Brand, so lernt der Mann vom Manne im Gespräch" (Sinnspruch - aus der nordischen Dichtung "Edda" - der "Frankfurter Gesellschaft für Handel, Industrie und Wissenschaft", einem Männerclub)

Im allgemeinen werden all jene Organisationen, Organisationssegmente, hierarchischen Ebenen oder auch Branchen Männerdomänen genannt, in denen rein quantitativ überwiegend Männer tätig sind. Allerdings existiert kein allgemein verbindliches Abgrenzungskriterium, ab welchem Prozentsatz von einer Männerdomäne gesprochen werden darf, zumal die Grenzziehung der Domäne willkürlich ist. Da sich Rosabeth Kanter (1977) ausführlich mit quantitativen Aspekten der Geschlechterverhältnisse in Organisationen beschäftigt hat, soll deshalb deren Definition des "Token"-Status der Frau als Ausgangspunkt dienen. Der Token-Status besagt, daß sich in einer Männergruppe so wenige Frauen befinden (im Extrem nur eine einzige), daß sich daraus für die Frau identifizierbare negative Konsequenzen in Form der "token"-Dynamik ergeben. Dieses Phänomen tritt bei Gruppen mit einem Anteil von weniger als 15% Frauen auf, während bei einem Anteil von 35% Frauen bereits einflußreiche Minderheiten bilden können. In Anlehnung daran werden im weiteren als Männerdomänen jene "Herrschaftsgebiete" bezeichnet, die einen Anteil von weniger als 15% Frauen aufweisen. Parallel dazu gilt als Frauendomäne, wo weniger als 15% Männer tätig sind, was in allen typischen Frauenberufen wie bei Krankenschwestern, Kindergärtnerinnen oder Hauswirtschafterinnen der Fall ist.

Männerdomänen lassen sich sowohl in horizontaler Segmentierung (verschiedene Branchen sind überwiegend männlich oder weiblich besetzt), als auch in vertikaler Schichtung festmachen.[149] Hierarchie ist einer der wichtigsten geschlechtstrennenden Faktoren, und da die meisten Organisationen hierarchisch aufgebaut sind, ist die asymmetrische Geschlechterverteilung über Hierarchien praktisch überall vorzufinden.[150]

---

149 Männerdomänen in funktionaler Hinsicht können aufgrund des quantitativen Kriteriums hier keine Rolle spielen.

150 Nichthierarchische Organisationen existieren in Ansätzen oder in der Intention bei manchen radikal-politischen Zusammenschlüssen und selbstverwalteten Betrieben. Ob Hierarchiefreiheit nur Ideologie ist und hinter den Kulissen womöglich eine informelle Hierarchie mit wesentlich gravierenderen Erscheinungsformen existiert oder nicht, sei an dieser Stelle unberücksichtigt,

Eine gerade in letzter Zeit bezüglich weiblicher Erwerbstätigkeit diskutierte Männerdomäne stellt das Management von Organisationen dar. "Management" wird als Begriff jedoch nicht einheitlich gehandhabt und im englischsprachigen Raum weiter gefaßt als hierzulande, weshalb es im folgenden unspezifisch für "Führungsbereich", "leitende Ebenen" etc. verwendet wird. Auch die Bezeichnung "Führungskraft" ist nicht eindeutig definiert. "Führungskräfte können als Personen, die eine Führungsstelle, d.h. eine Stelle mit Personalverantwortung bekleiden, definiert werden. Im weitesten Sinne werden auch Inhaber von Stabsstellen, die einer Führungsstelle zugeordnet sind, sowie von Spezialistenstellen ohne Personalverantwortung zu den Führungskräften gezählt" (von Eckardstein 1987,630). Aufgrund der unpräzisen Definitionen schwanken die Zahlenangaben über den Anteil von Frauen in Führungspositionen je nach verwendeten Abgrenzungskriterien. Für die vorliegende Themenstellung ist dies allerdings weniger gravierend, weil - egal wie Management und Führungsebenen definiert und eingeteilt werden - der Anteil der Frauen bei Durchschnittswerten in keinem Fall 15 % übersteigt. Wie die nachstehende Tabelle 8 einer Erhebung über die Verteilung von Frauen auf den ersten drei Führungsebenen in Unternehmen zeigt, wird auf allen drei Ebenen, in allen Branchen und bei allen Unternehmensgrößen das 15-Prozent-Kriterium erfüllt, so daß berechtigterweise von der "Männerdomäne Management" gesprochen werden kann (Veith 1988,91ff; Friedel-Howe 1990,16).

Bei der horizontalen Segmentierung sind die Abgrenzungen noch willkürlicherer Natur als in vertikaler Richtung. In der Literatur werden vor allem gewerblich-technische und naturwissenschaftliche Berufe als Männerdomänen dargestellt (Friedel-Howe 1990,16; Cockburn 1988). So liegt die Zahl der weiblichen Auszubildenden in vorwiegend von Männern ausgeübten Berufen bei 8 bis 9 Prozent. Daneben sind aber selbstverständlich auch all jene Organisationen Männerdomänen, die Frauen von vornherein höchstens als Zuarbeiterinnen und in Hilfsfunktionen akzeptieren wie das Militär und die Kirche.

---

denn solche Organisationen spielen eine gesellschaftlich untergeordnete Rolle. Das Gros der Menschen arbeitet nach wie vor in hierarchisch und geschlechtsspezifisch strukturierten Organisationen.

	insgesamt	Unternehmen mit bis zu 500 Mitarbeitern	Unternehmen mit 501 bis 5000 Mitarbeitern	Unternehmen mit mehr als 5000 Mitarbeitern	Baugewerbe
1. Ebene	2,7	4,3	1,6	0,6	4,5
2. Ebene	3,3	5,4	2,5	1,1	2,6
3. Ebene	6,9	9,1	7,3	4,5	5,0

	insgesamt	Dienstleistungssektor	davon Handel	davon Banken/Versicherungen	davon DV-Beratung
1. Ebene	2,7	2,4	5,1	0,8	1,3
2. Ebene	3,3	4,8	5,3	3,6	3,5
3. Ebene	6,9	10,2	10,5	8,7	6,5

	insgesamt	verarbeitendes Gewerbe	davon chemische Industrie	davon Eisen- und Stahlindustrie	davon Maschinenbau
1. Ebene	2,7	2,8	0,8	3,1	3,4
2. Ebene	3,3	2,7	3,3	1,7	1,3
3. Ebene	6,9	5,5	5,5	2,4	2,4

	insgesamt	davon Kfz-Industrie	davon Elektroindustrie	davon Textilindustrie	davon Nahrungs- und Genußmittelindustrie
1. Ebene	2,7	1,5	3,5	1,6	3,3
2. Ebene	3,3	1,5	2,3	9,3	4,0
3. Ebene	6,9	5,8	5,9	13,5	11,5

Quelle: Arbeitsmarktstudie 1990/91 von Management Wissen und ZAV Zentralstelle für Arbeitsvermittlung

Tab. 8: Anteil weiblicher Führungskräfte der 1. bis 3. Führungsebene (in Prozent)

7.2. Der Männerbund

7.2.1. Definition des Männerbundes

Türk und Stolz & Türk führen innerhalb der Dimension "Organisation als Vergemeinschaftung" den Aspekt des Zusammenschlusses der Organisationsmitglieder bzw. des Ausschlusses von Nicht-Mitgliedern zum Zwecke der Interessen- und Herrschaftssicherung aus. Da dieser Ansatz in der vorliegenden Arbeit dahingehend weiterentwickelt wurde, von der Organisation als Verkörperung männlicher Herrschaft auszugehen, soll die These aufgestellt werden, daß männerbündisches Handeln ein konstitutives Element der Organisation und ihrer herrschaftssichernden Instanzen ist. Dafür müssen zunächst klassische Männerbünde in ihren zentralen Funktionen analysiert werden, um diese dann auf Männerdomänen zu übertragen und nachzuweisen, daß Männerdomänen zugleich Männerbünde sind und als solche die Vergemeinschaftungsdimension der Organisation hauptsächlich herstellen und tragen. Besondere Relevanz bekommen sie durch die Tatsache, daß sie sich zunehmend gegen Frauen durchsetzen müssen, deren Akzeptanz der Männerbund maßgeblich entgegensteht.

Mit der Untersuchung des Männerbunds wird zudem der Forderung Rechnung getragen, Männlichkeit und Männer zum Gegenstand der Forschung zu machen, um nicht aufs neue Männlichkeit zum unhinterfragten Ausgangspunkt und Frauen zum "Problemfall" zu machen: "Thus taking gender into account is 'taking men into account' and not treating them - by ignoring the question of gender - as the normal subjects of research" (David Morgan 1981,95). Methodisch muß bei der Untersuchung der Geschlechter in Männerbünden vornehmlich auf Interviews und Einzelaussagen zurückgegriffen werden, weil keine breiteren und umfassenden Studien zum Thema vorliegen. Es wurde darauf geachtet, von verschiedenen Autorinnen und Autoren Belege zu sammeln, um der Einseitigkeit einer Meinung zu entgehen. Dadurch entstand allerdings die Schwierigkeit, daß inhaltliche Akzentsetzungen und methodische Vorgehensweisen der verschiedenen Quellen voneinander abweichen können.

Völger & von Welck (1990,XXI) verstehen unter dem Terminus "Männerbund"

> "Zusammenschlüsse von Männern, die freiwillig und bewußt geschlossen wurden.(...) Mit der Mitgliedschaft in einem Männerbund ist die Anerkennung von Werten und geistigen Zielen verbunden, die häufig eine Überhöhung des in der jeweiligen Gesellschaft geltenden Wertesystems darstellen. Wesentliche Charakteristika sind zudem eine gewisse Esoterik mit der Aura des Geheimnisvollen, ein Aufnahmeritus (Initiation) und eine hierarchische Struktur. (...) Prestige und Einfluß sind (fast) immer eng mit der Mitgliedschaft in einem Männerbund verknüpft."

Als gemeinsame Merkmale von Männerbünden gelten:

- der schwierige Zugang: die Aufnahme ist an Bedingungen und besondere Initiationsgepflogenheiten gebunden, die Zugehörigkeit ist ein Privileg;
- ein selbstverordnetes strenges Reglement;
- Prinzipien von Brüderlichkeit und Gleichheit, die durch (meist) latente Homosexualität, Frauenfeindlichkeit, Kameradschaft angesichts des Todes, Bereitschaft zu Verschwörung und durch Außenseitertum gekennzeichnet sind;
- strenge Hierarchien trotz der Huldigung der Brüderlichkeit;
- Ausschluß von Frauen.

7.2.2. Wurzeln des Männerbund-Konzeptes

Der Begriff "Männerbund" ist ein originär deutscher, der 1902 von dem Ethnologen Heinrich Schurtz in seinem Werk "Altersklassen und Männerbünde - Eine Darstellung der Grundformen der Gesellschaft" geprägt wurde. Er vertrat darin die These, daß der Frau ein Familientrieb und dem Mann ein Geselligkeitstrieb zueigen sei, was dazu führe, daß die Frau für Ehe und Familie zuständig ist, "der Mann dagegen der Vertreter aller Arten des rein geselligen Zusammenschlusses und damit der höheren sozialen Verbände" sei (1902,IV). Es lassen sich demnach Bindungen aufgrund der Blutsverwandtschaft, die auf die geschlechtliche Fortpflanzung zurückgehen (hier steht die Frau im Zentrum), und Bindungen aufgrund des rein geselligen Zusammenschlusses, die der Mann vertritt, unterscheiden. Männerbünde sind nach Schurtz die Träger höherer gesellschaftlicher Entwicklung und relativ autonom gegenüber gesellschaftlichen Autoritäten. Sie traten zur damaligen Zeit in den verschiedensten Formen auf - angefangen von formlosen Freundschaftsgruppen geringen Umfangs bis hin zu kleinen und großen Bünden innerhalb von Politik und Militär mit beträchtlichem Einfluß (König 1990). Die Theorie des Männerbundes floß zunächst in die Wandervogel-Ideologie ein - eine männlich dominierte Jugend-Bewegung vor und nach dem Ersten Weltkrieg, die zeitweise auch Mädchen integrierte, was jedoch immer umstritten blieb - und später in präfaschistische soldatische Freikorps-Verbände und Nazi-Gruppen wie Hitlerjugend, SS und SA. Archaischer Initiationskult und Germanenkult, gepaart mit der Rebellion gegen konservative Autoritäten, paßten zur NS-Ideologie, die eine extrem geschlechterpolarisierende und Frauen abwertende Politik betrieb. Hans Blüher (1919) nahm in seinem Werk "Die Rolle der Erotik in der männlichen Gesellschaft" die Gedanken von Schurtz auf, sah aber anders als jener eine im Freudschen Sinne zur Homoerotik sublimierte Sexualität als eigentliche Triebkraft des Männerbundes, an dessen Spitze ein charismatischer Führer zu stehen hatte. Erst der Männerbund, so Blüher, befreie den Mann zu voller schöpferischer Tätigkeit, während hingegen die Familie destruktiv wirke. Blüher wurde vorgeworfen, die damaligen Jugendgruppen zu homosexuellen Betätigungen ermuntert und Verführern den Zugang zur Jugend erleichtert zu haben (Geiger 1991). Anscheinend gab es reale Grundlagen für diese Annahmen. Carl von Ossietzky schildert im Jahr 1925 die Festnahme eines "Frontbann"-Führers wegen homosexueller Kontakte zu den Jungen seiner Gruppe und generalisiert den Vorfall auf die paramilitärischen Verbände seiner Zeit: "Denn in den meisten militärisch gegliederten Bünden, die angeblich der Erneuerung und der Ertüchtigung dienen, (...) wird neben dem Kult der Vaterländerei noch ein anderer betrieben, und immer mehr hat man sich an die Figur des "nationalen Führers" gewöhnt, der sich in seinen Mußestunden als Knabenschänder betätigt.

(...) das deutsche Idol ist der "Held" schlechtweg, der in der Praxis allerdings nicht Kriegskamerad wird, sondern Bettgenosse" (Ossietzky 1972,58-60). Ossietzky sah Parallelen zwischen der rassistischen Ablehnung der Fremden und der Ablehnung von Frauen in diesen Verbänden, und in der Tat gingen dann im NS-Regime Rassismus und Sexismus Hand in Hand.

Das Spannungsverhältnis zwischen homophilem Männerbund und patriarchalischem Herrschergebaren führte im wilhelminischen Deutschland zu beträchtlichen politischen Konflikten. Der Männerbund war ganz besonders in staatliche und militärische Organisationen eingebunden, die ihrerseits ein Männlichkeitsideal der Stärke, Härte und Kampfbereitschaft pflegten (vgl. Sombart 1991). Deshalb konnte der Verdacht auf Homosexualität, die gleichbedeutend mit Verweiblichung, Passivität und Kompromißbereitschaft war,[151] den politischen Ruin bedeuten. Die Existenz von hochrangigen Männerbünden zog somit innerhalb dieses Spannungsverhältnisses homosexuelles Verhalten *und* eine ausgeprägte Repression dagegen nach sich - eine Situation, die sich bestens für politische Machtkämpfe ausnutzen ließ. Sowohl Männerbündler als auch ihre Bekämpfer hatten jedoch eines gemeinsam: Keiner von ihnen hätte jemals Frauen in seine Kreise aufgenommen.

Die Indienstnahme der Ideen von Schurtz und Blüher durch die Faschisten führte dazu, daß der Begriff Männerbund und die Diskussion darum nach dem Zweiten Weltkrieg aus Deutschland verschwanden und erst wieder in neuester Zeit Eingang in den Diskurs fanden. Dabei ist mit der Diskussion um den Männerbund keineswegs der Männerbund selbst gestorben, auch wenn aus heutiger Sichtweise die biologistischen Argumente von Schurtz und Blüher einer Revision bedürfen. Vielmehr kann in Foucaultschem Sinn von einem Verschwinden des Diskurse gesprochen werden, die keine Herrschaftsfunktion mehr auszuüben imstande waren, sondern im Gegenteil wegen ihrer Verstrickung in die NS-Ideologie Ablehnung oder gar Mißtrauen erzeugt hätten.

7.2.3. Moderne Männerbünde

Männerbünde gab es zu allen Zeiten und in vielen Gesellschaften, ob Naturvölker oder Industriegesellschaften. Am bekanntesten sind die in der Ethnologie beschriebenen Männerbünde archaischer Gesellschaften, die durch Initiationsriten, Männerhäuser und allerlei Rituale gekennzeichnet sind. Völger & von Welck behaupten jedoch, daß "offenbar die Zahl und Machtfülle von Männerbünden mit der Komplexität von Gesellschaften steigt: Nirgends gibt es mehr Männerbünde als in der 'westlichen Welt' mit ihrer durch und durch organisierten, aufgefächerten Verteilung der Macht" (1990,XXII). Sie knüpfen damit an ihre oben zitierte Definition an, die nicht nur formale Männerbünde wie die Freimaurer umfaßt, sondern jegliche Zusammenschlüsse, welche die genannten Kriterien erfüllen. Was jedoch die Männerbünde der westlichen Industriegesellschaften von früheren unterscheidet, ist der Umstand, daß sie an einem

151 Solche Männer sind "nicht bereit, im Notfall das Schwert zu ziehen", wie Sombart (1991,41) aus einem damaligen Prozeß zitiert.

Wendepunkt angekommen sind, der sie dazu veranlaßt, freiwillig oder gezwungenermaßen Frauen in ihre Reihen aufzunehmen bzw. neue Legitimationen für deren Ausschluß zu finden.

Folgende heutige rein oder überwiegend männliche Organisationen, Institutionen und Gruppen sind von verschiedenen Autorinnen und Autoren als Männerbünde bezeichnet worden (bezogen auf den europäischen Kulturkreis):

- Politiker (Heinrichs 1990),
- die Mafia (Hess 1990),
- die Kirche bzw. Männerorden, Bruderschaften und assoziierte Vereinigungen (Schröder 1988, Rogers 1988, Schwenk 1990, Drewermann 1990, de Rosa 1990, Roth 1990),
- Freimaurer (Müller-Mees 1990a, Rogers 1988, Appel 1990, Schröder 1988),
- Service-Clubs wie Rotary und Lion's (Müller-Mees 1990b, Rogers 1988, Benedict 1990),
- Burschen- und Schützenvereine (Schwedt & Schwedt 1990),
- Männergesangsvereine (Schröder 1988, Hüwelmeier-Schiffauer 1990),
- Sportvereine (Klein 1990, Rogers 1988, Kaufman 1987),
- Studentenverbindungen (Schümann 1990, Geiger 1991),
- das Militär (Uhle-Wettler 1990, Rogers 1988),
- die Feuerwehr (Schröder 1988),
- englische Pubs (Rogers 1988) bzw. Männerlokale (Kaufman 1987).

Die Liste zeigt, daß als Männerbünde sowohl solche Vereinigungen bezeichnet werden, die auf formalen Strukturen beruhen und sich auch selbst als Männerbund bezeichnen würden, als auch solche Verbindungen, die Parallelen zu formalen Männerbünden aufweisen, aber in der Regel selbst keine Männerbund-Identität haben und wohl dieses Etikett weit von sich weisen würden. Das von Völger & von Welck aufgeführte Kriterium des bewußten und freiwilligen Zusammenschlusses basiert dabei auf keinem einmaligen Akt des Beitrittes in eine Vereinigung, sondern auf permanentem Ausschluß von nicht erwünschten Personen. Von Interesse ist im Rahmen der weiten Streuung der Gruppierungen aber nicht die Selbst-Definition der Gruppen, sondern die vergleichbaren Mechanismen, die sie alle unter das Dach des Männerbund-Konzeptes zusammenführen. In diesem Zusammenhang können Parallelen zwischen den grandiosesten Männerbünden hierzulande, der katholischen Kirche und dem Militär, gezogen werden: Beide zeichnen sich durch hohe Ritualisierung ihrer Handlungen aus, Kameraderie und Rivalität gehen Hand in Hand, und nicht zufällig wird der Wert der Kameraderie gerade in der hierarchisch strengen Organisation des Militärs hochgehalten, während er in Klöstern propagiert wurde, um das Fehlen heterosexueller Kontakte zu kompensieren.

In Wirtschaftsorganisationen gibt es meist keine institutionalisierten Männerbünde, durchaus existieren aber mit ihnen in Verbindung stehende Clubs (wie den Rotary oder den Lion's Club), deren Mitglieder Honoratioren der Stadt in Wirtschaft und Politik sind. Hier werden im Rahmen geselligen Beisammenseins Karrieren gefördert und Geschäfte abgeschlossen.[152] Wichtiger als die assoziierten Clubs und Vereinigungen ist aber das bündische Funktionieren von Organisationen selbst.

7.2.4. Funktionen von Männerbünden

In der Analyse archaischer Männerbünde wurde die zentrale Funktion von Fruchtbarkeitsriten entdeckt und daraus gefolgert, daß die Verbrüderung der Männer mit Gebärneid auf die Frauen zu tun hat (vgl. Ptak-Wiesauer 1989). War die Funktion der Frau als Gebärende und Nährende immer klar ersichtlich, so war der Beitrag der Männer hierzu lang unbekannt oder unbewußt und darüberhinaus marginal, so daß sie für den Aufbau soziokultureller Ordnung eine zunächst untergeordnete Rolle spielten (Lipp 1990,33). In frühen Ackerbaukulturen überwog bei der Ernährung der von den Frauen erarbeitete pflanzliche Anteil über die von den Männern herbeigeschaffte tierische Komponente (Knauf 1990,15). Das männliche Geschlechtswesen bedurfte einer Hervorhebung, die das weibliche nicht brauchte. Nach dieser (ethnopsychoanalytischen) These ist der Männerbund zum Zweck exklusiver Sinnstiftung, inszeniert durch Geheimnistuerei und Rituale, etabliert worden. Seine institutionelle Befestigung hatte eine Marginalisierung und einen Machtverlust von Frauen und deren Ansprüchen zur Folge. So wurden Geschlechterpolarisierungen festgeschrieben und verstärkt, auf deren Grundlage die Welt in bessere und schlechtere Hälften eingeteilt wurde (Müller 1989), die sich durch Sinn, höhere geistige Tätigkeiten (zunächst vornehmlich religiös zentriert) und "Theoriebildung" auf der einen Seite und dem Bodensatz alltäglicher "stofflicher" Angelegenheiten auf der anderen Seite auszeichneten. "Es blieb nicht aus, daß Männer und Männerbünde die Theorie, die sie über die Dinge entwickelten, durch Ausbau entsprechender Herrschafts-, Kontroll- und Sanktionsapparate häufig praktisch festschrieben" (Lipp 1990, 36). So sprengten sie alte Ordnungen und bauten gleichzeitig eine neue Ordnung auf.

Bei der Analyse der Weiblichkeitsmythen archaischer Männerbünde kommt ein sehr starkes, durch die Gebärfähigkeit bedrohliches Bild der Frau zum Vorschein, das von den Männern in ihren Mythen bekämpft wird und schließlich zugrunde geht. Anscheinend hat der Zusammenschluß der Männer nicht nur sinnstiftende Funktion, sondern auch angstreduzierenden Charakter angesichts der vorgestellten Gefährlichkeit der Frauen, der eine Reihe von Kontrollmechanismen entgegengesetzt wird (Ptak-Wiesauer 1989,159):

- frühe, strikte Trennung der Geschlechter; große Bedeutung von Männerhaus und Knabeninitiation.

---

152 Eine der größten Männerversammlungen ist der "Bohemian Grove" in Nordkalifornien, wo in jedem Sommer für zwei Wochen politisch und ökonomisch einflußreiche Männer des Landes und der ganzen Welt zusammenkommen und im Geheimen tagen (Harriman 1985,133). Frauen sind vom Camp (aber nicht von den nahegelegenen Orten) ausgeschlossen. Angeblich, folgt man den Gerüchten, gehen merkwürdige Dinge im Camp vor sich, die Teilnehmer sollen sich bizarr kleiden und benehmen, exzessiv trinken und speisen.

- Ausschluß der Frauen vom Wissen. Männer tradieren die kulturellen Werte, die den Fortbestand der Sippe gewährleisten. Frauen werden infantilisiert, unwissend gehalten und verlieren an Gefährlichkeit.
- Abwertung der Frau in der Öffentlichkeit; Bedeutung der Minderwertigkeit des Weiblichen.

Die hier vorgestellte Herrschaftsfunktion des Männerbundes wird indessen nicht von allen Autoren und Autorinnen geteilt. Lipp schließt sich bei der Interpretation der Funktion des Männerbundes Sigmund Freud an, der nicht annahm, daß Männerbünde zum Zwecke der Beherrschung der Frauen eingerichtet wurden, sondern primär, um höhere kulturelle Werte zu schaffen, die auf Triebverzicht und Bereitschaft zum Opfer aufgebaut sind. Freud (1968c) führt 1913 in "Totem und Tabu" aus, daß aus vorkulturellen Urhorden Männerbünde hervorgegangen sind, die den allgewaltigen Vater ermordeten, um die Frauen der Horde zu besitzen. Aus Schuld über ihre Tat versagten sie sich fortan den Frauen, verzichteten auf Familie und wurden durch dieses Opfer zu Brüdern.

Durch in archaischen Männerbünden produzierte Mythen und Rituale wird eine Form von Unbewußtheit produziert, in der das Aufeinander-Angewiesensein der Geschlechter und ihre Komplementarität zum Verschwinden gebracht werden (Erdheim & Hug 1990,53). Die Asymmetrie der Geschlechter wird festgeschrieben und dient als Voraussetzung für Herrschaft und für die Aufrechterhaltung der Distanz und des hierarchischen Verhältnisses der Männer gegenüber den Frauen. Dies gelingt jedoch nur über die symbolische Aneignung weiblicher Funktionen in Form von Fruchtbarkeitsritualen und über die Inszenierung einer Scheinrealität, die Außenstehenden als Wirklichkeit ausgegeben wird. Da Männer weibliche Fähigkeiten aber niemals ganz erwerben können, kommt es zur vernichtenden Entwertung des Weiblichen. Der Männerbund ist mit dem Wertsystem verwoben, auf Grund dessen männliche Tätigkeiten höher bewertet werden als weibliche, und daran knüpft sich nach Erdheim & Hug (1990,56) die Dissoziation von Arbeit und Sinngebung bzw. von alltäglicher lebenserhaltender Arbeit und höheren rituellen, Werte erhaltenden Tätigkeiten, die sich weniger in materiellen Erzeugnissen als in Trophäen, Ehrenabzeichen, Rängen, Titeln und ähnlichem manifestieren. Je mehr Selbstverständlichkeiten qua Ritualen existieren, desto weniger wird nach dem Sinn darin gesucht und desto stabiler erhält sich das Gefüge. Die jeweils verbindlichen Verhaltensregeln und Umgangsformen sind kodifiziert und haben häufig magischen Charakter (Heinrichs 1990).

Die Abwertung und Beherrschung des Weiblichen kann als Folge der Abgrenzungspolitik der Männerbünde verstanden werden, die zu ihrer Aufrechterhaltung "das andere" klar und unzweideutig benennen mußten. Mit den Mechanismen des Männerbundes wird die Dynamik der polarisierenden Geschlechterungleichheit, der unterschiedlichen Bewertung männlicher und weiblicher Tätigkeiten und der dahinterstehenden Ideologie, die eben dies stabilisiert, unterstützt. Dabei haben Männerbünde nicht nur Vergemeinschaftung betrieben und institutionalisiert, sondern auch neue Ordnungen aufgebaut, in denen eigene Wissensbestände entwickelt und zurückgehalten wurden. Voraussetzung dafür ist jedoch ein bereits anerkannter Geschlechterdualismus, welcher durch die Institution des Männerbundes erst verstärkt wird. Denn um sich zusammenzuschließen, muß zunächst ein Gemeinsamkeitsgefühl geschaffen werden, das auf dem Merkmal "Geschlecht" beruht.

Interessanterweise belebt gerade der Wendepunkt, an dem Männerbünde heute stehen, eine erneute Popularität alter Männerbund-Ideale. Der Trend zur Angleichung der Geschlechter und ihrer Lebensformen mit der Folge, daß es immer weniger Männerreservate gibt, scheint die Verbrüderung unter Männern wieder attraktiv zu machen. Robert Bly (1991) beklagt in seinem Bestseller "Eisenhans" das Verschwinden von Herrenclubs und Männergesellschaften, wo Männer den "jüngeren Mann in die uralte mythologisch aufgeladene, instinktive männliche Welt aufnehmen". Männer müssen sich nach Blys Vorstellungen von der Mutter befreien und sich mit männlichen Figuren identifizieren, da Frauen zwar Jungen gebären können, aber nicht in der Lage seien, einen Mann zum Mann zu machen. Abgrenzung gegenüber Frauen wird mit Argumenten über echte Männlichkeit, natürliche Weiblichkeit und Männerfreundschaft legitimiert. Der große Erfolg des "Eisenhans" läßt erkennen, daß Männer angesichts der Forderungen von Frauen an gesellschaftlicher Teilhabe das Bestreben haben, sich in der Art der sinnstiftenden klassischen Männerbünde verstärkt zusammenzuschließen und ihre eigene Identität zu betonen. Von Herrschaftsinteressen ist bei Bly zwar nicht die Rede, doch kommen sie mit ins Spiel, wenn Frauen auf ihre biologischen Aufgaben verwiesen werden.

7.3. Verwandte Konzepte

7.3.1. Patriarchat und Fratriarchat

Anknüpfend an das bereits angesprochene Spannungsverhältnis von Herrscherideal und Verbrüderung stellt sich die Frage, in welchem Zusammenhang das Männerbund-Konzept zum Patriarchat zu sehen ist.

Patriarchat (= Herrschaft des Vaters) meint die Vorherrschaft des Vaters und weiterführend die Herrschaft der (alten) Männer, deren Regeln junge Männer und Frauen zu folgen haben. Dem Patriarchat stellt Remy (1990) das sog. "Fratriarchat" (= Herrschaft der Brüder) gegenüber, das dem Konzept des Männerbundes nahekommt. Dem Fratriarchen geht es nicht um die Weitergabe seiner Dogmen an die Nachfolgenden und um Wahrung seiner Autorität, sondern um die Schaffung eines Raumes ohne Frauen und ohne Verantwortung für die Familie. Während Frauen im

Patriarchat als Gehorsame, Mittäterinnen, Unterstützerinnen, Zuarbeiterinnen und Helferinnen - manchmal in zentralen Stellungen - integriert und unentbehrlich sind, sind sie aus dem Fratriarchat ausgeschlossen und stehen oft in Gegenposition zu dessen Interessen: Das Fratriarchat braucht keine Frauen mehr. Remy stellt nun die These auf, daß in wirtschaftlichen Männerdomänen eher fratriarchale als patriarchale Prinzipien herrschen, und daß es ein zentrales Bestreben der Männer in Männerdomänen ist, nicht mit Frauen zusammenarbeiten zu müssen und eine strikte Abgrenzung ihnen gegenüber aufrechtzuerhalten. Diese These wird von Cockburn (1991,64) bezüglich Managementpositionen aufgegriffen: Vorgesetzte müßten eigentlich entscheiden, wen sie in die Arbeitsgruppe aufnehmen. Als Mann gegenüber Männern scheuen sie sich aber, ihren Mitarbeitern eine Frau als Kollegin zuzumuten, weil sie damit das fratriarchale Prinzip zerstören würden.

Verbrüderung heißt jedoch nicht, daß alle Mitglieder harmonische und konfliktfreie Beziehungen untereinander hätten. Da gerade die Entindividualisierung und die Orientierung an höheren Zielen und Werten ein Leitmotiv von Männerbünden ist (vgl. Heinrichs 1990; Lipp 1990), besteht ihr Zusammenhalt nicht primär aus persönlichen Sympathien, sondern über das Band gemeinsamer Ziele und gemeinsamer Verhaltensweisen zur Erreichung der Ziele. Diese können auch Konkurrenz und Feindschaft enthalten, ohne Loyalität aufgeben zu müssen.

Patriarchat und Fratriarchat können jedoch nicht immer analytisch klar getrennt werden, da beim Männerbund patriarchale Muster enthalten sind - jüngere Mitglieder werden von älteren aufgenommen, initiiert, herangezogen - und umgekehrt kommen bei patriarchalen (Vater-Sohn-) Männerbeziehungen homoerotische Gefühle, Ausgrenzung von Frauen und Verbündung ins Spiel.

7.3.2. Homosoziale Theorie der Geschlechtsrollen

Jean Lipman-Blumen (1976) entwarf die "homosoziale Theorie der Geschlechtsrollen" - es handelt sich eher um eine Mini-Theorie - bei der "homosozial" "das Suchen, Genießen und/oder die Präferenz für das Zusammensein mit Angehörigen des gleichen Geschlechts" bedeutet. Nach ihrer These suchen Männer die Gesellschaft anderer Männer, weil die Ressourcenaufteilung (Lipman-Blumen nennt die Ressourcen Land, Geld, Bildung, Tätigkeiten, politische und familiäre Verbindungen) zugunsten der Männer entlang der Geschlechterlinie verläuft, und sie sich demnach gegenseitig alles außer Vaterschaft und heterosexuelle Kontakte bieten können. Die unterschiedliche Verfügung über Ressourcen macht Männer attraktiv für Männer und Frauen und macht Frauen unwichtig für andere. Deshalb sind Frauennetzwerke weniger verbreitet und erst langsam im Kommen, seit Frauen über mehr Ressourcen verfügen. Als Prototyp heutiger homosozialer Bünde sieht Lipman-Blumen die Mafia, in der Frauen höchstens Medium und ein Teil der Ressourcen der Mafia-Mitglieder sind.[153] Andere Männerbünde folgen der Mafia in ihrer Exklusivität, Territorialität, Ressourcenakkumulation und in ihren Herrschaftsansprüchen. In der Betonung der Ressourcensicherung als Ursache der Verbündung innerhalb der "homosozialen Theorie" spiegelt sich die Funktion der Herrschaft des Männerbundes, die darauf gründet, Privilegien zu wahren und zu verteidigen.

Lipman-Blumens Ansatz ist nicht selten dazu verwendet worden, die Geschlechtersegregation der Machtpositionen in Organisationen zu erklären (vgl. den häufig gebrauchten Ausdruck "old boys' network"). "Perhaps the most important, yet still neglected, contradiction of men's heterosexuality in mixed-sex organisations is their clear preference for men and men's company" (Hearn & Parkin 1987,137). In die Richtung der Ressourcenakkumulation von Männern zielt auch Kanters Ausdruck (1977) "preference for men = preference for power": Männer werden nur deshalb bevorzugt, weil sie die machtvolleren Positionen innehaben. Loring & Wells (1972) verwenden bei ihrer Untersuchung von Frauen im Management den Begriff "Monosexualität", um zu zeigen, daß die Bevorzugung des eigenen Geschlechts dazu beiträgt, homogene Gruppen zu bilden, aber nichts mit der sexuellen Orientierung zu tun hat.

Mit der "homosozialen Theorie der Geschlechtsrollen" wurde zu erklären versucht, warum Männer männliche Nachfolger auf Führungspositionen bevorzugen. Die "homosoziale Reproduktion der Führung" (Josefowitz 1982) innerhalb der "männlichen Klonanstalten" verweist auf die Schaffung neuer Führungskräfte nach dem Bilde der alten, eine Art Wiedergeburt ohne Frau, wie in kultischen Fruchtbarkeitsritualen archaischer Männerbünde, bei denen symbolische Gebärhandlungen vollzogen werden.[154] Die Aufnahme von Frauen würde bedeuten, doch wieder vom weiblichen Geschlecht bei der Hervorbringung von Neuem abhängig zu sein. Möglicherweise haben Argumente gegen die Akzeptanz von Frauen im gebärfähigen Alter weniger mit Befürchtungen mangelnden Arbeitseinsatzes dieser Frauen zu tun als mit dem Neid auf diejenigen, die dann *alles* erschaffen könnten, seien es Kinder, Konzepte oder Kostenanalysen.

---

153 Zur Mafia als Männerbund des organisierten Verbrechens siehe Hess (1990).

154 Auch der Doktor-Vater braucht keine Frau, um den Doktor-Sohn - und neuerdings die Doktor-Tochter - zu gebären.

7.3.3. Männliches Abgrenzungsbedürfnis

Nach Tyrell (1986) hat die männliche Seite das stärkere Differenzbedürfnis zwischen den Geschlechtern und erzeugt oder verstärkt damit dramatisierend die Differenz. In Schulen sind in gemischten Klassen Segregationsprozesse zwischen Jungen und Mädchen zu beobachten, die vorwiegend von Jungen ausgehen und mit der Devaluierung des anderen Geschlechts einhergehen - wobei dann aber von weiblicher Seite mit ähnlichen Mitteln reagiert wird. Damit vergleichbar sind Cockburns Studien (1988) über Veränderungen von Geschlechterbeziehungen an technisierten Arbeitsplätzen. Die männlichen Technikarbeiter zeigten ein ausgeprägtes Bedürfnis nach Abgrenzung von Frauen: Sie arbeiteten äußerst ungern mit Frauen zusammen, werteten deren Arbeit und Kompetenzen im technischen Bereich ab und versuchten, falls Frauen vormals männliche Arbeitsplätze besetzten, immer neue Abgrenzungsmerkmale dafür zu finden, was "männlich" ist und was nicht. Sie kommt zum Schluß: "Vielleicht ist ja die Aufrechterhaltung der Distanz zwischen Männern und Frauen für die Männlichkeit prinzipiell wichtiger als die Erhaltung des Arbeitsplatzes" (Cockburn 1988,233). Ebenso fand Gray (1987,225) ein beträchtliches Abgrenzungsbedürfnis gegenüber Frauen innerhalb der männlichen Arbeiterkultur: "Many of the men had resisted the female invasion of the workplace because for them it was the last sanctum of male culture. It was somewhere they could get away from the world of women, away from responsibility and children and the civilized society's cultural restraints. (...) They could be vulgar and obscene, talk about football and car repairs, and let their hair down." Die Distanzierung der männlichen Arbeiter ging so weit, daß sie sich nicht mit den Frauen gegen die Unternehmensleitung verbünden wollten, obwohl sie damit ihre Durchsetzungskraft hätten stärken können. Das Prinzip der Distanz wurde bereits als grundlegend für die geschlechtsspezifische Arbeitsteilung identifiziert. Gebilde und Vergemeinschaftung ergänzen sich hier zum Zwecke des Überlebens des Männerbundes.

In zwei voneinander unabhängigen Untersuchungen ergab sich, daß Männerdomänen eine wesentlich rigidere Abgrenzungspolitik gegenüber eindringenden Frauen betrieben als es umgekehrt Frauendomänen gegenüber Einlaß suchenden Männern taten. Williams (1989) untersuchte Frauen im Militär und Männer in der Krankenpflege, Ott (1989) machte eine Studie über Polizistinnen und ebenfalls Krankenpfleger. Beide Male erwies es sich, daß die Männerdomänen sogleich Geschlechtergrenzen und Ausschlußregeln etablierten, während die Frauendomäne die Männer offenbar bereitwillig aufnahm, teilweise in der Hoffnung, mit ihnen den eigenen Status und Verdienst günstig zu beeinflussen. Kanters Theorie der Diskriminierung aufgrund ungleicher Geschlechterproportionen ist damit relativiert, denn offensichtlich ist das zahlenmäßige Verhältnis von Frauen und Männern kein geschlechtsneutraler Faktor, sondern wird gebrochen durch den Status, den das jeweilige Geschlecht hat. Die statusniedrige Mehrheit fühlt sich durch eine statushohe Minderheit erhöht, so daß die bei Kanter genannten typischen Minderheitenprobleme eben doch typische Probleme von Frauen sind, sofern die Mehrheit aus Männern besteht.

In den beschriebenen theoretischen Ansätzen und empirischen Ergebnissen sind die zentralen Funktionen des Männerbundes wiederzufinden, seien es Sinnstiftung und Unsicherheitsreduktion, die im Fratriarchats-Konzept und dem männlichen Abgrenzungsbedürfnis dominieren, oder Herrschaftssicherung, die in der "homosozialen Theorie" einen wichtigen Stellenwert einnimmt. Herrschaftssicherung aufgrund von Ressourcenerhalt würde jedoch bedeuten, daß Frauen sich in ähnlicher Weise zusammenschließen und Männer ausgrenzen, wenn sie im Besitz der Ressourcen sind. In diese Richtung weisen sich formierende Netzwerke führender und unternehmerisch tätiger Frauen sowie die mit der bereitwilligen Aufnahme von Männern in Frauendomänen verbundene Kalkulation ökonomischer Vorteile.

Zuweilen werden Wirtschaftsorganisationen direkt mit Vokabeln des Männerbund-Konzeptes beschrieben: "Letztlich bleibt die "Wirtschaft" ein System eingeschworener Bruderschaften mit eigener Tradition, Riten, Regeln, Symbolen" (Brodde 1990,46). Karriereregeln werden als "männerbündische Rituale" bezeichnet (Kreisky 1984,32), und in Organisationen, die sozialisatorische Funktion zur Bildung spezifischer Männlichkeiten haben - Schulen, Militär u.a. -, werden professionelle Äquivalente zu männlich geprägten Institutionen wie Pubs, Männerclubs, Freimaurern und Sportvereinen identifiziert (Hearn 1987,145).

7.4. Merkmale des Männerbundes

7.4.1. Initiationsriten

Einer der wichtigsten Mechanismen bei Männerbünden ist die Grenzziehung nach außen und die Regelung der Aufnahme neuer Mitglieder. Für die Aufnahmeprozeduren wurde der Begriff "Initiationsriten" gewählt, der auf den reglementierten und rituellen Charakter der Integration neuer Mitglieder hinweist. Er folgt aus den Aufnahmeritualen archaischer Gesellschaften, in denen Jungen und auch Mädchen zum Zeitpunkt der Geschlechtsreife in die Erwachsenengruppe aufgenommen wurden. Die Reifeweihen waren von Geschlechts- und Fruchtbarkeitsriten durchzogen, was vermuten läßt, daß in ihnen das Erlangen der je kulturtypischen Geschlechterrolle im Vordergrund stand (Lipp 1990,32). Da Mädchen durch Menstruation und Gebären sichtbar zu Frauen wurden, blieben Mädchenweihen in ihrer Bedeutung im allgemeinen hinter Jungenweihen zurück.

In Initiationsriten nimmt der Kandidat eine neue Identität an, die durch äußere Zeichen wie Gewand, Haarschnitt, Uniform usw. unterstrichen wird. Bestimmte Prüfungen gewährleisten, daß nur die passenden Anwärter akzeptiert werden. Gleichzeitig wird der Neuling entindividualisiert und hat den Werten und Zielen des Bundes zu folgen, wofür ihm etwas Höherwertiges versprochen wird. Aufnahme- und Ausleseverfahren heutiger Organisationen können mit archaischen Initiationsriten verglichen werden. Hofstätter schrieb 1957 (zit. in Grubitzsch et al. 1989,5):

> "Die Prähistorie der Testmethodik kann in den Initiationsriten (Jünglingsweihen) der Primitivgesellschaften erblickt werden, in denen sich fast immer Proben finden, an Hand derer die Eignung eines jugendlichen Stammesgenossen für die mit dem Erwachsenen-Status verbundenen Rechte und Pflichten beurteilt wird. Das Hauptgewicht liegt dabei auf Charaktereigenschaften, wie etwa Mut und Selbstbeherrschung (z.B. Ertragen von Schmerzen), sowie auf der verstandesmäßigen Begabung (z.B. Rätselraten, das auch in Mythos und Sage vorkommt: Ödipus und die Sphinx, Turandot usw.)."

Auf rituelle Vorgänge der Personalauswahl, die letztlich positive, da sicherheitsvermittelnde Funktionen für Organisation und Bewerberschaft haben, kommen auch Neuberger & Kompa (1987,166) zu sprechen: "Bezogen auf die extreme Schwierigkeit, ein gültiges und zuverlässiges Erfolgskriterium zu finden, müssen ohnehin die meisten Auswahlprozeduren als expressive Riten betrachtet werden."

Grubitzsch et al. (1989) kritisieren indessen die Parallelsetzung von Initiationsriten und heutigen Auswahlverfahren speziell für Führungspositionen. Sie argumentieren, daß Initiationsriten die Funktion haben, Gleichheit herzustellen und aufrechtzuerhalten und Gesellschaftlichkeit zu stabilisieren. Ausleseverfahren stellen im Gegensatz dazu ausgeprägte *Unterschiede* her, da die meisten Aspirantinnen und Aspiranten abgewiesen und nur ganz wenige aufgenommen werden, womit die Schichtung und Klassenherstellung in der Gesellschaft unterstützt werden. "Testprozeduren versinnbildlichen gerade die Abschaffung von Gesellschaftlichkeit, die die Initiationsriten in ihrer dramatischen Form fordern und produzieren" (1989,9). Die ursprünglichen Fruchtbarkeitsriten hatten die Funktion der Wiedergeburt und der Transzendenz und wurden erst im Lauf der Zeit zu Mannbarkeitsbeweisen. Auch die Formen der Erniedrigung (Schmisse der studentischen Verbindung, Äquatortaufen und andere Demütigungen des Selbststolzes) waren ursprünglich unbekannt und sind keine Wurzeln heutiger Prüfungsqualen. Initiation war Symbol der Gleichheit und gerade *nicht* Sicherung der Privilegien einer Elite, die heute die Ausnahme in einer exklusiven Gesellschaft darstellt.

Wenn Grubitzsch et al. jedoch die Tatsache vernachlässigen, daß die in Riten hergestellte Vergesellschaftung Frauen ausschließt, dann ist dies ein Beleg für die als selbstverständlich betrachtete Nicht-Teilhabe von Frauen an der Gesellschaft. Demnach waren Initiationsriten schon immer Akte des Ausschlusses, wenn sie auch wesentlich mehr Teile der Gesellschaft einschlossen als heutzutage. Führungskreise haben aufgrund ihrer Machtakkumulation eine stärker aus der Gesellschaft ausschließende als einschließende Funktion, denn die meisten Personen, ob Männer oder Frauen, gehören ihnen nicht an. Nichtsdestotrotz können sie als moderne Formen von Männerbünden bezeichnet werden mit dem Unterschied, daß heute nicht mehr alle Männer eines Stammes Wissen und Ressourcen hüten, sondern nur noch eine kleine Auswahl von ihnen.

7.4.2. Sexualität im Männerbund

Schon die frühen Männerbund-Theoretiker waren sich nicht einig, ob Sexualität eine Triebfeder männerbündischen Handelns ist oder nicht. Für Schurtz war der Männerbund geradezu der Gegenpol zu Sexualität und Erotik (vgl. v.See 1990,94), während er bei Bühler im "mannmännlichen Eros" wurzelte. Bei heutigen Männerbünden scheinen manifeste sexuelle Handlungen nichts Ungewöhnliches zu sein:

- In einem amerikanischen Studentenbund werden die Aspiranten entkleidet, vor ein offenes Feuer gestellt, in dem verschiedene Brandeisen auffällig erhitzt werden. Nachdem ihnen die Augen verbunden wurden, werden ihnen ein paar Fragen gestellt, die Eisen werden aus dem Feuer geholt, in kaltes Wassser getaucht und andere, kalte Eisen werden den Aspiranten gegen das Gesäß gepreßt (Tiger 1972,156).
- Klein (1990,145) zitiert eine Untersuchung über einen Rugby-Club: "Der männliche 'Striptease wurde zu einem fest institutionalisierten Teil der Rugby-Subkultur... Dieser Ritus fand gewöhnlich nach dem Spiel, entweder in der Bar des Clubhauses oder... in dem Wagen statt, der die Spieler nach Hause fuhr... Im Laufe solcher Zeremonien wird der Neuling - oftmals unter Anwendung von Zwang - entkleidet und sein Körper, besonders seine Genitalien werden mit Schuhcreme und Vaseline eingeschmiert..."

Parallelen solcher Handlungen lassen sich auch in männlich dominierten Arbeitsorganisationen feststellen.

- Vaught & Smith (1980) untersuchten Initiationsrituale in einer Kohlenzeche. Unter den extremen Arbeitsbedingungen und durch die (zunächst) rein männliche Besetzung entstand eine Art sexueller Subkultur mit verschiedenen "Spielen": Die Neulinge wurden ausgezogen, die Genitalien mit Schmierfett eingerieben (vgl. die Ähnlichkeit zu den Handlungen der Rugby-Spieler) und allgemeiner obszöner Begutachtung unterworfen. Analoges geschah als Bestrafung, wenn sich jemand nicht an die Normen hielt. Der "richtige" Mann konnte an diesen Handlungen teilnehmen, ohne mit seiner männlichen Identität in Konflikt zu geraten oder sich dem Verdacht der Homosexualität auszusetzen, denn es wurde eine strikte Grenze gezogen zwischen homosexuellen Handlungen heterosexueller Männer (die erwartet wurden) und jenen der homosexuell Identifizierten (die abgelehnt wurden).
- Ballantyne (1985, zit. in Hearn & Parkin 1987,74) fand ganz ähnliche sexuelle Handlungen wie Vaught & Smith bei der von ihr untersuchten Feuerwehr-Einheit.

Die Beispiele zeigen eine Mischung aus homo- und heterosexuellen Elementen in ritualisierter Form, welche die Nähe unter Männern regeln und vor Triebdurchbrüchen homosexueller Natur bewahren soll. Neben Ritualisierung werden hierfür weitere Maßnahmen ergriffen:

1) Abwertung homosexueller Orientierung: Das oben erwähnte Rugby-Team sang Lieder, die um die Themen 'Verspottung, Vergegenständlichung und Schändung von Frauen und Homosexuellen' kreisten (Klein 1990,145); Zillich (1988,73) beschreibt in seiner Studie über homosexuelle Arbeitnehmer, wie diese in rein männlichen Gruppen isoliert und abgewertet wurden.

2) Ausschluß von sich zur Homosexualität bekennenden Männern: Als Beleg dient die Aussage eines Mitglieds des Schützenvereins: "...möchte ich noch erwähnen, daß in Schützenvereinen Homosexualität sicher weniger Verständnis findet als in anderen Vereinen", und in der gleichen Untersuchung sagt ein Mitglied einer Studentenverbindung, daß bezüglich Homosexualität "eher eine stärker ablehnendere Haltung in den Corps da ist, als sagen wir im Durchschnitt der Bevölkerung" (Solbrig 1992,27 u.38). Bei der Diskussion um die Liberalisierung der Behandlung Homosexueller im Militär sprachen sich selbst Soldaten gegen die Aufnahme homosexueller Kameraden aus.

3) Bestärken heterosexueller Normen durch Gespräche, Witze (vgl. Collinson 1988), Festivitäten mit Damenbegleitung, Vorstellung der Ehefrau (oft bei Politikern, manchmal auch bei Bewerbern für Führungspositionen), eigene Damenaktivitäten (oft bei exklusiven Clubs, aber auch bei Kongressen und Tagungen) usw. Roper (1988) berichtet in seiner Untersuchung über Karriereverläufe, wie sich Männer in einem rein männlichen Führungskreis bevorzugt Sex-Geschichten erzählten, um ihre Attraktivität für Frauen herauszustellen. Vom Aspiranten wurde verbindlich erwartet, daß er im Laufe seiner Karriere heiratet und daß seine Familie an den Belangen der Organisation und der Arbeit des Mannes Anteil nimmt.

Frauen sind in Männerbünden symbolische Vermittlerinnen männlicher Heterosexualität - entweder als periphere Figuren der Männergruppen (Bedienungen, Empfangsdamen, Prostituierte etc.) oder als Erzählfiguren in Geschichten und Witzen.

> "There is no surer way to establish male-bonding than a quick leer at a passing woman, the shared reaction that can even be expressed, particularly in elevators, by a completely blank expression on men's faces that in fact signifies *awareness*, the communication to each other, by immobility and unnatural silence, of sexual presence" (Korda 1972,100, Hervorh. im Orig.; vgl. Bradford et al. 1975,52).

Der Homosexuelle und die Frau werden als die "anderen" konstruiert (Cockburn 1990,83), die als Gegenbild (der Homosexuelle) bzw. als Komplementärfiguren (die Frau) die *hegemoniale Männlichkeit des Männerbunds* widerspiegeln.

7.4.3. Homophobie

Um keine allzu große Nähe entstehen zu lassen, zeichnen sich Männerbünde durch ausgeprägte Homophobie aus. Männliche Homophobie bezeichnet irrationale Angst vor und Intoleranz von Homosexualität (Herek 1986). Sie wird von vielen Autorinnen und Autoren als Grund für mangelnde Bereitschaft unter Männern genannt, sich schwach und anlehnungsbedürftig zu zeigen, denn mit Homophobie kann die erfolglos unterdrückte passive Sexualität und erotische Anziehung zu Männern bewältigt werden (Kaufman 1987,21). Studien zeigen, daß Frauen und Männer ähnliche Einstellungen gegenüber Homosexualität haben, daß aber Männer heftiger emotional auf Homosexualität reagieren (Herek 1986), weil Homophobie der Konstruktion der heterosexueller Männlichkeit inhärent ist. Mit Hilfe eines homophoben Klimas werden Männer diszipliniert, in der Männergesellschaft keine zu engen Beziehungen auszubilden, die den Prinzipien individueller Leistungserbringung und Konkurrenz zuwiderlaufen würden. So können sich Männer über die Sache verbünden, auf diese Weise Macht konzentrieren und unerwünschte Gruppen und Individuen ausschließen, ohne persönliche Intimität untereinander zu entwickeln, die ihre Stärke wieder in Schwäche verwandeln könnte. Männerbünde werden zum "Hafen" (Kaufman 1987,18), in dem Männer Sicherheit und Geborgenheit untereinander finden und ihrer gegenseitigen Zuneigung Ausdruck verleihen können.

Die Vermeidung enger Männerbeziehungen hilft, den Schein der Rationalität und Objektivität aufrechtzuerhalten. Nicht umsonst wird homosexuellen Machtträgern unterstellt, Geheimnisse weiterzugeben, illoyal zu sein und gegen die Ordnung der Organisation zu verstoßen. Trotz - oder wegen[155] - gegenläufiger Tendenzen in Richtung "weicher Faktoren" im Management gilt, daß Gefühle, besonders jene der Schwäche und Verletzlichkeit, nicht gezeigt werden dürfen (Böhnisch & Winter 1993,156), weil dadurch persönliche Angriffspunkte bekannt sind. Inexpressivität ist ein Tribut an den Rationalitätsmythos, der nur durch Kontrolle von Gefühlen aufrechterhalten werden kann, für die es in Organisationen genügend Anlaß gäbe: Freude über Erfolg, Enttäuschung über ein Scheitern, Neid auf andere, Eifersucht, Wut über Schlamperei... Rationalität und Unterdrückung von Gefühlen sind jedoch nichts natürlich Männliches, sondern müssen von allen Arbeitskräften gelernt und immer wieder von neuem bewältigt werden.

Jeff Hearn (in Hearn & Parkin 1987,158/159) artikuliert die Hoffnung auf ein anderes Miteinander-Umgehen der Männer am Arbeitsplatz:

---

155 Nach Böhnisch & Winter (1993,142) übt gerade der Zwang, sich nun "weiche" Fähigkeiten aneignen zu müssen, einen erneuten Druck auf Männer aus.

> "Organisation sexuality is for men characteristically a mixture of homosociability, latent homosexuality, homophobia and heterosexual phallocentrism, given structured form. (...) Thus men have created a public world of organisations, where, although often physically gathered together, we men also remain distant emotionally and sexually from each other. (...) Unfortunately much of men's sexuality in the organisations we have created is desperate, uncomfortable, ritualised, ambiguous, however much we would like to reach out and embrace other men. Above all is the repressed wish of men to recognise all other men as brothers, who happen to meet and be met, and comprise (parts of) organisations, not just be mere carriers of organisational role."

Distanzierung voneinander einschließlich homophober Einstellungen ist indessen notwendiger Bestandteil des Männerbundes, um leistungs- und funktionsfähig zu bleiben, denn um die von Jeff Hearn vorgestellte Liebe und Zuneigung unter Männern kann es der Organisation oder auch dem autonomen einzelnen Männerbund nicht gehen, sondern um die Sicherung seines Überlebens, das in seiner organisierten Form nur durch die Regelung der Sexualität möglich ist.

Zusammenfassend sollen noch einmal die zentralen Elemente des Männerbundes genannt werden. Allen gemeinsam ist ein ausgeprägtes Abgrenzungsbedürfnis gegenüber Frauen, dessen Funktionen sind:

- Sinnstiftung: Der Männerbund bietet die exklusive Chance, *ohne* Frauen tätig zu werden und Ergebnisse herzustellen.
- Herrschaftssicherung durch Ressourcenakkumulation und -wahrung: Wissen, Macht, Geld usw. müssen nicht mit Frauen geteilt werden.
- Unsicherheitsreduktion: Vertrautheit und sicherer Umgang innerhalb des eigenen Geschlechts wird den zwischengeschlechtlichen konfliktären Interaktionen vorgezogen. Deshalb werden auch die Berührungszonen der Geschlechter gesellschaftlich reglementiert und kanalisiert.

Alle drei Funktionen tragen wiederum dazu bei, daß Asymmetrien zwischen Männern und Frauen verstärkt werden. Vor allem der Aspekt der Ressourcenakkumulation bringt den Zwang mit sich, das damit verbundene Kriterium Geschlecht durch klare Geschlechterkategorien immer wieder abzusichern, um die Ressourcen erhalten zu können.

Der Ausschluß von Frauen kann jedoch nur dadurch ermöglicht werden, daß die Auszuschließenden devaluiert bzw. die Aufnahmeberechtigten überhöht werden, so daß die Geschlechterpolarisierung einschließlich der damit einhergehenden Konflikte verstärkt wird. Gleichzeitig muß die durch Ausschluß eines Geschlechts automatisch hergestellte Nähe unter den Mitgliedern kontrolliert werden, was durch eine streng reglementierte Binnenordnung bewerkstelligt werden kann, mit deren Hilfe sexuelle Impulse sublimiert und ritualisiert ausgelebt werden. Für Foucault stellen Prüfungen, Regeln und Ordnung Formen der Disziplinierung menschlicher Sexualität zugunsten produktiver Leistungen dar, ein Prozeß, der im Männerbund besonders klar zum Ausdruck kommt. Homosexuelle stellen die größte Gefahr für die prekäre Mischung aus Homosozialität und Homophobie dar, aber auch andere unerwünschte "Männlichkeiten" müssen durch Aufnahmeprüfungen und Regeln der Mitgliedschaft ausgesondert werden. Im Männerbund tradieren sich also hegemoniale Männlichkeit und polarisierte Geschlechterbilder bis heute in besonders ausgeprägter Form. Vor diesem Hintergrund ist es nicht verwunderlich, wenn die Aufnahme von Frauen nicht ohne Konflikte abläuft und diese zuallererst auf dem konstruierten Gegensatz von Männlichkeit und Weiblichkeit bzw. männlicher und weiblicher Sexualität gründen und ausgetragen werden.

Die Rolle der Frauen im Männerbund wurde bis jetzt als relativ passive beschrieben. Sie waren lediglich symbolisch als die "anderen" bzw. real als die in der Peripherie wirkenden Komplementärgestalten ihrer bündisch organisierten Männer in Erscheinung getreten. Ihre aktive stabilisierende Funktion für den Männerbund ist aber schon deshalb nicht zu verleugnen, weil er ohne ihr Zutun nicht lange existieren könnte. Es stellt sich also die Frage, inwiefern Frauen von der Existenz der Männerbünde profitieren, nämlich indem sie

- auch eigene Unsicherheiten mit dem anderen Geschlecht verringern, wenn sie zu jenem auf Distanz gehen;
- entlastet sind vom dauernden Kontakt zu Männern und eigene Freiheiten gewinnen;
- ihre eigenen Kompetenzbereiche schaffen und sich dadurch eine gewisse Macht aneignen;
- selbst die Möglichkeit haben, sich zusammenzuschließen;
- als Partnerinnen der Männer abgeleiteten Status und Schutz durch den Männerbund erfahren.

Es kommt nicht von ungefähr, daß Frauen sich in dem Maße ihrerseits zusammenschließen, wie präformierter Lebenssinn und normierter weiblicher Lebensentwurf im Verschwinden begriffen sind. Die zunehmende Anzahl von Frauen, die in Männerdomänen eindringen wollen, beweist jedoch, daß ihnen die direkten Privilegien (oder auch Belastungen) des Männerbunds attraktiver als die abgeleiteten erscheinen.

7.5. Die Aufnahme von Frauen

Männerbünde sind heute mit der Frage der Aufnahme von Frauen konfrontiert, und zwar aufgrund der gesellschaftlichen Entwicklung in Richtung Angleichung und Gleichbehandlung von Frauen und Männern, der verbesserten Bildung der Frauen und aufgrund äußerer Erfordernisse, die eigentlich eine Niederlage des Männerbundes darstellen: Frauen werden aus arbeitsmarktpolitischen Gründen in manchen Männerdomänen zum Überleben gebraucht. Hierbei ist allerdings der ideologische Hintergrund zu berücksichtigen, der die Gleichstellung der Geschlechter propagiert, ohne sie realiter durchzusetzen.

Formale wie nicht formale Männerbünde bringen zwar in der Deutlichkeit unterschiedlich rigorose Begründungen gegen die Zulassung von Frauen vor, argumentieren aber inhaltlich sehr ähnlich:

- Aus dem britischen Athenäum Club ist zu hören (nach Benedikt 1990,371): Wenn sich Frauen einer Unterhaltung anschließen, ändert sich der Charakter der Konversation und ein anderes Benehmen wird erforderlich. Die Anwesenheit von Frauen würde zu Spaltungen und Austritten führen.
- Das Mitglied eines Schützenvereins sagt, daß "die Gruppenharmonie erheblich gestört wird, wenn Frauen in diesen reinen Männerzirkel hineinkommen. Einzelne Vereinsmitglieder legen dann eine Art Platzhirschgehabe an den Tag" (zit. in Solbrig 1992,25/26).
- Ein aktiver Corpsstudent meint: "Sobald irgendwelche Veranstaltungen sind mit Mädchen, ist das Miteinander mit den Jungs was ganz anderes. (...) Deswegen könnte ich mir sehr gut vorstellen, daß, sobald diese Gruppe nicht mehr homogen, also eingeschlechtlich ist, daß die dann aus den Fugen gerät. (...) Es geht auch hier ein bißchen um Charakterbildung, Persönlichkeitsbildung, und da sehe ich eben Probleme, daß das nicht funktionieren kann, wenn auch Frauen dabei sind. (...) ...weil einfach dieser Aspekt wegfällt, von wegen jetzt muß ich der Frau irgendwie was beweisen, das fällt absolut weg und ist entspannter und macht viel mehr Spaß" (zit. in Solbrig 1992,29/30).
- Bei Cockburn (1988,178) meinte ein befragter Ingenieur zur Akzeptanz von Frauen, "daß, nun ja, eine Frau..., das würde einen beschneiden und die Geselligkeit verderben."
- "Auf den höheren hierarchischen Positionen ist die Welt für die Männer noch in Ordnung. Da gibt es keine, wie gerade in der SPD durchgesetzte unsinnige Quotierung, da ist sozusagen noch eine heile Männerwelt. Es wird niemals eine Generalin an der Spitze eines Heeres geben, immer nur einen General. Es wird niemals an der Spitze von Daimler Benz eine Frau geben, und wenn einer der drei Chemieriesen so etwas versuchen wollte, dann würden die anderen beiden ihn schon zurückpfeifen" (Hauptabteilungsleiter bei Bischoff 1990,197).[156]
- In der Untersuchung der männlichen Arbeiterkultur einer Fabrik sagt ein Befragter (Collinson 1988,192): "There's two parts to me. I'm free and easy here. At work I swear and sing my head off, and in the games room, but if women are present I won't, it's respect. I don't like to hear a woman swear."

---

156 Auf die Analogien zwischen Militär und Unternehmen wurde bereits in Kap.5.1.1. hingewiesen.

Bei diesen bewußt aus ganz unterschiedlichen Bereichen stammenden Aussagen wird deutlich, daß bei Akzeptanz von Frauen - egal um welche männliche Gruppe es sich handelt - in erster Linie eine Störung der mann-männlichen Beziehungen befürchtet wird. Frauen machen aus entspannten, auf ihre Aufgaben konzentrierten Männern Rivalen und Platzhirsche. Die Argumente entsprechen der These, daß Frauen als sexuell-verführerische Wesen dazu imstande sind, Männer permanent an ihre Sexualität und an ihre Schwächen zu erinnern (vgl. Seidler 1987).

Immer öfter sind nun aber Männerdomänen mit der Rekrutierung weiblicher Arbeitskräfte konfrontiert, ohne daß sie sich dagegen wehren können. Hier treten Männerbünde in Widerspruch zum Topmanagement, das damit ein Bündnis mit den Frauen eingeht.

Im folgenden Fallbeispiel werden die Beschäftigten einer Männerdomäne mit der erstmaligen Integration von Frauen konfrontiert. Es handelt sich um die Arbeitskräfte einer Kohlenzeche, deren Aufnahmerituale bereits weiter oben angesprochen wurden (Vaught & Smith 1980). Während des Untersuchungszeitraumes rekrutierte die Zeche 280 neue Arbeitskräfte, darunter erstmals 15 Frauen. Die Frauen stellten zunächst eine Störung der ritualisierten (homo)sexuell geprägten Binnenkultur dar, der vormals bestehende Männerbund war bedroht. Nach einer Zeit der Unklarheit bestand jedoch auf beiden Seiten der Wunsch nach Integration der Frauen. Die sexuellen Handlungen bekamen nun aber eine neuartige Dimension: Sie wurden sexistisch und zum Fall massiver sexueller Belästigung, das "Einfetten" der Genitalien einer Frau führte fast zu einer Vergewaltigung. Die Arbeiterinnen als kleine Minderheit waren gezwungen, sich der existierenden informellen Kultur anzupassen. Sexualität diente bei den Beschäftigten als Mittel der Reduzierung von Angst und Unsicherheit und der Aufrechterhaltung von Grenzen in einem belastenden Arbeitssetting; als solches kann sie organisations- oder gruppenspezifische Formen annehmen, die "außerhalb" der Gruppe nicht zur Anwendung kämen. Als "Organisationssexualität" nimmt sie auf die einzelne Person keine Rücksicht, sondern folgt Regeln auf der Ebene der Organisation oder der Gruppe. Die individuelle Erwünschtheit der sexuellen Handlungen kann davon unabhängig sein, d.h. auch das neue männliche Mitglied mag die Prozeduren als belästigend empfinden, ohne sich dagegen zu wehren. Mit den Frauen verkompliziert sich Organisationssexualität, indem das heterosexuelle Geschlechterarrangement mit der etablierten Männerkultur in Konflikt gerät. Aber auch die weiblichen Mitglieder akzeptierten zum Großteil die ihnen Integration in Aussicht stellende sexuelle Kultur. Das Gefühl des Belästigt-Werdens kann (bei beiden Geschlechtern) mit sexueller Erregung vermischt sein und zu einer ambivalenten Haltung den Vorfällen gegenüber führen. Jedenfalls zeigen die beschriebenen Konflikte, daß die Gleichbehandlung von Frauen und Männern unter der Bedingung einer vorgegebenen männlichen Kultur nicht unbedingt zu gleichen Ergebnissen und gleichen Folgen für Frauen und Männer führt, sondern im Gegenteil die Kluft zwischen ihnen noch verstärkt. Ein Vergleich mit der von Konecki (1990) untersuchten Flirtkultur zeigt, daß durchsetzungsschwächere Mitglieder weniger Möglichkeiten haben, ihre sexuellen Wünsche einzubringen, und dazu gezwungen sind, sich anzupassen. In Koneckis Fallgeschichte konnten die Frauen wesentlich massiveren Widerstand leisten als in der Kohlenzeche, weil sie zahlenmäßig und nach der Dauer ihrer Zusammenarbeit mit Männern eine gefestigtere Position hatten als Frauen, die erstmals in eine Männerdomäne gelangen.

7.6. Männerbund Management

7.6.1. Einleitung

Daß das Management im Sinne der höheren leitenden Positionen einer Organisation eine ausgeprägte Männerdomäne ist, konnte anhand der Geschlechterverteilung festgestellt werden. Daß es auch männerbündisch funktioniert, wird durch den Vergleich seiner Merkmale mit den im Männerbund-Konzept dargestellten Merkmale deutlich. Parallelen zeigten sich bereits durch das Fratriarchatskonzept und die homosoziale Theorie der Geschlechtsrollen, die beide gerne auf das Management angewendet werden. Außerdem konnte die Bedeutung von Initiatiationsriten und von Homophobie für das Management dargelegt werden.

Das Phänomen, daß Frauen in Top-Positionen kaum vertreten sind, während sie in unteren Positionen der gleichen Linie noch vorhanden sind, wurde in der US-amerikanischen Literatur als "glass ceiling" beschrieben: Frauen stoßen quasi in Sichtweite der begehrten Positionen an eine unüberwindliche Grenze, die ihnen das Erreichen der Positionen verwehrt. Es scheint innerhalb der von Türk beschriebenen Ausschlußfunktion der Organisation hier ein besonders sensibler Bereich vorzuliegen, der zu "bündischem" Verhalten Anlaß gibt. Damit soll nicht gesagt sein, daß Frauen keinen aktiven Anteil an dieser Situation haben, sondern gezeigt werden, daß die Zusammenarbeit von Frauen und Männern im Management aufgrund männerbündischer Mechanismen (die auch von Frauen getragen und reproduziert werden) eine spezifische Dynamik annimmt.

7.6.2. Männlichkeit, Führung und Sexualität

Das Bild der Asexualität und Neutralität der Führung wurde bereits an anderer Stelle als "männlich" entlarvt. Je höher ein Mann in der Hierarchie aufsteigt, desto wahrscheinlicher wird er nur noch Männer über und neben sich haben. Er wächst also in eine gleichgeschlechtliche Gruppe hinein, die die gegengeschlechtliche Gruppe in der Regel nur noch in Zuarbeiterfunktion oder privat kennt. Bei dieser Konstellation liegen Erfolg im Sinne von beruflichem Aufstieg und Männlichkeit nahe beinander (Bradford et al. 1975,42). "Männlichkeit" verweist aber durch die immanente Bezogenheit zur Weiblichkeit auf die sexuelle Differenz und somit auf männliche Sexualität - die Überhöhung der Männlichkeit durch Erfolg und Macht verleiht dem Erfolg eine sexuelle Aura. "Power and success in the business and social world reinforce man's sexual potency by symbolizing it where the real thing cannot be demonstrated" (Korda 1972,7). Mit anderen Worten, wer erfolgreich ist, ist als Mann und in seiner männlichen Sexualität bestätigt, zumal er keineswegs seine sexuelle Potenz real unter Beweis stellen muß. Umgekehrt bedeutet Scheitern eine Bedrohung der Männlichkeit.[157]

7.6.3. Merkmale des Managements

Je höher eine Position, desto weniger abgegrenzt ist das Aufgabenfeld und desto weniger Regeln existieren, die handlungsleitend und Erfolg messend wären (Kanter 1977,48). Ursache-Wirkungs-Ketten sind häufig nicht identifizierbar und ein Überblick über alle Haupt- und Nebeneffekte einer Handlung ist unmöglich. Je größer aber die Unsicherheit ist, desto größer ist die Notwendigkeit, eine homogene, vertrauenswürdige Gruppe zu bilden. Geschichtlich ist diese Dynamik aus der Tatsache zu erklären, daß Unternehmer mit wachsender Größe des Unternehmens gezwungen waren, Aufgaben zu delegieren und Personal für Führungsaufgaben bereitzustellen. Da Disziplin und Identifikation mit dem Unternehmen damals (noch) viel weniger selbstverständlich waren als heute, wurde die Gefahr unzuverlässiger und betrügerischer Führungskräfte gesehen, die fremdes Kapital zu betreuen hatten. Der Vertrauensfaktor war also zentral, wie Zeugnisse über Betrugsfälle, Geldumleitungen, Erpressungen, Korruption und Verschwendung von Ressourcen im England des letzten Jahrhunderts belegen (Kanter 1977,50). Zur gleichen Zeit als wissenschaftliche Theorien das Geschehen im Management ordnen und unterstützen sollten, wurden die Aufgaben in der Praxis nur unter wenigen und sozial gleichen Personen, vorzugsweise aus der eigenen Familie, verteilt. Nicht Kenntnisse und Fähigkeiten waren die wichtigsten Auswahlkriterien, sondern Vertrauen, Mitgliedschaft in der richtigen Gruppierung und Zuverlässigkeit. Je enger der Kreis der Privilegierten war, und je mehr sich die Mitglieder gegenseitig verpflichtet fühlten, desto leichter war Kontrolle auszuüben.

Durch die Übereinstimmung in Wertvorstellungen, Kommunikationsstilen und Verhaltensmustern wird die Zusammenarbeit erleichtert, wird Vertrauen geschaffen und Angst vor Unvorhersehbarkeiten gemildert. Wenn Macht und Privilegien an diejenigen weitergegeben werden, die dazupassend und vertraut erscheinen, können gleichzeitig Selbstwertgefühl und Prestige durch Spiegelung und Bestätigung gestärkt werden. Mit der Akzeptanz von "anderen" gibt man hingegen zu, daß jene genauso gut sind wie man selbst und der bisherige Ausschluß auf Diskriminierungsprozessen beruhte.

---

157 Das Wort "Versager" hat sowohl eine arbeitsbezogene als auch eine sexuelle Komponente. Im Englischen ist dies noch deutlicher - ein Manager, der versagt, ist "impotent". Für Frauen ist das Wort "Versagerin" ungebräuchlich, sei es beruflich oder sexuell.

Wie das "Kooptieren" ähnlicher und dazupassender Männer funktioniert, wird in einer Untersuchung von Michael Roper (1988) geschildert. Er hat eine Art Vater-Sohn-Beziehung zwischen den älteren Mentoren und ihren jüngeren Nachfolgern festgestellt, die sowohl patriarchale als auch fratriarchale Züge enthält. Der ältere Förderer, der Mentor, ist beschützend und fordernd zugleich und führt den Nachkommenden in die "Erwachsenenwelt" ein. Karriere bedeutet dann gleichsam den Übergang zum Mann, der von der Vaterfigur, auf die homoerotische Wünsche gelenkt werden, unterstützt wird. Für die Karriere spielt das Privatleben eine erhebliche Rolle. Vom Aspiranten wird für die spätere Zeit ein geordnetes Eheleben erwartet, wobei seine Arbeitsaufgaben ihn soweit beschäftigen sollen, daß er nicht zuviel Zeit zuhause verbringt. Wichtig ist die Einbindung der Familie in die Organisationskultur und deren Bedeutung bei der Rekrutierung und beim Aufstieg. Oft ging im Karriereverlauf die Mentorenrolle in der Organisation mit der Vaterrolle zu Hause Hand in Hand. Trotz der stark homoerotisch geprägten Beziehungen zwischen Mentor und Schützling herrscht eine klar heterosexuelle Kultur, die durch Einbeziehung des Privatlebens und durch eine sexualisierte Sprache und Sex-Witze aufrechterhalten wird. Durch die Wahl ähnlicher Nachfolger - "Managersöhne" - erlangen die Mentoren eine Art Unsterblichkeit.[158] Die beschriebene Form männlicher Kultur mit homoerotischen Anteilen wird gemäß Roper in Schulen und im Militär (vgl. Arkin & Dobrofsky 1978) sozialisiert. "Perhaps managerial and sexual desirability are, after all, not entirely distinguishable" (Roper 1988,57).

Daraus läßt sich folgendes ableiten: Der "vollständige" Organisationsmensch hat sowohl einen "Vater" als beruflichen Förderer als auch eine Familie als helfenden Hintergrund, und für beides ist er am besten gerüstet, wenn er a) männlich und b) heterosexuell ist; ein Muster, das auf hegemoniale Männlichkeit zugeschnitten ist. Das Management bietet sich demzufolge geradezu dafür an, zum Männerbund zu werden, denn

- es hat eine sinnstiftende Wirkung durch die allgemein als wichtig anerkannten Führungsaufgaben, deren Handhabung und Durchführung aber nicht direkt zu strukturieren und zu beurteilen sind, was ihm eine geheimnisvolle Aura verleiht;
- es beinhaltet ein hohes Unsicherheitspotential, das durch die Aufnahme von vertrauten und ähnlichen Personen reduziert werden kann;
- es weist innerhalb der Organisation und nach außen eine relativ hohe Ressourcen- und Machtakkumulation auf, die durch bündisches Verhalten gesichert werden kann.

Wenn das Management bei aller präsentierten Geschlechterneutralität und Asexualität als "männlich" identifiziert werden kann, verwundert es wenig, daß nach wie vor ein deutlich maskulinistisches Managerbild existiert. Die Männern zugeschriebenen Eigenschaften sind diejenigen, die auch "guten" Managern attribuiert werden (Rustemeyer & Thrien 1989; Kruse 1987). Keine Änderung im männlichen Managerbild über die Zeit ergab sich auch bei einer Überprüfung der Ergebnisse von Powell &

---

158 Auf die Beschreibung von Roper paßt die Organisationsmetapher der patriarchalischen Familie von Morgan (1986), vgl. Kap.4.2.2.

Butterfield (1989), die sie 1979 gewonnen haben (vgl. Brenner et al. 1989). Die Ergebnisse sind allerdings insgesamt nicht nur deshalb kritisch zu beurteilen, weil sie meistens auf Laborstudien beruhen, sondern auch weil sie das Eigenschaftskonzept der Führung verfolgen, welches von identifizierbaren Eigenschaften ausgeht, die eine "gute" Führungskraft haben soll. Es liegt auf der Hand, daß bei dieser Methode äußerst undifferenzierte und stereotype Ergebnisse zustandekommen (vgl. Neuberger 1990,64), die z.T. allein dadurch geleitet werden, daß man sich bei "Manager" mangels empirischen Vorkommens weiblicher Führungskräfte einen Mann vorstellt und dementsprechend seine Eigenschaften assoziiert. Immerhin belegen solche Untersuchungen aber die Persistenz stereotyper Vorstellungen trotz der schon länger anhaltenden Diskursivierung der Vorzüge weiblicher Führungskräfte in der Populär- und wissenschaftlichen Literatur.

Wegen des Ausmaßes an Unsicherheit und dem Bedürfnis nach Stabilität wird als letzte große Hürde für Frauen der "comfort factor" genannt: Männer müssen sich mit der neuen Frau wohl fühlen, um sie in ihre Kreise aufzunehmen, die "Chemie" muß stimmen (McKinney Kellogg 1992), denn: "As women, just by virtue of our physical differences we create discomfort in most corporations" (Solomons & Cramer 1985,160). Wenn schon Frauen aufgenommen werden, dann sollen sie den Männern möglichst ähnlich sein. Nicht nur das Geschlecht spielt dabei eine Rolle, sondern prinzipiell können sämtliche Merkmale herangezogen werden, die zwischen ähnlichen und unähnlichen Personen differenzieren (Schichtzugehörigkeit, das besuchte College, die Armee-Einheit, in der man diente, die Sportarten, für die man sich interessiert etc.). Solche reproduzierbaren Charakteristiken sind mit der Veränderung hin zur Aufnahme von Frauen und Minoritäten subtiler und komplexer, aber nicht obsolet geworden.

7.6.4. Geschlechterkonflikte

Die Tatsache kaum verschriftlichter und geregelter Handlungsanweisungen im Management trägt dazu bei, daß soziale Kontakte für Führungskräfte eine große Rolle spielen (Neuberger 1990,171). Die Führungskraft muß auf dem Laufenden darüber sein, was gesprochen und geplant ist, so daß die Notwendigkeit von und das Bedürfnis nach informellen Kontakten im Führungsbereich besonders ausgeprägt sein dürfte. Dies wirft für gemischtgeschlechtliche Arbeitsgruppen spezifische Probleme auf. Je weniger das informelle Zusammentreffen geregelt ist, desto mehr allgemein-gesellschaftlich geregelte Verhaltensmuster kommen zum Tragen, die für zwischengeschlechtliche Kontakte vorgesehen sind, da nur diese gelernt und parat sind. Normen der Geschlechtertrennung und des Sonderstatus der gegengeschlechtlichen Berührungszonen

(Tyrell 1986) legen fest, welche Interaktionen sexuelle Aspekte beinhalten und wie damit gesellschaftlich akzeptabel umgegangen werden muß. Auf Geschäftsreisen oder bei Arbeitsessen besteht wenig Unterschied zwischen nicht arbeitsbezogenen und arbeitsbezogenen Interaktionen. Die folgenden realitätsbezogenen Szenarios zeigen dabei typische Konfliktpunkte auf (nach Solomons & Cramer 1985; Sheppard 1989):

- Eine Frau ist mit Kollegen auf einer Dienstreise. Nach einem harten Arbeitstag schlägt ein Kollege vor, noch einen Drink im Hotelzimmer zu nehmen und den James Bond-Film im Pay-TV anzuschauen. Die Frau lehnt schweren Herzens ab und hört die Kollegen im Nebenzimmer noch reden und lachen. Da ein Hotelzimmer immer auch ein Schlafzimmer ist, will sie Zweideutigkeiten vermeiden.

- Eine Frau ging im Bestreben nach Integration mit sieben männlichen Kollegen in ein Strip-Lokal. Dort erkannte sie schnell ihre Deplaziertheit, weil sie die männliche sexuelle Definition der Situation akzeptieren mußte, die darin bestand, die Stripperin in sexuell expliziter und objektifizierender Art zu betrachten, währenddessen sie sich aufgrund der Geschlechtsgleichheit der Stripperin zugehörig fühlte und damit ihre eigene Objektifizierung betrieb. Vermeintliche Integration in die Männerwelt kann demnach Differenzen zwischen den Geschlechtern eher erhöhen statt verringern, wenn eine männliche Kultur dominierend ist (vgl. dasselbe Phänomen bei der Aufnahme von Frauen in die Kohlenzeche, Vaught & Smith 1980).

Es wird deutlich, wie schnell der Mythos der Neutralität und Asexualität des Managements ins Wanken gerät, wenn Geschlechterkonflikte auftauchen, und daß in der neuartigen Situation der Zusammenarbeit der Geschlechter zwei Welten wieder vermischt werden, die in einem langen mühsamen Prozeß vorher getrennt worden waren - Arbeitsorganisation und Sexualität. Im Management wird die Vermischung noch dadurch verkompliziert, daß die betreffenden Frauen ihre angestammten Funktionen und Weiblichkeitsbilder verlassen haben und trotzdem noch Frauen sind. Noch gibt es keine normative Regelung von gemischtgeschlechtlicher Konkurrenz um statushohe Positionen, so daß eine Reihe von Konflikten zu erwarten sind:

- Beide Seiten haben Angst, (sexuelle) Grenzen nicht einzuhalten; innerhalb bestimmter Muster wird zwar sexuelles Verhalten in Organisationen besonders bei Männern toleriert (Martin 1990), aber die Grenzen werden immer unbestimmter, je neuartiger die Form der Zusammenarbeit hinsichtlich hierarchischer Stellung und Intensität wird;
- Es drohen Gerüchte, Rufmorde etc. Mann-Frau-Beziehungen bieten sich geradezu als Zielobjekt für Mikropolitik an, da in ihnen das "Nicht-Organisationale", Nicht-Rationale bereits angelegt ist;
- Männlichkeit, die sich über Beruf und Erfolg definiert, wird bedroht und in Zweifel gezogen, wenn Frauen Kolleginnen und Vorgesetzte werden;
- Frauen, die als Kolleginnen akzeptiert werden, fallen als Bewunderinnen männlicher Leistungen aus;

- Männer und auch andere Frauen fürchten, daß mit dem Eintritt einer Frau die Kollegialität unter den Männern bedroht ist und sie zu Rivalen werden;
- Unsicherheit im Umgang mit dem anderen Geschlecht verstärkt sich, denn gelernte Umgangsformen beziehen sich auf nunmehr inadäquate Muster: Höflichkeit, Herablassung, Sich Aufspielen, Beschützen, Erobern, Aktiv sein usw. von seiten der Männer;[159] sich helfen lassen, auf Initiative warten, sich zurückziehen, Bewunderung für den Mann usw. von seiten der Frauen;
- Weil Frauen in unserer Gesellschaft machtloser als Männer wahrgenommen werden, besteht die Gefahr, mit der Präsenz vieler Frauen an Einfluß anderen Gruppen und Institutionen gegenüber zu verlieren;
- Ängste vor sexueller Attraktion können zu einer gespannten Atmosphäre beitragen. Um keinen Anlaß für Gerüchte zu geben, verhalten sich alle überkorrekt. Nicht unbedingt erforderliche Kontakte mit dem anderen Geschlecht werden vermieden, um Gefahren vorzubeugen. Diese Überlegungen sind in gleichgeschlechtlichen Gruppen unnötig, weil die heterosexuelle Norm fest etabliert ist und immer wieder bestärkt wird. Auf der anderen Seite kann bei einem Mann die Sorge bestehen, als unmännlich zu gelten, wenn er eng mit einer womöglich attraktiven Frau zusammenarbeitet, ohne sexuelles Interesse zu entwickeln, bzw. umgekehrt bei einer Frau, als unweiblich und kühl zu gelten, wenn sie nicht auf männlichen Charme reagiert.

7.6.5. Interner Ausschluß

Zur Vergemeinschaftung in Organisationen zählt nicht nur der Ausschluß von Personen aus der Organisation oder von Arbeitsplätzen, sondern auch der Ausschluß anwesender Personen aus informellen oder internen Treffen bzw. Gruppierungen, eine Strategie, die zur "token"-Dynamik gehört. Damit wird nicht nur Informationsweitergabe und Kenntniserweiterung der Ausgeschlossenen verhindert, sondern die in Männerbünden häufig gepflegte Tendenz zur Geheimhaltung von Wissen, Ritualen, Gesprächsinhalten oder gar der Mitgliedschaft verstärkt. Geheimhaltungstendenzen setzen sich in Arbeitsorganisationen fort in geheimen Sitzungen und Unterlagen politischer, wirtschaftlicher und militärischer Kreise. Auch wenn Kontakte und Besprechungen nicht offiziell geheim sind, besteht bei Nicht-Anwesenden die Vermutung, daß Wissen bei informellen Treffen unter Ausschluß unliebsamer Personen ausgetauscht wird. Ausschluß und Isolierung von Token-Frauen ist ein typischer Me-

159 Ein Befragter bei Baron & Witte (1980,59) drückt das so aus: "I'm damned if I do offer her a chair and I'm damned if I don't".

chanismus von Männergruppen gegen die Integration der Frau (Kanter 1977, Friedel-Howe 1990). Dabei schließen sie sich noch enger als Gruppe zusammen, um die Distanz zur Frau aufrechtzuerhalten.

Frauen mit Aufstiegswillen sehen vor allem das Problem der informellen Netzwerke der Männer und des Nicht-Eingeweiht-Werdens als Grund, der zu ihrem Ausschluß trotz Mitgliedschaft führt.

> "Es ist in einer Männerdomäne schon ein Problem, daß man als Frau in alles miteinbezogen wird. Simples Beispiel: nach einem Meeting geht man noch auf ein Bier, dabei laufen oft ja die wichtigsten Gespräche. Hier kann es als einzige Frau schon schwierig werden, dabei zu sein und akzeptiert zu werden. Und ich habe auch deutlich zu spüren bekommen, daß ich eine Außenseiterposition habe" (Managerin, zit. in Maier 1993).

In der Literatur ist immer wieder die Rede von "mysteriösen männlichen Riten" (Fogarty 1971,98), mit denen Frauen konfrontiert sind, von "unausgesprochenen Regeln männlicher Spiele" (Veith 1988,102), vom langen Aufenthalt in einem fremden Land, wenn eine Frau ins Management geht (Harragan 1977, Hennig & Jardim 1978), von "ungeschriebenen Gesetzen, dem unsichtbaren Netz der Macht, in dem Frauen sich verfangen" (Personalwirtschaft 11/90,19). Fremd, mysteriös, unausgesprochen, unverständlich werden die Verhaltensweisen der Männer im Männerbund erlebt.

> "It was felt generally that the socializing, the drinking in the right pubs and clubs, and above all the easy social contact which men have with one another, all militated against the advancement of women. All these contacts were felt to give men much more opportunity of indulging in internal politics than women could ever have",

meint Fogarty (1971,197) über die "Männerwelt" beim Sender BBC. Wer aus solchen Kreisen ausgeschlossen ist, kann die intern ablaufenden Prozesse nicht differenziert erkennen. Der Effekt ist derselbe wie seinerzeit bei der Geschlechtertrennung ganzer Abteilungen: Frauen in eigenen "Ladies' Departments" (Dohrn 1986) sind vom Geschehen isoliert und können Organisationsstrukturen kaum durchschauen und für sich nutzen.

Zur Machtstabilisierung von Eliten gehört, daß der Eindruck der gemeinsam gehüteten Geheimnisse erhalten bleibt. Inwieweit die Mitglieder von offiziellen oder nicht institutionalisierten Männerbünden wirklich solidarisch handeln oder welche Geheimnisse sie hüten, sei dahingestellt. Der auch in Wirtschaftsunternehmen tätige Wissenschaftler Thomas Sheppard (1989,11/12) schreibt:

> "Perhaps at this point it would be helpful to divulge the unknown to the uninitiated. Here, for all who have not been included in the hallowed halls of the conclave - the youth, the untested, the women - here is the shattering truth: The secrets you'll find there aren't worth knowing! Upon examination you'll discover they're trivial, trite, and of little consequence to the organization or the world at large. Their only real purpose is

> to legitimize the subjective social and organizational distance that members of the inner circle demand from the nonmembers. Those jealously guarded secrets have such little value that often exaggeration and subterfuge are necessary to maintain the facade. So the truly important objective, then, is simply gaining membership, not the winning of some special knowledge that relates to that membership. In other words, it's not that women can't deal with the arcane information that the male members possess, it's simply that women aren't wanted as members".

In einer Befragung in Großbritannien nannten weibliche Führungskräfte verschiedene informelle Bereiche (Bars, Lokale und insbesondere Striptease-Lokale, Fischertreffen, Hockey, Golf, Ballspiele, und Bäder), bei denen sie den Austausch wichtiger Informationen vermuteten, sich aber in unterschiedlichem Ausmaß ausgeschlossen fühlten (D. Sheppard 1989). Der Ausschluß erfolgt aber nicht immer einseitig, sondern vollzieht sich auch als Selbstausschluß der Frauen (Veith 1988).

> "Middle management women with their eyes in positions up the corporate ladder are often angered by the fact that they learn about new projects and even upcoming job openings weeks after such information has been discussed over lunch by their male colleagues. Women executives indicate that they feel excluded from what they refer to as the 'old boy network' (...). This support system is made up of old college friends, twice-daily interactions in smoking cars on the commuter lines from and to the suburbs, and memberships in clubs that have been 'for men only'. The information exchanged in this network is often unavailable in the nine-to-five office setting-information that alerts potential candidates to job openings, offers advice to new incumbents concerning the personal idiosyncracies of superiors, and generally eases the path toward the plushest of the executive suites (Finkelstein 1981,206/207).

Analog zu diesem physischen Ausschluß funktioniert der Ausschluß über die Bestärkung der Geschlechterpolaritäten, deren wirksamste Durchsetzungsmittel in das Feld der sexuellen Belästigung fallen. Wie schon erörtert, betreiben Männerdomänen Distanzierung durch Belästigungsverhalten, das mögliche Angleichung, Verständigung und Nähe zwischen den Geschlechtern verhindert.

7.7. Weiblichkeit und Management

7.7.1. Weiblichkeit und Management als Gegensatz?

"Aber ich würde nie ein schnuckliges Püppchen erwarten, nicht die rein Frauliche, sondern den Managertyp. (...) Nicht das Schmusepüppchen, eher der selbstbewußte Typ ist da gefragt, mehr als fraulich" (ein Manager der Computerbranche bezüglich seiner Auswahlkriterien, zit. in Oehmichen 1992,5). In der Gleichsetzung: (sexuell konnotiertes und infantilisiertes) Schmusepüppchen = Frau = Nicht-Manager zeigt sich, daß Weiblichkeit zunächst als mit Management unvereinbar betrachtet wird und erst der(!) Managertyp, der über "Fraulichkeit" hinausgeht, die Kriterien erfüllt.

Sind Weiblichkeit und Management einander entgegengesetzte Kategorien, müßten Zeichen weiblicher Sexualität als besonders inkompatibel zur Managementtätigkeit empfunden werden. Wie gezeigt, hängen Sinninhalte und Rituale archaischer Männerbünde nicht zuletzt mit weiblicher Gebärfähigkeit zusammen, deren Fehlen durch die Verbrüderung kompensiert werden soll. Wenn das Management ein moderner Männerbund ist, dann stellt die Schwangerschaft einer Frau in der Männerdomäne eine besondere Herausforderung dar, denn die Frau beansprucht damit, an männlichen Privilegien teilzuhaben, ohne die weiblichen aufzugeben.

In zwei Studien (Martin 1990 und Corse 1990) wurde untersucht, welche Reaktionen die Schwangerschaft einer Managerin nach sich zieht, die sich nun in widersprüchlichen Rollen befindet - derjenigen der Mutter, derjenigen der Führungskraft und derjenigen der sexuell aktiven Frau. Tabus bezüglich Sexualität betreffen Frauen in leitenden Positionen in ganz besonderem Maße: Es ist gleichwohl verpönt, wenn sie mit jüngeren und/oder statusniedrigeren Männern sexuelle Beziehungen eingehen wie wenn sie ein Verhältnis mit einem Mann haben, der ihnen beruflich nützen könnte. Noch mehr als vom Mann wird von ihr erwartet, daß sie ihr Privat- und Sexualleben dem Beruf unterordnet. Wie bei den Funktionen der Männerbünde gezeigt wurde, spielt die Idee des Verzichts zumindest untergründig eine Rolle. In der Tat zieht die nicht verzichtende, sexuell aktive Frau, die sich noch dazu den statushohen Männern in ihrer Arbeitsumgebung verweigert, beiden Studien zufolge ablehnende Haltungen auf sich. Während Martin (1990) negative Einstellungen bezüglich der Schwangerschaft einer Führungskraft und ihrer Rolle als Managerin und Mutter in der Rede eines Unternehmenspräsidenten dekonstruiert, die sich vordergründig mit der Vereinbarkeit von Beruf und Familie befaßt, beziehen sich Corses Labor-Ergebnisse (1990) auf die Übertragung von Mütterlichkeitsidealen (fürsorglich, passiv) auf die schwangere Managerin und deren negative Einschätzung bezüglich Kompetenz und Durchsetzungsvermögen durch die Versuchspersonen. Beide Studien unterstützen Ackers These (1991), daß weibliche Sexualität in Organisationen und Organisationstheorien verleugnet wird und Management und Weiblichkeit als Gegensätze konstruiert sind.

7.7.2. Das Management der Weiblichkeit

Aus drei Gründen ist die Managerin eine Abweichlerin (Friedel-Howe 1990):

- Sie ist schon rein quantitativ ein seltenes Ereignis.
- Sie verläßt ihre angestammte Domäne und dringt in die männliche ein.
- Ihr Aufstiegsweg weicht häufig von dem einer männlichen Führungskraft ab.

Die Dominanz des gesellschaftlichen Weiblichkeitsbildes versetzt die Frau in Führungsposition in die prekäre Situation, nie sicher sein zu können, ob sie gerade primär als Frau oder primär als Führungskraft gesehen wird und wie ihre Verhaltensweisen und Entscheidungen von Männern und anderen Frauen gedeutet werden. Es entsteht ein Dilemma: Paßt sie sich an die männlich geprägte Umwelt an, um Weiblichkeitsstereotype zu umgehen, läuft sie Gefahr, als "unweiblich" zu gelten und erst recht durch ihre Abweichung in sexuelle Labels gepreßt zu werden. Paßt sie sich nicht an, wird sie zwar als Frau, aber abweichend zu den anderen wahrgenommen und isoliert. Adäquates "Geschlechtsmanagement", genauer gesagt "Weiblichkeitsmanagement", das Frauen hilft, Ansprüche zwischen "weiblich genug" und "professionell genug" auszubalancieren, ist deshalb eine zentrale Fähigkeit, die zum kompetenten organisationsförmigen Verhalten gehört, das Türk im Rahmen der Kooperationsdimension analysiert. Der Ausdruck "Management" soll aber nicht eine neuerliche Rationalität, diesmal auf Frauenseite, induzieren, sondern lediglich das Moment spezifischen Handlungsbedarfs in Männerdomänen aufzeigen, dem sich Frauen mehr oder weniger bewußt und strategisch stellen.

Viele Führungsfrauen haben den Eindruck, es gebe aus der Zwickmühle des "Zuviel" oder "Zuwenig" kein Entrinnen, denn je nach Belieben kann ihnen das eine oder das andere vorgeworfen werden (Edding 1983,65). Das "zu"-Syndrom (Kiesel 1990) besagt, daß Frauen in Männerdomänen an der Norm "Mann" gemessen werden und im Hinblick auf diese Norm entweder ähnlich oder abweichend wahrgenommen werden. Wenn Männer auf der einen Seite möglichst ähnliche Leute an ihrer Seite haben wollen, wäre die Selektion einer Frau mit "minimaler Unähnlichkeit" (Friedel-Howe 1990,29) wahrscheinlich. Dem aus der Geschlechterspannung stammenden Wunschbild entspricht es indessen eher, mit einer weiblich-attraktiven Frau zusammenzuarbeiten (Neuhaus 1988). Der Wunsch nach einer attraktiven Frau ebenso wie Hinweise auf die äußere Erscheinung einer Managerin haben den nicht unbedingt bewußt intendierten Effekt, Kompetenz und Position der Frau abzuwerten.

Vor diesem Hintergrund scheint es für Frauen sinnvoll, so wenig Weiblichkeitsstereotype wie möglich zu erfüllen, sondern sich möglichst ähnlich zu den männlichen Kollegen zu präsentieren. In Aussagen von Frauen kann eine solche Anpassungsstrategie erkannt werden. Als Beleg hierfür dienen die Aussagen dreier Managerinnen (aus Maier 1993, II-1, III-4, I-6):

> "Wenn man echt weiblich bleibt, so wie man normalerweise fühlt, und unter weiblich verstehe ich eigentlich mehr weich, gefühlsbetont, funktioniert das nicht. Wenn ich z.B. bei irgendwelchen Sachen, die ich zu entscheiden habe, eine gefühlsmäßige Entscheidung treffe, dann werde ich ausgelacht. Man muß alles kühl, nüchtern, sachlich vorbringen.(...) Und irgendwann habe ich angefangen, selbst wenn mir was weh tut, oder wenn mich einer unter die Gürtellinie trifft, ich zeig's nicht mehr, es merkt keiner mehr."

"Auf jeden Fall sagt man zu mir, ich entscheide wie ein Mann. Das heißt sehr bestimmt, aber das muß ja sein.(...) Wenn Frauen Karriere machen wollen, dann müssen sie es genauso machen, wie die Männer. Das heißt, sie müssen sich anpassen."

"Früher habe ich als Frau anders auf solche zweideutigen Witze reagiert als in den letzten Jahren. Man kann es mit der Zeit besser überspielen und dadurch weniger Angriffsfläche für einen Mann bieten. Früher bin ich rot und verlegen geworden. Ich habe aber gelernt, mir nichts mehr anmerken zu lassen. (...) Denn wenn man reagiert, dann heizt man so etwas noch mehr an. Man muß einfach mitlächeln und sich seinen Teil denken." Die Managerin verweist zudem auf einen Vorfall, bei dem ähnliches Witze-Reißen, das von einer Frau ausging, als obszön empfunden wurde.

Die Aussagen beinhalten Mehreres: Zum einen wird die Anpassung der Frau an die Männerkultur forciert, zum anderen wird bestraft, wenn sie sich zu sehr anpaßt und wie ein Mann verhält. Durch diese testähnlichen Verhaltensmuster wird ihre Verortung als Frau im Männerbund probehalber festgelegt, und es kommt auf ihre Reaktion an, an welcher Stelle sie sich wiederfindet. Zudem handelt es sich bei den Anpassungsstrategien um einen Lernprozeß, der im Lauf der Zeit immer besser funktioniert. Die Frauen argumentieren allerdings selbst biologistisch, was ihre Vorstellung von Weiblichkeit und Männlichkeit betrifft. Sachlichkeit und Nüchternheit werden mit Männlichkeit assoziiert, Gefühl und Weichheit mit Weiblichkeit. Sie sehen sich als diejenigen, die sich an eine fremde Kultur anpassen müssen, die von Männern gemacht ist. Daß auch Männer unter dem Druck stehen könnten, sachlich zu wirken, um dem Rationalitätsanspruch zu genügen, wird vielleicht deshalb nicht gesehen, weil die vorgefundene Kultur mit jenen identifiziert wird, die sie seit Jahrzehnten vertreten und reproduzieren.

Mehr als die Hälfte der befragten Managerinnen in Marschalls Studie (1985) gab an, bewußt ihre Weiblichkeit zu kontrollieren in der Hoffnung, daß keine Unterschiede zwischen ihnen und Männern wahrgenommen würden, wenn sie sich selbst so verhalten, als gäbe es keine - eine Taktik, die Pringle (1989) das "beige suit syndrome" nennt. Zum gleichen Ergebnis kommt Sheppard (1989) in ihren Interviews mit Managerinnen und Managern. Sie nennt die Strategie der Abmilderung der Geschlechterunterschiede "blending in". Die Frauen versuchten, so weiblich zu sein, daß Männer ihre Regeln und Erwartungen bezüglich des weiblichen Geschlechts beibehalten konnten, und gleichzeitig so professionell zu sein, daß die Bedeutung von Geschlecht und Sexualität minimiert werden konnte. Die Tendenz zur Defeminisierung wird verstärkt durch männliche Kommentare bezüglich einer herausragenden Frau, sie sei "nicht wie andere Frauen".

An den aufgezeigten Konflikten der Frauen in der Männerwelt mag es liegen, daß sich Frauen in Führungspositionen in erotischer Hinsicht fast schon puritanisch beschreiben - äußerst korrekt, leistungsorientiert und empfindlich für die Umgangsformen am Arbeitsplatz (Eckart 1987,20). Der strikt formale Umgang bietet einen Schutzwall gegen emotionale Begegnungen der Geschlechter, den vor allem Frauen in der "Fremde" der Männerwelt verteidigen, der aber auch von Männern aufrechterhalten wird. Vor diesem Hintergrund erscheint es zweifelhaft, daß Weiblichkeit und weibliche Sexualität in irgendeiner Weise von der Frau nützlich eingesetzt werden können, denn schließlich begibt sie sich damit auf ein Feld, das inkompatibel zum Management gesehen wird. Es wurde aber schon in Kap. 6.4. deutlich, daß beispielsweise die sexuelle Verbündung mit einem Mann in einer Männerdomäne durchaus funktional sein kann. Dies wird auch von den Befragten bestätigt:

> "Die betont weiblich wirkenden Frauen können unter Umständen mehr erreichen. Ich habe es oft miterlebt, daß die Signale, die ausgestrahlt werden, manchmal bei bestimmten Typen funktionieren.(...) Ich bin der Meinung, daß sich eine hübsche Frau mehr Fehler leisten kann, es wird mehr entschuldigt. Vielleicht auch deswegen, weil der andere Typ von Mann genau weiß, daß ihm eine solche Frau nicht gefährlich werden kann. Ich kenne schon Frauen, die in das Klischee blond, blauäugig und so weiter und entsprechend gekleidet, paßten, die es darauf angelegt haben, mit Hilfe ihres Aussehens Karriere zu machen. Sie haben es zum Teil sogar über das Bett probiert."

> "Die größte Waffe für die Frau ist der Sex. Ich glaube schon, daß man für gewisse Zeit damit Erfolg hat. Ob es von Dauer ist, weiß ich nicht" (Zwei Managerinnen in Maier 1993, I-8, III-12).

Die Befragten unterstellen den mikropolitischen Einsatz von Weiblichkeit vornehmlich den anderen Frauen, ein mögliches Resultat der Konkurrenz von Frauen um die Gunst der Männer. Sie ahnen jedoch, daß dieses Mittel nicht von Dauer ist, zumal ihm beim herrschenden Schönheitsideal natürliche Grenzen gesetzt sind. Was allen Reaktionsformen der Frau letztendlich zugrunde liegt, ist das fundamentale Dilemma der Token-Frau: Je mehr sie sich gegen Abwehrhaltungen der Männer durchsetzen kann und sie zu überzeugen vermag, desto mehr bestätigt sie gleichzeitig die Einstellungen der Männer Frauen gegenüber, indem sie zur Ausnahmefrau geadelt wird, die mehr "Mann" als "Frau" ist. Ihr Weiblichkeitsmanagement läuft auf die Kontrolle weiblicher Sexualität hinaus, sei sie nun in Form ihrer Unsichtbarmachung oder in Form ihrer strategischen Nutzung. Der solcherart "rationale" Einsatz der Sexualität führt zur Desexualisierung der Frau und des weiblichen Körpers. Damit unterstützt die Managerin die Desexualisierung der Organisation.

In der Diskussion des Weiblichkeitsmanagements soll aber nicht übersehen werden, daß auch Männer Geschlechtsmanagement betreiben müssen, um zum erforderlichen Männlichkeitsbild zu passen und dessen Ansprüche täglich aufs neue zu erfüllen. "Organisationskompetenz" ist vielleicht "männlich", wie Türk sagt, aber nicht angeboren, sondern muß gelernt und eingeübt werden. Als solche wird sie zum Selektionskriterium und zur Anpassungsleistung für Frauen *und* Männer mit dem Unterschied, daß sie zunächst ausschließlich für (bestimmte) Männer konzipiert und von (bestimmten) Männern reproduziert wurde und Frauen als die später Dazukommenden zunächst die Fremden sind. Wie sich zeigt, sind Männerbünde aber keine starren Gebilde mit festen Grenzen, die auf Neues nur mit verstärkter Abgrenzung reagieren, sondern sie passen sich selbst auch an Veränderungen - in diesem Fall an die neu hinzugekommenen Frauen - in der Weise an, daß sie trotzdem als Männerbund überlebensfähig bleiben.

7.7.3. Die äußere Erscheinung

Zur Einführung in dieses Kapitel seien Auszüge der Schilderung einer Geschäftsfrau zu ihrer Körper-Präsentation "in öffentlichen Räumen" - gemeint ist ihr Berufsleben - zitiert (Dörthe Jung 1987,42ff):

> "Ich schaue auf meine Kleidung herunter, überprüfend, wie und ob ich mich von ihnen unterscheide. Bin ich gar der berühmte Klecks? Die Farbkombination meiner Kleidung ist abgestimmt. Ein geschulter weiblicher Blick sieht ihr die überlegte Auswahl an. (...) So vergesse ich selten auch beim Überschreiten der Grenze ins männliche Terrain, mir ein Symbol ihrer 'Männlichkeit' umzuhängen: das Jacket. (...) Meinen Körper muß ich straffen, er darf nichts Unwesentliches, Unnützes ausdrücken, die Blicke der anderen nicht verführen, von der Sache nicht abschweifen, um die es mir geht. Mein Körper muß sächlich werden, auch wieder nicht zu sehr, das schadet dem Verhandlungsklima, eher das Weibliche zu einer Art sachlichem Konzentrat verdichten. Also der Versuch, das körperliche Frau-Sein zu verleugnen, den weiblichen Körper zu verstecken? Eine körperlose Präsenz des Weiblichen, die dann doch so körperlos wieder nicht sein darf? (...) Zuviel selbstbewußte Repräsentation erzeugt Angst und Abwehr, für die Sache nicht selten Mißerfolg; zuviel Verleugnung beraubt dich deines Frau-Seins, deiner Selbst - du bist quasi Mann oder Neutrum, die Sache führst du so im günstigsten Fall zum Erfolg, deinen Körper aber hast du verlassen, zum Gespött der männlichen Machthaber und der kritischen Geschlechtsgenossinnen, nirgendwo bist du zuhause; oder du setzt ihn ein, zeigst ihn in der Gestalt, wie die männlichen Blicke ihn formen wollen - der Erfolg in der Sache ist so schon möglich, aber der zurückbleibende schale Geschmack verläßt dich nicht, und die Konturen des Körpers geben dir so keinen Halt. Daher die ungeheuerliche Anstrengung beim Betreten männlicher Räume, die körperlichen Verkrampfungen und: der Fluß deiner Gedanken wird gehemmt. (...) Nur noch weiblicher Körper zu sein und sonst nichts treibt die soziale Erfahrung auf die Spitze, in der Suche nach einer gesellschaftlichen Existenz und im Ringen um Liebe als Frau zuerst als Körper wahrgenommen und beurteilt zu werden. Das führt dann - im anderen Extrem - dazu, daß eine Frau alles daransetzt, um nur nicht zu zeigen, daß sie Frau ist. So hat auch schon die Frau in öffentlichen Machtpositionen ihre uniformierte Hülle: das Coco Chanel-Kostüm der A. Renger ist der schwarze Anzug des Genschers. (...) Ist es der heimliche Kampf um das Vergessen unökonomischer Wünsche, des Begehrens, der Enttäuschung und der Begrenzungen in männlichen Räumen, der die körperliche Anstrengung verursacht?"

Die Frau als Symbol für Erotik, Körperlichkeit und Schönheit betreibt über die Manipulation ihrer körperlichen Erscheinung direktes Weiblichkeitsmanagement. Im Management sind nun diese Körper-Strategien eingebunden in die Ausbalancierung von Weiblichkeit und Professionalität. Es genügt nicht mehr, sich einfach nach der gängigen Mode zu richten, sondern im Gegenteil soll die Abweichung der Karrierefrau vom Gros der Frauen möglichst auch äußerlich erkannt werden.

Was die Kleidung betrifft, unterstützen innerhalb der Strategie der Anpassung manche Anleihen vom männlichen Erscheinungsbild - gepolsterte Schultern, gedeckte Farben, konservativer Stil - die Integration der Frauen und bedeuten symbolische Partizipation an der männlichen Macht. Durch das Tragen von Anzügen werden Frauen nicht zu Männern, aber sie drücken eine mehr maskuline, instrumentelle Beziehung zu ihrem Körper aus (Pringle 1988,177).

Auf dem Gebiet der Manipulation der äußeren Erscheinung als einer ihrer angestammten Domänen fühlen sich Frauen relativ sicher.

Ein teurer Anzug kann dann zum flexiblen Weiblichkeitsmanagement dienen, der getragen wird, "when I don't want anyone to think I'm a woman, you know, when I just want to be part of the woodwork... So I wear this beige suit with sort of a white blouse and it's very well cut and it looks expensive, and I look appropriate and it's perfect, it's great. I just fade right away..." (Sheppard 1989,149). Eine weitere Befragte trägt Anzüge und Blusen mit langen Ärmeln und hohen Krägen, um nichts zu tun, was so aussehen könnte, als spiele sie mit ihrer Sexualität.[160] In Warfields Studie sagt eine Frau (1987,30): "A professional person should not let sexual behavior enter the workplace. It is necessary to dress tactfully in a feminine manner, but not in such a way as to be distracting - to be attractive without being attracting."

Dieses Kunststück - attraktiv ohne im wörtlichen Sinne anziehend zu sein - stellt sich als permanente Herausforderung für Managerinnen dar.

In einem Artikel über Kleidung in der Frauenzeitschrift Marie Claire (7/90,56) sagt eine Managerin zu ihrer Kleiderwahl bei Treffen mit Kunden: "Es ist wichtig, daß ich mir in Ruhe überlege, was ich anziehe. Auf keinen Fall etwas übertrieben Weibliches. Die Männer sollen mir weder auf die Beine noch in den Ausschnitt schielen, sondern sich möglichst auf das konzentrieren, was ich sage." Sie entscheidet sich für ein klassisches schwarzes Kostüm und eine blaßgelbe Bluse.[161]

Viele befragte Frauen tragen Kleidung, die ihre Brüste möglichst wenig betont (hochgeschlossene Blusen, Blazer statt Pullover, gepolsterte Schultern, Maßanzüge), ein Ratschlag, der auch in einem "dress for success"-Buch (Molloy 1978) zu finden ist: "There is only one lingerie rule for the businesswoman: Wear bras that hold your breasts in place and hide your nipples", weil "...dressing to succeed in business and dressing to be sexually attractive are

160 Nach Hoffmanns Kodierungsplan für Kleidung (1985,174) symbolisieren "einwandfreier Sitz, Sauberkeit (weiß), steifer Kragen, Revers u.ä. "exakte Einfügung", während teure Materialien, klassische, klare Linienführung, bekannte Designer, demonstrativer Konsum von Kleidung u.ä. "soziale Macht" repräsentieren. Sexuelle Herausforderung wird durch "Betonung der sekundären Geschlechtsmerkmale, Markierung sexueller Orte, enge, durchsichtige, glatte, glänzende Kleidung" symbolisiert.

161 Die Autorin rät entschieden von einem lilafarbenen Strickkleid ab, ohne den Grund zu nennen. Er könnte darin liegen, daß Strickkleider die Figur der Frau betonen (und damit sexuelle Herausforderung bezeichnen) und lila an die Farbe des Feminismus erinnert. Abzulehnen sind auch Lederkleidung (bedeutet Dominanz, hat aber auch eine sexuelle Konnotation) und Faltenröcke (welche "Hingabe" symbolisieren). Der Gesprächspartner, meint die Autorin, solle sich nach dem Gespräch nicht an die Strümpfe der Frau, sondern an ihre Persönlichkeit und den Inhalt des Gesprächs erinnern.

almost mutually exclusive". Der Blazer sollte im Büro stets anbehalten werden, die Bluse ist langärmlig und mit höchstens einem offenen Knopf zu tragen. Die Geschäftsfrau soll laut Molloy auch dann einen Ehering tragen, wenn sie nicht verheiratet ist, um mitzuteilen, sie sei nur am Firmenwohl interessiert. Auf ein speziell weibliches Accessoire, die Handtasche, soll die Managerin stets verzichten und statt dessen einen funktionalen, schmucklosen Aktenkoffer tragen. Wenn Frauen auf die Toilette müssen, meint ein anderer Ratgeber, sollen sie möglichst einen anderen Grund angeben (Telefongespräch, Zigaretten kaufen), und Tampons und Binden sollen nicht in der Damentoilette gekauft werden, da das Verhalten der Frau womöglich mit ihrem Menstruationszyklus in Verbindung gebracht werden könnte (Scollard 1983, zit.n. Sheppard 1989).

Es ist jedoch zu berücksichtigen, daß das Erscheinungsbild der Frau nicht nur zwischen betonter Weiblichkeit und Tendenz zur Männlichkeit seinen Ausdruck findet, sondern auch zwischen Weiblichkeit und Kindlichkeit. Wenn sexuelle Herausforderung durch Kleidung minimiert wird, wird gleichzeitig das Bild der "Noch-nicht Frau" verstärkt; das Verhüllen von Geschlechtsmerkmalen und die Ablenkung von sexuellen Orten symbolisieren Kindlichkeit, die wiederum zur Wahrnehmung der Inkompetenz der Frau beiträgt.

Kleidungsratschläge für Frauen beziehen sich auf die Herstellung von Autorität und Macht und auf die Unsichtbarmachung von Sexualität, da es Frauen ohne erkennbare Berufskleidung schwerer haben, Autorität geltend zu machen (Wolf 1991,57). Bemerkenswerterweise versucht die Modebranche hartnäckig, Frauen von der Idee der einheitlichen Berufskleidung, die u.a. Molloy propagiert, abzubringen und die Wichtigkeit einer individuellen Note zu betonen. Unübersehbar ist die Präsenz einer männlichen einheitlichen Berufskleidung, die es in diesem Maß bei Frauen noch nicht gibt, aber in den USA schon in Ansätzen zu beobachten ist.

"Keine Verschiedenheit, keine Ästhetik, die transzendierte männliche Körperlichkeit in uniformierten Hüllen. So gesehen ist es also der männliche Körper als *letztes*, der das Verhältnis von Macht und Erotik bestimmt" (Jung 1987,50, Hervorh. im Orig.). Insofern wäre die weibliche asexuelle Kleidung nur eine Anpassung an das präsentierte Bild von Geschlechtsneutralität und Sachlichkeit des Managements. Männliche Sexualität wird durch Position, Macht und Status verstärkt, welche u.a. auch über die Kleidung transportiert werden. D.h., das Verhältnis von äußerer Erscheinung und Sexualität ist bei Männern ein indirektes, während es bei Frauen ein direktes ist - die Frau ist durch eine gute äußere Erscheinung bereits vollständig, während der Mann seine Männlichkeit erst durch Leistungen untermauern muß.

Im Schönheitsmythos heutiger Zeiten ist die Formel enthalten, daß es jede Frau mit genügend Anstrengung zu Schönheit bringen kann, und so bleibt der Karrierefrau gar nichts anderes übrig, als sich auf diesem Gebiet anzustrengen, um dem Verdacht zu begegnen, nicht alles für ihren Erfolg zu tun. Mit anderen Worten, Frauen müssen auf zwei Ebenen hart arbeiten: in der Schönheit und im Beruf (Wolf 1991,59). Schönheit stellt für sie eine Währung dar, die sie um so bereitwilliger einsetzen, je mehr sie im Vergleich zu anderen Währungen wert ist. Auf höheren Positionen wird sie zwar in Relation zu anderen Ressourcen immer weniger wert, ihre Vernachlässigung würde jedoch eine vermeidbare Gefahr darstellen. Damit sind ihr Einsatz und die damit verbundenen hohen Kosten bereits vorprogrammiert:

- Karrierefrauen verwenden bis zu einem Drittel ihres Einkommens auf Schönheitspflege (Wolf 1991,71);
- der zeitliche Aufwand dafür ist dementsprechend groß;
- Konkurrenz unter Frauen bezüglich der Währung Schönheit verhindert Solidarität;
- durch das Anforderungsmerkmal Schönheit werden Frauen diskriminiert, sofern das Merkmal nicht auch für Männer gilt, was nicht in vergleichbarem Maß der Fall ist.

7.8. Resümee

Ausgehend von der These Türks, nach der die Dimension der Vergemeinschaftung eine zentrale Rolle für die Organisation als Verkörperung von Herrschaft spielt und in Form bündischen Verhaltens insbesondere eine Angelegenheit von Männern zu sein scheint, sollte gezeigt werden, a) welche Prozesse zu Männerbünden und deren Reproduktion führen, b) daß sich die Mechanismen klassischer Männerbünde in modernen Männerdomänen wiederfinden und c) das Management als Männerbund betrachtet werden kann, so daß hier d) mit der Aufnahme von Frauen auf beiden Seiten Verunsicherung und Anpassungsdruck entsteht.

Gemeinschaftsbildung scheint ein bereits früh entstandenes Bestreben von Männern zu sein, das darin besteht, sich von Frauen abzugrenzen und eigene Sinninhalte und Machträume zu entfalten. Es liegt nahe, die Ursache dafür in der mangelnden Gebärfähigkeit von Männern zu sehen, der sie ihrerseits ausschließlich "männliche" Qualitäten entgegensetzen wollten. Allerdings ist die Voraussetzung dafür bereits eine klare Anerkennung von Geschlechterunterschieden und hohe Bewertung der Gebärfähigkeit, die nicht unbedingt aus der Natur zu erklären sind. Aber abgesehen davon, ob Frauen auf Männer bedrohlich wirkten oder nicht, ergab sich für Frauen aus der Aufgabe des Gebärens, der Aufzucht der Kinder und der Bereitstellung von Nahrung eine hohe Arbeitsbelastung, von der Männer weit weniger betroffen waren und deshalb mehr Möglichkeiten fanden, Gemeinschaften und neue Ordnungen auszubilden. Deren herrschaftliche Funktion ergibt sich schon alleine daraus, daß zur Sicherung der "männlichen" Tätigkeiten, Ordnungen und Neuentwicklungen die Nicht-Mitglieder devaluiert und die neuen Wissensbestände oder Ideen ihnen vorenthalten werden müssen. Je intensiver die Abgrenzungspolitik zwischen Mitgliedern und Nicht-Mitgliedern betrieben wird, desto größer wird wiederum die Unsicherheit im Umgang mit der jeweils anderen Gruppe und desto tiefer wird die Kluft zwischen beiden. Das bedeutet, daß die drei Funktionen des Männerbundes - Unsicherheitsreduktion, Sinnstiftung und Herrschaftssicherung - in engem Zusammenhang zueinander stehen und sich gegenseitig verstärken.

Industrialisierung und die seit Mitte des 19. Jahrhunderts staatlich zugelassene Vereinigungsfreiheit in Deutschland ermöglichten es Männerbünden, nicht nur in privaten Gemeinschaften, in Militär, Kirche oder Politik tätig zu werden, sondern auch in kapitalistischen Organisationen, deren Herrschaftsstruktur sich dafür anbietet, bündisch abgesichert zu werden. Der Männerbund paßt sich dabei den neuen Ordnungsschemata an - Rationalität, Zweckgerichtetheit, Kooperation und Vernetzung mit anderen Bünden - ohne die alten aufgeben zu müssen, die gerade die Organisation als Vergemeinschaftung reproduzieren: Personelle Ausgrenzung verbunden mit Prüfungs- und Aufnahmeprozeduren, Sicherung der Herrschaft durch Geheimnispflege und Monopolisierung von Wissen, und Verstärken der Polarisierung zwischen Mitgliedern und Nicht-Mitgliedern. Neben den mystisch (Kirche, Geheimgesellschaften) und an alten "männlichen" Tugenden orientierten (Militär, Sportmannschaften) Männerbünden traten somit zahlreiche moderne Männerbünde mit neuen Inhalten und Zielen in Erscheinung, die zu der anfangs zitierten Feststellung führen, es gebe in der westlichen Industriegesellschaft eine besonders hohe Anzahl von Männerbünden. Was als männlich gilt, wird dabei durch die Tätigkeiten und Eigenschaften des Männerbundes und nicht durch feststehende Merkmale definiert - ist es bei den einen Körperkraft, mag es bei anderen technische Kompetenz oder Kampfbereitschaft sein. Sogar in ein und derselben Organisation kann zugleich körperlich anstrengende und geistige Arbeit als besonders männlich gelten und der Legitimation der Ausgrenzung von Frauen einmal von technischen Arbeitsplätzen, ein andermal aus der Führungsarbeit dienen.

Der Männerbund lebt nicht nur von der rigorosen und wertenden Trennung der Geschlechter, sondern auch von der Trennung verschiedener Männlichkeiten, insbesondere dem Ausschluß und der Devaluierung von Männern mit homosexueller Orientierung - "verweiblichten" Männern -, und wird somit zum Träger hegemonialer Männlichkeit. Unterstützt wird er durch die Tendenz zum Selbstausschluß der unerwünschten Personen, deren eigene Unsicherheiten und deren mangelnde Ausbildung eines spezifischen Interesses (als Zurichtungskategorie im Sinne Türks) zu Polarisierungs- und Abgrenzungsprozessen beitragen.

Die sich durch die Ausschließungen ergebende Nähe unter Mitgliedern wird wiederum durch Reglementierung, Hierarchisierung und Ritualisierung unter Kontrolle gehalten, d.h. der Männerbund muß desexualisiert werden, um seine Funktionen erfüllen zu können. Da Desexualisierung eine notwendige Leistung jeder (herrschaftlichen) Organisation ist, ist der Männerbund besonders geeignet, zentrale Positionen der Organisation zu besetzen.

Der Managementbereich tendiert aufgrund seiner ausgeprägten Elitestruktur in besonderem Maße dazu, bündisch organisiert zu sein, weshalb zu Recht vom Männerbund Management gesprochen werden kann. Dabei ist ihm die Formalität der Organisation funktional:

- Ordnung: Die wertende Einteilung der Menschen in Frauen und Männer bzw. in hegemoniale und übrige Männer ist Voraussetzung für das Funktionieren des Männerbundes in und über Organisationen. Durch die Heterosexualitätsnorm kann mann-männliche Nähe, die gleichzeitig durch den Rationalitätsmythos "versachlicht" wird, gefahrlos hergestellt werden.
- Gebilde: Geschlechtsspezifische Arbeitsteilung macht aus statusniedrigeren Ehefrauen und peripheren Frauen Unterstützerinnen des Männerbundes. Diese Frauen profitieren direkt vom Bund und fühlen sich durch die potentielle Aufnahme anderer Frauen in den Männerbund eher bedroht als in ihrer Emanzipation gefördert. Vergeschlechtlichte Arbeitsplätze innerhalb der Organisation gehen mit dem Männerbund Management Hand in Hand: Führungspositionen sind nach wie vor maskulin geprägt.
- Vergemeinschaftung: Sie ist die direkte Grundlage des Männerbundes Management. Herrschaft funktioniert durch den Zusammenschluß von Mitgliedern, in dem Männer seit alters her erfahren und trainiert sind.

Während die Herrschaftsfunktion des Männerbundes nahtlos in der Herrschaftsdimension der Organisation aufgeht, können seine unsicherheitsreduzierenden und sinnstiftenden Funktionen jedoch durchaus in Widerspruch zur Organisation geraten. Da Karrierefrauen keineswegs antreten, die Organisation zu zerstören, sondern im Gegenteil sie zu stützen und zu fördern, bedeutet die Zulassung von Frauen zwar eine Bedrohung für den Männerbund, aber nicht für die Organisation. In diesem Fall steht die Organisation dem "Eigensinn" des Männerbundes entgegen, dessen partikuläre Interessen mit der Aufnahme von Frauen unterlaufen werden können. In Tabelle 9 werden die mit der Akzeptanz von Frauen im Management verbundenen positiven und negativen Aspekte jeweils für die Organisation, den Männerbund und die Frauen dargestellt.

Frauen stehen im Spannungsfeld zwischen alten, fratriarchalen, ausgrenzenden Prinzipien und neuen, instrumentellen, einschließenden Prinzipien. Letztere werden vermutlich - wie es im Lauf der Zeit für niedrig qualifizierte Tätigkeiten der Fall war - auch für höherqualifizierte Frauen immer dominanter werden. Im Gegensatz zu ihrem Einsatz an anderen Arbeitsplätzen steht der Integration der Frauen ins Manage-

... für die Organisation	... für den Männerbund	... für die Frauen
+	+	+
Hoffnung auf neue Impulse Stärkung der Leistungsideologie Disziplinierung des Männerbundes Druck auf Führungskräfte: Der Erwerb neuer "weicher" Qualifikationen wird erwartet Imageverbesserung (Alibifrauen)	Stärkung des Männerbundes durch forcierte Verbündung in Gegnerschaft zu Frauen	Zuwachs an Macht, Ressourcen, Einkommen, Selbstbestätigung Möglichkeit der Erweiterung weiblicher Rollenmuster egalitäre Zusammenarbeit mit Männern
–	–	–
Imageverlust (aufgrund geringerer gesellschaftlicher Macht von Frauen) Unzufriedenheit des Männerbundes Partielle Auflösung des geschlechtsspezifischen Gebildes verringerte Möglichkeiten zur Kapitalisierung weiblicher Sexualität	Bedrohung aller Sinninhalte des Männerbundes gespannte Atmosphäre Rivalitäten unter Männern Angst und Verunsicherung Erhöhte Arbeitsplatzunsicherheit und Konkurrenz	Anpassungsdruck erhöhte Arbeitsbelastung permanente Ausbalancierung widersprüchlicher Anforderungen Gefahr der Isolierung, Gefahr der Spaltung der Frauen wenig egalitäre Zusammenarbeit mit Frauen

Tab. 9: Positive und negative Aspekte der Präsenz von Frauen im Management

ment jedoch zum einen ein Männerbund entgegen, der im Führungsbereich ein ideales Manövrierfeld vorfindet, das er nicht freiwillig abgeben wird, zum anderen sind der Kapitalisierung der Weiblichkeit im Management Grenzen gesetzt, die eben aus seiner männlichen Prägung herrühren. Möglichkeiten instrumenteller Verwertung von Weiblichkeit werden indessen forciert verfolgt und bewegen sich zwischen offener Propagierung der Qualität weiblicher Managementfähigkeiten und einer eher versteckten Nutzung traditionell weiblicher Zuständigkeiten (Ausgleich bei Konflikten, Gefühlsarbeit, Zuarbeit etc.). Gelänge es, Frauen auf Führungspositionen in diesem Sinne einzusetzen, wäre Herrschaft weiter optimiert.

Sexualität darf nicht als anarchisches Element gegen die Funktionen des Männerbundes verstoßen. In ihrer reglementierten, kanalisierten Form ist sie idealerweise nicht nur ungefährlich, sondern sogar funktional zur Abwehr unerwünschter Mitglieder, die mit hegemonial männlicher Sexualität in Schach gehalten werden können. Gerade im Führungsbereich stellt sich der Einbruch des Sexuellen bedrohlich dar, weil die dadurch entstehende Verunsicherung zu Verlusten an Macht und Ressourcen führen könnte. Da Frauen als sexuelle Wesen eine besondere Bedrohung darstellen, müssen sie zunächst entsexualisiert werden ("nicht wie andere Frauen", "entscheidet wie ein Mann"), um gleichzeitig gefahrlos funktional eingesetzt werden zu können.

Für die zukünftige Entwicklung hin zur Integration von Frauen in Führungspositionen spricht die gesellschaftliche Tendenz zur Individualisierung, d.h. zur Auflösung normativer Lebensverläufe und Lebenschancen zugunsten individuell geregelter und weniger vorhersehbarer Wege im Familien- und im Arbeitsleben. Sie führt dazu, daß die alten Trennungslinien zwischen Mitgliedern und Nicht-Mitgliedern mithilfe von Ähnlichkeitskriterien brüchig werden und ihre Aussagekraft verlieren. Im Sinne der Herrschaftssicherung müssen dann neue Kriterien gefunden und verstärkt neue Grenzziehungen vorgenommen werden. Eine davon - zwischen familienfreien Karrierefrauen und dem Rest der Frauen - zeichnet sich bereits ab. Ein Teil der Frauen wird zunehmend in ihrem Karrierestreben akzeptiert, ohne daß ihm eine Vereinbarung von Beruf und Familie zugestanden wird, während der Großteil der Frauen nach wie vor Kinder bekommt und statusniedrig erwerbstätig ist. So entsteht eine Art weibliche Zweiklassengesellschaft mit einer gut gebildeten, gut verdienenden, kinderlosen oberen Klasse und einer in traditionellen Frauenberufen arbeitenden kinderreichen unteren Klasse. Von der Karrierefrau ohne Kinder wird am ehesten angenommen, daß sie die sinnstiftenden Tätigkeitsinhalte des Männerbundes anerkennt, Unsicherheiten durch Anpassung vermindert und sich an der Herrschaftssicherung aktiv beteiligt. Nach diesem Szenario wird der Männerbund immer weniger ausschließlich aus Männern bestehen, die ihrerseits genauer geprüft werden müssen.

Die steigende Bedrohung des Männerbundes durch Integration vormals unakzeptabler Mitglieder zwingt zu verstärktem Zusammenhalt, den der Bund ohne die neuen Entwicklungstendenzen womöglich nicht (mehr) nötig hätte. Je eindeutiger männlich er sich präsentiert und je weniger offen er für alternative Männlichkeitskonzepte ist, desto besser kann er Widerstand leisten. In dieser Konstellation wird die Konkurrenz zwischen den Geschlechtern eher zu- als abnehmen und die durch vermehrte Zusammenarbeit zuweilen erhoffte Erweiterung der Geschlechterrollen weicht einer verstärkten Polarisierung.

Der Männerbund und die mit der Aufnahme von Frauen verbundene Dynamik werden in Abb. 5 veranschaulicht. Nach diesen Kriterien stabilisiert die aufgenommene Frau den Männerbund als solchen, weil sie dessen Abgrenzungsstrategien und Polarisierungen um so mehr verstärkt, je mehr sie im Bund integriert ist und dessen Regeln internalisiert hat.

Streben Frauen die Integration in Männerbünde an, werden sie selbständig Anpassungsprozesse unterstützen. Folge ist unter anderem die von Dörthe Jung geschilderte Entfremdung vom Körper, das Gefühl seiner "Versächlichung" und Objektifizierung. Männer sind zwar in der sachlichen, kontrollierten Präsentation des Körpers wegen der notwendigen Reglementierung homosexueller Tendenzen im Bund schon trainierter, mit der Aufnahme von Frauen stehen sie aber einer neuen Herausforderung gegenüber: dem sachlichen Umgang der Geschlechter, der in der ungewohnten Situation beiden als Schutz gegen Emotionen und "unökonomische Wünsche" dient. Für die Tendenz zur Entsexualisierung der Beziehungen zwischen Männern und Frauen scheinen aber Herrschaft und Unsicherheit eine größere Rolle zu spielen als die tätigkeitsbezogene Angleichung der Geschlechter. Im Gegenteil könnte letztere gerade die starke Polarisierung und gegenseitige Ausgrenzung aufheben, auf denen Herrschaft und Unsicherheit aufbauen. Die Analysen von Romanzen am Arbeitsplatz sprechen dafür, daß intensive, egalitäre Zusammenarbeit eher die Erotik zwischen den Geschlechtern steigert als vermindert. Erotik kämpft gegen Herrschaft an und hat es im sensiblen Bereich des Managements besonders schwer, sich durchzusetzen.

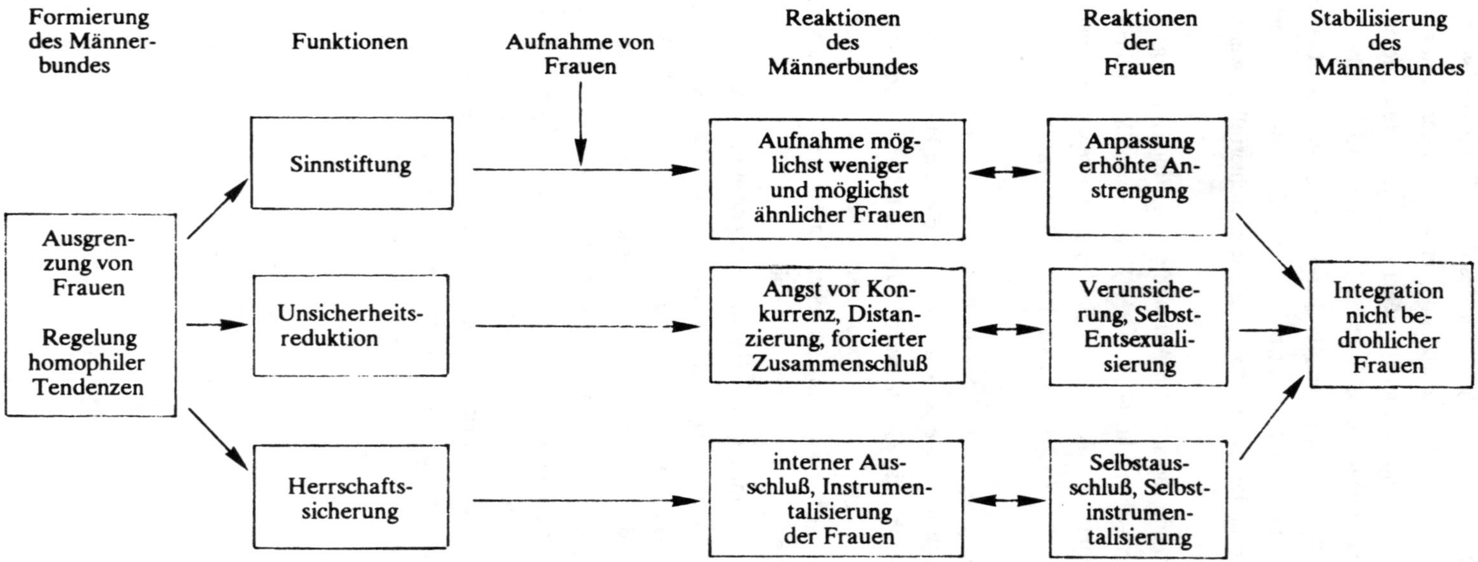

Abb. 5: Herrschaftssicherung des Männerbundes

8. Fazit

In Tabelle 10 werden zusammenfassend die dargestellten Elemente der Formalität der Organisation auf die jeweiligen Dimensionen der Sexualität in systematischer Weise bezogen. Begonnen wird mit den maßgeblichen "vergeschlechtlichten" Mechanismen der formalen Teilstücke, die in weiterer Folge auf jene Hauptaspekte Bezug nehmen, unter denen in der vorliegenden Arbeit Sexualität und Herrschaft in Organisationen behandelt wurde.

Ausgehend von den gesellschaftlich-historischen Bedingungen der Sexualität und der Geschlechterdifferenzen kann Sexualität als grundlegend für die polaren und asymmetrischen Einteilungen von Weiblichkeit und Männlichkeit identifiziert werden (Kap.2.). Durch ihre soziale Verortung und ihr körpernahes Erleben steht sie an der Schnittstelle von Individuum und Gesellschaft und wird als solche zum Zielpunkt repressiver Kräfte und zum Ausgangspunkt individueller Authentizität. Nicht "Arbeit" oder "Kultur" wirken dabei repressiv, sondern es ist die Organisation der Arbeit, die den Körper desexualisiert bzw. Sexuelles effizient kanalisiert (Kap.3.). Während kooperative Zusammenhänge per se durchaus libidinösen Charakter haben können, muß sich die Organisation, wird sie als Verkörperung von Herrschaft verstanden, gegen Lust und Erotik als ihr wesensfremde Kräfte zur Wehr setzen (Kap.4.). Seit der Herausbildung herrschaftsförmiger Organisationen werden Maßnahmen ergriffen, Sexualität - als den "ordnungslosesten" aller Triebe (Marcuse) - unter Kontrolle zu bringen, um Herrschaft sichern zu können (Kap.5.). Während dies zu Anfang durch rigide Desexualisierungsstrategien vor sich ging, führten später zunehmende Kommerzialisierungstendenzen dazu, Sexualität als Ware effizient zu verwerten. Beide Strategien münden in die Expropriation sexueller Strebungen mit der Folge, daß sie nicht mehr unter individueller Kontrolle stehen. Gemäß den gesellschaftlich konstruierten Geschlechterbildern verlief sowohl der Prozeß der Desexualisierung als auch jener der Ökonomisierung nicht geschlechtsneutral, sondern vor dem Hintergrund der "Nähe" des Konstrukts "Weiblichkeit" zu "Sexualität" sowie der Dominanz sog. hegemonialer Männlichkeit. Während Weiblichkeit sowohl in besonderem Maße ausgegrenzt als auch vermarktet wurde, unterlag Männlichkeit der Transformation zur asexuellen Norm-Arbeitskraft. Diese kann ihrer Zurichtung kaum etwas entgegensetzen, findet sie doch als unhinterfragtes, selbstverständliches Modell geringe Möglichkeiten des Andersseins vor. Da die Sichtbarmachung von Sexualität, ohne die Bedeutung des Ge-

	Ordnung	Gebilde	Vergemeinschaftung
"vergeschlechtlichte" Dimensionen der Organisation	Hierarchische Dualismen, Rationalitätsparadigma, Heterosexualitätsnorm, hegemoniale Männlichkeit	vertikale, horizontale und funktionale geschlechtsspezifische Arbeitsteilung; Vergeschlechtlichung der Arbeitsplätze	Ausschluß unerwünschter Frauen und Männer Männerbünde
Desexualisierung	Überwachung raumzeitlicher Anordnungen; Verbannung der Sexualität ins Private; sexuelle Verbote	Geschlechtertrennung über Organisationen und innerhalb von Organisationen	Ausschluß von Frauen, von Homosexuellen etc. Desexualisierung des Männerbundes
Kapitalisierung der Sexualität	Verdinglichung der Sexualität; Warenform der Weiblichkeit und Männlichkeit	horizontale AT: Verwertbarkeit der Weiblichkeit/Männlichkeit auf vergeschlechtlichten Arbeitplätzen; funktionale AT: sexualisierte Frauenarbeit; vertikale AT: billiger Einsatz weiblicher Sexualität	Nutzung sexualisierter Arbeit durch Männerbünde; (Selbst-)Instrumentalisierung des Männerbundes
sexuelle Belästigung	Unsichtbarmachung, Reifizierung sexueller B.; B. als gelegentliche pathologische Verirrung	vertikale AT: B. als Machtmißbrauch; funktionale AT: B als Element sexualisierter Arbeit; horizontale AT: feindselige B. in Männerdomänen	B. als Strategie der Ausgrenzung von Frauen in Männerbünden; Verbündung von männlichen Tätern und Vorgesetzten bzw. Beobachtenden
sexuell-romantische Beziehungen am Arbeitsplatz	Erotisierung der Lücken und Zwischenräume; Verbannung sexueller Beziehungen ins Private; Bevorzugung "ordentlicher" Beziehungen	vertikale AT: Folgen der Romanze für Frauen ungünstiger als für Männer; Erschwerung egalitärer heterosexueller Romanzen; horizontale AT: wenig hetorosexuelle Kontaktmöglichkeiten	Erschwerung partikulärer, egalitärer homo- und heterosexueller Beziehungen

Legende: AT = Arbeitsteilung, B = Belästigung.

Tab. 10: Beziehungen zwischen Formalität und Sexualität in Organisationen

schlechts einzubeziehen, eine neuerliche Form von Desymbolisierung im Sinne Lorenzers wäre, wird in der vorliegenden Analyse der Versuch unternommen, von Männlichkeit die Hüllen aus Rationalität und Neutralität zu entfernen und Weiblichkeit außerhalb des männlichen Diskurses zu begreifen, ohne in neue Essentialismen zu verfallen; ein Versuch, der zu einem weiteren - diesmal organisationstheoretischen - Diskurs über Sexualität führt, welcher im Sinne Foucaults auf seine Machtfunktionen hin zu überprüfen wäre. In diesem Zusammenhang ist nicht nur die Re-Erotisierung der Organisation, sondern auch die (Re-?)Erotisierung der Organisationstheorie ein möglicherweise anzustrebendes Ziel, dessen Weiterverfolgung eine Infragestellung wissenschaftlicher Rationalitätsmythen bedeuten würde.

Als Grundkategorie läßt sich im Rahmen des organisationstheoretischen Ansatzes der Begriff der Trennung ausmachen, die Menschen in Männer und Frauen, Sexualität in Hetero- und Homosexualität und Arbeit in Erwerbs- und Hausarbeit spaltet. Da aber "die Organisation" permanent von Menschen reproduziert wird, gelten sie auch als Akteure, die Trennungen und Aufspaltungen im Handeln vollziehen, auch wenn sie diese nicht immer generieren. Diesem Prozeß ist wiederum unausweichlich das Potential inhärent, die Organisation zu transzendieren, denn menschliches Arbeits- und Handlungsvermögen kann nicht restlos zu organisationsförmigem kompetenten Handeln transformiert werden. Die nicht nutzbaren, eigendynamischen Anteile zu kultivieren (d.h. zu organisieren, ohne sie zu zerstören), ist Aufgabe der Organisation, während es Streben des ungeformten Menschen ist - dessen Reinform nur theoretisch denkbar ist -, Trennungen aufzuheben, Organisation aufzulösen, Herrschaft zu untergraben und Verbindungen herzustellen. Es muß nicht betont werden, daß letztlich beides, die Tendenz zur Zerstückelung und Organisierung und die Tendenz zur Verbindung und De-Organisierung, Menschenwerk ist. Denn Trennungen bringen (auch) Spannung mit sich, und Spannung erzeugt Lust: Gegen Organisierung anzukämpfen hieße, die nötige Reibung zum Leben zu spüren.

Eine der Organisierung gegenläufige Re-Erotisierung der Körper und der Lüste entspräche einer Resymbolisierung, d.h. einer Wiedergewinnung der Verfügungsgewalt über den Körper, und stellte damit eine Bedrohung für die Organisation dar. Geht man davon aus, daß die Organisation als Herrschaftsform nicht abgeschafft werden kann, ohne unser Wirtschafts- und Gesellschaftssystem vollkommen zu transformieren, ist an die Re-Erotisierung der Organisation im Sinne Gibson Burrells nicht zu denken, denn ihre harmonische und sozialverträgliche Gestaltung kann nicht erreicht werden. Der Begriff der Re-Erotisierung verweist dabei nicht auf einen ehemals paradiesischen Zustand, der wiederhergestellt werden muß, sondern auf den Prozeß der Verbannung sexueller Strömungen aus Lebenszusammenhängen, die an sich erotisches Potential enthalten.

Ein "Sieg" der Lust, die totale Re-Erotisierung, würde die Organisation in ihrer bestehenden Form zerstören, die durch sie wirkende Herrschaft wäre damit beendet. Als Utopie ist eine derartige Vorstellung durchaus für weitere Analysen förderlich, als konkret anzusteuerndes Ziel jedoch nicht. Allerdings könnte durch Mikroemanzipation, wie sie ansatzweise von Alvesson & Willmott skizziert wird, eine partielle Re-Erotisierung eingeleitet werden. Die Organisation ist dafür nicht allein hinderlich, sondern erweist sich im Gegenteil als hilfreich, denn sie schafft die Voraussetzungen, überhaupt Interessen zu artikulieren und aufeinander bezogen zu agieren. Gleichzeitig stellt sie den Rahmen für überschüssiges, eigensinniges Handeln bereit, den der beschränkte häusliche Binnenbereich nur in sehr begrenztem Umfang bietet. Durch ihre Zugehörigkeit zur dominanten Erwerbsarbeitssphäre offeriert die Organisation ihren Mitgliedern gesellschaftliche Anerkennung, ökonomische Unabhängigkeit und inhaltliche Vielseitigkeit, und durch ihr Unvermögen, nicht organisationsförmig nutzbares Potential der Beschäftigten zu verbannen, wird widerständiges, authentisches Handeln möglich. Die Organisation gestaltet eo ipso einen strukturierten Rahmen, innerhalb dessen Grenzen überschreitbar werden: privat im Öffentlichen, persönlich im Unpersönlichen, gefühlvoll im Sachlichen.

Potentiellen Transzendenzen stehen gewichtige trennende Kräfte gegenüber, die sie zu asymmetrischen, häufig zuungunsten der Frauen wirkenden Prozessen machen. Als deren wichtigster stellte sich die Vergeschlechtlichung der Arbeitsplätze heraus: Sie zieht geschlechtsspezifische Domänen und Hierarchiegefälle und damit unweigerlich Konfliktlinien zwischen Männern und Frauen nach sich, welche die Geschlechterbeziehungen in Organisationen beeinflussen und nicht unerheblich belasten: Ohnehin konfliktträchtige Interaktionsmuster werden verschärft, forciert und schwer beherrschbar - darunter fallen alle Variationen sexueller Belästigung - und wechselseitige sexuelle Attraktion wird wesentlich störanfälliger, angreifbarer und komplizierter, d.h. der spielerische Charakter von Erotik ist durch geschlechtshierarchische Arbeitsteilung bedroht (Kap.6.).

Zwar sind Abgrenzungsprinzipien zwischen Mitgliedern und Nicht-Mitgliedern in der hier vertretenen Perspektive für Organisationen konstitutiv, sie müßten aber nicht notwendigerweise entlang der Geschlechterlinie verlaufen. Die mittlerweile in Männerdomänen integrierten Frauen beweisen, daß sie keineswegs die formale Organisation, d.h. Ordnung, Vergemeinschaftung und Gebilde als solche gefährden, sondern höchstens Männerbünde und die geschlechtsspezifische Arbeitsteilung in Organisationen in Frage stellen (Kap.7.). Frauen im Management bedeuten eine schrittweise

Aufhebung der Vergeschlechtlichung der Führungstätigkeiten, und ihnen wird maßgeblich von Männerbünden massiver Widerstand entgegengebracht. Denn die Einbindung der Frauen in die Organisation ist die Voraussetzung ihrer Durchsetzungsmöglichkeiten, die um so wirkungsvoller sind, je egalitärer Frauen mit Männern zusammenarbeiten. Dies gilt auch und insbesondere für sexuelle Minderheiten, deren Selbst- und Fremdausschluß auf der Angst vor der Zerstörung alter Herrschaftsmythen beruht, während ihnen durch Integration die Vermarktung droht, aber auch die Artikulation ihrer Interessen ermöglicht wird. Geschlechtsspezifische Arbeitsteilung an sich ist allerdings erst dann beseitigt, wenn es keine Männer- oder Frauendomänen mehr gibt, eine Situation, in der gleichzeitig männliche Vergemeinschaftung zugunsten wechselnder, sich formierender Interessengruppen aufgehoben würde.[163]

Die durch Angleichung weiblicher und männlicher Tätigkeiten erfolgende partielle Resymbolisierung von Geschlechterdualismen könnte sich für beide Seiten im Sinne einer Erweiterung der Handlungs- und Wahlmöglichkeiten als gewinnbringend erweisen. Hier setzt unmittelbar das Lustprinzip an: Es will verbinden, was getrennt, und lösen, was gefangen war. Nicht nur die Grenzen zwischen Arbeit und Liebe oder zwischen privat und öffentlich könnten dadurch durchlässiger werden, sondern auch jene zwischen weiblichem und männlichem Zuständigkeitsbereich. Erotisierung und Angleichung der Geschlechter würden sich also gegenseitig bedingen - eine Schlußfolgerung, die dem Schreckensbild gleichförmiger Spannungslosigkeit diametral entgegensteht, das jene prophezeihen, die an herkömmlichen Polarisierungen und Machtunterschieden festhalten wollen.

Gerade jener Prototyp hegemonialer Männlichkeit, der keinerlei Benachteiligungen für sich reklamieren darf - der weiße, heterosexuelle, hochqualifizierte Mann jüngeren und mittleren Alters - bekäme durch die Verminderung geschlechtsspezifischer Tätigkeiten erweiterte Wahlmöglichkeiten und Chancen zum Anderssein, zur Transzendenz seines üblichen Status Quo. Für Frauen stellt die Angleichung der Tätigkeiten einen zweifachen Fortschritt dar: Durch ihre neudefinierte Rolle als egalitäre Organisationsmitglieder können sie leichter ihre Hauptzuständigkeit für den häuslichen Arbeitsbereich aufgeben, und sie vermögen in der teil-erotisierten Organisation ihre Lust, die ihnen bislang höchstens in der privaten Enklave zugestanden wurde, in stärkerem Ausmaß als bisher zu artikulieren. Zwar würden wohl viele Frauenrechtlerinnen die vorgestellte Idee einer Re-Erotisierung der Organisation als beängstigende

163 Gemäß der Herrschaftsdimension der Organisation würden allerdings immer bestimmte Gruppierungen marginalisiert werden, nämlich diejenigen, die weniger Artikulationsmöglichkeiten haben, wie es mit der Auslagerung von Produktionsstätten zu weniger gut organisierten Arbeitskräften (z.B. in Entwicklungsländern) geschieht. Ethische Fragen blieben folglich auch nach Aufhebung der Geschlechterasymmetrie bestehen.

Entwicklung bezeichnen, kämpften sie doch jahrzehntelang dafür, daß in Organisationen nicht nur vordergründig, sondern realiter rational, leistungsbezogen, neutral und ohne geschlechtliche "Störgrößen" agiert wird. Jedoch ist dies weder möglich noch wünschenswert, sondern könnte im Gegenteil den Effekt haben, daß irrationale, unpassende, störende oder allgemein nicht organisationsförmig gestaltete Prozesse noch besser unter dem Deckmantel der Neutralität versteckt werden. Um nicht erneut - in Foucaults Diktion - weibliche Sexualität durch männliche Diskurse bestimmen zu lassen, bedarf es allerdings macht-voller Gegendiskurse der Frauen, in denen sie die Eigentumsrechte über ihre Lust und Sexualität bewahren. Aber letztendlich sind alle mit Sexualität in der Organisation in Zusammenhang stehenden Diskurse mit Aufmerksamkeit und Mißtrauen zu verfolgen, denn, wie gezeigt, lassen sich im Trend der Kapitalisierung sämtliche Facetten der Sexualität zu Instrumenten der Herrschaft machen.

Lust, Freude, Begehren, Erotik *ohne* Abschaffung der Organisation in ihrer bestehenden Form drohen zwar, unterdrückt oder - in aktueller Variante - instrumentalisiert zu werden, aber sie finden in Organisationen auch einen fruchtbaren Boden vor: Menschen auf der Suche nach "wahren" Gefühlen, nach Nähe und Verständnis; Frauen und Männer mit "überschüssigen" Potentialen, die danach streben, aktualisiert zu werden; der Wunsch, das Leiden am permanenten Funktionierenmüssen zu verringern; Menschen auf Partnersuche aufgrund der zunehmenden Auflösung stabiler Paarbeziehungen; Frauen, die gleichrangig mit Männern zusammenarbeiten wollen und deshalb deren (Kooperations-)Nähe suchen. Lust und Erotik werden zwar niemals rein harmonisch ablaufen, aber sie helfen zu verhindern, daß die bei fortschreitender Angleichung männlicher und weiblicher Tätigkeiten drohenden Konflikt- und Abgrenzungspotentiale zu erneuten Segregierungsprozessen führen. Wenn Wünsche und Begehren in der Definitionsmacht derjenigen verbleiben, die sie empfinden, könnte die zunehmende Mikro-Erotisierung der Organisation gelingen. Angesichts vermehrter Klagen über Gefühlskälte und Dominanz ökonomischer Prinzipien wäre dies der Organisation und ihren Mitgliedern nur zu wünschen.

Literaturverzeichnis

ACKER, J. (1989). Doing Comparable Worth: Gender, Class and Pay Equity. Philadelphia: Temple University Press

ACKER, J. (1991). Hierarchies, Jobs, and Bodies: A Theory of Gendered Organizations. In: Lorber, J. & Farrell, S.A. (Hrsg.): The Social Construction of Gender. Newbury Park u.a.: Sage. 162-179

ACKER, J. & VAN HOUTEN, D.R. (1974). Differential Recruitment and Control: The Sex Structuring of Organizations. Administrative Science Quarterly, 19/2, 152-162

ADKINS, L. (1992). Sexual work and the employment of women in the service industries. In: Savage, M. & Witz, A. (Hrsg.): Gender and Bureaucracy. Oxford: Blackwell. 207-228

ADORNO, Th.W. (1979). Individuum und Organisation. In: Tiedemann, R. (Hrsg.): Soziologische Schriften. Frankfurt/M.: Suhrkamp. 440-456

AIGNER, J.Ch. (1986). Zur Einleitung: Die Last der Lust. Anmerkungen zur Liberalisierung des Sexuallebens. In: Aigner, J.Ch. & Gindorf, R. (Hrsg.): Von der Last der Lust. Wien: Verlag für Gesellschaftskritik. 3-24

ALVESSON, M. & BILLING, Y.D. (1992). Gender and Organization: Towards a Differentiated Understanding. Organization Studies, 13/1, 73-103

ALVESSON, M. & WILLMOTT, H. (1992). On the Idea of Emancipation in Management and Organization Studies. Academy of Management Review, 17/3, 432-464

ANDERSON, C. & HUNSAKER, P. (1985). Why There's Romancing at the Office and Why It's Everyone's Problem. Personnel, 2, 57-63

APPEL, R. (1990). Die Freimaurer - Eine Innenansicht. In: Völger, G. & v.Welck, K. (Hrsg.): Männerbünde - Männerbande: Zur Rolle des Mannes im Kulturvergleich (Band 2). Köln: Druck- & Verlagshaus Wienand. 355-362

ARIES, Ph. (1984). Liebe in der Ehe. In: Ariès, Ph. & Béjin, M. (Hrsg.): Die Masken des Begehrens und die Metamorphosen der Sinnlichkeit. Frankfurt/M.: Fischer. 165-175

ARKIN, W. & DOBROFSKY, L. (1978). Military Socialization and Masculinity. Journal of Social Issues, 34/1, 151-168

BADINTER, E. (1975). Die Mutterliebe. Geschichte eines Gefühls vom 17. Jahrhundert bis heute. München: Piper

BARON, A.S. & WITTE, R.L. (1980). The New Work Dynamic: Men and Women in the Work Force. Business Horizons, 8, 56-60

BARTHES, R. (1982). Mythen des Alltags. Frankfurt/M.: Suhrkamp

BECK, U., BRATER, M. & DAHEIM, H. (1980). Soziologie der Arbeit und der Berufe. Reinbek b. Hamburg: Rowohlt

BECK-GERNSHEIM, E. & OSTNER, I. (1978). Frauen verändern - Berufe nicht? Ein theoretischer Ansatz zur Problematik von "Frau und Beruf". Soziale Welt, 29/3, 257-287

BÉJIN, A. (1984). Ehen ohne Trauschein heute. In: Ariès, Ph. & Béjin, A. (Hrsg.): Die Masken des Begehrens und die Metamorphosen der Sinnlichkeit. Frankfurt/M.: Fischer. 197-208

BENEDICT, B. (1990). Die materielle Kultur der Männlichkeit in einem Londoner Club. In: Völger, G. & v.Welck, K. (Hrsg.): Männerbünde - Männerbande: Zur Rolle des Mannes im Kulturvergleich (Band 2). Köln: Druck- & Verlagshaus Wienand. 363-372

BENJAMIN, J. (1989). Herrschaft - Knechtschaft: Die Phantasie von der erotischen Unterwerfung. In: List, E. & Studer, H. (Hrsg.): Denkverhältnisse. Feminismus und Kritik. Frankfurt/M.: Suhrkamp. 511-538

BENNHOLDT-THOMSEN, V. (1983). Die Zukunft der Frauenarbeit und die Gewalt gegen Frauen. In: Beiträge zur feministischen Theorie und Praxis 9/10: Neue Verhältnisse in Technopatria. Köln: Verlag des Vereins Sozialwissenschaftlicher Forschung & Praxis. 207-222

BILDEN, H. (1991). Geschlechtsspezifische Sozialisation. In: Hurrelmann, K. & Ulich, D. (Hrsg.): Neues Handbuch der Sozialisationsforschung, 4.Aufl. Weinheim; Basel: Beltz. 279-301

BIRCKENBACH, H., WELLMANN, Ch. & WIENEMANN, A. (1975). Wehrstruktur und Ausbildung in der Bundeswehr. In: Albrecht, U. & Schierholz, H. & Thielen, J. (Hrsg.): Anti-Wehrkunde. Basistexte zur politischen Bildung. Darmstadt; Neuwied: Luchterhand. S.186

BISCHOFF, S. (1990). Frauen zwischen Macht und Mann. Reinbek b. Hamburg: Rowohlt

BLÜHER, H. (1919). Die Rolle der Erotik in der männlichen Gesellschaft. Jena: Diederichs

BLY, R. (1991). Eisenhans. München: Kindler

BÖHNISCH, L. & WINTER, R. (1993). Männliche Sozialisation. Weinheim: Juventa

BOLOGH, R. W. (1990). Love or Greatness. Max Weber and Masculine Thinking. London: Unwin Hyman

BORNEMANN, E. (1992). Sexuelle Marktwirtschaft. Vom Waren- und Geschlechtsverkehr in der bürgerlichen Gesellschaft. Wien: Promedia

BRADFORD, D.L., SARGENT, A.G. & SPRAGUE, M.S. (1975). The Executive Man and Woman: The Issue of Sexuality. In: Gordon, F. & Strober, M. (Hrsg.): Bringing Women into Management. New York: McGraw-Hill. 39-58

BRAKE, M. (1976). I May Be a Queer, But at Least I am a Man. In: Barker, D.L. & Allen, S. (Hrsg.) : Sexual Divisions and Society: Progress and Change. London: Tavistock. 174-198

BRAVERMAN, H. (1974). Labor and Monopoly Capital. New York: Monthly Review Press

BREITLING, G. (1985). Kunst und Geschlecht - Weibliche Subjektivität und männliche Objektivität als patriarchalische Normen. In: Appel, Ch. u.a. (Hrsg.): Frauenforschung sichtbar machen. Dokumentation zur Frauenwoche des Arbeitskreises Frauenstudien vom 21.-25. Januar 1985 am FB Erziehungswissenschaften der J.-W.-Goethe Universität Frankfurt am Main. Frankfurt/M.: Nexus. 393-412

BREMME, B. (1990). Sexualität im Zerrspiegel. Die Debatte um Pornographie. Münster; New York: Waxmann

BRENNER, O.C., TOMKIEWICZ, J. & SCHEIN, V.E. (1989). The relationship between sex role stereotypes and requisite management characteristics revisited. Academy of Management Journal, 32/3, 662-669

BREUER, S. (1983). Die Formierung der Disziplinargesellschaft: Michel Foucault und die Probleme einer Theorie der Sozialdisziplinierung. Sozialwissenschaftliche Information für Unterricht und Studium, 4, 257-264

BRICK, B. (1992). Marcuses Rekurs auf das verdrängte Weibliche. In: Institut für Sozialforschung (Hrsg.): Kritik und Utopie im Werk von Herbert Marcuse. Frankfurt/M.: Suhrkamp. 154-170

BRODDE, D. (1990). Staatlich verordnete Frauenförderung - trojanisches Pferd in deutschen Betrieben? Zeitschrift für Organisationsentwicklung, 1, 44-50

BROWN, P. (1991). Die Keuschheit der Engel. Sexuelle Entsagung, Askese und Körperlichkeit am Anfang des Christentums. München; Wien: Carl Hanser Verlag

BURRELL, G. (1984). Sex and Organizational Analysis. Organization Studies, 5/2, 97-118

BURRELL, G. (1988). Modernism, Post Modernism and Organizational Analysis 2: The Contribution of Michel Foucault. Organization Studies, 9/2, 221-235

BURRELL, G. (1992). The Organization of Pleasure. In: Alvesson, M. & Willmott, H. (Hrsg.): Critical Management Studies. London u.a.: Sage. 66-89

BURRELL, G. & HEARN, J. (1989). The Sexuality of Organization. In: Hearn, J. & Sheppard, D.L. & Tancred-Sheriff, P. & Burrell, G. (Hrsg.): The Sexuality of Organization. London u.a.: Sage. 1-28

BURRIS, B. (1989). Technocracy and Gender in the Workplace. Social Problems, 36/2, 165-180

BUTLER, J. (1987). Variations on Sex and Gender. Beauvoir, Wittig and Foucault. In: Benhabib, S. & Cornell, D. (Hrsg.): Feminism as Critique. Essays on the Politics of Gender in Late-Capitalist Societies. Cambridge: Polity Press. 128-142

BUTLER, J. (1991). Das Unbehagen der Geschlechter. Frankfurt/M.: Suhrkamp

CALAS, M. (1992). An/Other Silent Voice? Representing "Hispanic Woman" in Organizational Texts. In: Mills, A. & Tancred, P. (Hrsg.): Gendering Organizational Analysis. Newbury Park u.a.: Sage. 201-221

CARRIGAN, T., CONNELL, B. & LEE, J. (1987). Hard and Heavy: Toward a New Sociology of Masculinity. In: Kaufman, M. (Hrsg.): Beyond Patriarchy. Essays on Pleasure, Power, and Change. Toronto u.a.: Oxford University Press. 139-194

CHODOROW, N. (1985). Das Erbe der Mütter. Psychoanalyse und Soziologie der Geschlechter. München: Verlag Frauenoffensive

CLAUSS, G., KULKA, H. & LOMPSCHER, J. & RÖSLER, H.-D. & TIMPE, K.-P. & VORWERG, G. (1981). Wörterbuch der Psychologie. Leipzig: Bibliographisches Institut

CLEGG, S. (1989). Frameworks of Power. London u.a.: Sage

CLEGG, S. & DUNKERLEY, D. (1980). Organization, Class and Control. London: Routledge & Kegan Paul

CLEUGH, J. (1964). Love Locked Out. An Examination of the Irrepressible Sexuality of the Middle Ages. New York: Crown Publications

CLEVELAND, J. & KERST, M. (1993). Sexual Harassment and Perceptions of Power: An Under-Articulated Relationship. Journal of Vocational Behavior, 42/1, 49-67

COCKBURN, C. (1988). Die Herrschaftsmaschine: Geschlechterverhältnisse und technisches Know-How. Berlin; Hamburg: Argument-Verlag

COCKBURN, C. (1990). Men's Power in Organizations: 'Equal Opportunities' Intervenes. In: Hearn, J. & Morgan, D. (Hrsg.): Men, Masculinities & Social Theory. London u.a.: Unwin Hyman. 72-89

COCKBURN, C. (1991). In the Way of Women. Men's Resistance to Sex Equality in Organizations. Ithaca: ILR Press

COHEN, M.D., MARCH, J.G. & OLSON, J.P. (1972). A Garbage Can Model of Organizational Choice. Administrative Science Quarterly, 17/1, 1-25

COLLINS, E.G.C. (1983). Managers and Lovers. Harvard Business Review, 9/10, 142-153

COLLINSON, D.L. (1988). 'Engineering Humour': Masculinity, Joking and Conflict in Shop-floor Relations. Organization Studies, 9/2, 181-199

COLLINSON, D.L. & COLLINSON, M. (1989). Sexuality in the Workplace: Discrimination and Harassment. In: Hearn, J. & Sheppard, D. & Tancred-Sheriff, P. & Burrell, G. (Hrsg.): The Sexuality of Organization. London u.a.: Sage. 91-109

COLLINSON, D.L., KNIGHTS, D. & COLLINSON, M. (1990). Managing to Discriminate. London: Routledge

CONNELL, R. (1987). Gender and Power. Society, the Person and Sexual Politics. Cambridge: Polity Press

COOPER, R. & BURRELL, G. (1988). Modernism, postmodernism and organizational analysis. Organization Studies, 9/1, 91-112

CORSE, S.J. (1990). Pregnant Managers and their Subordinates: The Effect of Gender Expectations on Hierarchical Relationships. The Journal of Applied Behavioral Science, 26/1, 25-47

CROZIER, M. & FRIEDBERG, E. (1979). Macht und Organisation. Die Zwänge kollektiven Handelns. Königstein: Athenäum

DANNECKER, M. (1987). Das Drama der Sexualität. Frankfurt/M.: Athenäum

DAVIES, B. (1990). The Problem of Desire. Social Problems, 37/4, 501-516

DAVIES, C. (1982). Sexual Taboos and Social Boundaries. American Journal of Sociology, 87/5, 1032-1063

DE BEAUVOIR, S. (1968). Das andere Geschlecht. Reinbek b. Hamburg: Rowohlt

DE ROSA, P. (1990). Die christliche Kirche als Männerorganisation. In: Völger, G. & v.Welck, K. (Hrsg.): Männerbünde - Männerbande: Zur Rolle des Mannes im Kulturvergleich (Band 2). Köln: Druck- & Verlagshaus Wienand. 335-346

DEETZ, S. (1992). Disciplinary Power in the Modern Corporation. In: Alvesson, M. & Willmott, H. (Hrsg.): Critical Management Studies. London u.a.: Sage. 21-45

DITOMASO, N. (1989). Sexuality in the Workplace: Discrimination and Harassment. In: Hearn, J. & Sheppard, D.L. & Tancred-Sheriff, P. & Burrell, G. (Hrsg.): The Sexuality of Organization. London u.a.: Sage. 71-90

DILLARD, J.P. & MILLER, K.I. (1988). Intimate Relationships in Task Environments. In: Duck, S.W. (Hrsg.): Handbook of Personal Relationships. Chichester u.a.: John Wiley & Sons. 449-465

DOHRN, S. (1986). Die Entstehung weiblicher Büroarbeit in England 1860 bis 1914. Frankfurt/M. u.a.: Lang

DREWERMANN, E. (1990). Kleriker. Zum Psychogramm eines Ideals. In: Völger, G. & v.Welck, K. (Hrsg.): Männerbünde - Männerbande: Zur Rolle des Mannes im Kulturvergleich (Band 2). Köln: Druck- & Verlagshaus Wienand. 325-334

DROSDOWSKI, G. (1989). DUDEN. Etymologie (Band 7, 2.Aufl.). Mannheim u.a.: Dudenverlag

DUDA, S. (1992). Erkundungen zur Geschichte der Hysterie oder "Der Fall Anna O.". In: Duda, S. & Pusch, L. (Hrsg.): WahnsinnsFrauen. Frankfurt/M.: Suhrkamp. 123-145

DUDEN, B. (1987). Geschichte unter der Haut. Stuttgart: Klett-Cotta

ECKARDSTEIN, v. D. & FREDECKER, I. (1987). Führungsnachfolge. In: Kieser, A. & Reber, G. & Wunderer, R. (Hrsg.): Handwörterbuch der Führung. Stuttgart: Poeschel. 629-639

ECKART, Ch. (1987). Töchter in der "vaterlosen Gesellschaft". Das Vorbild des Vaters als Sackgasse zur Autonomie. In: Materialienband 1. Vorträge aus der Frankfurter Frauenschule: Facetten feministischer Theoriebildung. Frankfurt/M.: Selbstverlag. 7-32

EDDING, C. (1983). Einbruch in den Herrenclub. Von den Erfahrungen, die Frauen auf Männerposten machen. Reinbek b. Hamburg: Rowohlt

ERDHEIM, M. & HUG, B. (1990). Männerbünde aus ethnopsychoanalytischer Sicht. In: Völger, G. & v.Welck, K. (Hrsg.): Männerbünde - Männerbande: Zur Rolle des Mannes im Kulturvergleich. Köln: Druck- & Verlagshaus Wienand. 49-58

EYLER, D.R. & BARIDON, A.P. (1993). Mehr als nur Kollegen. Liebe am Arbeitsplatz. Reinbek b. Hamburg: Rowohlt

FINK-EITEL, H. (1989). Foucault zur Einführung. Hamburg: Junius Verlag

FINKELSTEIN, C.A. (1981). Women Managers: Career Patterns and Changes in the United States. In: Fuchs Epstein, C. & Laub Coser, R. (Hrsg.): Access to Power: Cross-National Studies of Women and Elites. London: Allen & Unwin. 189-210

FISHER, A. (1990). Wall Street Women. Düsseldorf: Econ

FITT, L.W. & NEWTON, D.A. (1981). When the mentor is a man and the protegee is a woman. Harvard Business Review, March/April, 56-60

FITZGERALD, L.F. & SHULLMAN, S.L. (1993). Sexual Harassment: A Research Analysis and Agenda for the 1990s. Journal of Vocational Behavior, 42/1, 5-27

FLANDRIN, J.-L. (1984). Das Geschlechtsleben der Eheleute in der alten Gesellschaft: Von der kirchlichen Lehre zum realen Verhalten. In: Ariès, Ph. & Béjin, A. (Hrsg.): Die Masken des Begehrens und die Metamorphosen der Sinnlichkeit. Frankfurt/M.: Fischer. 147-164

FLEGO, G. (1992). Erotisieren statt sublimieren. In: Institut für Sozialforschung (Hrsg.): Kritik und Utopie im Werk von Herbert Marcuse. Frankfurt/M.: Suhrkamp. 187-200

FOGARTY, M., ALLEN, A.J. & ALLEN, J. & WAL, P. (1971). Women in Top Jobs. Oxford: Alden Press

FORD, R.C. & McLAUGHLIN, F.S. (1987). Should cupid come to the workplace? Personnel Administrator, 10, 100-110.

FOUCAULT, M. (1974). Die Ordnung der Dinge. Eine Archäologie der Humanwissenschaften.(Les mots et les choses. Une archéologie des sciences humaines, erstmals ersch. 1966.). Frankfurt/M.: Suhrkamp

FOUCAULT, M. (1976). Überwachen und Strafen (Surveiller et punir, erstmals ersch. 1975.). Frankfurt/M.: Suhrkamp

FOUCAULT, M. (1989). Sexualität und Wahrheit, Bd.1 (Histoire de la sexualité, vol.1, erstmals ersch. 1976.). Frankfurt/M.: Suhrkamp

FRAISSE, G. (1990). Zur Geschichtlichkeit des Geschlechterunterschieds - Eine philosophische Untersuchung. In: Nagl-Docekal, H. & Pauer-Studer, H. (Hrsg.): Denken der Geschlechterdifferenz. Wien: Wiener Frauenverlag. 89-100

FREUD, S. (1968a). Zukunft einer Illusion. In: Freud, S.: Gesammelte Werke XIV (4.Aufl.). Frankfurt/M.: Fischer. 325-380

FREUD, S. (1968b). Das Unbehagen in der Kultur. In: Freud, S.: Gesammelte Werke XIV (4.Aufl.). Frankfurt/M.: Fischer. 421-506

FREUD, S. (1968c). Totem und Tabu. In: Freud, S.: Gesammelte Werke IX (4.Aufl.). Frankfurt/M.: Fischer

FREUD, S. (1969a). Vorlesungen zur Einführung in die Psychoanalyse. In: Freud, S.: Gesammelte Werke XI (5.Aufl.). Frankfurt/M.: Fischer

FREUD, S. (1969b). Massenpsychologie und Ich-Analyse. In: Freud, S.: Gesammelte Werke XIII (6.Aufl.). Frankfurt/M.: Fischer. 73-161

FREVERT, U. (1979). Vom Klavier zur Schreibmaschine - Weiblicher Arbeitsmarkt und Rollenzuweisungen am Beispiel der weiblichen Angestellten in der Weimarer Republik. In: Kuhn, A. & Schneider, G. (Hrsg.): Frauen in der Geschichte. Düsseldorf: Schwann. 82-112

FRIEDEL-HOWE, H. (1990). Zusammenarbeit von weiblichen und männlichen Fach- und Führungskräften. In: Domsch, M. & Regnet, E. (Hrsg.): Weibliche Fach- und Führungskräfte: Wege zur Chancengleichheit. Stuttgart: Schäffer. 16-33

FRIEDMAN, R.M. (1991). Zur historischen und theoretischen Kritik am psychoanalytischen Modell der Homosexualität. In: Friedman, R.M. & Lerner, L. (Hrsg.): Zur Psychoanalyse des Mannes. Berlin u.a.: Springer. 77-114

FRIEDRICHS, K.A. (1971). Homosexualität und Strafvollzug. München: Goldmann

FRIELING, E. & SONNTAG, K. (1987). Arbeitspsychologie. Bern u.a.: Verlag Hans Huber

FRITZ, H.-J. (1982). Menschen in Büroarbeitsräumen. München: Heinz Moos Verlag

GEIGER, Th. (1991). Homosexualität und Gesellschaft (erstmals ersch. 1951). Kölner Zeitschrift für Soziologie und Sozialpsychologie, 43/4, 739-750

GERHARDS, J. (1988). Emotionsarbeit. Zur Kommerzialisierung von Gefühlen. Soziale Welt, 39, 47-65

GERKEN, G. (1991). Das Ende des weiblichen Hochmuts. !Forbes, 1, S.98

GIDDENS, A. (1988). Die Konstitution der Gesellschaft. Frankfurt/M.; New York: Campus

GIESEN, R.-M. & SCHUMANN, G. (1980). An der Front des Patriarchats. Bensheim: Päd.-Extra-Verlag

GILDEMEISTER, R. (1988). Geschlechtsspezifische Sozialisation. Soziale Welt, 4, 486-503

GILDEMEISTER, R. (1992). Die soziale Konstruktion der Geschlechtlichkeit. In: Ostner, I. & Lichtblau, K. (Hrsg.): Feministische Vernunftkritik. Frankfurt/M.: Campus. 220-239

GINDORF, R. (1986). Bisexuell, homophil, schwul. Homosexualitäten in Theorie und Beratungsarbeit. In: Aigner, J.Ch. & Gindorf, R. (Hrsg.): Von der Last zur Lust. Wien: Verlag für Gesellschaftskritik. 155-176

GLASER, R.D. & THORPE, J.S. (1986). Unethical Intimacy. American Psychologist, 41/1, 43-51

GODENZI, A. (1992). Männerlogik am Arbeitsplatz. In: Gerhart, U. & Heiliger, A. & Stehr, A. (Hrsg.): Tatort Arbeitsplatz. Sexuelle Belästigung von Frauen. München: Verlag Frauenoffensive. 39-47

GOFFMAN, E. (1973). Asyle. Über die soziale Situation psychiatrischer Patienten und anderer Insassen. Frankfurt/M.: Suhrkamp

GRAMSCI, A. (1971). Selections from the Prison Notebooks. London: Lawrence and Wishart

GRANT, J. & TANCRED, P. (1992). A Feminist Perspective on State Bureaucracy. In: Mills, A. & Tancred, P. (Hrsg.): Gendering Organizational Analysis. Newbury Park u.a.: Sage. 112-128

GRAY, S. (1987). Sharing the Shop Floor. In: Kaufman, M. (Hrsg.): Beyond Patriarchy. Essays by Men on Pleasure, Power, and Change. Toronto u.a.: Oxford University Press. 216-234

GRUBER, J.E. & BJORN, L. (1982). The sexual harassment of women autoworkers. Work and Occupations, 9/3, 271-298

GRUBITZSCH, S., KISSE, M. & FREESE, W. (1989). Initiationsriten - Anthropologische Belege für die Psychodiagnostik? Psychologie und Gesellschaftskritik, 13/4, 5-23

GURLEY BROWN, H. (1965). Sex im Büro. Düsseldorf: Econ

GUTEK, B.A. (1985). Sex and the Workplace: Impact of sexual behavior and harassment on women, men, an organizations. San Francisco: Jossey-Bass

GUTEK, B.A. (1989). Sexuality in the Workplace: Key Issues in Social Research and Organizational Practice. In: Hearn, J. & Sheppard, D.L. & Tancred-Sheriff, P. & Burrell, G. (Hrsg.): The Sexuality of Organization. London u.a.: Sage. 56-70

GUTEK, B.A. & DUNWOODY, V. (1988). Understanding Sex in the Workplace. In: Stromberg, A. & Larwood. L. & Gutek, B.A. (Hrsg.): Women and Work. An Annual Review, Vol. 3. London u.a.: Sage. 249-269

GUTEK, B.A. & GROFF COHEN, A. (1992). Sex Ratios, Sex Role Spillover, and Sex at Work: A Comparison of Men's and Women's Experiences. In: Mills, A. & Tancred, P. (Hrsg.): Gendering Organizational Analysis. Newbury Park u.a.: Sage. 133-150

GUTEK, B.A., GROFF COHEN, A. & KONRAD, A.M. (1990). Predicting Social-Sexual Behavior at Work: A Contact Hypothesis. Academy of Management Journal, 33/3, 560-577

GUTEK, B.A. & KOSS, M. (1993). Changed Women and Changed Organizations: Consequences of and Coping with Sexual Harassment. Journal of Vocational Behavior, 42/1, 28-48

HAAVIO-MANNILA, E., KAUPPINEN-TOROPAINEN, K. & KANDOLIN, I. (1988). The Effect of Sex Composition of the Workplace on Friendship, Romance, and Sex at Work. In: Stromberg, A.H. & Larwood,L. & Gutek, B.A. (Hrsg.): Women and Work. An Annual Review, Vol. 3. London u.a.: Sage. 123-137

HACKER, S. (1989). Pleasure, Power, and Technology. London u.a.: Unwin Hyman

HAGEMANN-WHITE, C. (1990). Weiblichkeit, Leiblichkeit und die kulturelle Konstruktion der Geschlechterpolarität. In: Brandes, H. & Franke, C. (Hrsg.): Geschlechterverhältnisse in Gesellschaft und Therapie. Münster: Lit Verlag. 22-36

HALL, M. (1989). Private Experiences in the Public Domain: Lesbians in Organizations. In: Hearn, J. & Sheppard, D.L. & Tancred-Sheriff, P. & Burrell,G. (Hrsg.): The Sexuality of Organization. London u.a.: Sage. 125-138

HANDSCHUH-HEISS, S. (1994). Arbeitsplatz Sekretariat. Theoretische Analyse und empirische Studie über die Arbeitsbedingungen von Chefsekretärinnen. Augsburg: Maro

HARAWAY, D. (1987). Geschlecht, Gender, Genre. Sexualpolitik eines Wortes. In: Hauser, K. (Hrsg.): Viele Orte. Überall? Feminismus in Bewegung. Berlin; Hamburg: Argument Verlag. 22-41

HARDING, S. (1990). Feministische Wissenschaftstheorie. Zum Verhältnis von Wissenschaft und sozialem Geschlecht. Berlin; Hamburg: Argument-Verlag

HARRAGAN, B.L. (1977). Games Mother Never Taught You. New York: Warner Books

HARRIMAN, A. (1985). Women / Men / Management. New York: Praeger

HARTMANN, H. (1979). Capitalism, patriarchy and job segregation by sex. In: Eisenstein, Z. (Hrsg.): Capitalist Patriarchy. New York: Monthly Review Press. 206-247

HAUCH, R. (1991). Vertrauen gewinnen. Wirtschaftswoche vom 15.11.91, 62-66

HAUG, F. (1991). Sexualisierung der Körper (3.Aufl.). Berlin; Hamburg: Argument-Verlag

HAUSEN, K. (1976). Die Polarisierung der "Geschlechtscharaktere" - Eine Spiegelung der Dissoziation von Erwerbs- und Familienleben. In: Conze, W. (Hrsg.): Sozialgeschichte der Familie in der Neuzeit Europas. Stuttgart: Klett. 363-393

HAUSER, K. (1987). Soziales Geschlecht und unbewußte Gesellschaft. In: Hauser, K. (Hrsg.): Viele Orte. Überall? Feminismus in Bewegung. Berlin; Hamburg: Argument-Verlag. 42-60

HEARN, J. (1987). The Gender of Oppression. New York: St. Martin's Press

HEARN, J. & MORGAN, D. H. J. (1990). Men, Masculinities and Social Theory. In: Hearn, J. & Morgan, D. (Hrsg.): Men, Masculinities & Social Theory. London u.a.: Unwin Hyman. 1-18

HEARN, J. & PARKIN, P. W. (1983). Gender and Organizations: A Selective Review and a Critique of a Neglected Area. Organization Studies, 4/3, 219-242

HEARN, J. & PARKIN, P. W. (1987). 'Sex' at 'Work'. The Power and Paradox of Organization Sexuality. Brighton: Wheatsheaf

HEARN, J., SHEPPARD, D. L. & TANCRED-SHERIFF, P. & BURRELL, G. (1989). The Sexuality of Organization: A Postscript. In: Hearn, J. & Sheppard, D. L. & Tancred-Sheriff, P. & Burrell, G. (Hrsg.): The Sexuality of organization. London u.a.: Sage. 178-181

HEINIG, K.E. (1988). Marktsituation im Videogeschäft. In: Dokumentation der Anhörung im Deutschen Bundestag vom 13./14.9.1988 zum Thema "Pornographie - Hinsehen oder Wegsehen?" Bonn

HEINRICHS, H.-J. (1990). Politik als männerbündisches Handeln und Verhalten. In: Völger, G. & v.Welck, K. (Hrsg.): Männerbünde - Männerbande: Zur Rolle des Mannes im Kulturvergleich (Band 1). Köln: Druck- & Verlagshaus Wienand. 87-92

HENGSTENBERG, H. & STURM, G. (1990). sex macht lust. Das Thema Sexualität in der neuen deutschen Frauenbewegung. In: Interdisziplinäre Forschungsgruppe Frauenforschung: Liebes- und Lebensverhältnisse. Frankfurt/M.: Campus. 61-82

HENLEY, N. (1977). Body Politics. Power, Sex and Nonverbal Communication. New York: Simon & Schuster

HENNIG, M. & JARDIM, A. (1978). Frauen und Karriere. Reinbek b. Hamburg: Rowohlt

HEREK, G.M. (1986). On Heterosexual Masculinity. American Behavioral Scientist, 29/5, 563-577

HERMSEN, S. (1992). Männer in der Werbung. In: Bisinger, M. & Büntjen, U. & Haase, S. & Manthey, H. & Schäfer, E. (Hrsg.): Der ganz normale Mann. Reinbek b. Hamburg: Rowohlt. 162-180

HESS, H. (1990). Die sizilianische Mafia: ein Beispiel der Männerwelt des organisierten Verbrechens. In: Völger, G. & v.Welck, K. (Hrsg.): Männerbünde - Männerbande: Zur Rolle des Mannes im Kulturvergleich (Band 1). Köln: Druck- und Verlagshaus Wienand. 113-120

HIRSCHAUER, S. (1989). Die interaktive Konstruktion von Geschlechtszugehörigkeit. Zeitschrift für Soziologie, 18/2, 100-118

HIRSCHFELD, M. (1926). Geschlechtskunde. Stuttgart: Puttmann

HOCHSCHILD, A.R. (1990). Das gekaufte Herz. Frankfurt/M.: Campus

HOETS, A. (1993). Förderung sozialer Kompetenz als Aufgabe der Personalentwicklung. Instrument der Anpassung, insbesondere von Frauen? Zeitschrift für Personalforschung, 7/1, 115-133

HOFFMANN, H.-J. (1985). Kleidersprache. Eine Psychologie der Illusionen in Kleidung, Mode und Maskerade. Berlin: Ullstein

HOIGARD, C. & FINSTAD, L. (1987). Seitenstraßen. Geld, Macht und Liebe oder Der Mythos von der Prostitution. Reinbek b. Hamburg: Rowohlt

HOLZBECHER, M. (1992). Sexuelle Belästigung am Arbeitsplatz. Ergebnisse und Auswertung einer bundesweiten Studie. In: Gerhart, U. & Heiliger, A. & Stehr, A. (Hrsg.): Tatort Arbeitsplatz. Sexuelle Belästigung von Frauen. München: Verlag Frauenoffensive. 22-38

HOLZBECHER, M., BRASZEIT, A. & MÜLLER, U. & PLOGSTEDT, S. (1990). Sexuelle Belästigung am Arbeitsplatz. Stuttgart u.a.: Kohlhammer

HONEGGER, C. (1991). Die Ordnung der Geschlechter. Die Wissenschaften vom Menschen und vom Weib. Frankfurt/M.; New York: Campus

HOPFGARTNER, A. & ZEICHEN, M.M. (1988). Sexuelle Belästigung am Arbeitsplatz. Bundesministerium für Arbeit und Soziales, Wien

HOROWITZ, G. & KAUFMAN, M. (1987). Male Sexuality: Toward a Theory of Liberation. In: Kaufman, M. (Hrsg.): Beyond Patriarchy. Essays on Pleasure, Power, and Change. Toronto u.a.: Oxford University Press. 81-102

HÜWELMEIER-SCHIFFAUER, G. (1990). Konflikt und Integration - zwei konkurrierende Männergesangsvereine in einem hessischen Dorf. In: Völger, G. & v.Welck, K. (Hrsg.): Männerbünde - Männerbande. Zur Rolle des Mannes im Kulturvergleich (Band 2). Klön: Druck- & Verlagshaus Wienand. 125-130

HUFFZKY, K. (1979). Wer muß hier lachen? Das Frauenbild im Männerwitz. Darmstadt; Neuwied: Luchterhand

HUXLEY, A. (1987). Wiedersehen mit der Schönen neuen Welt (erstmals ersch. 1958). München; Zürich: Piper

JÄGGI, Th. (1991). Seit hundert Jahren unten. Geschichte der Frauen im Büro. In: Fehr, M. & Keller, S. & Morgenthaler, J. (Hrsg.): Leben, Lieben, Leiden im Büro. Zürich: rotpunktverlag. 71-81

JAMISON, K. (1983). Managing Sexual Attraction in the Workplace. Personnel Administrator, 8, 45-51

JOSEFOWITZ, N. (1982). Sexual Relationships at Work: Attraction, Transference, Coercion or Strategy. Personnel Administrator, 3, 91-96

JUNG, D. (1987). Körper-Macht-Spiele. Unökonomische Gedanken zu weiblichen und männlichen Körper-Präsentationen in öffentlichen Räumen. In: Materialienband 1. Vorträge aus der Frankfurter Frauenschule: Facetten feministischer Theoriebildung. Frankfurt/M.: Selbstverlag. 41-52

KANTER, R.M. (1977). Men and Women of the Corporation. New York: Basic Books

KATZ ROTHMAN, B. (1989). Schwangerschaft auf Abruf. Vorgeburtliche Diagnose und die Zukunft der Mutterschaft. Marburg: Metropolis

KAUFMAN, M. (1987). The Construction of Masculinity and the Triad of Men's Violence. In: Kaufman, M. (Hrsg.): Beyond Patriarchy. Essays by Men on Pleasure, Power, and Change. Toronto u.a.: Oxford University Press. 1-29

KENTLER, H. (1970). Sexualerziehung. Reinbek b. Hamburg: Rowohlt

KENTLER, H. (1988). Auf der Suche nach der Bedeutung eines Begriffs. In: Kentler, H. (Hrsg.): Sexualwesen Mensch. München: Piper. 7-58

KIESEL, G. (1990). Die Frau in der Männergesellschaft - Gewagtes über Gleichheit und Macht. Information für die Frau, 4/90

KLEIN, M. (1990). Sportbünde - Männerbünde? In: Völger, G. & v.Welck, K. (Hrsg.): Männerbünde - Männerbande: Zur Rolle des Mannes im Kulturvergleich (Band 2). Köln: Druck- & Verlagshaus Wienand. 137-148

KNAPP, G.-A. (1989). Auto-Erotik: Sexualisierung und Sexismus. In: Die Grünen im Bundestag (Hrsg.): Welche Freiheit brauchen wir? Zur Psychologie der AutoMobilen Gesellschaft. Berlin: Elephantenpress. 61-72

KNAUF, E.A. (1990). Der Staat als Männerbund - Religionsanthropologische Aspekte der politischen Evolution. In: Völger, G. & v.Welck, K. (Hrsg.): Männerbünde - Männerbande: Zur Rolle des Mannes im Kulturvergleich (Band 1). Köln: Druck- & Verlagshaus Wienand. 11-22

KOCH, A. (1988). Berichte aus der Praxis. In: Dokumentation der Anhörung im Deutschen Bundestag vom 13./14.9.1988 zu dem Thema "Pornographie - Hinsehen oder wegsehen?" Bonn

KOCH, G. (1987). Alle Sinnlichkeit der Macht. Zu Billy Wilders The Apartment (1960). Frauen und Film, 43, 5-12

KOEN, C.M. (1990). Sexual Harassment Claims Stem from a Hostile Work Environment. Personnel Journal, 8, 88-99

KÖNIG, R. (1990). Zur Einführung. In: Völger, G. & v.Welck, K. (Hrsg.): Männerbünde - Männerbande. Zur Rolle des Mannes im Kulturvergleich (Band 1). Köln: Druck- und Verlagshaus Wienand. XXVII-XXXII

KONECKI, K. (1990). Dependency and Worker Flirting. In: Turner, B.A. (Hrsg.): Organizational Symbolism. Berlin; New York: de Gruyter. 55-66

KORDA, M. (1972). Male Chauvinism: How it Works. New York: Random House

KREISKY, E. (1984). Bürokratie als Kultur? Österreichische Zeitschrift für Politikwissenschaft, 13/1, 27-33

KRUSE, L. (1987). Führung ist männlich: Der Geschlechtsrollen-Bias in der psychologischen Forschung. Gruppendynamik, 18/3, 251-267

KUTTER, U. (1985). Xeroxlore: Ausdrucksformen aus der Welt der Arbeit. In: Müller, S. (Hrsg.): Graffiti. Bielefeld: AJZ Druck und Verlag. 225-236

LACH, D. & GWARTNEY-GIBBS, P. (1993). Sociological Perspectives on Sexual Harassment and Workplace Dispute Resolution. Journal of Vocational Behavior, 42/1, 102-115

LANDWEER, H. (1990). Sexualität als Ort der Wahrheit? Heterosexuelle Normalität und Identitätszwang. In: Interdisziplinäre Forschungsgruppe Frauenforschung: Liebes- und Lebensverhältnisse. Frankfurt/M.: Campus. 83-100

LAQUEUR, Th. (1992). Auf den Leib geschrieben. Die Inszenierung der Geschlechter von der Antike bis Freud. Frankfurt/M.: Campus

LAUTMANN, R. (1977). Seminar: Gesellschaft und Homosexualität. Frankfurt/M.: Suhrkamp

LINDEMANN, G. (1992). Die leiblich-affektive Konstruktion des Geschlechts. Zeitschrift für Soziologie, 21/5, 330-346

LIPMAN-BLUMEN, J. (1976). Toward a Homosocial Theory of Sex Roles: An Explanation of the Sex Segregation of Social Institutions. In: Blaxall, M. & Reagan B. (Hrsg.): Women and the Workplace. Chicago; London: The University of Chicago Press. 15-31

LIPMAN-BLUMEN, J. (1984). Gender Roles and Power. Englewood Cliffs,NJ: Prentice-Hall

LIPP, W. (1990). Männerbünde, Frauen und Charisma: Geschlechterdrama im Kulturprozeß. In: Völger, G. & v.Welck, K. (Hrsg.): Männerbünde - Männerbande: Zur Rolle des Mannes im Kulturvergleich (Band 1). Köln: Druck- & Verlagshaus Wienand. 31-40

LLOYD, G. (1985). Das Patriarchat der Vernunft. Bielefeld: Daedalus

LOBEL, Sh.A. (1993). Sexuality at Work: Where Do We Go from Here? Journal of Vocational Behavior, 42/1, 136-152

LORENTZ, E. (1984). Büro 1880-1930. Frauenarbeit und Rationalisierung. Arbeitsheft der IG Metall zur Humanisierung des Arbeitslebens. Frankfurt/M.: Union

LORENZER, A. (1973). Über den Gegenstand der Psychoanalyse oder: Sprache und Interaktion. Frankfurt/M.: Suhrkamp

LORENZER, A. (1977). Sprachspiel und Interaktionsform. Frankfurt/M.: Suhrkamp

LORING, R. & WELLS, T. (1972). Breakthrough: Women into Management. New York: Van Nostrand-Reinhold

MacKINNON, C. (1979). Sexual Harassment of Working Women. New Haven; London: Yale University Press

MacKINNON, C. (1989). Feminismus, Marxismus, Methode und der Staat: Ein Theorieprogramm. In: List, E. & Studer, H. (Hrsg.): Denkverhältnisse. Feminismus und Kritik. Frankfurt/M.: Suhrkamp. 86-132

MAIER, A. (1993). Der Umgang mit der Weiblichkeit in einer Männerdomäne. Augsburg: unveröff. Diplomarbeit

MAINIERO, L. A. (1986). A Review and Analysis of Power Dynamics in Organizational Romances. Academy of Management Review, 11/4, 750-762

MAINIERO, L.A. (1991). Liebe im Büro. Stuttgart: Kreuz

MARCUSE, H. (1972). Konterrevolution und Revolte. Frankfurt/M.: Suhrkamp

MARCUSE, H. (1977). Mystifizierung der Liebe: Eine Kritik an Norman O. Brown. In: Brown, N.O. (Hrsg.): Love's Body. München: Hammer. 232-245

MARCUSE, H. (1987). Der eindimensionale Mensch (erstmals ersch. 1967). Darmstadt; Neuwied: Luchterhand

MARCUSE, H. (1990). Triebstruktur und Gesellschaft (erstmals ersch. 1955). Frankfurt/M.: Suhrkamp

MARSHALL, J. (1985). Being a Woman. Paths of Personal and Professional Development for Woman Managers. Management Education and Development, 16/2, 169-179

MARTIN, B. (1983). Weiblichkeit als kulturelle Konstruktion. Das Argument, Nr.138, 210-215

MARTIN, J. (1990). Deconstructing Organizational Taboos: The Suppression of Gender Conflict in Organizations. Organization Science, 1/4, 339-359

MAURER, A. (1992). Alles eine Frage der Zeit? Die Zweckrationalisierung von Arbeitszeit und Lebenszeit. Berlin: Edition Sigma

McKINNEY KELLOGG, D. (1992). Frauen in Managerpositionen: Der langsame Aufstieg in die Chefetagen der Firmen. Berliner Journal für Soziologie, 1, 79-89

MEY, D. (1987). Die Liebe und das Geld. Zum Mythos und zur Lebenswirklichkeit von Hausfrauen und Kurtisanen in der Mitte des 19. Jahrhunderts in Frankreich. Weinheim; Basel: Beltz

MEYER, J. (1991). Power and Love: Conflicting Conceptual Schemata. In: Davies, K. & Leijenaar, M. & Oldersma, J. (Hrsg.): The Gender of Power. London u.a.: Sage. 21-41

MEYER, J.W. & ROWAN, B. (1977). Institutionalized organizations: formal structure as myth and ceremony. American Journal of Sociology, 83, 340-363

MILES, R. (1991). The Rites of Men. Love, Sex and Death in the Making of the Male. London: Graft on Books

MILLS, A. J. (1988). Organization, Gender and Culture. Organization Studies, 9/3, 351-369

MINNICH, E. (1990). Transforming Knowledge. Philadelphia: Temple University Press

MISHKIND, M., RODIN, J. & SILBERSTEIN, L. & STRIEGEL-MOORE, R. (1986). The Embodiment of Masculinity. American Behavioral Scientist, 29/5, 545-562

MOGGE, W. (1990). Vom Jugendreich zum Jugendstaat - Männerbündische Vorstellungen und Organisationen in der bürgerlichen Jugendbewegung. In: Völger, G. & v.Welck, K. (Hrsg.): Männerbünde - Männerbande: Zur Rolle des Mannes im Kulturvergleich (Band 2). Köln: Druck- & Verlagshaus Wienand. 103-110

MOLLOY, J. (1978). The Woman's Dress for Success Book. New York: Warner Books

MOORE, L.L. (1986). Not as Far as You Think. Lexington; Toronto: Lexington Books

MORGAN, D. (1981). Men, Masculinity and the Process of Sociological Enquiry. In: Roberts, H. (Hrsg.): Doing Feminist Research. London; Boston: Routledge & Kegan Paul. 83-113

MORGAN, G. (1986). Images of Organization. Newbury Park u.a.: Sage

MÜLLER, K. (1991). Aber in meinem Herzen sprach eine Stimme so laut. Homosexuelle Autobiographien und medizinische Pathographien im neunzehnten Jahrhundert. Berlin: Rosa Winkel

MÜLLER, K. E. (1989). Die bessere und die schlechtere Hälfte. Ethnologie des Geschlechterkonflikts. Frankfurt/M.: Campus

MÜLLER, S. (1985). Graffiti: Spiegel einer verborgenen Kultur? In: Müller, S. (Hrsg.): Graffiti. Bielefeld: AJZ Druck und Verlag. 9-16

MÜLLER, U. & HOLZBECHER, M. (1992). Sexuelle Belästigung - eine unsichtbare Dimension von Belastung am Arbeitsplatz. Arbeit, 1/1, 25-44

MÜLLER-MEES, E. (1990a). Freimaurer: Über 6 Millionen verschworene Männer - Eine Außenansicht. in: Völger, G. & v.Welck, K. (Hrsg.): Männerbünde - Männerbande: Zur Rolle des Mannes im Kulturvergleich (Band 2). Köln: Druck- & Verlagshaus Wienand. 45-52

MÜLLER-MEES, E. (1990b). Männer unter der Keule: Rotary und Lions. In: Völger, G. & v.Welck, K. (Hrsg.): Männerbünde - Männerbande: Zur Rolle des Mannes im Kulturvergleich (Band 2). Köln: Druck- & Verlagshaus Wienand. 59-64

MÜLLER-VOGG, H., NEUBERGER, O. & DITTMAR, P. (1990). Nichts zu lachen? Des Wohlstands süß-saure Gemütslage. Köln: Informedia

MUMBY, D. (1988). Communication and Power in Organizations. Discourse, ideology and domination. Norwood,NJ: Ablex

MUMBY, D. & PUTNAM, L.L. (1992). The Politics of Emotion: A Feminist Reading of Bounded Rationality. Academy of Management Review, 17/3, 465-486

NEUBERGER, O. (1988). Was ist denn da so komisch? Thema: Der Witz in der Firma. Weinheim; Basel: Beltz

NEUBERGER, O. (1989). Organisationstheorien. In: Roth, E. (Hrsg.): Organisationspsychologie. Enzyklopädie der Psychologie, D III, Bd. 3. Göttingen: Hogrefe. 205-250

NEUBERGER, O. (1990). Führen und geführt werden. Stuttgart: Enke

NEUBERGER, O. (1993). Beziehungen zwischen Kolleg(inn)en. In: Auhagen, A.E. & Salisch, M. (Hrsg.): Zwischenmenschliche Beziehungen. Göttingen u.a.: Hogrefe. 257-278

NEUBERGER, O. & KOMPA, A. (1987). Wir, die Firma. Der Kult um die Unternehmenskultur. Weinheim; Basel: Beltz

NEUHAUS, H. (1988). Männer über Managerinnen. In: Demmer, C. (Hrsg.): Frauen ins Management: Von der Reservearmee zur Begabungsreserve. Frankfurt/M.; Wiesbaden: Gabler. 121-151

OEHMICHEN, U. (1992). Männer über Frauen in Führungspositionen. Augsburg: unveröff. Diplomarbeit

OSSIETZKY, v. C. (1972). Rechenschaft. Publizistik aus den Jahren 1913-1933. Frankfurt/M.: Fischer

OSTNER, I. (1992). Zum letzten Male: Anmerkungen zum "weiblichen Arbeitsvermögen". In: Krell, G. & Osterloh, M. (Hrsg.): Personalpolitik aus der Sicht von Frauen. München; Mering: Rainer Hampp Verlag. 107-121

OTT, E. M. (1989). Effects of the Male-Female Ratio at Work. Psychology of Women Quartely, 13, 41-57

OTT, U. (1991). Pornos im Uni-Computer. Emma, 12, 14-16

PADGUG, R.A. (1979). Sexual Matters: On Conceptualizing Sexuality in History. Radical History Review, 20, 3-23

PARKIN, W. & HEARN, J. (1987). Frauen, Männer und Führung. In: Kieser, A. & Reber, G. & Wunderer, R. (Hrsg.): Handwörterbuch der Führung. Stuttgart: Poeschel. 326-340

PATEMAN, C. (1988). The Sexual Contract. Cambridge: Polity Press

PLOGSTEDT, S. & BODE, K. (1984). Übergriffe - Sexuelle Belästigung im Büro und Betrieb. Reinbek b. Hamburg: Rowohlt

POLLERT, A. (1981). Girls, Wives, Factory Lives. London: Macmillan

PORTER BENSON, S. (1992). "The Clerking Sisterhood": Rationalization and the Work Culture of Saleswomen in American Department Stores, 1890-1960. In: Mills, A. & Tancred, P. (Hrsg.): Gendering Organizational Analysis. Newbury Park u.a.: Sage. 167-184

POWELL, G.N. (1986). What do tomorrow's managers think about sexual intimacy in the workplace? Business Horizons, 29/4, 30-35

POWELL, G.N. & BUTTERFIELD, D.A. (1989). The "Good Manager". Did Androgyny Fare Better in the 1980s? Group & Organization Studies, 14/2, 216-233

PRINGLE, R. (1988). Secretaries Talk. London u.a.: Verso

PRINGLE, R. (1989). Bureaucracy, Rationality and Sexuality: The Case of Secretaries. In: Hearn, J. & Sheppard, D. L. & Tancred-Sheriff, P. & Burrell, G. (Hrsg.): The Sexuality of Organization. London u.a.: Sage. 158-177

PRYOR, J., LAVITE, Ch. & STOLLER, L. (1993). A Social Psychological Analysis of Sexual Harassment: The Person/Situation Interaction. Journal of Vocational Behavior, 42/1, 68-83

PTAK-WIESAUER, E. (1989). Wer die Flöten hat, hat die Macht. Matriarchatsmythen südamerikanischer Indianer. In: Kossek, B. & Langer, D. & Seiser, G. (Hrsg.): Verkehren der Geschlechter. Wien: Wiener Frauenverlag. 127-158

QUINN, R. E. (1977). Coping with Cupid: The Formation, Impact, and Management of Romantic Relationships in Organizations. Administrative Science Quarterly, 22/3, 30-45

QUINN, R. E. & LEES, P. L. (1984). Attraction and Harassment: Dynamics of Sexual Politics in the Workplace. Organizational Dynamics, Autumn, 35-46

RAMSAY, K. & PARKER, M. (1992). Gender, bureaucracy and organizational culture. In: Savage, M. & Witz, A. (Hrsg.): Gender and Bureaucracy. Oxford: Blackwell. 253-276

REMY, J. (1990). Patriarchy and Fratriarchy as Forms of Androcracy. In: Hearn, J. & Morgan, D. (Hrsg.): Men, Masculinities & Social Theory. London u.a.: Unwin Hyman. 43-54

RICH, A. (1980). Compulsory heterosexuality and lesbian existence. Signs, 5/4, 631-660

RODE, I. (1990). Zwischen Liebe und Arbeit. Weinheim: Deutscher Studien Verlag

ROGERS, B. (1988). Men Only. Investigations into Men's Organisations. London: Pandora Press

ROHDE-DACHSER, Ch. (1991). Expeditionen in den dunklen Kontinent. Berlin u.a.: Springer

ROHRLICH, J.B. (1984). Arbeit und Liebe. Frankfurt/M.: Fischer

ROPER, M. (1988). Fathers and Lovers: Images of the 'Older Man' in British Managers' Career Narratives. Life Stories/Recits de vie, 4, 49-58

ROST, W. (1990). Emotionen: Elixiere des Lebens. Berlin: Springer

ROTH, H.J. (1990). Die Zisterzienser als Männerbund. In: Völger, G. & v.Welck, K. (Hrsg.): Männerbünde - Männerbande: Zur Rolle des Mannes im Kulturvergleich (Band 2). Köln: Druck- & Verlagshaus Wienand. 347-354

RUBIN, G. (1984). Thinking Sex: Notes for a Radical Theory of the Politics of Sexuality. In: Vance, C.S. (Hrsg.): Pleasure and Danger: Exploring Female Sexuality. London u.a.: Routledge & Kegan Paul. 261-319

RUBINSTEIN, D. (1978). Love and Work. Sociological Review, 26, 5-25

RUSTEMEYER, R. & THRIEN, S. (1989). Die Managerin - der Manager. Zeitschrift für Arbeits- und Organisationspsychologie, 33, 108-115

RUTH, S. (1989). Leadership, Men and Equality. Equal Opportunities International, 8/1, 25-28

RUTTER, P. (1991). Verbotene Nähe. Düsseldorf: Econ

SACHSE, C. (1991). Unternehmensgeschichte als Geschlechtergeschichte. Ein Zugang zur Erforschung von Geschlechterverhältnissen im Wandel der industriellen Arbeit. In: Hurrle, G. (Hrsg.): Geschichte und Zukunft der industriellen Arbeit. Bd.1: Arbeit und Technik im sozialen Prozeß. Marburg: Schüren. 22-35

SAFRAN, C. (1976). What Men Do to Women on the Job: A Shocking Look at Sexual Harassment. Redbook, November, 217-223

SCHMIDT, G. (1988). Das Große Derdiedas. Über das Sexuelle. Reinbek b. Hamburg: Rowohlt

SCHNEBLE, A. & DOMSCH, M. (1990). Sexuelle Belästigung von Frauen am Arbeitsplatz. Eine Bestandsaufnahme im Hamburger Öffentlichen Dienst. München; Mering: Rainer Hampp Verlag

SCHNEIDER, B.E. (1984). The Office Affair. Sociological Perspectives, 27/4, 443-464.

SCHRÖDER, B. (1988). Unter Männern. Brüder, Kumpel, Kameraden. Reinbek b. Hamburg: Rowohlt

SCHÜMANN, C. (1990). Vivat, crescat, floreat. In: Völger, G. & v.Welck, K. (Hrsg.): Männerbünde - Männerbande. Zur Rolle des Mannes im Kulturvergleich (Band 2). Köln: Druck- & Verlangshaus Wienand. 381-384

SCHULLER, M. (1991). Das Glück hat keine roten Backen. Falter, Nr.29, 21-24

SCHUMACHER, H. (1993). Bündnis des Schweigens. Wirtschaftswoche Nr.15, 46-53

SCHURTZ, H. (1902). Altersklassen und Männerbünde. Eine Darstellung der Grundformen der Gesellschaft. Berlin: Reimer

SCHWARZ, G. (1987). Die "Heilige Ordnung" der Männer: patriarchale Hierarchie und Gruppendynamik, 2.Aufl. Opladen: Westdeutscher Verlag

SCHWEDT, H. & SCHWEDT, E. (1990). Burschen- und Schützenvereine. In: Völger, G. & v.Welck, K. (Hrsg.): Männerbünde-Männerbande. Zur Rolle des Mannes im Kulturvergleich (Band 2). Köln: Druck- & Verlagshaus Wienand. 119-124

SCHWENK, B. (1990). Der Johanniter/-Malteserorden: ein Männerbund? In: Völger, G. & v.Welck, K. (Hrsg.): Männerbünde-Männerbande. Zur Rolle des Mannes im Kulturvergleich (Band 1). Köln: Druck- & Verlagshaus Wienand. 163-170

SEE, v. K. (1990). Politische Männerbund-Ideologie von der wilhelminischen Zeit bis zum Nationalsozialismus. In: Völger, G. & v.Welck, K. (Hrsg.): Männerbünde-Männerbande: Zur Rolle des Mannes im Kulturvergleich (Band 1). Köln: Druck- und Verlagshaus Wienand. 93-102

SEIDLER, V. (1987). Reason, desire, and male sexuality. In: Caplan, P. (Hrsg.): The Cultural Construction of Sexuality. London, New York: Tavistock. 83-112

SEIFERT, R. (1993). Krieg und Vergewaltigung. Das Argument, Nr.197, 81-90

SENGENBERGER, W. (1987). Vertikale Segmentation im Arbeitsmarkt 1: Das duale Modell. Frankfurt/M.: Campus

SHAPIRO, J. (1991). Transsexualism: Reflections on the Persistence of Gender and the Mutability of Sex. In: Epstein, J. & Straub, K. (Hrsg.): Body Guards. The Cultural Politics of Gender Ambiguity. New York; London: Routledge. 248-279

SHEFFEY, S. & TINDALE, S. (1992). Perceptions of Sexual Harassment in the Workplace. Journal of Applied Social Psychology, 22/19, 1502-1520

SHEPPARD, D. L. (1989). Organizations, Power and Sexuality: The Image and Self-Image of Women Managers. In: Hearn, J. & Sheppard, D. L. & Tancred-Sheriff, P. & Burrell, G. (Hrsg.): The Sexuality of Organization. London u.a.: Sage. 139-157

SHEPPARD, T. (1981). Rites of passage. Women for the inner circle. Management Review, 70/7, 8-14

SICHTERMANN, B. (1980). Weiblichkeit. Zur Politik des Privaten. Berlin: Büchergilde Gutenberg

SICHTERMANN, B. (1989). Wer ist wie? Über den Unterschied der Geschlechter. Berlin: Wagenbach

SIGUSCH, V. (1984). Vom Trieb und von der Liebe. Frankfurt/M.: Campus

SIGUSCH, V. (1988). Thesen über Natur und Sexualität. In: Kentler, H. (Hrsg.): Sexualwesen Mensch. München: Piper. 183-190

SIGUSCH, V. (1989). Kritik der disziplinierten Sexualität. Frankfurt/M.: Campus

SIMMONS, M. (1989). Creating a New Men's Leadership: Developing a Theory and Practice. Equal Opportunities International, 8/1, 16-21

SIMON, H.A. (1947). Administrative Behavior: A study of decision-making processes in administrative organization. New York: Free Press

SIMON, W. (1990). Die Postmodernisierung der Sexualität. Zeitschrift für Sexualforschung, 3, 99-114

SMITH, D. (1989). Eine Soziologie für Frauen. In: List, E. & Studer, H. (Hrsg.): Denkverhältnisse. Feminismus und Kritik. Frankfurt/M.: Suhrkamp. 353-424

SOLBRIG, M. (1992). Männerbünde. Augsburg: unveröff. Seminararbeit

SOLOMONS, H. & CRAMER, A. (1985). When the Difference Don't Make a Difference: Women and Men as Colleagues. Management Education and Development, 16/2, 155-168

SOMBART, N. (1991). Die deutschen Männer und ihre Feinde. Carl Schmitt - ein deutsches Schicksal zwischen Männerbund und Matriarchatsmythos. München; Wien: Carl Hanser Verlag

SPELMAN, D., CRARY, M. & KRAM, K.E. & CLAWSON, J.G. (1986). Sexual attraction at work: Managing the heart. In: Moore, L. (Hrsg.): Not as far as you think. New York: Lexington Books. 66-91

STECHERT, K. (1988). Frauen setzen sich durch. Frankfurt/M.: Campus

STEINBRÜGGE, L. (1987). Das moralische Geschlecht. Theorien und literarische Entwürfe über die Natur der Frau in der französischen Aufklärung. Weinheim; Basel: Beltz

STEWART, Th. (1991). Gay in Corporate America. Fortune, Dec 16, 30-40

STOLZ, H.-J. & TÜRK, K. (1992). Organisation als Verkörperung von Herrschaft - Sozialtheoretische und makrosoziologische Aspekte der Organisationssoziologie. In: Lehner, F. & Schmid, J. (Hrsg.): Technik - Arbeit - Betrieb - Gesellschaft: Beiträge der Industriesoziologie und Organisationsforschung. Opladen: Leske und Budrich. 125-172

TANCRED-SHERIFF, P. (1989). Gender, Sexuality, and the Labour Process. In: Hearn, J. & Sheppard, D. L. & Tancred-Sheriff, P. & Burrell, G. (Hrsg.): The Sexuality of Organization. London u.a.: Sage. 45-55

TANGRI, S. S., BURT, M. R. & JOHNSON, L. B. (1982). Sexual Harassment at Work: Three Explanatory Models. Journal of Social Issues, 38, 33-54

TATCHELL, P. (1985). Democratic Defense. A Non-Nuclear Alternative. London: GMP

TAYLOR, F.W. (1911). The principles of scientific management. New York: Harper & Row

TERPSTRA, D.E. & BAKER, D.D. (1989). The identification and classification of reactions to sexual harassment. Journal of Organizational Behavior, 10, 1-14

THEWELEIT, K. (1990a). Der Umbau des Leibs in der Kadettenanstalt - Sexualität und Drill (erstmals ersch. 1977). In: Völger, G. & v.Welck, K. (Hrsg.): Männerbünde - Männerbande: Zur Rolle des Mannes im Kulturvergleich (Band 2). Köln: Druck- & Verlagshaus Wienand. 399-404

THEWELEIT, K. (1990b). Objektwahl (All You Need Is Love...) Basel; Frankfurt/M.: Stroemfeld/Roter Stern

THOMPSON, P. (1983). The Nature of Work. London: Macmillan Press

TIGER, L. (1972). Warum die Männer wirklich herrschen. München: BLV

TREIBER, H. (1990). Geschlechtsspezifische und andere Spannungsverhältnisse innerhalb der Kirche: Eine Problemskizze vornehmlich zum Mittelalter. In: Völger, G. & v.Welck, K. (Hrsg.): Männerbünde - Männerbande: Zur Rolle des Mannes im Kulturvergleich (Band 1). Köln: Druck- & Verlagshaus Wienand. 149-162

TREIBER, H. & STEINERT, H. (1980). Die Fabrikation des zuverlässigen Menschen. Über die "Wahlverwandtschaft" von Kloster- und Fabrikdisziplin. München: Heinz Moos Verlag

TREUSCH-DIETER, G. (1985). "Cherchez la femme" bei Foucault? In: Dane, G. & Eßbach, W. & Karpenstein-Eßbach, Ch. & Makropoulos, M. (Hrsg.): Anschlüsse. Versuche nach Michel Foucault. Tübingen: edition diskord. 80-94

TÜRK, K. (1989). Neuere Entwicklungen in der Organisationsforschung. Stuttgart: Enke

TÜRK, K. (1993). Politische Ökonomie der Organisation. In: Kieser, A. (Hrsg.): Organisationstheorien. Stuttgart: Kohlhammer. 297-332

TYRELL, H. (1986). Geschlechtliche Differenzierung und Geschlechterklassifikation. Kölner Zeitschrift für Soziologie und Sozialpsychologie, 38, 450-489

UHLE-WETTLER, F. (1990). Das Offizierskorps als Männerbund. In: Völger, G. & v.Welck, K. (Hrsg.): Männerbünde - Männerbande. Zur Rolle des Mannes im Kulturvergleich (Band 2). Köln: Druck- und Verlagshaus Wienand. 391-398

VAUGHT, C. & SMITH, D.L. (1980). Incorporation and Mechanical Solidarity in an Underground Coal Mine. Sociology of Work and Occupations, 7/2, 159-187

VAUX, A. (1993). Paradigmatic Assumptions in Sexual Harassment Research: Being Guided without Being Misled. Journal of Vocational Behavior, 42/1, 116-135

VEITH, M. (1988). Frauenkarriere im Management. Einstiegsbarrieren und Diskriminierungsmechanismen. Frankfurt/M.: Campus

VEYNE, P. (1984). Homosexualität im antiken Rom. In: Ariès, Ph. & Béjin, A. (Hrsg.): Die Masken des Begehrens und die Metamorphosen der Sinnlichkeit. Frankfurt/M.: Fischer. 40-50

VISKER, R. (1991). Michel Foucault. Genealogie als Kritik. München: Fink Verlag

VÖLGER, G. & v.WELCK, K. (1990). Zur Ausstellung und zum Materialienband. In: Völger, G. & v.Welck, K. (Hrsg.): Männerbünde - Männerbande. Zur Rolle des Mannes im Kulturvergleich (Band 1). Köln: Druck- und Verlagshaus Wienand. XIX-XXVI

WALBY, S. (1990). Theorizing Patriarchy. Cambridge, CA: Basil Blackwell

WARFIELD, A., SWARTZ, A. & WOOD, D. (1987). Co-worker romances: Impact on the work group and on careeroriented women. Personnel, 64/5, 22-37

WEBER, M. (1920). Die protestantische Ethik und der Geist des Kapitalismus. In: Weber, M.: Gesammelte Aufsätze zur Religionssoziologie I. Tübingen: Mohr. 17-206

WEBER, M. (1972). Wirtschaft und Gesellschaft, 5.Aufl. Tübingen: Mohr

WEEDON, Ch. (1990). Wissen und Erfahrung. Feministische Praxis und poststrukturalistische Theorie. Zürich: efef Verlag

WEEKS, J. (1991). Against Nature. Essays on history, sexuality and identity. London: Rivers Oram Press

WERLHOF, v. C. (1983). Der Proletarier ist tot. Es lebe die Hausfrau? In: Werlhof, v.C. & Mies, M. & Bennholdt-Thomsen, V. (Hrsg.): Frauen, die letzte Kolonie. Reinbek b. Hamburg: Rowohlt. 113-136

WESTOFF, L.A. (1985). Corporate Romance. New York: Time Books

WESTWOOD, S. (1984). All Day Every Day: Factory, Family, Women's Lives. London: Pluto Press

WILLIAMS, Ch. (1989). Gender Differences at Work. Women and men in nontraditional Occupations. Berkeley: Berkeley University Press

WILLIS, P. (1979). Shop Floor Culture, Masculinity and the Wage Form. In: Clarke, J. & Critcher, C. & Johnson, R. (Hrsg.): Working-Class Culture. New York: St. Martin's Press. 185-198

WITTER, G. (1988). Patriarchale Herrschaftsmuster von der Leibeigenschaft bis zur Demokratie. Frankfurt/M. u.a.: Peter Lang

WOESLER-DE PANAFIEU, Ch. (1983). Außen- und Innensaspekte weiblicher Körper. In: Klein, M. (Hrsg.): Sport und Geschlecht. Reinbek b. Hamburg: Rowohlt. 60-74

WOLF, N. (1991). Der Mythos Schönheit. Reinbek b. Hamburg: Rowohlt

WOLFF, J. (1977). Women in Organizations. In: Clegg, S. (Hrsg.): Critical Issues in Organizations. London: Routledge & Kegan Paul. 7-40

ZILLICH, N. (1988). Homosexuelle Männer im Arbeitsleben. Frankfurt/M.: Campus

ZIMMER, K. (1991). Jugendsexualität. Süddeutsche Zeitung Magazin, 22.11.91, 12-22